U0883537

读名著

品湖湘

湖湘文化保护传承工程项目
2024年度湖南省社科基金重大委托项目

总主编 朱汉民

湖湘文化名著读本

哲学卷（修订版）

李清良 编著

湖南大学出版社·长沙
HUNAN UNIVERSITY PRESS

图书在版编目（CIP）数据

湖湘文化名著读本．哲学卷 / 朱汉民总主编；李清良编著．--2 版，修订版．-- 长沙：湖南大学出版社，2024．12．-- ISBN 978-7-5667-3358-0

Ⅰ．Z835；B2

中国国家版本馆 CIP 数据核字第 2024S8D791 号

湖湘文化名著读本 哲学卷（修订版）

HUXIANG WENHUA MINGZHU DUBEN ZHEXUE JUAN (XIUDING BAN)

编　　著： 李清良
项目总监： 邹　彬　王桂贞
责任编辑： 王桂贞　崔　桐
印　　装： 湖南省众鑫印务有限公司
开　　本： 710 mm × 1000 mm　1/16　　**印　　张：** 33　　**字　　数：** 534千字
版　　次： 2024年12月第1版　　**印　　次：** 2024年12月第1次印刷
书　　号： ISBN 978-7-5667-3358-0
定　　价： 98.00元

出 版 人： 李文邦
出版发行： 湖南大学出版社
社　　址： 湖南·长沙·岳麓山　　**邮　　编：** 410082
电　　话： 0731-88822559（营销部）　88649149（编辑部）　88821006（出版部）
传　　真： 0731-88822264（总编室）
网　　址： http://press.hnu.edu.cn

版权所有，盗版必究
图书凡有印装差错，请与营销部联系

湖湘文化名著读本

编委会

主　任　唐珍名　朱汉民

委　员　肖永明　丁三伏　陈先初　龚抗云
陈宇翔　蔡慧清　唐珍名　朱汉民
李清良　殷　慧

总序

在漫长的人类文明史上，中华文明之所以成为一个从未中断的连续性文明体，缘于中华文化内在的恒长生命力。对于中华文化组成部分的湖湘文化，我们不能够仅仅将其理解为中华文化体系中的地域形态文化，它也是中华文化的杰出代表。沿着中华文化演变的历史脉络，湖湘文化经历了漫长的形成、演变、发展、重构的历史过程。湖湘文化作为中华文化的优秀典范，既具有中华文化的普遍精神，又形成了其独特的传统。

一、湖湘文化对中华文化的重要贡献

湖湘文化形成、发展于漫长的历史过程中，它在不同历史背景下的发展机遇、文化形态、重要贡献，均与中华文化的主体性建构密切相关。湖湘文化之所以在中华文化体系中居于重要地位，是因为它坚守中华民族的家国情怀、人文精神、文化使命，对中华文化的建构发展作出了重要贡献。

湖湘文化有三个重要发展时期，即楚汉时期、宋明时期和近代。湖湘文化人在此时期均创造出独特的历史成就和文化贡献，顺应了中华文化发展的历史趋势，充分反映了中华文化主体性建构的要求。

楚汉时期是湖湘文化登上中华文化历史舞台的重要时期。楚国时期的湖湘地区是楚文化的重要区域，在此产生了将中原道德文化与沅湘民俗文化相结合的浪漫主义文学艺术，其典型代表是屈原的"楚辞"。屈原是战国时期杰出的诗人、思想家、政治家，晚年被流放于湖湘大地，创作了融入湖湘地域特色的《离骚》《九歌》《九章》《天问》等作品。屈原在《离骚》中表露自己的心迹："济沅湘以南征兮，就重华而陈词。"他在沅湘之地而向舜帝陈词，表达了身处南楚沅湘的屈子对华夏文化主体的敬重和认同，这一种文化情怀推动了南楚文化与中原文化的融合。屈原还进一步通过《九歌》的创作，建构了一个将沅湘地区的自然神崇拜与中原地区的圣王崇拜融为一体的艺术形象，逐渐使中原地区的舜帝与苗蛮民族的精神偶像统一起来。他以自己独特的艺术创造与深刻思想，推动了中华文化的多元融合与历史建构。"楚辞"不仅是楚文化的典范，也是中华文化的艺术经典。屈原在"楚辞"中构建了一个体现中华文化精神的艺术世界，推动了一种具有包容性的文化传统的历史建构，对中华文化与民族精神的形成作出了突出的贡献。在之后两千多年的历史长河中，屈原的"楚辞"一直陶冶着中华儿女的审美情操和精神世界。两汉时期建构的中华文化，是人类文明史上最宏大、最丰富、最深刻且具有蓬勃生命力的文明体之一。两汉文化主要由三大地域文化即齐鲁文化、秦晋文化、荆楚文化构成。荆楚文化是湖湘文化的源头，亦可谓湖湘文化的母体，她为两汉以后逐步成熟的中华文明作出了杰出贡献。此后，被流放在湖南的文人学者继承了屈原所奠定的湖湘文统，表现出与屈原一脉相承的精神气质。西汉的贾谊是继屈原之后影响最大的湖湘文人，他在湖南创作了《吊屈原赋》《鹏鸟赋》等充满湖湘神韵的文学作品，在中国文学史上具有重要地位。司马迁作《史记》时将屈原、贾谊合传，故而湖南在历史上又被称为"屈贾之乡"。

宋明时期既是中华文化的成熟与深化时期，也是湖湘文化的丰富与发展时期。两宋时期湖湘地区理学崛起，书院教育大盛，推动了湖湘文化的兴盛和发展，进而推动了中华文化的深入发展。两宋时期湖湘学派崛起，推动了理学思潮的创新和发展，涌现出许多著名的理学家，如周敦颐、胡宏、张栻等。湖湘地区书院的蓬勃发展，为理学的发展和传播作出了重要贡献。宋以前文化教育并不发达的湖湘地区，在两宋时期拥有“天下四大书院”中的岳麓书院和石鼓书院，时有“天下书院楚为盛”的说法，这些都反映了湖湘地区的文化教育对中华文化的历史贡献。明末时期的王船山以毕生精力从事学术研究，留下了一百多种著作，内容涉及哲学、政治、经济、历史、文学、教育、宗教、科技等领域，构建了一个博大精深的思想文化体系。他对自己的学术期许“六经责我开生面”，充分表达了他对中国思想文化发展趋势的深刻洞察。一方面，王船山全面继承、系统总结了以“六经”为代表的中国思想文化传统；另一方面，他又根据历史变革与发展趋势，大胆创新、全面发展了中国的传统思想文化。正因此，他留给后人的是一个既有深厚中华文化传统又有超前时代意义的思想文化体系。

从晚清到民国是中华文化近代化的重要时期，也是湖湘文化的继承与创新时期。清末民初，湖湘文化开始进入大发展时期。晚清以来的近代中国面临“三千年未有之变局”，中华文化受到西方文化的巨大冲击。近代知识分子群体主动承担起学习和引进外来的器物文化、制度文化、思想文化的大任，全方位地推动中国文化的近代化。同时，他们又坚守中华传统文化精神，坚守中华文化中具有恒常意义的价值体系，以实现中华文化的主体性转型。清末民初的湖湘知识分子群体参与了这一历史进程，那些提倡学习西方近代器物、制度、思想的志士仁人，很多都是胸怀家国的优秀湖湘儿女。他们在致力于中华文化近代化建设的同时，也在进一步推动中华文化的主体性转型。那些在近代史上推动中华文化近代化的先驱人物，有着对中华五千多年文化的高度自信。这种文化自信是建立在对中华文化的深刻思考和深厚情感基础之上的，所以，尽管他们也批判中华文化中的糟粕部分，但是他们从来没有对中华文化丧失信心。如魏源既呼唤“师夷长技以制夷”，倡导学习西方先进技术，又坚守中华文化“三代之心”的理想精神，以行王道致富强作为近代中国的最终目标。谭嗣同也是一位有着高度文化自信和文化自觉的人。他坚持以“仁”为价值体系核心来革新近代中国文化体系，他的代表作《仁学》就鲜明地体现出中华文化主体性革新的精神。杨昌济更坚定地相信，中华文化的价值理念是具有普遍性的世界主义。他说：“吾国圣贤之教，本取世界主义，故恒谓吾国为天下。”① 总之，湖湘学人坚信中华优秀文化既有贯通古今的恒常性价值，又有超越民族国家的普遍性价值。

近代湖湘文化对中华文化发展的重要贡献是湖湘学人在新文化运动中吸纳、宣传马克思主义，且将外来的马克思主义与中华文化相结合而建立中国化马克思主义。近代湖湘知识分子群体既是强调经世致用的实用主义者，也是追求大同之道的理想主义者，大多数近代湖湘知识分子持中国传统的大同、王道理念来推动中国的现代化进程。青年毛泽东曾表达了自己对中国最高理想“大同圣域”的向往。他说：“彼时天下皆为圣贤，而无凡愚，可尽毁一切世法，呼太和之气而吸清海之波。孔子知此义，故立太平世为鹄，而不废据乱、升平二世。大同者，吾人之鹄也。”② 新文化运动中，科学社会主义思潮从西方传入中国，那些追求大同理想的湖湘知识分子很快就接受了马克思主义，并在湖南地区创建了共产主义小组。中国在现代化进程中，最终选择了马克思主义。中国化马克思主义包含着深刻的中华文化思想内涵。如青年毛泽东一度从中外各种新思潮中探寻实现大同理想的道路，最后通过阅读《共产党宣言》等马克思主义著作，找到了实现大同理想的科学社会主义，确定了共产主义信仰。中华人民共和国成立前夕，毛泽东在《论人民民主专政》一文中指出：“康有为写了《大同书》，他没有也不可能找到一条到达大同的路。资产阶级的共和国，外国有过的，中国不能有，因为中国是受帝国主义压迫的国家。唯一的路是经过工人阶级领导的人民共和国”，“经过人民

① 杨昌济著，王兴国编注：《杨昌济集㊀》，湖南教育出版社，2008 年版，第 85 页。
② 《毛泽东早期文稿》，湖南人民出版社，2008 年版，第 76 页。

共和国到达社会主义和共产主义，到达阶级的消灭和世界的大同”。① 所以，毛泽东把共产主义称为“真正的大同”。可见，中华文化中的大同理念成为马克思主义传入中国的文化基础和精神助力。马克思主义传入中国之后，以毛泽东为代表的一代中国共产党人将实事求是思想作为民族形式的马克思主义，指导中国革命和建设。毛泽东诠释的实事求是之所以成为中国共产党的思想路线，是因为它是一种典型的中国化马克思主义思想。更具体地说，实事求是既有深厚的中国思想传统基础，又能够体现马克思实践唯物主义的普遍原理。中华民族作为一个重视实践的民族，具有实事求是的思想传统与文化基因，所以中国共产党人能够走出一条中国式革命的道路，并且形成了毛泽东思想。总之，我们可以把将中国传统的大同之道与共产主义理想结合起来、将实事求是之道与实践唯物主义结合起来，理解为近代湖湘文化对中华文化现代化发展的重要贡献。

由此可见，一部湖湘文化形成和发展的历史，就是一部传承和发展中华文化道统、参与中华文化建构的历史。在中国历史发展过程中的一些重要阶段，总有一些湖湘知识分子在引领中华文化的主体性建构，推动中华文明的建设与发展。他们致力于中华文明建设和发展的精神动力，正是中华文化的基本精神与中华道统的核心价值——其中包括大同理想、王道政治、内圣外王和实事求是。他们的文化自信，正源于对中华文化所具有的普遍性与恒常性价值的精神信念。

二、湖湘文化的主要特色

湖湘文化是中华文化体系中的地域形态文化之一，具有鲜明的地域特色。学界曾经从不同角度对湖湘文化的地域特色作过概括，这对推进湖湘文化的

① 《毛泽东选集》第 4 卷，人民出版社，1991 年版，第 1471 页。

研究和宣传起到了很好的作用。这里主要从文源、文脉和文气三个方面，考察和定位湖湘文化的主要特色与优势。

其一，文源深。中华文明是世界古文明中唯一从未中断过的文明。史籍记载的“三皇五帝”，充分体现了中华民族的悠久文明历史，而湖湘文化与“三皇”中的炎帝、“五帝”中的舜帝均有着密切的关联。在中华文明史上，炎帝神农氏是农耕文化的奠基人，《周易·系辞》载神农氏“斫木为耜，揉木为耒，耒耨之利，以教天下”。在湖南地区出土的新石器时代遗址，如道县玉蟾岩遗址、澧县彭头山遗址，均证明了炎帝神农氏时代（甚至更早的历史时期）湖南地区便创立了比较发达的农业文明。可见，“三皇”之一的炎帝神农氏既是中华农耕文明的开拓者，又是湖湘文化的开拓者。后来，炎帝神农氏因为民治病，误食毒草而亡，葬于今湖南炎陵县。“五帝”之一的舜帝则是中华道德文化的奠基人。舜帝是出生于中原地区的华夏部落首领，很多历史典籍中记载了他的道德精神，如孝敬父母、恭谦礼让、以德治国、举贤任能等。舜帝的道德精神成为中华传统道德的典范，在中华大地产生了重大的影响。据《史记》记载，舜帝南巡时崩于苍梧之野，葬于九嶷。此后，九嶷山的舜帝陵就成为湖湘儿女祭拜舜帝、弘扬道德文化的地方。

湖湘文化的文源深，不仅仅在于它与中华民族农耕文化、道德文化的源头相关，还在于它与中国古典文学、两宋道学的源头直接相关。中国古典诗歌有两个源头：北方的《诗经》与南方的“楚辞”。屈原是楚辞艺术的奠基人与杰出代表，他的许多代表作品都是他被流放于湖南地区时创作的，吸收了沅湘之地的神话巫风。可见，湖湘文化为屈原的诗歌作品提供了源头活水。宋代被称为“道学宗主”“理学开山祖”的周敦颐出生于湖南道县，又多年在湖南地区为官并从事学术研究与文化传播，故而也是湖湘学的奠基人。屈原与周敦颐，“一为文学之鼻祖，一为理学之开山”（钱基博语），充分反映了湖湘文化的源远流长。

其二，文脉广。“文源深”着重从时间维度表达湖湘文化的悠久，“文脉广”则着重从空间维度表达湖湘文化的广大。区域文化虽然是针对某一空间范围而言的，但其形成、发展、演变均离不开不同区域文化之间的交流和互动。湖湘文化之所以获得很大发展，除了对本土文化的继承、创新以外，还在于对外来文化的不断学习、吸收，故而具有文脉广的特点。湖湘文化形成的上古时期，中原文化与南方本土文化相结合，极大地促进了中华文化的发展。炎帝神农氏的圣王人格精神，其实就是北方的英雄传说（炎帝）与南方的宗教信仰（农神）交流互渗的结果。舜帝南巡逝世并葬于九嶷，受到南方民众的普遍敬仰，亦体现出湖湘文化对中原道德文化的接受与吸收。另外，湖南本土的苗蛮文化，如果追溯其来源，也是九黎部落（东夷文化）南迁的结果。

屈原的“楚辞”作品也体现出文脉广的特点。一方面，他的部分诗歌源于沅湘巫歌，具有南音歌谣、巫风歌舞的地域特色与湖湘风情；另一方面，这些诗歌表现出对“美政”“美人”的理想追求，特别是对舜帝这位远古圣王的崇敬，其文脉显然为中原华夏族文化。周敦颐之所以能够成为道学宗主、理学开山鼻祖，固然是由于他能够继承齐鲁之风、孔孟学统，同时还与他大胆吸收和兼容佛、道思想有关。作为周敦颐理学思想的传承者，南宋胡宏、张栻在湖南地区创建的湖湘学派，也具有文脉广的特点。湖湘学派的创立缘于二程洛学南传，故而有浓厚的洛学特色；湖湘学者又广泛地与闽学学派的杨时、朱熹，与浙东学派的吕祖谦、薛季宣、陈傅良，与江西学派的陆九渊、陆九韶等开展学术交流，学术上有典型的兼容并蓄的特点。王船山能够成为清初三大儒之一，也缘于他的文脉广。他不但继承了宋时的湖湘学统（其中包括胡安国的《春秋》学、胡宏的人性论、张栻的知行论），而且继承了张载关学的学术思想，将气学发扬光大；同时吸收了浙学的事功取向。再如晚清的湖湘学人，其思想学术无不具有文脉广的特点。曾国藩将知识学问分成义理、考据、辞章、经济等“四门之学”。他本人能够在这“四门之学”中取得突出的成就，很大程度上在于他的文脉广。如他的义理之学源于洛闽，考据之学宗吴皖，辞章之学承桐城，经济之学源于浙东、湖湘各地。可见，广泛的文脉成就了湖湘学人，也推动了湖湘文化的大发展。

其三，文气足。“文气”是古代文论中的一个专有名词，一般用来指文章中所体现出的作者的精神气质，而用“文气”来描述湖湘文化的特征时，就有狭义与广义之分。狭义的文气，专指那些在湖湘地区创作的作品或湖南人的著述中所表达出的既具有地域特色又充满生命活力的精神气质。湖南作为一个文化大省，曾产生了一大批著名的作家和优秀的文学作品。屈原的《离骚》《九歌》《九章》《天问》，是中国较早的文学经典。此后，这里产生了许许多多在中国文学史上占有重要地位的作品，如贾谊的《吊屈原赋》《鹏鸟赋》，柳宗元的《永州八记》，范仲淹的《岳阳楼记》，周敦颐的《爱莲说》，等等。明清至近代，湖湘地区涌现出不计其数的文化名人，如李东阳、王夫之、曾国藩、何绍基、王闿运、丁玲、沈从文等，他们的作品均表现出一种充盈而劲悍的文气。最早提出“文气说”的曹丕曾说，“文以气为主，气之清浊有体，不可力强而致”①。其中的“气”就指作者内在的精神气质。湖湘作家群体的精神气质大多是血性与灵性的结合，并表现出劲直、刚烈、气雄的特色，作家群体及其代表作品凸显出文气足的特点。

广义的“文气”指某个人物群体所具有并表现出来的文化气质。湖湘大地有数千年的文化积淀，加之宋以后湖湘教育发展很快，湖南人才群体普遍体现出一种特别的文化气质。除了那些从事文学、学术等与“文”有关的人普遍具有文气，军人与政治家群体也表现出特别的文气。晚清的湘军集团就是一个具有“文气”的军事集团、政治集团。湘军集团的大部分将领是文人学者出身，受过系统的文化教育，能够治学为文。他们还用这种“文气”训练士兵，军营中常常传出琅琅书声。军队能够具有这样鲜明的文气，在历史上罕见。近代湖南许多著名的革命将领如黄兴、蔡锷等均显出鲜明的文气。同样，湖南的政治家也具有鲜明的文化气质。其中表现得最充分的是毛泽东。毛泽东是中国历史上影响很大的政治家、军事家，他的政治才能、军事才能使得他能够领导中国人民推翻三座大山、建立中华人民共和国；同时，他又

① 严可均校辑：《全上古三代秦汉三国六朝文》，中华书局，1958年版，第1097页。

是一位创作了大量文学名篇的诗人，一位热爱哲学并且提出了系统哲学理论的哲学家。毛泽东是历史上罕见的文气足的政治领袖。

三、为什么要编“湖湘文化名著读本”

2023年6月2日，习近平总书记在文化传承发展座谈会上特别指出，只有全面深入了解中华文明的历史，才能更有效地推动中华优秀传统文化创造性转化、创新性发展。同样，我们只有深入了解湖湘文化的历史，特别是了解湖湘文化对中华文化的历史贡献，才能更有效地推动中华文化重要组成部分的湖湘文化的创造性转化、创新性发展。

我们应该如何深入了解湖湘文化呢？显然，学习、了解湖湘文化，离不开下列几条途径。

其一，阅读湖湘文化的文献典籍。湖湘文化在几千年的历史演变发展过程中，留下了卷帙浩繁的文献典籍，它们是悠久的湖湘文化的体现。想要了解湖湘文化的学习者，无疑应该把这些历史文献典籍作为重要的资料。通过阅读这些典籍，我们可以穿过时空隧道，领悟湖湘文化的丰富内涵。

其二，考察湖湘文化的历史遗迹、文化遗物。由于时间的剥蚀，曾经鲜活的湖湘文化的历史现象和文化形态逐渐演变为博物馆里的文物与文化遗迹。它们是辉煌、灿烂的湖湘历史文化的见证，客观、忠实地叙述着湖湘历史文化。通过参观、考察湖湘文化的历史遗迹、文化遗物，我们可以了解、感受湖湘文化的历史风貌和丰富内涵。

其三，观察、思考当代湖湘人的文化心理、性格气质、风俗习惯。文化心理、性格气质、风俗习惯均是文化积淀的结果，通过对当代湖湘民众习俗、性格、心理等方面的观察思考，可以找到与湖湘文化相关的信息，进而了解湖湘文化。许多民俗学、社会学、人类学、心理学的研究者，都通过这一途径了解和诠释着湖湘文化。

其四，阅读湖湘文化研究著述，参加湖湘文化专题讲座。从事湖湘文化研究的学者，通过上述文献典籍、文物遗迹、民俗活动等载体，获得对于湖湘文化的认知，进而撰写关于湖湘文化的著述，开办湖湘文化专题讲座。通过阅读他们的著述，参与专题讲座，可以更快捷地获得有关湖湘文化的历史知识。

上述学习湖湘文化的途径，各有其特点和长处。而我们采用编写“名著读本”的方式，希望能引导读者深入学习湖湘文化的思想内涵和人文内核，深刻了解湖湘文化。本丛书具有以下特点：

其一，采取选读湖湘文化名著的途径，引导读者更加准确、深入地了解湖湘文化。几千年的湖湘文化历史主要是凭借文献典籍保存下来的。其他的如文物古迹、风俗习惯，也只有借助文献典籍，其文化意义才能够彰显出来。大量的湖湘文化研究论著与专题讲座，也主要是以文献典籍为依据而完成的。阅读文献典籍应该是最全面、最深入、最系统地了解湖湘文化的路径。但由于湖湘文化文献浩繁，普通读者显然难以入手，非湖湘文化研究专业人士也没有必要下那么大的功夫去读。本丛书精选了那些能够体现湖湘文化精华的原著，这些文化名著往往既能够集中体现中华文化精神，又能够反映湖湘文化特色。

其二，将湖湘文化名著与湖湘文化研究著述结合起来。对于读者，仅仅阅读湖湘文化原典，可能难以把握其中的思想核心与文化内涵；仅仅阅读湖湘文化论著，又可能难以进行独立思考。本丛书希望引导读者在自己阅读原著的同时，又能阅读到专业学者的注解、评析，继而能够快速、准确、深入地了解湖湘文化。

其三，将湖湘文化名著分为不同学科，包括哲学、文学、历史学、教育学、军事学等不同领域，以更加全面地介绍湖湘文化，满足不同爱好者的需求。湖湘文化的研究是一个综合性很强的学术场域，其文化内涵离不开各个不同的学科视域。本丛书的编著者均是在上述学科领域中具有较高学术涵养、取得一定学术成果的学者。他们以专业的眼光，选取能够代表湖湘文化的名著，并作出专业的注解、评析，以帮助读者从不同学科视域品读湖湘文化。

“湖湘文化名著读本”丛书最初于2012年出版，包含哲学卷、佛教卷、道教卷、文学卷、教育卷、军事卷。丛书出版后产生了较好的社会反响。近年来，以习近平同志为核心的党中央一直在强力推动中华优秀传统文化的创造性转化、创新性发展，特别是习近平总书记提出将马克思主义与中华优秀传统文化相结合，进一步推动了民众对中华优秀传统文化的学习。作为中华文化典范的湖湘文化，也受到从中央到地方各级领导的重视，进而引发了广大读者对湖湘文化的学习热情，关于湖湘文化的著述方兴未艾。湖南省委、省政府为了进一步推广湖湘文化，指示湖南大学修订、完善“湖湘文化名著读本”丛书，并将其列为“湖湘文化保护传承工程”项目。同时，本丛书还被湖南省哲学社会科学工作办公室列为“2024年度湖南省社科基金重大委托项目（24WTA14）”。湖南大学高度重视，成立了编委会和修订工作专班，以期圆满完成这一重大文化工程项目。

根据湖南省委、省政府和湖南大学的指示以及湖南大学出版社工作专班的安排，我受命主持本丛书的修订和完善工作。本次修订，我们根据现代大学生、公务员、广大文化爱好者等不同群体学习湖湘文化的需要，选取哲学、历史学、文学、教育学、军事学等五个学科的湖湘文化名著，请相关作者根据新的研究成果，增补、完善本丛书，以体现当代学者对中国传统文化、湖湘文化的研究水平。我在原序的基础上，对湖湘文化的历史概貌、文化成就、地域特色以及本丛书出版始末、主要特色作了一个基本的介绍。

是为序。

朱汉民

2024年10月31日定稿于岳麓书院文昌阁

前言

湖湘哲学是中国哲学主流的重要组成部分，既体现了中华文化的核心价值与普遍精神，又具有湖湘文化的地域特色。编撰这部《湖湘文化名著读本 哲学卷》，就是希望呈现湖湘哲学传统的兴起和发展过程及其基本观念、基本思路与主要特点，以推动我们更深入地理解湖湘文化精神，也更自觉地学习往圣先贤，并针对新的时代语境与现实问题传承发展中华优秀传统文化。

湖湘哲学的渊源可上溯至屈原、贾谊等人，到宋代已基本定型，形成了一种相对稳定并独具特色的哲学思路和精神。自周敦颐到胡安国、胡宏、张栻，再到明末清初的王夫之，又到近代魏源、罗泽南、曾国藩、郭嵩焘以及谭嗣同等人，他们通过前后相承或冥契暗合的方式，形成了一种更具综合性也更符合儒家精神的哲学思路。其最大特色就是始终坚持整个世界和每一个体都是一个生生不息而非现成固定的生命整体，因而既自具根据又自我实现，既自我分殊又自我统一，各种要素相倚互成而可和谐日新。湖湘哲学由此形成了务实尚通、重殊贵全的基本精神。这种基本精神又可具体分为八个方面：一是正视现实且信任世界的现实精神，二是接受分殊并重视差异的开放精神，三是因势尽理而能变能安的通变精神，四是高瞻远瞩又循序渐进的条理精神，五是建立仁政而以法尽心的制度精神，六是德才并重而道艺不二的人才精神，七是各精专门又交济互成的协作精神，八是工夫十足而务求成事的实践精神。湖湘哲学的这些观念和精神也塑造了整个湖湘文化的基本精神。书末附录的《湖湘哲学与湖湘文化的基本精神》一文对此有详细讨论。

无论是“湖湘哲学”还是“湖湘文化”，虽然都冠以“湖湘”二字，却不是单纯的地方性知识，它既有特殊性也有普遍性。作为中国哲学大家族的重要成员和杰出典范，湖湘哲学的特殊性体现了中华文化的多样性与丰富性，其普遍性则体现了中华文化的核心理念与普适价值。因此，湖湘哲学传统不是只能在湖南省生长或只能由湖南人制造的土特产，而是可以融入并提升现代文明的重要思想资源。毛泽东、刘少奇、李达等老一辈马克思主义哲学家，就是让湖湘哲学传统在现代文明中继续发挥重要作用的典型代表。如此理解湖湘哲学传统，我们就在深感骄傲和自豪的同时，也倍觉有义务将其发扬光大。所以编撰此书，不是出于一种狭隘的本土主义和自大情怀，而是如钱锺书的父亲、民国时期著名学者钱基博先生当年撰写《近百年湖南学风》时所说：“张皇湖南，而不为湖南，为天下；诵说先贤，而不为先贤，为今人。”

为了揭示湖湘哲学的内在思路，理解每个湖湘哲学家的理论贡献和历史地位，本书对所选篇目的评析比较详细。一个哲学家，如果不辨析其具体思路而只简单罗列其思想观点，便无法真正理解其理论贡献；一种哲学思想，如果不细察其来龙去脉、前后源流而只看其结论，就很难准确把握其实际内涵与历史地位。当然，对于具体分析没有兴趣的读者，也可跳过这些文字，只看那些总体评述。

对于哲学初学者而言，阅读本书也许还应注意如下五点。一是要将抽象的哲学思想与作者对于现实的问题意识结合起来，因为中国哲学的一切思想都有其现实针对性，并不是耽于思辨之乐的思想游戏；二是要抓住每个哲学家的核心观念和基本思路，因为这是其具体观点与主张的根源和纲领；三是要以每个哲学家自己的思想脉络来把握其思想系统，而不应固执于一般的哲学框架和教条，因为不同的哲学思想之间虽可对话，却毕竟各有理路和架构；

四是要注意与相关思想加以反复比较与辨析，因为貌似者未必神合，异调者或可同趣；五是要注意结合我们自己的时代与现实来反复体会，因为只有切己自得，才能真正理解一种思想，也才能不断发现自我、提升自我。这几点是编撰者自己摸索了许久之后才发现非注意不可的，对初学者或许不无帮助。

根据编撰者的经验，倘若真能坚持上述五点，必可真切地感受到学习哲学其实是一种无与伦比的思想旅游。在哲学世界中，每一颗心灵都是那样深邃高远而灵动瑰丽，每一种声音都是那样出人意料却入情入理，每一处风景又都是那样异彩纷呈而峰回路转。一部哲学史就是一部波澜壮阔、此起彼伏、连绵不绝的长篇思想传奇，抽象的思辨和概念只是呈现这种传奇的手段和语言。当我们欣赏了这种传奇之后，就会惊奇地发现，在面对现实世界与人生时，心胸开阔了，心情平静了，生活的智慧与勇气也增加了。其实，我们的收获还更多，我们拥有的是将世界照得更亮的另一轮太阳。

最后需要说明的是，本书所选原著，尽量依据学界已有的最好版本；其中偶有句读不当之处，我们根据自己的理解做了修正。

目次

胡安国

胡　宏

张　栻

王夫之

魏　源

罗泽南

曾国藩

郭嵩焘

谭嗣同

金岳霖

李　达

毛泽东

刘少奇

附 录

屈原

屈原（约前340—约前278），相传为湖北丹阳秭归人，名平，字原，芈姓屈氏，是与楚王同姓的贵族，曾任三闾大夫、左徒等职。其时正值战国中后期，七国纷争，兼并激烈，尤以秦、楚二国举足轻重，如何处理楚秦关系是当时楚国的头等大事。屈原学识丰富，理想远大，主张对内任贤用能、修明法度，对外联齐抗秦。曾辅助楚怀王而深得信任，“入则与王图议国事，以出号令；出则接遇宾客，应对诸侯”（《史记·屈原贾生列传》）。后为同僚上官大夫所谗，渐被怀王疏远。顷襄王时，又为令尹子兰所忌，被流放到湖南，度过了大约十年的流放生涯。他眼见楚国日益混乱而迫近危亡，不愿远适他国却又报国无门，忧愤不已，最终自沉汨罗江。屈原是我国最早的伟大诗人，所作《离骚》《九歌》《九章》《天问》等“骚体”作品与《诗经》齐名，被后人并称为“风骚”。其作品收在汉代刘向所辑的《楚辞》之中，历来有不少学者为之注释研究，今已成为一门专学。现在比较常见的屈原作品集是中华书局出版的《屈原集校注》。

天问
（节选）

曰①：

遂古之初，谁传道之？②

上下未形，何由考之？③

冥昭瞢暗，谁能极之？④

① 曰：发问辞，相当于“问曰”。

② 遂古：远古。传道：传说。这两句是说：远古开端时的情形，是谁传说下来的？

③ 上下：此指天地。形：形成。这两句是说：天地还未成形时，用什么办法考察它？

④ 冥：昏暗，此指黑夜。昭：明亮，此指白昼。瞢暗：晦暗不明。这两句是说：宇宙在昼夜未分时一片混沌晦暗，谁能看透它？

冯翼惟像，何以识之？①

明明暗暗，惟时何为？②

阴阳三合，何本何化？③

圜则九重，孰营度之？④

惟兹何功，孰初作之？⑤

斡维焉系？天极焉加？⑥

八柱何当？东南何亏？⑦

九天之际，安放安属？⑧

隅隈多有，谁知其数？⑨

天何所沓？十二焉分？⑩

日月安属？列星安陈？⑪

……

不任汩鸿，师何以尚之？⑫

① 冯（píng）翼：元气充盛状。像：混沌景象。这两句是说：宇宙在元气充塞、只有混沌景象而尚无成形之物时，如何认识它？

② 明明暗暗：或明或暗，指昼夜交替。时：是。这两句是说：宇宙或明或暗而无一定时又是怎样？

③ 阴阳三合：阴、阳与天三者结合。这两句是说：阴、阳与天结合后化生万物，那么三者中何为本原？何为本原的变化？

④ 圜：同“圆”，指天体。九重：九层。营度：经营，规划。这两句是说：天有九层，是谁把它规划成这样？

⑤ 兹：此，指上文“营度”。这两句是说：这是何等巨大的功业，是谁开始来做它？

⑥ 斡：旋转。维：纲维，指制约天体运转的枢纽。系：联结。天极：天的顶端。这两句是说：天不停地旋转，其枢纽联结在何处？其顶端又安放在何处？

⑦ 八柱：指撑开天地的八根大柱子。当：在。亏：低陷。古人认为地面不平，西北高而东南低。这两句是说：撑开天地的八根大柱子在什么地方？为什么东南又塌陷了一片？

⑧ 际：边际。放：至，到达。属（zhǔ）：连接。这两句是说：九层天的边际到达何处？又在何处连接？

⑨ 隅：角落。隈：山水弯曲处。这两句是说：地上有许多角落和弯曲之处，谁知道它们的数目？

⑩ 沓：接合。古有盖天说，认为天像一个覆盖的盆子合在地上。十二：指我国古代天文学中以十二记数的十二辰会、十二分野等说法。这两句是说：天空的边沿在何处与地面接合？十二辰会、十二分野等怎样划分？

⑪ 属：系属、附着。陈：陈列。这两句是说：太阳与月亮怎样附着于天空？众星又怎样陈列？

⑫ 不任：不能胜任。汩：治水。鸿：洪水。师：众人。尚：推举。这两句是说：禹的父亲鲧若不能胜任治理洪水之事，众人为何推举他？

佥曰何忧，何不课而行之?①

……

伯禹腹鲧，夫何以变化?②

纂就前绪，遂成考功，

何续初继业，而厥谋不同?③

洪泉极深，何以窴之?④

……

登立为帝，孰道尚之?⑤

女娲有体，孰制匠之?⑥

……

眩弟并淫，危害厥兄，

何变化以作诈，后嗣而逢长?⑦

……

授殷天下，其位安施?⑧

反成乃亡，其罪伊何?⑨

争遣伐器，何以行之?

① 佥：皆，全。课：试。行：进行。这两句是说：虽然众人都说由鲧治水可以无忧，为何尧帝不先考察他的能力就贸然任用?

② 伯禹：大禹。这两句是说：传说禹从鲧死后的腹中变化出来，何以会有这种变化?

③ 纂：继续。就：完成。绪：事业。考：父死称“考”。续初继业：继续初业，指禹继承鲧的治水事业。厥：其。谋：方法。这四句是说：禹继续完成鲧的事业，终于取得了成功；为何禹继承父业，其方法却不同?

④ 洪泉：洪水之源。窴：同“填”，填塞。这两句是说：洪水之源极深，禹如何填塞它?

⑤ 登立：登位，此指女娲登位为帝。道：原则。尚：推举。这两句是说：女娲登位为帝，是根据什么原则推举的?

⑥ 体：形体。匠：制造。这两句是说：女娲制作了人，她自己的形体又是谁制作的?

⑦ 眩弟：惑乱人的弟弟；学者们认为这是指商代上甲微诸弟作乱。作诈：实行欺诈。后嗣：后代。逢长：兴盛长久。这四句是说：上甲微的弟弟们争位作乱，危害其兄，为何他们变诈多端，后代却兴盛久长?

⑧ 授殷天下：指天帝把天下授给了殷王朝。其位安施：天帝是根据什么原则来给予王位?

⑨ 反：当作“及”，等到。伊何：是什么。这两句是说：等到殷王朝建立，天帝却又让它灭亡，殷王朝的罪过究竟是什么?

并驱击翼，何以将之？①

……

天命反侧，何罚何佑？②

齐桓九会，卒然身杀。③

……

皇天集命，惟何戒之？④

受礼天下，又使至代之？⑤

……

（金开诚等校注：《屈原集校注》，中华书局1996年版，第292-410页。）

评析

《天问》是屈原在湖南所作的名篇，全诗长达一千五百余字，篇幅仅次于《离骚》。

这是一篇非常奇特的作品，从头到尾都在提问，总共有一百七十余个问题，具体包括宇宙的形成、天地的开辟、日月的运行、远古的神话传说和历代的兴亡故事等，对当时有关哲学、政治、伦理、道德等方面的基本观念提出了质疑，甚至连最高的“天命”也被深深怀疑。无论天道还是人道，一切成说似乎都不足以让屈原信服，貌似可以理解的世界竟然是一个巨大的谜团，

① 伐器：攻伐之器，即军队。击翼：从两翼进攻。将：统率。这四句是说：各路诸侯争着派遣军队，他们为何如此行事？周军并驾齐驱从两翼夹击，又怎样来部署统率？这四句是对周朝宣扬灭纣是出于天命而殷军也是不战自溃这种说法表示怀疑，既然天命如此，又何必兴师动众去攻战？

② 反侧：反复无常。这两句是说：天命反复无常，它究竟惩罚什么人？庇佑什么人？

③ 齐桓：齐桓公，春秋五霸之一。九会：九次召集诸侯会盟。卒然：终于。身杀：身死。齐桓公晚年被他所任用的四个恶人围困一室，忧愤饥渴而死。这两句是说：齐桓公曾取得九合诸侯一匡天下的丰功伟业，最后却被人害死。

④ 集命：实施天命，即授予天下。戒：告诫。这两句是说：上天在实施天命时，怎样告诫那些受命者？

⑤ 礼：通“理”，治理。至：来。代：替代。这两句是说：上天既然让某姓君王接受天命治理天下，为何最后又派别人来替代？

需要进一步寻根究底方能获得真实的了解。尽管屈原只是提问，并没有作出任何解答，但这些问题本身就已表明他的思考达到了相当的广度和深度。正因他的质疑是如此广泛而根本，所以此诗被学者们认为是一首哲理诗。现代学者讲到早期的中国哲学思想时，往往要提到这部作品。

在中国古代，对于中原一带而言，湖湘大地是文化落后地区。但有屈原这样一个“天下”级伟大人物在此将近十年的生活与吟咏，已足以让世世代代的湖南人感到无比骄傲和自豪。屈原成了湖湘文化的象征与符号，外地人一提到湖南就会想到他。屈原的人格风范确实成了世代湖湘人士和流寓湖湘的士人心摹力追的榜样和典范，他的思想就像终古常在而又光景常新的日月一样照耀着在湖湘大地上生活的所有人。《天问》中所体现的对天道与人道的“上下求索”精神，《离骚》中所体现的“虽九死其犹未悔”的坚毅精神、“恐皇舆之败绩”和“哀民生之多艰”的淑世精神，以及纵使百般才华不能施展、满目疮痍一无可救也仍不离不弃的忠贞精神和现实精神，成为湖湘文化的不竭之源，也成为后来逐渐兴盛的湖湘哲学代代相承的“遗传基因”。

《天问》开创了后来湖湘哲学对于天人之道进行不懈探索的传统。西汉著名文学家与政论家贾谊贬谪长沙时，就写了《吊屈原赋》《鵩鸟赋》等名作，像屈原一样对天道进行了深刻思考。唐代著名文学家柳宗元贬谪湖南永州时，针对屈原的《天问》专门作了《天对》一文，回答了屈原提出的不少疑问，并提出了“天人不相预”的著名观点，成为中国哲学史上的又一名篇。另一位著名文学家刘禹锡，当时也被贬谪于湖南常德，读了好友柳宗元的《天对》之后，与之反复讨论并写下了《天论》三篇，提出了“天与人交相胜”的主张。

自北宋周敦颐以后，湖湘哲学家对于天人之道的探讨就更深入更广泛，他们总让人有这样一种感觉：相信世界的统一性，也极端重视现实的复杂性；坚守高远的大道与理想，也肯定平常日用的尊严；既择善固执，又开通宽容；深知路程遥远，关卡繁多，却绝不畏难求易，急于求成；即使身孤力微，甚至穷困潦倒，却依然心系家国天下。所有这一切，诚然都能从儒家智慧中疏导出来，但人们很少能像湖湘哲人这样突出强调并代代承传。或许正如在文学上有着“风骚”并存的传统，在哲学上也有一种“孔屈”交融的“基因”，自周敦颐以后的湖湘哲学之所以别具一格，是因为从一开始就秉承了这种别样的文化基因。从中华文明的角度来看，这种“孔屈”交融的文化基因其实就是中原文化与荆楚文化相互交融的结果。

贾谊

贾谊（前200—前168），洛阳人，西汉文帝时著名思想家、政论家和文学家。据《史记》和《汉书》记载，他在青少年时就已遍究群书，对当时流行的主要思想流派都有较系统的了解，并“以能诵诗、属书闻于郡中”。18岁时（前183）为河南守吴公赏识，“召置门下，甚幸爱”。汉文帝元年（前179），吴公升为廷尉，“乃言贾生①年少，颇通诸子百家之书。文帝召以为博士”。贾谊成为最年轻的博士官后，“每诏令议下，诸老先生不能言，贾生尽为之对，人人各如其意所欲出。诸生于是乃以为能不及也。孝文帝说之，超迁，一岁中至太中大夫”。其间写有《论定制度兴礼乐疏》《过秦论》《论积贮疏》。其主张多为文帝所采纳，故《史记》说“诸律令所更定，及列侯悉就国，其说皆自贾生发之”。文帝想让贾谊“任公卿之位”，但遭到周勃、灌婴诸老臣坚决反对，说他“年少初学，专欲擅权，纷乱诸事”，遂为文帝渐渐疏远而“不用其议”。文帝三年（前177），贾谊出贬为长沙王（当时仅存的异姓诸侯王吴著）太傅，途经湘水时写下了《吊屈原赋》这一名篇，既伤屈原，亦以“自喻”。他在长沙三四年间虽然心情抑郁（故有《服鸟赋》之作），但仍然关心国事，继续向文帝上疏，陈述政见。文帝六年（前174），文帝将贾谊召回长安，长谈之后文帝感慨说：“吾久不见贾生，自以为过之，今不及也。”乃拜贾谊为梁怀王（文帝最宠爱的少子）太傅，并又“数问以得失”，贾谊也多次上疏（后择要汇集为《陈政事疏》，又称《治安策》）。文帝十一年（前169），梁怀王入朝时不慎坠马而亡，贾谊“自伤为傅无状，常哭泣”，次年亦辞世。他的主要作品由其家人或门人后学编辑成《新书》，《汉书·艺文志》著录为“《贾谊》五十八篇”。现代学者有《贾谊集校注》《贾谊集汇校集解》《新书校注》，以及《新书》译注等。

① 贾生：相当于“贾先生”，是当时的一种尊称。所以司马迁也称他的老师、大思想家董仲舒为“董生”。

新书·道德说[①]

德有六理。[②] 何谓六理？曰：道、德、性、神、明、命，此六者德之理也。诸生者，皆生于德之所生；[③] 而能象人德者，独玉也。[④] 写德体六理，尽见于玉也，各有状，是故以玉效德之六理。[⑤] 泽者，鉴也，谓之道；[⑥] 腒如窃膏谓之德；[⑦] 湛而润厚而胶谓之性；[⑧] 康若泺流谓之神；[⑨] 光辉谓之明；砦乎坚哉谓之命。[⑩] 此之谓六理。鉴生空窍，而通之以道。[⑪] 德生理，通之以六德之毕离状。[⑫] 六德者，德之有六理，毕离状也。[⑬] 性生气，而通之以晓。神生变，而通之以化。明生识，而通之以知。命生形，而通之以定。[⑭]

德有六美。何谓六美？有道、有仁、有义、有忠、有信、有密[⑮]，此六

---

① 此处所谓“道德”是指本体意义上的道与德，是万物之动因、根据和法则。原文在“道德说”后还有“连语”二字，这是后人编辑《新书》时所加。《新书》现存56篇，分为“事势”“连语”“杂事”三类。余嘉锡《四库提要辨证》认为，凡属“事势”者，均为贾谊向文帝所陈政事之文；凡属“连语”者，是将贾谊自作文字与他对门人学者说的相关言论连缀成篇；“其‘杂事’诸篇则平日所称述诵说者”。

② 德有六个方面的纹理（原则），下文将详释其义。此句的“德”是指构成万物的总原则，下句的“德”是指具体表现出来的德性。

③ 万物都是由德派生而成。诸生：犹言万物。“生于”二字疑衍。

④ 能够象征人的德性的，只有玉。

⑤ 玉的各种状态与“德”之“六理”相似，故可以玉的状态来描摹德之六理。写：犹“象”也。体：体现。效：模拟。

⑥ 玉有光泽，像镜子一样，象征道。《新书·道术》谓：“道者，其本者谓之虚。”

⑦ 玉像黏如凝脂一样的油膏，象征德。腒：“昵”之误字，黏也。窃膏：油脂。

⑧ 玉既澄明温润又厚重胶结，象征性。湛而润：清明温润。厚而胶：厚重而胶结。

⑨ 玉像湖流一样通达四方，象征神。《逸周书·谥法》：“渊源流通曰康。”此处喻指玉之纹理交道四出而多变化。泺（pō）：湖泊。

⑩ 玉像多大石的山一般坚固，象征命。砦（què）：多大石的山。

⑪ （玉所像的）镜子产生反映事物的空间，与道相通。此句至“命生形，而通之以定”，是对以上“泽者，鉴也，谓之道”等句的解释。将类似说法连缀到一处，是本篇作为“连语”的特点。

⑫ 德生出理，与德的六种条理的分散状态相通。毕离状：纷披分散的样子。有些版本把“毕”作“华”。

⑬ 此句文字及标点据俞樾说校正，最后四字原作“理离状也”。

⑭ 自“性生气”至“通之以定”数句是说：性生出精气，与知晓相通；神生出变化，与化育相通；光明生出识见，与智慧相通；命生出形体，与定数相通。

⑮ 密：密合无间。此指事物与道、德密不可分。

者德之美也。道者，德之本也；仁者，德之出也；义者，德之理也；忠者，德之厚也；信者，德之固也；密者，德之高也。①

六理、六美，德之所以生阴阳、天地、人与万物也。固为所生者法也。故曰：道此之谓道，德此之谓德，行此之谓行。② 所谓行此者，德也。是故，著此竹帛谓之《书》。《书》者，此之著者也；《诗》者，此之志者也；《易》者，此之占者也；《春秋》者，此之纪者也；《礼》者，此之体者也；《乐》者，此之乐者也。③ 祭祀鬼神，为此福者也；博学辩议，为此辞者也。④

道者无形，平和而神。⑤ 道有载物者，毕以顺理适行，故物有清而泽。⑥泽者，鉴也，鉴以道之神⑦。模贯物形，通达空窍，奉一出入为先，故谓之鉴。⑧ 鉴者，所以能也。见者，目也。道德施物，精微而为目。⑨ 是故物之始形也，分先而为目，目成也形乃从。是以人及有因之在气⑩，莫精于目。目清而润泽若濡，无毳秽杂焉⑪，故能见也。由此观之，目足以明⑫道德之润泽矣，故曰"泽者，鉴也"，"生空窍，通之以道"。

德者，离无而之有。⑬ 故润则腒然浊而始形矣，故六理发焉。六理所以为变而生也，所生有理。⑭ 然则物得润以生⑮，故谓润德。德者变及物理之所

---

① 此段所说的具体含义，下文有详细解释。
② 道此：遵循此。德此：得到此。行此：践行此。本段所谓"此"皆指六理六美。
③ 著：著录。志：记录。占：占卜。纪：叙录。体：践履。乐：快乐。
④ 祭祀鬼神就是祈求六理六美带来福气，广泛学习论辩评议就是为了形成合于六理六美的言辞。
⑤ 道是无形的，不偏不倚、和合万物而神妙莫测。《易传·系辞上》："阴阳不测之谓神。"从此句开始进一步解释德之六理。
⑥ 道有承载万物的东西（指德），（万物）因此都顺从理而有适宜的行为，故而万物都包含（道）清澈而有光泽的一面。
⑦ 鉴以道之神：意指镜子映照万物体现了源自道的神妙。
⑧ 这几句是说，镜子将物形完全反映出来，与道的空虚相通，以如何照进来就如何反映出去为法则。
⑨ 道德体现在万物身上最精微的部分就是眼睛。
⑩ 所以人以及有气息的生物。
⑪ 没有丝毫污浊的东西错杂其间。毳：本义为动物的细毛，此指细微。
⑫ 明：表明。
⑬ 德是脱离无形状态而趋向于有形。
⑭ 六理的存在就是为了从无到有的变化和万物创生，所生的万物就有了理。
⑮ 万物是由于得到德的滋润而产生的。

出也。① 夫变者，道之颂也。② 道冰而为德，神载于德。③ 德者，道之泽也。④ 道虽神，必载于德，而颂乃有所因，以发动变化而为变。变及诸生之理，皆道之化⑤也，各有条理以载于德。德受道之化，而发之各不同状。德润，故曰“如膏，谓之德”，“德生理，通之以六德之毕离状”。

性者，道德造物。⑥ 物有形，而道德之神专而为一气，明其润益厚矣。⑦ 浊而胶相连，在物之中，为物莫生，气皆集焉，故谓之性。⑧ 性，神气之所会也。⑨ 性立，则神气晓晓然⑩发而通行于外矣，与外物之感相应，故曰“润厚而胶谓之性”，“性生气，通之以晓”。

神者，道、德、神、气发于性也，康若泺流不可物效也。⑪ 变化无所不为，物理及诸变之起，皆神之所化也，故曰“康若泺流谓之神”，“神生变，通之以化”。

明者，神气在内则无光而为知⑫，明则有辉于外矣。外内通一，则为得失，事理是非，皆职于知，故曰“光辉谓之明”，“明生识，通之以知”。⑬

命者，物皆得道德之施以生，则泽润，性、气、神、明及形体之位分、数度，各有极量指奏矣。⑭ 此皆所受其道德，非以嗜欲取舍然也⑮。其受此具

① 德是事物变化及万物之理的出处。
② 事物的变化就是道的形貌仪容。颂：容，貌。下文“而颂乃有所因”之“颂”亦是此义。
③ 道凝结就成了德，道的神妙就寓于德中。
④ 德就是道的光泽。
⑤ 道之化：道的变化与具体化。
⑥ 性是道、德用以造物的。
⑦ 万物有其形体（但还没有性），于是道德的神妙将不同形体的气抟成为可相感通的一气，这表明道德对于万物的滋润更加深厚了。专：通“抟”，聚拢。
⑧ 有形之物的气虽然混浊而相胶连，但这些气只在各物之内（不能与他物相通），仍是没有生命之物，将物内物外之气聚集拢来（即能与外物相感通，亦即有了生命），所以就叫作性。
⑨ 性就是神与气的会合为一。
⑩ 晓晓然：很能感应的样子。
⑪ 神就道、德、精神与气从性中发出的功用，像湖流一样通达四方而不可简单模仿。
⑫ 神和气在内部没有光亮（即不能照见他物）就只是感知。
⑬ 则为得失：就形成了得和失。皆职于知：都由智慧主管。
⑭ 位分：等级。数度：大小、长短、多少。极量：极限。指奏：趋向。
⑮ 非以嗜欲取舍然也：不是由于自己的好恶取舍就这样的。

也，岩然有定矣，不可得辞也，故曰命。① 命者，不得毋生②，生则有形，形而道、德、性、神、明因载于物形，故曰“岩坚谓之命”，“命生形，通之以定”。

物所道③始谓之道，所得以生谓之德。德之有也，以道为本。故曰“道者，德之本也”。生物又养物，则物安利④矣。安利物者，仁行也。仁行出于德，故曰“仁者，德之出也”。德生理，理立则有宜，适之谓义。义者，理也。故曰“义者，德之理也”。德生物，又养长之而弗离也，得以安利。德之遇物也忠厚⑤，故曰“忠者，德之厚也”。德之忠厚也，信固而不易，此德之常也。故曰“信者，德之固也”。德生于道而有理，守理则合于道，与道理密而弗离也，故能畜物养物。物莫不仰恃德，此德之高，故曰“密者，德之高也”。道而勿失，则有道矣；得而守之，则有德矣；行而无休，则行成矣。故曰：“道此之谓道，德此之谓德，行此之谓行。”诸此言者，尽德变；⑥变也者，理也。

《书》者，著德之理于竹帛而陈之令人观焉，以著所从事⑦，故曰“书者，此之著者也”。《诗》者，志德之理而明其指，令人缘之以自成也，故曰“诗者，此之志者也”。《易》者，察人之循德之理与弗循而占其吉凶，故曰“《易》者，此之占者也”。《春秋》者，守往事之合德之理与不合而纪其成败，以为来事师法，故曰“春秋者，此之纪者也”。《礼》者，体德理而为之节文⑧，成人事，故曰“《礼》者，此之体者也”。《乐》者，《书》《诗》《易》《春秋》《礼》五者之道备，则合于德矣，合则驩然大乐矣，故曰

① 具：指上述之极量指奏。辞：拒绝，此指改变。
② 不得毋生：不能不生。
③ 道：导。
④ 安利：安定而顺遂。
⑤ 遇物：待物。忠厚：此指诚恳而深厚。
⑥ 诸此言者：这些话。尽德变：穷尽了德的变化。
⑦ 著所从事：显明如何处理事务的道理。
⑧ 体现德的道理并为此制定出行为规范。

"《乐》者，此之乐者也"。① 人能修德之理，则安利之谓福。莫不慕福，弗能必得，而人心以为鬼神能与于利害，是故具牺牲、俎豆、粢盛，齐戒而祭鬼神，欲以佐成福，故曰"祭祀鬼神，为此福者也"。德之理尽施于人，其在人也，内而难见，是以先王举德之颂而为辞语，以明其理，陈之天下，令人观焉；垂之后世，辩议以审察之，以转相告。是故弟子随师而问，博学以达其知，而明其辞以立其诚，故曰"博学辩议，为此辞者也"。②

德毕施物，物虽有之，微细难识。夫玉者，真德写也。六理在玉，明而易见也。是以举玉以谕，物之所受于德者，与玉一体也。③

（贾谊撰，阎振益、钟夏校注：《新书校注》，中华书局 2000 年版，第 324–328 页。）

评析

贾谊是洛阳人，但他在历史上更多地被视为湖湘文化史上继屈原之后又一位标志性人物。湖湘哲学的传统也可以说是屈贾的传统，亦即荆楚文化与中原文化深度融合的传统。《史记》也将屈、贾二人合并立传，名为《屈原贾生列传》。因为贾谊担任过长沙王太傅，后世常称他为"贾长沙"。他在长沙的府邸现叫贾谊故居，在今太平街太傅里（太傅里原名濯锦坊，相传是屈原流放期间的"濯缨"之处），两千余年来一直是湖湘文化的重要地标之一。

贾谊是西汉初年博学而有思想的彗星式天才人物。他虽然只活了短短的 33 年（虚岁），却是我国历史上最著名的文学家和政论家之一，又是一位"大思想家、大哲学家"（徐复观语）。他也是一位经学家，据《汉书·儒林

---

① 驩：通"欢"。"《乐》者"领起"故曰"前所有文字，不宜于"合于德矣"后用句号而使文脉中断。

② 博学以达其知：广泛学习而使智慧通达。有些版本"博学"作"受传学"，语义迂曲难通，且与下文"博学"不相应。明其辞以立其诚：明白其言辞的意义而树立起诚敬之心。

③ 谕：晓谕，使人明白。一体：一样。

传》记载，贾谊曾“为《左氏传训故》，授赵人贯公”，他所作的《保傅》《傅职》《胎教》《容经》四篇文字就以《保傅》为题汇入《大戴礼记》之中。

贾谊最重要的哲学作品，是收录在《新书》卷八中的《道德说》，这是“汉初一篇最重要的哲学著作”（冯友兰语）。长期以来，《道德说》被认为是贾谊担任博士官之前的早期作品，近年有学者根据马王堆帛书和郭店楚简中的《五行》《六德》等出土文献，指出这篇作品当作于贾谊任长沙王太傅期间。由于年代久远，《道德说》中有些文字或有讹误，不易索解，但总体意思还是很清楚的。其主要内容可分为如下五个层次。

其一，“物皆得道德之施以生”，亦即“道”与“德”是万事万物的本原。故说“道德造物”“诸生者，皆生于德之所生”“六理、六美，德之所以生阴阳、天地、人与万物也”等。这种说法主要来自老庄思想和黄老道家思想。

其二，“道虽神，必载于德”，亦即“道”必须通过“德”来发挥其作用。贾谊所谓“神”，是指神妙难测的“发动变化”的动因，“道”就是天地宇宙间最为源初、最为伟大但又无形的动因，故曰“道者无形，平和而神”而“神生变”，“变及诸生之理，皆道之化也”。由于“道”是“无形”的，因此它要发挥或者说实现其“神”的功能，就必须具体化为初具形态的“德”（“道冰而为德”“乃有所因”）。故说“德”是“道”散发的光泽，或者说像凝脂那样“离无而之有”“腒然浊而始形”。这个说法，固然突出了“道”是“德之本”，但更强调了论“道”、合“道”必须落实为“德”。

其三，“德”有“六理”。因为“德”是“浊而始形”，而一有形便必然有“理”，就像玉总是有其纹理一样，所以贾谊讲“德有六理”。“德”之“六理”就是“德”的纹理、纹路。这当然是很形象的说法，抽象地说，“六理”是指“德”的六大原则，它既是构成“德”的原则，也是构成万物尤其是万物之生命的原则。“何谓六理？曰：道、德、性、神、明、命”。“道”是“德之本”，是源初的生生力量，自然应属于“六理”之一；而作为“六理”之一的“德”主要是指那种“始形”亦即初步成形的功能；“性”主要是指使物“与外物之感相应”的生命功能（先秦以来强调“性者，生也”）；作为“六理之一”的“神”，主要是指物之“变化无所不为”的功能；“明”，主要是指“外内通一”而能判断得失是非的智慧；“命”主要是指万物在“性、气、神、明及形体”等方面无法改变的限度与趋向。正是通过这六大原则和功能，万物才得以形成并有“性”与“命”，至于“人”则更有“神”与“明”。

其四，“德”有“六美”。“何谓六美？有道、有仁、有义、有忠、有信、有密”。可见“六美”是指具有“六理”之“德”在创生万物时值得万物仿效、取法的六种德性（“六理、六美……固为所生者法也”）。“德有六美”是因为“德有六理”。“六美”之一是“道”，这是指“德”之“六理”以道为本，亦即合于道。“六美”中又包括“仁”“义”“忠”“信”这四项儒家最为推崇的德目，其中“仁”是指“德”能“生物又养物”而“安利”物；“义”是“德”能“循理”而做出适宜的行为（“德生理，理立则有宜，适之谓义”）；“忠”是指“德之遇物也忠厚”，也就是“德”对于万物诚恳尽心；“信”是指“德”对于万物的忠厚始终有“常”而“不易”；“密”是指“德”能始终守理合道，“与道理密而弗离”，故能从根本上“畜物养物”而为万物所依靠。这些说法，实际上是从宇宙本体论角度阐明了儒家所推崇的仁义忠信等美德的形上根据，也可以说是从作为创生本体、本原意义上的“德”来阐明美德、德性的形上根据。

其五，儒家六经就是讲述和阐明“德”之“六理”与“六美”的。贾谊在讲了“德”之“六理”“六美”后总结说，“道此之谓道，德此之谓德，行此之谓行”，“人能修德之理，则安利之谓福”，这就是说，人们所说的“道”“德”“行”（德行）甚至“福”都必须落实为“六理”“六美”。但这些说法仍是抽象的，为使人们更好地了解何谓“道”“德”尤其是“德”之“六理”“六美”，贾谊不仅以玉喻德，还进一步指出，儒家特别重视的“六经”，正是从各方面记述和阐明古人如何理解、如何践行“德”之“六理”

"六美"的。儒家六经实是"道""德"的客观化和具体化，因而是人们理解和遵循"道""德"最重要的典范和教材。

上述五个方面是层层递进的，其重点就是强调"道"必须落实为"德"之"六理"与"六美"，而儒家"六经"所记述的内容就是对"六理""六美"最好的阐明和实行。

贾谊除《道德说》外，还有《道术》与《六术》等文也阐述了相关思想。从中可以看出，贾谊的哲学思考正是为了解决如何使汉王朝的政权"旷日长久"这一时代大问题。至于像《鵩鸟赋》那样主要为了处理个人出处问题而从道家思想寻找依据的思考，并不是贾谊哲学思想的主要方面。

总的来说，西汉初年虽然道家思想颇为流行并为统治者所信奉，但贾谊却试图以儒家为主干而将道、法、名、阴阳等家思想融为一炉，这固然是由于他"颇通诸子百家之书"而尤精儒家六艺之学，更是由于他所处的时代和社会迫切要求形成一种能够适应汉帝国"大一统"诉求的文化思想。汉初本是特别崇奉道家思想的，但贾谊却暗中改变了这种文化倾向，这就为此后董仲舒通过吸收诸子思想以丰富和发展儒家思想并以之作为治国平天下的主要理据开了先河。因此贾谊实可说是董仲舒的先驱。贾谊的哲学思想不仅为湖湘文化与哲学传统注入了更多的中原文化资源，也奠定了这样一种基本的底色，这就是特具现实关怀（尤其是政治关怀），强调经世致用，深广的形上探索总是为了解决现实与时代的大问题，故而虽然抽象却绝不虚玄。

罗含

罗含（292—369），字君章，耒阳人，湖南本土最早的哲学家之一。其祖父罗彦，做过临海太守；其父罗绥，曾任荥阳太守。罗含幼年丧亲，为叔母朱氏抚养成人，博学能文，不慕荣利，志尚高远。荆州刺史三次召他为官，均辞不就。杨羡任荆州将时，反复引荐他为新淦主簿，力辞不获，这才就任。新淦人感念他父亲，纷纷送他钱物，他虽碍于人情收下，但在离职时"悉封置而去"，"由是远近推服"。不久，调任郡功曹刺史。咸和九年（334），荆州刺史庾亮荐引他为江夏从事，与江夏太守谢尚"为方外之好"，谢尚颇重其才华，誉之"湘中之琳琅"。旋迁荆州主簿。次年，由征西大将军桓温任命为征西参军，后转任荆州别驾。他为避喧扰，于城西小洲建茅屋数椽，伐木为床，编苇作席，布衣蔬食，安然自得。桓温推重其才德，称他是"江左之秀"。之后又分别担任尚书郎、征西户曹参军、宜都太守等职。永和十二年（356），桓温封南郡公，任他为郎中令。不久，应召入都为正员郎，累迁散骑常侍、侍中，又转任廷尉、长沙相。年老辞官归里，朝廷加封为中散大夫。太和四年（369）病逝。其文章如《更生论》与《答孙安国书》等在当时就有广泛影响，后被收入《弘明集》中。又著有《湘中记》（又称《湘中山水记》）三卷，以优美简洁的文辞记述湖南地区的山水、物产、古迹、风俗、逸事和传说等，是东晋地记的早期代表作，为郦道元《水经注》、刘昭《后汉书·郡国志注》等书多所征引，可惜自元代之后已亡佚。南朝刘义庆的《幽明录》《世说新语》及刘孝标注以及唐代初年的《艺文类聚》等书多载其生平逸事，《晋书》有传。

更生论

善哉！向生①之言曰："天者何？万物之总名。人者何？天中之一物。"②因此以谈，今万物有数③，而天地无穷。然则无穷之变，未始出于万物。④ 万物不更生，则天地有终矣。天地不为有终，则更生可知矣。

寻诸旧论，亦云万兆悬定，群生代谢。⑤ 圣人作《易》，已备其极，"穷神知化"，"穷理尽性"。⑥ 苟神可穷，有形者不得无数。是则人物有定数，彼我有成分⑦，有不可灭而为无⑧，彼不得化而为我⑨。聚散隐显，环转我无穷之途；贤愚寿夭，还复其物；自然相次，毫分不差；与运泯复，不诚不知。⑩ 遐哉邈乎，其道冥矣！天地虽大，浑而不乱；万物虽众，区已别矣。各自其本，祖宗有序，本支百世，不失其旧。

又神之与质，自然之偶也。⑪ 偶有离合，死生之变也。质有聚散，往复⑫之势也。人物变化，各有其性⑬。性有本分，故复有常物。散虽混淆，聚不

① 向生：向秀（约227—272），魏晋时期的思想家、文学家，竹林七贤之一，曾作《庄子注》，早已亡佚。玄学家郭象（252—312）的《庄子注》就是对向注的"述而广之"，其中不少内容来自向注，但现已无法分别究竟孰为向注、孰为郭注。

② 郭象《庄子·齐物论注》中只有"天者，万物之总名也"，无"人者何？天中之一物"。《庄子·逍遥游注》中说："天地者，万物之总名也。天地以万物为体，而万物必以自然为正。"

③ 数：下文所说的"定数"，指由不可知的神秘力量从事物之始就已确定的发展走向。

④ 这句是说，（由于天地只是万物之总名）天地间的无穷变化未尝脱离万物。

⑤ 旧论：以前的论说。万兆：万人，代指所有人。悬定：预定，前定。

⑥ 穷神知化：探求事物的神妙并了解事物的变化，语出《易传·系辞下》。穷理尽性：穷究事物的道理并透彻了解人类的本性，语出《易传·说卦》。

⑦ 成分：下文所说的"本分"，指固定不变的性分（本性、性能），也可说为"定分"。郭象《庄子·逍遥游注》："故举小大之殊各有定分，非羡欲所及。"

⑧ 郭象《庄子·田子方注》："夫有不得变而为无，故一受成形，则化尽无期也。"

⑨ 郭象《庄子·天地注》："万物万形，各止其分，不引彼以同我，乃成大耳。"

⑩ 聚散隐显：指构成事物的质素（比如气）的不同存在样态，此处代指事物的各种变化。环转：循环变化。"我"字或作"于"。"贤愚寿夭，还复其物"一句，是指无论贤者还是愚者，无论长寿者还是夭折者，都将更生为原来的那个人。贯次：前后有序。与运泯复：与命运亦即定数密合无间。"诚"字有些版本作"成"或"识"。

⑪ 神：此指精神、灵魂。质：此指肉体、形体。偶：匹配。

⑫ 往复：指生命的往复循环。

⑬ 此句及下句的"性"字有些版本作"往"。

可乱。其往弥远，故其复弥近。又神质冥期①，符契自合。世皆悲合之必离，而莫慰离之必合；皆知聚之必散，而莫识散之必聚。未之思也，岂远乎哉②者？凡今生之为即昔生，生之故事即故事，于体无所厝其意与已，冥终不自觉，孰云觉之哉?③ 今谈者徒知向我非今，而不知今我故昔我耳。达观者所以齐死生，亦云死生为寤寐。④ 诚哉是言！

（大藏经刊行会：《大正新修大藏经》第52册《弘明集》，台北新文丰出版公司1983年版，第27页。）

评析

罗含是东晋早期的著名文士，时人或誉之为“湘中之琳琅”，或赞之为“荆楚之松竹”“荆楚之杞梓”，东晋重臣桓温更说他是“江左之秀”，也就是说，罗含不仅是荆楚地区而且是整个东晋出类拔萃的人才。他之所以如此有名，一是由于他的文才，二是由于他的品节。《晋书·文苑传》记载他幼年“尝昼卧，梦一鸟文彩异常，飞入口中，因惊起说之。朱氏曰：‘鸟有文彩，汝后必有文章。’自此后藻思日新”，又载他晚年“致仕还家”后，“阶庭忽兰菊丛生”，时人“以为德行之感焉”。这些自然都是传说附会之辞，但可见直到唐初官修《晋书》时，仍高度认同罗含的才学与德行。这两个传说再加上他那部《湘中记》，从南朝以来便成为罗含形象的三个重要标识。所以昭明太子萧统《锦带书十二月启》中有“持郭璞之毫鸾，词场月白；吞罗含之彩凤，辩囿日新”“才过吞鸟之声，德迈怀蛟之智”等句；南朝文学家

---

① 冥期：由神秘力量确定的神质离合之期限，亦即生命期限。

② “哉”字有些版本作“若”。

③ 冥终：晦暗至终。这几句文字或有脱误，大意是说，现在这个生命即是此前那个生命，现在这个生命的故事即是此前那个生命的作为，人们对于生命不加注意而已，因此暗昧终生而不自觉，谁能说觉悟了呢？

④ 意指死与生就像是醒着与睡着一样，都是生命的不同存在状态。郭象《庄子·大宗师注》：“夫死生犹寤寐耳。”

徐陵也有“南效奉乘，当求郑默之才；西省文辞，应用罗含之学”之语；唐代大诗人杜甫诗曰“庾信罗含俱有宅，春来秋去作谁家”；刘禹锡诗曰“郭璞验幽经，罗含著前纪”；李商隐有“陶令篱边色，罗含宅里香”“罗含黄菊宅，柳恽白蘋汀”等诗句。北宋以后仍不断有诗人提到他。

《更生论》是罗含最具代表性的哲学名篇。其基本主张是，万物既有“定数”与“成分”（也可说为“本分”或“定分”，指固定不变的本性与性能），又不断“更生”“环转”，虽然其形体由于构成质素的“聚散隐显”而不断变化，但其“神”其“性”却不灭且不变，因此万物虽然“环转”无穷，但最终总是“还复其物”。这就意味着天下万物的变化，既不是有灭而为无，也不是彼化而为我，而是“各有其性”的生命之“神”的不断“更生”亦即生生不息，天地之所以无穷，万物之所以各别，正是这个缘故。据此，他在人生观上，便得出了“今我故昔我”“死生为寤寐”这种达观且积极的结论。

罗含的更生论实际上是对传入中国的佛教轮回说的回应。据《晋书》本传记载，罗含与谢尚为“方外之好”，这说明他对佛学很有兴趣也有一定了解，《更生论》中所谓“今生”与“昔生”、“定数”与“成分”以及“环转我无穷”等说法明显受到了佛教轮回说的影响，其主要观点也与当时佛教所谓“神不灭”论相近。但由于罗含主要根据庄子尤其是向秀的《庄子注》来思考问题，其更生论显然又不同于佛教的轮回说。有些学者认为，这反映了罗含对于佛教轮回说的理解不够深透，但我们认为，毋宁说他对佛学虽有兴趣，却没有放弃独立思考而全盘接受。其实，即使对于本土的庄学思想，罗含同样没有不假思索地全盘接受。与佛教轮回说相比，罗含的更生论虽在佛教影响下主张宿命论，却始终强调天地万物是“实有”的，而不像佛教所说是虚幻之相。坚持独立思考，强调世界“实有”，正是湖湘哲学的一大特点。

罗含在中国哲学史上的贡献不仅在于提出了颇有创意的更生论，更在于围绕此论与孙盛（302—373）进行了一场很有影响的辩论，由此开启了东晋以降关于佛教神不灭论的争辩。孙盛是东晋名士、史学家，年轻时便以博学且善谈名理而闻名，著有《魏氏春秋》《魏氏春秋异同》《晋阳秋》等历史著作。他读了罗含的《更生论》后，致信罗含说“省《更生论》括囊变化，穷寻聚散，思理既佳，又指味辞致亦快，是好论也”，但提出了相反的看法：“吾谓形既粉散，知亦如之。纷错浑化为异物，他物各失其旧，非复昔日。此有情者所以悲叹。”罗含回信孙盛说，更生论并不认为“物都不化”，“但化者各自得其所化，颓者亦不失其旧体。……岂徒一更而已哉？将与无穷，而长更矣。终而复始，其数历然”，因此他认为孙盛的看法是不对的，“盖积悲妄言，咨求所通”。此二信也都收入《弘明集》卷五，列在罗含《更生论》一文之后。侯外庐《中国思想通史》第三卷第八章第三节指出，“神灭与否的正式主客争辩，由孙盛起始有文献可纪；孙盛以前，虽亦有‘异学之徒’对抗于佛教的神不灭义而主张神灭，而针锋相对的辩难则以孙盛与罗含的‘更生’之争为始点”，“东晋以降，神灭与否的争辩，不但为反佛的论据支柱之一，而且为善谈名理者兴致所寄的中心话题”。

还值得一提的是，在罗含辞世一年后出生的何承天（370—447），在担任衡阳内史期间（约432—439），又与佛教徒颜延之、宗炳展开了有关神不灭论和报应论的辩论，有学者称之为“衡阳论辩”。何承天是晋宋时期的著名学者，精通天文、音律，文学、史学才能也很出众。何承天虽然祖籍是东海郯县，但他自幼就生活在湖南益阳，直到31岁才离开，之后还做过浏阳令，晚年又任衡阳内史约七年，这是他任职时间最长的官职，故时人以“何衡阳”为其别名。他在“衡阳论辩”中，明确反对佛教宣扬的神不灭论、报应论和众生论，而主张“形神一体”“形散神灭”“杀生者无恶报，为福者无善应”，并认为人与天地并为“三才”而高于众生。何承天的观点主要是以儒家思想为理据，扬儒抑佛的立场相当明确。他的这种思想虽与罗含不同，但二人前后相接，都参与了当时人们最为关心的哲学问题的讨论，也都为湖湘哲学传统以及湖湘文化风尚的形成作出了重要贡献。

柳宗元

柳宗元（773—819），字子厚，唐代著名文学家、思想家，与韩愈并称“韩柳”，同为中唐古文运动的领导者，也是“唐宋八大家”之一。他虽生长于长安，但祖籍是河东（今山西运城），故而人称柳河东；又因终于柳州刺史任上，也被称为“柳柳州”。他出身于官僚家庭，贞元九年（793）中进士，后登博学宏词科，授集贤殿正字。贞元十七年（801），为京兆府蓝田尉。贞元十九年（803），入为监察御史里行。贞元二十一年（805）正月，迁尚书礼部员外郎，与刘禹锡等人一起参加主张政治革新的王叔文集团，是年9月革新失败，被贬为邵州刺史，11月又加贬为永州司马。元和十年（815）春回京师，旋即又被贬为柳州刺史。据韩愈所作《柳子厚墓志铭》，柳宗元到任后，“因其土俗，为设教禁”，多有善政，“衡湘以南为进士者皆以子厚为师”。元和十四年（819），病逝于柳州任上，年仅47岁。《旧唐书》《新唐书》均有传。好友刘禹锡遵其遗嘱将其作品编为《柳河东集》行世。现在常见的是中华书局出版的《柳宗元集》和《柳宗元集校注》等。

答刘禹锡天论书

宗元白。发书得《天论》三篇，以仆所为《天说》为未究，欲毕其言。① 始得之，大喜，谓有以开明吾志虑②。及详读五六日，求其所以异吾说，卒不可得。其归要曰“非天预乎人也”。③ 凡子之论，乃《天说》传疏耳，无异道焉。④ 谆谆佐吾言，而曰有以异，不识何以为异也。

① 发书：打开来信。《天论》：刘禹锡针对柳宗元《天说》写的文章，分上中下三篇。未究：未尽。欲毕其言：想完善《天说》的讲法。

② 开明吾志虑：启发我的思想。有些版本无“明”字。

③ 归要：主旨，要点。预：干预，参预。

④ 传疏：注解。异道：不同的思想。

子之所以为异者，岂不以赞天之能生植[①]也欤？夫天之能生植久矣，不待赞而显。且子以天之生植也，为天耶？为人耶？抑自生而植乎？若以为为人，则吾愈不识也。若果以为自生而植，则彼自生而植耳，何以异夫果蓏之自为果蓏，痈痔之自为痈痔，草木之自为草木耶？[②] 是非为虫谋[③]明矣，犹天之不谋乎人也。彼不我谋，而我何为务胜之耶？[④] 子所谓交胜者，若天恒为恶，人恒为善，人胜天则善者行。[⑤] 是又过德乎人，过罪乎天也。[⑥] 又曰：天之能者生植也，人之能者法制也。[⑦] 是判天与人为四而言之者也。余则曰：生植与灾荒，皆天也；法制与悖乱，皆人也。二之而已。其事各行不相预，而凶丰理乱出焉，究之矣。[⑧] 凡子之辞，枝叶甚美，而根不直取以遂焉[⑨]。

又子之喻乎旅者[⑩]，皆人也，而一曰天胜焉，一曰人胜焉，何哉？莽苍之先者，力胜也；邑郛之先者，智胜也。[⑪] 虞、芮，力穷也，匡、宋，智穷也。[⑫] 是非存亡，皆未见其可以喻乎天者。若子之说，要以乱为天理、理为

① 生植：生育繁殖。

② 果蓏（luǒ）：木上曰果，地上曰蓏。痈痔：大的疮毒叫痈（多生在颈背），小的疮毒叫痔（多生在头部）。

③ 谋：打算，谋划。

④ 刘禹锡《天论》：“人诚务胜乎天者也，何哉？天无私，故人可务乎胜也。”

⑤ 刘禹锡《天论》：“人能胜乎天者，法也。法大行，则是为公是，非为公非，天下之人蹈道必赏，违之必罚。”又曰：“天与人交相胜矣。……是非存焉，虽在野，人理胜也；是非亡焉，虽在邦，天理胜也。”

⑥ 这又是过分颂扬人，过分怪罪天。

⑦ 刘禹锡《天论》：“天之道在生植，其用在强弱；人之道在法制，其用在是非。”

⑧ 凶丰：凶年与丰年。理乱：有序与混乱。究之矣：这就是问题的究竟。

⑨ 根不直取以遂焉：不直接从根本上来说明问题。

⑩ 刘禹锡《天论》：“夫旅者群适乎莽苍，求休乎茂木，饮乎水泉，必强有力者先焉，否则虽圣且贤莫能竞也。斯非天胜乎？群次乎邑郛，求荫于华榱，饱于饩牢，必圣且贤者先焉，否则，强有力莫能竞也。斯非人胜乎？苟道乎虞、芮，虽莽苍犹郛邑然。苟由乎匡、宋，虽郛邑犹莽苍然。是一日之途，天与人交相胜矣。吾固曰：是非存焉，虽在野，人理胜也；是非亡焉，虽在邦，天理胜也。”

⑪ 莽苍：指郊野。邑郛：指城市。

⑫ 虞、芮：周初两个小国，此指注重“人理”、是非之地。据《史记·周本纪》记载，虞、芮两国之人曾因争讼不能决，求文王评断，进入西周界内后见到“耕者皆让畔，民俗皆让长”，自觉惭愧，“遂还，俱让而去”。匡、宋：孔子周游列国时被围困之地，此指不讲“人理”、是非之地。

人理耶？谬矣。若操舟之言人与天者，愚民恒说耳；[1] 幽、厉之云为上帝者[2]，无所归怨之辞尔，皆不足喻乎道。子其熟之，无羡言侈论以益其枝叶，姑务本之为得，不亦裕乎？[3] 独所谓无形为无常形[4]者甚善。宗元白。

（尹占华、韩文奇校注：《柳宗元集校注》，中华书局 2013 年版，第 2052-2053 页。）

评析

在唐代，柳宗元不仅是大文豪，也是大思想家。人们常以《天说》与《天对》等文作为其哲学思想的代表作，但我们却更重视这篇《答刘禹锡天论书》，因为此文不仅同时体现了柳宗元和刘禹锡两人最主要的哲学思想，还把当时围绕天人关系的讨论推向了高潮。

柳宗元在经历“永贞革新”失败后，就把精力转向了思想文化领域，认为“贤者不得志于今，必取贵于后”。他发愤钻研经史诸子，“读百家书，上下驰骋”，遇到荒谬之处，就常常“勇不自制”地进行批判，“以救世之谬”。他主张融合先秦以来各家的政治学说，但最推崇的是“尧、舜、孔子之道”。他的政治理想，是“唯以中正信义为志，以兴尧、舜、孔子之道利安元元为务”。他留存下来的大部分作品写于在湖南任永州司马期间。

这篇书信约作于唐宪宗元和元年（806）上半年。其时柳宗元与刘禹锡都因参与王叔文集团“永贞革新”而被贬至湖南，分别任永州司马和朗州

① 刘禹锡《天论》：“夫舟行乎潍、淄、伊、洛者，疾徐次舍存乎人。……舟中之人未尝有言天者，何哉？理明故也。行乎江、汉、淮、海者，疾徐不可得而知也，次舍不可得而必也。……舟中之人未尝有言人者，何哉？理昧故也。”愚民恒说：普通百姓常说的话。

② 刘禹锡《天论》：“尧舜之书，首曰‘稽古’，不曰稽天。幽厉之诗，首曰‘上帝’，不言人事。……由是而言，天预人乎？”尧舜之书，指《尚书·虞书》。幽厉之诗，指《诗经》中所载刺幽王、厉王之诗。

③ 熟：熟思。羡言侈论：枝蔓多余的言论，此指《天论》下篇多无关主旨之言。务本：抓住根本，此指紧扣主要论点。裕：此指文章内容的充实丰富。

④ 刘禹锡《天论》：“古所谓无形，盖无常形耳，必因物而后见耳。”

（今湖南常德）司马；头几年被贬为连州阳山令的韩愈，此时刚遇赦不久，任江陵府（现湖北荆州）法曹参军。三人相距都不远，故能彼此通问。最初是柳宗元与韩愈讨论天人关系，写了《天说》一文，刘禹锡看后觉得此文“非所以尽天人之际”，乃作《天论》三篇“以极其辩”；柳宗元读了《天论》后又认为刘禹锡的说法有问题，于是写了这篇书信回复他。为了准确理解这篇书信，我们有必要先了解韩愈、柳宗元的“天说”和刘禹锡的“天论”。

柳宗元在《天说》中记录了韩愈对他阐述的“天之说”。韩愈认为，人们之所以常常向老天爷呼喊抱怨“残民者昌，佑民者殃”并责问它为何要让这种极端悖理的现象发生，都是因为人们“不能知天”。其实正如虫子是果蓏、饮食、草木等物坏了才生出来的，人也是“元气阴阳”坏了才有的；只有除去虫子才“有功于物”，也只有除掉那些有作为的人才“有功于天地”；因此，呼天喊天只会让天对那些残害人民者加重赏赐，而对那些有作为的“佑民者”加重处罚。这实际上是否定了人们向来相信的能对人间善恶进行赏罚的天，也等于说根本没有人们常讲的那种“天理”。当然，这更多的是一种愤激之言，并不是韩愈的真实想法。

柳宗元知道这只是韩愈的“有激而为”之言①，所以他虽夸奖韩愈之言“信辩且美矣”，却说自己可以更透彻地讲清天人关系。他说，所谓天地、阴阳，其实都是自然界的“物”，无论对它们有功还是有害，它们都不能“赏功而罚祸”。因此天地、元气和阴阳对于人们的作为，既无“功”“祸”之感，也无赏罚之能，所谓“功”与“祸”都只是人类自己的判断。这不仅意味着本就不必呼天怨天而“欲望”其“赏罚”或者“哀且仁”，也意味着就算呼天怨天也没用，绝不会出现韩愈所讲的“天闻其呼且怨，则有功者受赏必大矣，其祸焉者受罚亦大矣”。柳宗元认为“天”同瓜果、草木等自然界的一切物质一样，都是由“元气”构成的，并不存在离开“元气”而独立存

① 柳宗元的《哭张后余辞》中有“激者曰：‘天之杀，恒在善人而祐不肖。’”

在的有意志的“天”。他的这些说法，完全分开了“天”“人”，也完全否定了天人关系，因此比韩愈更彻底地否定了传统所说的主宰之“天”和“天理”，否定了天有意志并能赏善罚恶的目的论。结合他们当时的处境可知，虽然二人同是天涯沦落人，但柳宗元比韩愈似乎更多些理性和冷峻。

对于柳宗元的这种观点，韩愈是接受的，所以两三年后他在《孟东野失子并序》一诗中说：“问天主下人，薄厚胡不均？天曰天地人，由来不相关。……吾不汝之罪，知非汝由因。且物各有分，孰能使之然！”

但刘禹锡认为，柳宗元的《天说》仍是“有激而云”，因而仍有未尽之意，故作《天论》三篇。他认为，虽然“天”与“人”互不干预，但并非完全无关，事实上是“天与人交相胜”，亦即有时“天之能”胜过了“人之能”，或者说“天道”“天理”胜过了“人道”“人理”，有时则是“人之能”胜过了“天之能”，或者说“人道”“人理”胜过了“天道”“天理”。所谓“天之能”就是由“力”“气”强弱形成的“生植万物”的能力，“人之能”则是由礼义法制形成的道德分辨能力；相应地，“天道”“天理”就是只讲力气强弱，“人道”“人理”则是注重礼义是非。只有当“天道”“天理”胜过“人道”“人理”时，才会出现韩愈所谓“残民者昌，佑民者殃”等现象，人们也才会由于昧于“人道”而将此种现象“举归乎天”。与此同时，《天论》还提出天与人不仅“交相胜”而且“还相用”，这大概主要是指人“用天之利”，但并未加以具体说明。总之，《天论》实是一方面承认柳宗元所谓“天”“人”互不干预的观点，一方面又特别主张“天人交相胜”，强调人应发挥能动性，通过“用天之利”而“务胜乎天”，而不要让“天胜乎人”。这种观点远承《逸周书·文传》所谓“兵强胜人，人强胜天”尤其荀子所谓“制天命而用之”等说法而加以发挥，确是在柳宗元《天说》的基础之上更进了一层。但细思柳宗元的观点，他之所以强调天人之分，否定了天对人的主宰，也正是为了强调人的能动性与自主性。故其《愈膏肓疾赋》中明确说：“予今变祸为福，易曲成直，宁关天命？在我人力。”

柳宗元《答刘禹锡天论书》说，他经过五六天反复研读和思考，觉得刘禹锡《天论》的主旨实是“非天预乎人也”，这与他本人所谓天与人“其事各行不相预”的主张并无不同，因此不过是“《天说》传疏耳”。至于刘禹锡所谓“天与人交相胜”，柳宗元则觉得大有问题。第一，刘禹锡所谓“天之能”是指天能生植万物，但并不是有意要与“人之能”争胜，二者之间并不存在竞争关系，因此也就无所谓“交相胜”。第二，按照“交相胜”之说，就会得出“天恒为恶，人恒为善，人胜天则善者行”，或者说“以乱为天理、理为人理”，这便过分颂扬人尤其是过分怪罪天，其实“人之能”并非“恒为善”，“天之能”则无所谓善与恶。第三，刘禹锡说“天之道在生植”，“人之道在法制”，其实“天之能”也有“灾荒”一面，“人之能”也有“悖乱”一面。第四，《天论》在具体分析论证时有些例子举得也不恰当，如以“旅途”中谁先到达来分说“天人交相胜”一段，又如对“操舟之言人与天者”与“幽、厉之云为上帝者”等处的分析，都不足以分别“天”“人”。第五，《天论》还常常偏离主旨而多枝蔓之言，其中只有“古所谓无形，盖无常形耳”一段讲得很好。

柳宗元的这篇书信不仅言简意赅，而且非常直率地指出了刘禹锡《天论》的各种问题，这既是因为他们是非常要好的朋友，也是因为天人观的辨明对于正确理解现实生活中各种消极现象包括他们当时的遭遇极其重要。此后柳宗元又于元和三年（808）作《非国语》，元和十年（815）作《天对》等文，进一步发挥他的上述思想。

总之，柳宗元、刘禹锡以及韩愈的看法虽然各有同异，但他们的“遭遇一样，立场一样”，“韩愈遭贬而发牢骚，刘、柳是帮助韩愈说话，为之补充，并不是和韩愈作斗争”（冯友兰语）。他们之间的相互对话把唐代哲学对天人关系的辩论推向了高峰。

柳宗元由于长期贬谪湖南，其遭遇又与屈原相似，故而深受屈原影响。他在贬往永州途中经过汨罗江口时就写有《吊屈原文》，既以吊屈伤古，亦以自明心迹。据《新唐书》记载，他到永州后“仿《离骚》数十篇”。他的《天对》更是直接回答屈原《天问》的古今第一赋章。他是自觉地以屈原作为立身行事的楷模，因此也像屈原一样以深沉之思不懈地探求宇宙、历史、人情、物理、历史的底蕴。南宋严羽说“唐人惟柳子厚深得骚学”，这个评价已经够高，但主要是指他的文学创作。其实柳宗元深受屈原影响的，还有他的整个人格，尤其是那种将九死不悔的现实关怀和上下求索的哲学思考相互结合的精神。这也正是湖湘哲学代代传承的根本精神。

周敦颐

周敦颐（1017—1073），道州营道（今湖南道县）人，字茂叔，原名敦实，因避宋英宗旧讳改为敦颐；又因晚年卜居庐山之麓，名其地之溪曰濂溪，并于其旁筑建濂溪书堂，学者称之为濂溪先生；卒后谥元，故后世也称其为元公。其父周辅成，赐进士出身，做过县令。周敦颐15岁时，父亲谢世，与母亲入京城开封，依舅父龙图阁直学士郑向为生，21岁时其母亦去世。24岁进入仕途，分别在江西、福建、湖南、重庆、广东等地做过主簿、司理参军、县令、判官、提点刑狱之类官职。他虽长期担任州县小吏，但不卑小职，处世超然。据说他不除窗前杂草，人问其故，答曰“与自家意思一般”（《濂溪集》卷五）。向他问学的人，往往感觉如坐春风，“慨然有求道之志”。大诗人黄庭坚称赞他“人品甚高，胸中洒落，如光风霁月”（《山谷集》卷六十四）。周敦颐是中国思想史上享有盛名的湖南籍学者，被尊称为“道学宗主”，所著《太极图说》与《通书》被公认为宋代理学的开山之作。比他小十五六岁的大理学家程颢、程颐兄弟曾奉父命师事于他。其现存著作，以中华书局出版的《周敦颐集》最为常见。

太极图说

无极而太极。① 太极动而生阳，动极而静；静而生阴，静极复动；一动一静，互为其根。② 分阴分阳，两仪立焉；阳变阴合，而生水、火、木、金、

① 此谓天道是体用不离、动静互含的整体结构，“无极”言其自本自根而至静，“太极”言其至健至动且至实。

② 这几句是对《易传》“一阴一阳之谓道”的解释与发挥：太极乃天地之至动，此动即所谓阳；然此至动乃是天地的自我生成与实现而非为外力所推动，故又是至静，动而不乱谓之静，此静即所谓阴；天道是动静互含、即动即静。“生阳”“生阴”之“生”，不是时间上的创生而是概念上的推导，因其动故谓之阳，因其静而谓之阴。“动极而静”与“静极复动”非指由动到静又由静至动，而是指极动同时是静，极静又同时是动。其《通书·动静》特别指出，不应以现成固定之物的动静来理解天道的动静，前者总是动静分离，后者则是即动即静。

土；五气顺布，四时行焉。① 五行，一阴阳也；阴阳，一太极也；太极，本无极也。② 五行之生也，各一其性；无极之真，二五之精，妙合而凝。③ “乾道成男，坤道成女”，二气交感，化生万物；万物生生，而变化无穷焉。④ 惟人也，得其秀而最灵。形既生矣，神发知矣；五性感动，而善恶分，万事出矣。⑤ 圣人定之以中正仁义（圣人之道，仁义中正而已矣）而主静（无欲故静），立人极焉。⑥ 故圣人“与天地合其德，日月合其明，四时合其序，鬼神合其吉凶”。君子修之，吉；小人悖之，凶。故曰：“立天之道曰阴与阳，立地之道曰柔与刚，立人之道曰仁与义。”又曰：“原始反终，故知死生之说。”⑦ 大哉《易》也，斯其至矣！

（周敦颐著，陈克明点校：《周敦颐集》，中华书局 2009 年版，第 3-8 页。）

评析

古今中外，如果一个思想家在思想史上产生了重大影响，必是因为他敞开了一个新的思想世界、揭示了一种根基性的思想范式，而不仅仅是因为他

① 这几句是对《易传》中“《易》有太极，是生两仪，两仪生四象”的解释与发挥：有了阴阳概念也就有了两仪（天地或乾坤）概念，由阴阳互含乃有各别而统一的五行（五气）概念，由五行的不断表现又有各别而统一的四时（四季，四象）循环。

② 五行是阴阳之变合，阴阳是太极之动静，太极即动即静是因为它同时是无极。

③ 各别的五行生生不息却不乱其性（各一其性），“无极”的至静至一（无极之真）和表现“太极”至动分殊的“阳变阴合”与“五气顺布”（二五之精）神奇（妙）地统一（合）并体现（凝）于其中。

④ 因阴阳互含交感才产生万物和无穷变化。“乾道成男，坤道成女”出自《易传》，乾、坤本分别指阳卦、阴卦，此处指阳和阴。

⑤ 神发知：神指神妙的人性，发指发挥、产生，知指感觉与辨别能力。五性：源自五行之气的人性。感动：感于外物而动。善恶分：既能辨善恶又能为善恶。

⑥ 定之以中正仁义而主静：以中正仁义之道贞定万事而于动中求静。这句话化用了《大学》“知止而后有定，定而后能静”，是主张动中求定、以定而静，不是废动主静。人极：与天地之道并立而共同支撑宇宙的人道极则。

⑦ 这几句引文都出自《易传》，说明圣人之道既源于天地之道又与之有所区别，必明天地之道而后可明人道之形上根源与崇高价值。

提供了若干具体观点与概念，更不仅仅是因为他偶然地受到了某些人的推崇。对于那些著述极少影响又极大的思想家来说，尤其如此。北宋的周敦颐就是这类思想家，他的哲学著作主要是《太极图说》与《通书》两种，总共三千字不到，比老子的“五千言”还少，但他被公认为理学的开山之祖。

《太极图说》是周敦颐对《太极图》的解说，因为言辞过简，意思并不显豁。不同的学者对之有不同的理解，引发的争论极多，其中大部分缘于对首句“无极而太极”理解上的分歧。正如朱熹所说，周敦颐最核心的思想就体现在这句话上。

综观《太极图说》与《通书》以及朱熹、张栻等理学家的诠释，“无极而太极”意指天地之道（简称天道）是同时具有“无极”与“太极”的整体存在结构。所谓无极，是指自本自根因而至静至寂。自本自根是说天地宇宙的一切运动变化都来自它本身，而不是由某种外在根据所决定的；天地间的一切变化既然都为它固有，那么即使千变万化也是至静至一（自我统一），绝不会因为这些变化而成为另一天地。所谓太极，则指天地宇宙至动至健、生生不息并因此而充实至极。因此，“无极而太极”是说天地宇宙既自本自根又自动自成。天地宇宙不是现成固定的一潭死水。现成固定之物的存在方式总是动静分离，因为其动其静都是由外力推动；天地宇宙则是即静即动（动静互含），因为其动其静皆为自本自根。即静即动，就是即体即用，即存在即表现（自我根据并自我表现与实现）。周敦颐进一步指出，即动即静意味着有阴有阳而又“阳变阴合”——“阳”不断变动而导致纷繁复杂的差异性，“阴”则顺从、承载与凝合这些变动而使之具有统一性。整个宇宙于是既丰富多彩、无所不有而又非一盘散沙，正如四季虽然各异却构成一个统一的整体。因此，“无极而太极”意味着即同即异、即一即多，或者说理一分殊。总之，天道乃是赅体用、贯动静、含同异的大全而非现成的整体结构。

若将这种抽象的哲学理论转换成日常用语，相当于说：我们所处的世界乃是一个鸢飞鱼跃、叶绿花开、潮来溪退、月落日升的世界，天地宇宙是如此生意盎然、如此生机勃勃而又如此充盈丰盛！它不是被决定的而是自由的，不是现成固定的而是生生不息、不断实现的，但同时又不是一盘散沙、天崩地陷的乱动，而是“阳变阴合”“化生万物”的顺动亦即自我统一、自我调整、自我实现之动。宇宙之所以无限，不是因为它无边无际、无始无终，而是因为它是自由的；宇宙之所以大全，不是因为它早已包含一切，而是因为它有自由的本性，故能生生不息以至无所不备、无所不通。

哲学家有关宇宙观或世界观的论述，最终都是试图为人（个体与社会）的存在寻找终极根据，因为哲学就是人学。周敦颐也不例外，所以他在《太极图说》的下半节，着重讨论人道与天道的关系。他说，万物之中只有人得天地之“秀气”而“最灵”，因为只有人才能辨善恶，不过也只有人才能为善恶。所谓善恶都是就人而言，万物皆不能知善恶，所作所为都是自然而然，故无所谓善与恶。人正因“最灵”，所以既可能自觉践行人道，也可能只是顺从个人欲望。只有圣人，才能在“性”动事“变”之际“定之以中正仁义而主静”，动而能定并因定而静。这正是人道层面的即动即静、“阳变阴合”。后来程颐提出“动之端乃天地之心”，显然并不是反对周敦颐的“主静”说，恰恰是继承了这种动静互含的思想。不过，人道虽源自天道，在具体表现上却又与之不同。人道要针对人能辨善恶又能为善恶这一特征，特别注重人的自觉性、主动性以止恶而为善，因此必须是“仁义中正”之道。人之所以可与天地并称为“三才”，人道之所以能成为天地宇宙的一极即“人极”，就是因为人道与天道既一致又有别。只有像圣人那样充分自觉、践行人道，才能“立人极”，否则便不免动而不能静、有善亦有恶。因此，无论个体还是整个社会，要想趋吉避凶，都必须仿效圣人。这样，周敦颐便打通了天人之道，既重其“不二”（统一）亦重其“不一”（区别）。

周敦颐讲“无极而太极”也许接受了道家思想的影响和玄学家王弼的影响，但主要来自对儒家经典尤其是《易传》的别有会心与融会贯通。结合《通书》来看，他所谓“无极而太极”实来源于《易传》所谓“《易》无思也，无为也，寂然不动，感而遂通天下之故”。其中，“无极”相当于“寂然不动”，“太极”则相当于“感而遂通”；“无极”之“无”就是“无思”

“无为”之“无”，“太极”之“太”则是《易传》所谓“泰”与“通”以及由此而来的“大和”之“大”（读为“太”）。正因如此，周敦颐在《太极图说》末尾赞叹说：“大哉《易》也，斯其至矣！”在《通书》中更说：“《易》何止五经之源？其天地鬼神之奥乎！”他的《通书》本就名为《易通》，即对于《易》理的会通。后来程颐同样通过注《易》深刻领会了这个道理，并将其表述为“体用一源，显微无间”。弟子们认为他把这个道理揭示出来泄露了天机。其实天机早被周敦颐泄露了，也早被先秦儒学泄露了。

现代学者往往认为《太极图说》的上半节是讲宇宙生成论，其实它是讲体用不离的天道论，关心的不是天地宇宙如何在时间上生成，而是其存在根据与存在方式，亦即体与用之间的关系。周敦颐在中国哲学史上之所以有那么深远的影响和崇高的地位，是因为他不将“道”仅仅理解为“体”，而认为它是兼含“体”与“用”的整体结构。这种体用不离的天道论是理论上的重大突破，由此不仅重新论证了儒家所主张的人道即“仁义中正之道”，也带动了人道论（包括心性论、修养论、王道论）的全面突破。

《太极图说》虽然简约，却和《通书》一道对宋代理学家产生了重大影响。其影响主要在于，通过对道（同时包括体与用）的探索，超越了秦汉以来的思想路线，重新打通了天道与人道、内圣与外王，从而延续了先秦儒学精神，并在天道论与人道论两个方面激活了先秦儒学的一系列观念和概念。《宋元学案》认为，在周敦颐之前及与之同时，虽然也有其他儒者有过复兴儒学的努力，然而，“若论阐发心性义理之精微，端数元公之破暗也”。

在宋代理学家中，朱熹对周敦颐著作的解说流传最广，但他的理解并不完全符合原著的思路。祖籍非湖南而生活在湖南的胡宏、张栻等人以二程思想为中介，出色地继承、发挥与拓展了周敦颐思想并形成了湖湘学派。后来的湖湘哲学家无不受到周敦颐思想的影响，这种影响主要表现在奠定了一种基本的哲学思路。周敦颐所谓“无极而太极”，若用后来理学家的术语来说，实谓天地之“道”既包含了“心”的主动性和“气”的能动性，故动而不息（“太极”），又包含了固有之“理”或“性”即自我可能性、自我规定性与统摄性，故动而不乱（“无极”）。此后的湖湘哲学家接受并不断拓展了这种哲学思路，坚持“道”是即体即用即理即心即气的整体存在结构，每一个构成要素（“体”与“用”、“理”或“性”与“心”及“气”）既互相统一、互相作用又互相区别、不可取代。因此，相对于只偏重其中一个要素的其他哲学思路而言，这种思路就显得更加全面和精微。总之，周敦颐不仅是整个宋代理学的开创者，也是湖湘哲学的奠基人。也许可以说，只有真正理解了湖湘哲学，才能回过头来更准确地理解周敦颐的思想。

通书
（节选）

诚上第一

诚者，圣人之本。“大哉乾元，万物资始”，诚之源也。“乾道变化，各正性命”，诚斯立焉，纯粹至善者也。故曰：“一阴一阳之谓道，继之者善也，成之者性也。”“元亨”，诚之通；“利贞”，诚之复。大哉《易》也，性命之源乎！①

诚下第二

圣，诚而已矣。诚，五常之本，百行之源也。静无而动有，至正而明达也。五常百行非诚，非也；邪暗，塞也。故诚则无事矣。至易而行难，果而

① 此章引文都出自《易传》，意在说明作为人道极则的“诚”源于天道。

确，无难焉。故曰："一日克己复礼，天下归仁焉。"①

诚几德第三

诚，无为。几，善恶。德：爱曰仁，宜曰义，理曰礼，通曰智，守曰信。性焉安焉之谓圣，复焉执焉之谓贤。发微不可见、充周不可穷之谓神。②

圣第四

"寂然不动"者，诚也。"感而遂通"者，神也。动而未形、有无之间者，几也。诚"精"故"明"，神"应"故"妙"，几"微"故"幽"。诚、神、几，曰圣人。③

慎动第五

动而正曰道，用而和曰德。④ 匪仁，匪义，匪礼，匪智，匪信，悉邪也。邪动，辱也；甚焉，害也。故君子慎动。

① 此谓人道之"诚"与天道"无极而太极"的结构相同，也是即静即动、即无（无为、无善恶）即有，所以有"至正而明达"的特点，至正即静，静则虚，虚则明，明则达（参见后文"圣学"章）。非诚不能至正，不正则不能静虚，不能静虚则"邪"，"邪"则不明而"暗"，"暗"则不达而"塞"。五常：仁、义、礼、智、信。百行：各种德行。无事：语出《孟子·离娄下》，谓凡事自然中理而无待于勉强，即下章所谓"无为"。果而确：果断实行而坚守不移。最后一句出自《论语·颜渊》，"克己复礼"即"诚"，"天下归仁"即"诚则无事"。

② 无为：语出《易传》"《易》无思也，无为也，寂然不动"，即上章所谓"静无""无事"。几，善恶："几"这个概念出自《易传》，此指性体的细微发动；性体只要有细微发动就会有善恶之分，即《太极图说》所谓"五性感动，而善恶分"。德：人道的实际体现，如体现仁道即有爱德，体现义道即有宜德，等等。性焉安焉之谓圣：性体之动天生就无不"诚"者为圣人。复焉执焉之谓贤：性体之动能够复归于"诚"且能坚持者为贤人。发微不可见、充周不可穷：合于"诚"的性体之动虽细微无形却无所不备、无所不达。

③ 这是会通《易传·系辞上》的相关说法与概念来进一步说明诚、神、几，并以之界定圣人。

④ 动而正曰道：据以动而能正（定而静）的就是道；人道源于诚，具体表现为仁、义、礼、智、信。用而和曰德：遵循人道而使事物各得其理从而和谐统一的就是德。参见"礼乐"章论"和"。

道第六

圣人之道，仁义中正而已矣。守之贵，行之利，廓之配天地。岂不易简？岂为难知？不守，不行，不廓尔！①

师第七

或问曰：曷为天下善？曰：师。曰：何谓也？曰：性者，刚柔善恶，中而已矣。不达，曰：刚善，为义，为直，为断，为严毅，为干固；恶：为猛，为隘，为强梁。柔善：为慈，为顺，为巽；恶：为懦弱，为无断，为邪佞。惟中也者，和也，中节也，天下之达道也，圣人之事也。故圣人立教，俾人自易其恶，自至其中而止矣。故先觉觉后觉。暗者求于明，而师道立矣。师道立，则善人多。善人多，则朝廷正，而天下治矣。②

思第九

《洪范》曰："思曰睿"，"睿作圣"。无思，本也；思，通，用也，几动于彼，诚动于此。无思而无不通为圣人。不思则不能通微，不睿则不能无不通。是则无不通生于通微，通微生于思。故思者圣功之本，而吉凶之机也。《易》曰："君子见几而作，不俟终日。"又曰："知几，其神乎！"③

志学第十

圣希天，贤希圣，士希贤。伊尹、颜渊，大贤也。伊尹耻其君不为尧、

① 仁义中正：仁、义、中、正等四个概念既见于《易传》，亦见于"四书"，此处将四者并言是受到《易传》所谓"元亨利贞"的影响，它们都是"诚"的具体表现。廓：孟子所谓扩充善推。

② 曷为天下善：如何使天下人都能为善。性者，刚柔善恶，中而已矣：人有刚有柔，其动有善有恶，循性则刚柔皆中而无动不善。不达：不明白。干固：上文所谓"果而确"。明：此指明者，自觉者。

③《洪范》：《尚书》中的一篇。思，通，用也：思就是能与事物的几微之动相感通，是"诚"的表现。无思而无不通：《易传》所谓"无思也，无为也，寂然不动，感而遂通天下之故"，无不通即"通天下之故"，亦即"睿"。

舜，一夫不得其所，若挞于市。颜渊“不迁怒，不贰过”，“三月不违仁”。志伊尹之所志，学颜子之所学，过则圣，及则贤，不及则亦不失于令名。①

顺化第十一

天以阳生万物，以阴成万物。生，仁也；成，义也。故圣人在上，以仁育万物，以义正万民。天道行而万物顺，圣德修而万民化。大顺大化不见其迹、莫知其然之谓神。故天下之众，本在一人。道岂远乎哉？术岂多乎哉？②

治第十二

十室之邑，人人提耳而教且不及，况天下之广，兆民之众哉？曰：纯其心而已矣。仁、义、礼、智四者，动静、言貌、视听无违之谓纯。心纯则贤才辅，贤才辅则天下治。纯心要矣，用贤急焉。③

礼乐第十三

礼，理也；乐，和也。阴阳理而后和。君君臣臣，父父子子，兄兄弟弟，夫夫妇妇，万物各得其理然后和。故礼先而乐后。④

务实第十四

实胜，善也；名胜，耻也。故君子进德修业，孳孳不息，务实胜也。德业有未著则恐恐然畏人知，远耻也。小人则伪而已。故君子日休，小人日忧。⑤

① 此承“师”章而言，将“师道”分为三个层次，即“圣希天，贤希圣，士希贤”，希指立志达到某种境界，就“士希贤”而言，则当以伊尹、颜回为榜样。

② 此谓人道的仁义不可分离，相当于天道的阴阳不可分离，都是即动即静，如此乃神而化。

③ 此谓治国当以感化为主，君主须纯正其心，即一举一动皆合仁义礼智之道，纯则诚，诚则神，神则化。

④ 此谓只有人人“自至其中”而“各得其理”、各安其位，整个社会才能和谐；这个道理运用到礼乐关系上就意味着必须首先重视礼，然后才能政善而乐和。

⑤ 著：突出。君子：此章与下章都主要是指君王。休：坦荡和乐。

爱敬第十五

有善不及？曰：不及则学焉。问曰：有不善？曰：不善则告之不善，且劝曰："庶几有改乎？斯为君子。"有善一，不善二？则学其一而劝其二。有语曰：斯人有是之不善，非大恶也？则曰：孰无过？焉知其不能改？改则为君子矣！不改，为恶。恶者，天恶之，彼岂无畏耶？乌知其不能改？故君子悉有众善，无弗爱且敬焉。①

动静第十六

动而无静，静而无动，物也。动而无动，静而无静，神也。动而无动，静而无静，非不动不静也。物则不通，神妙万物。水阴根阳，火阳根阴。五行阴阳，阴阳太极，四时运行，万物终始。混兮辟兮，其无穷兮。②

圣学第二十

圣可学乎？曰：可。曰：有要乎？曰：有。请闻焉。曰：一为要。一者，无欲也。无欲，则静虚动直。静虚则明，明则通；动直则公，公则溥。明通公溥，庶矣乎！③

公明第二十一

公于己④者公于人，未有不公于己而能公于人也。明不至，则疑生。明，无疑也。谓能疑为明，何啻千里！

① 有善不及：人或有善而我不能及之则如之何？以下几个问句的句式都与此类似。悉有：全部拥有。无弗：无不。此章是讲君子当以"爱敬"修德，使所接之人皆能"自至其中""各得其理"。

② 神妙万物：语出《易传》，此谓圣人本诚以动，即动即静，妙于一般人与万物的动静分离，故当谓之为神（指神妙，非指神仙）。水阴根阳，火阳根阴：水属阴而源于阳，火属阳却源于阴。五行阴阳，阴阳太极：《太极图说》所谓"五行，一阴阳也；阴阳，一太极也"。

③ 一：正、中、纯，亦即诚。诚纯中正则无私欲、无人为，即上文所谓"无思""无为"。动直："慎动"章所谓"动而正"。溥：普遍。

④ 公于己：对己之所有皆能使之各得其理、各止于中而至于和，亦即以义正己。

理性命第二十二

厥彰厥微，匪灵弗莹。刚善刚恶，柔亦如之，中焉止矣。二气五行，化生万物。五殊二实，二本则一。是万为一，一实万分。万一各正，小大有定。①

颜子第二十三

颜子“一箪食，一瓢饮，在陋巷，人不堪其忧，而不改其乐”。夫富贵，人所爱也，颜子不爱不求，而乐乎贫者，独何心哉？天地间有至贵至爱可求而异乎彼者，见其大而忘其小焉尔。见其大则心泰，心泰则无不足，无不足则富贵贫贱处之一也。处之一，则能化而齐。故颜子亚圣。②

师友上第二十四

天地间，至尊者道，至贵者德而已矣。至难得者人，人而至难得者，道德有于身而已矣。求人至难得者有于身，非师友则不可得也已。③

师友下第二十五

道义者，身有之，则贵且尊。人生而蒙，长无师友则愚。是道义由师友有之，而得贵且尊。其义④不亦重乎？其聚不亦乐乎？

---

① 厥彰厥微，匪灵弗莹：对于理、性、命的彰著与隐微，非灵明者不能透彻明白。刚善刚恶，柔亦如之，中焉止矣：刚可为善亦可为恶，柔也如此，只有依据中才能纯粹至善。五殊二实，二本则一：五行各殊而皆源于阳变阴合，阴阳虽二而皆本于太极。是万为一，一实万分：万事万物都是太极的表现，太极的真实存在体现为分殊的万事万物。万一各正，小大有定：“万一”指分殊为万的“一”，即万物，它们无论大小都各有其道。

② 首句出自《论语·雍也》，是孔子赞扬颜渊的话。至贵至爱可求：朱熹认为当作“至贵至富，可爱可求”。见其大而忘其小：孟子所谓“先立乎其大者，则其小者弗能夺也”。化而齐：应变无穷而齐归于中道。

③ 至难得者人：儒家认为人为天地之心，因有道德而灵于万物，所以成为人非常难得。非师友则不可得：只有在师友启发之下自修其德才能实有此道。

④ 义：此指师友之义，即师友之道。

势第二十七

天下，势而已矣。势，轻重也。极重不可反。识其重而亟反之，可也。反之，力也。识不早，力不易也。力而不竞，天也；不识不力，人也。天乎？人也，何尤？①

文辞第二十八

文所以载道也。轮辕饰而人弗庸，徒饰也，况虚车乎？② 文辞，艺也；道德，实也。笃其实，而艺者书之，美则爱，爱则传焉。贤者得以学而至之，是为教。故曰："言之无文，行之不远。"然不贤者，虽父兄临之，师保勉之，不学也，强之不从也。不知务道德，而第以文辞为能者，艺焉而已。噫！弊也久矣。

圣蕴第二十九

"不愤不启，不悱不发。举一隅不以三隅反，则不复也。"子曰："予欲无言。天何言哉？四时行焉，百物生焉。"然则圣人之蕴，微颜子殆不可见。发圣人之蕴，教万世无穷者，颜子也。圣同天，不亦深乎？常人有一闻知，恐人不速知其有也，急人知而名也，薄亦甚矣。③

精蕴第三十

圣人之精，画卦以示；圣人之蕴，因卦以发。卦不画，圣人之精不可得而见。微卦，圣人之蕴殆不可悉得而闻。《易》何止五经之源？其天地鬼神

① 轻重：有轻有重，也可理解为由轻而重。反：陈荣捷认为宜理解为控制而不仅是扭转，因为势既有消极负面的，也有积极正面的。亟：尽早。竞：强劲。不识不力：因不识势而不早用力。尤：怨恨。

② 装饰车子是为了吸引他人使用，若不被使用则装饰毫无意义；若本就无车，装饰就更无意义。

③ 此章引语皆出自《论语》。蕴：所隐含的思想。微：（如果）无。

之奥乎!①

乾损益动第三十一

君子乾乾、不息于诚，然必惩忿窒欲，迁善改过而后至。《乾》之用其善是，《损》《益》之大莫是过，圣人之旨深哉！“吉凶悔吝生乎动”，噫！吉一而已，动可不慎乎!②

家人睽复无妄第三十二

治天下有本，身之谓也。治天下有则，家之谓也。本必端，端本，诚心而已矣。则必善，善则，和亲而已矣。家难而天下易，家亲而天下疏也。家人离，必起于妇人。故《睽》次《家人》，以“二女同居”而“志不同行”也。尧所以“厘降二女于妫汭”，舜可禅乎？吾兹试矣。是治天下观于家，治家观身而已矣。身端，心诚之谓也。诚心，复其不善之动而已矣。不善之动，妄也；妄复则无妄矣。无妄，则诚矣。故《无妄》次《复》，而曰“先王以茂对时育万物”。深哉!③

陋第三十四

圣人之道，入乎耳，存乎心，蕴之为德行，行之为事业。彼以文辞而已者，陋矣！

① 精：最精微的思想。朱熹认为精和蕴的区别在于，精是至深至约，蕴则包含至广。

② 此章引语皆出自《易传》对乾、损、益等三卦的解释。其：朱熹认为当作“莫”。吉一而已：指在“吉凶悔吝”中吉仅居其一。

③ 则：样范。和亲：使家人和睦相处。家难而天下易：齐家难而治天下易。家人离，必起于妇人：据下文可知，此句是指家人离心必起因于家中女性（尤其妻子们）不能相合而和，女性不能相和又由于男性不能修身，因此修身齐家最终要落实为夫妻相和，即阴阳相和。厘降二女于妫汭：尧帝命令两个女儿（娥皇、女英）下嫁到时在妫水湾的舜，出自《尚书·尧典》。复其不善之动：扭转内心不善的趋势。此章以《易传》对家人、睽、复、无妄四卦的解释会通《大学》所谓正心、修身、齐家、治国、平天下。

拟议第三十五

至诚则动，“动则变，变则化”。故曰：“拟之而后言，议之而后动，拟议以成其变化。”①

刑第三十六

天以春生万物，止之以秋。物之生也，既成矣，不止则过焉，故得秋以成。圣人之法天，以政养万民，肃之以刑。民之盛也，欲动情胜，利害相攻，不止则贼灭无伦焉。故得刑以治。情伪微暧，其变千状，苟非中正、明达、果断者，不能治也。《讼》卦曰“利见大人”，以“刚得中”也。《噬嗑》曰“利用狱”，以“动而明”也。呜呼！天下之广，主刑者，民之司命也，任用可不慎乎！②

公第三十七

圣人之道，至公而已矣。或曰：何谓也？曰：天地至公而已矣。

孔子上第三十八

《春秋》，正王道，明大法也，孔子为后世王者而修也。乱臣贼子，诛死者于前，所以惧生者于后也。③ 宜乎万世无穷。王祀夫子，报德报功之无尽焉！

（周敦颐著，陈克明点校：《周敦颐集》，中华书局 2009 年版，第 13-42 页。）

---

① 首句引语出自《中庸》，后句出自《易传》，此以《中庸》释《易传》。

② 贼灭无伦：伤害君父，残毁身体，不讲伦常，即“乐上”章“贼君弃父，轻生败伦”。情伪微暧：人心诚伪隐微难明。此章承“顺化”章“以义正民”之意论肃刑的根据与用刑的原则。

③ 对已死的乱臣贼子加以斥责（诛），是为了使后世的乱臣贼子有所畏惧。

评析

周敦颐的《通书》依然惜字如金，不过总算有四十章。相对而言，《太极图说》重在天道论的揭示，《通书》重在人道论（包括心性论、修养论和王道论）的阐发。

《通书》讲人道，最核心的概念是“诚”。此概念源自《中庸》，周敦颐将它与《易传》及其他儒家经典的相关说法打通。有些学者认为，“诚”指整个天地宇宙的本体，这种说法适用于之前的《中庸》，也适用于之后的许多理学家，但不适用于周敦颐。在他这里，“诚”不是指本体，而是指兼赅体与用的道；也不是指天道，而是指源于天道的人道，是“五常之本，百行之源”。人道之“诚”和“无极而太极”的天道一样，也是贯动静、赅体用、备有无、含同异。因为，诚一方面是“静无”“静虚”“无为”“无思”，另一方面又是“动有”“动直”，且能“明通公溥”以至“充周”“无不通”，使万物各得其理而达于“太和”。

周敦颐认为，“诚”不仅是即静即动，而且是动（表现）于未形、“发微不可见”，因为“诚者”总是在事势“动而未形”之时就已感通而懂得引导和驾驭，万事万物不知不觉就为其所转化。就其善动于事变初起之际而言，可谓之“几”；就其妙应普化又无形迹而言，则可谓之“神”（不是指神仙，而是指极其灵妙高明，这个概念出自《易传》）。“诚”内在地包含了“神”与“几”，圣人就是“诚”的充分体现，所以既可以说“圣，诚而已矣”，又可说“诚神几曰圣人”。“诚神几”统一的根据就在于“诚”是即静即动的整体结构，也就是后来程颐所说的“体用一源”。“诚”的具体表现就是儒家所谓“仁义中正”之道。“中正”是“体”是“静”，“仁义”是“用”是“动”。如果细分，则“中”与“正”的关系、“仁”与“义”的关系也是体与用关系或理一与分殊的关系，因为所谓“正”是指“各正性命”，所谓“义”是指随时适宜。尽管有这些分别，但“仁义中正”是一个互相统

一、不可分割的整体。

周敦颐据此来讲心性论与修养论。他认为，除了圣人之外，一般人并不是自然而然地就“诚”，因为人性虽然固有其“中”，但有或刚或柔的气禀偏向而并不必然会“中”。要想克服这种偏向而能“中”，就必须善于学习，在师友的影响与指导下做“自至其中”的修养工夫，使充分体现“诚”的圣人之道“入乎耳，存乎心，蕴之为德行，行之为事业”。这种修养工夫的关键就是“诚心”，亦即“纯其心”“一其心”。必有修养工夫才能“诚”，这就说明人道之“诚”虽为人人固有，但并非自然而然地就能体现。通过“诚心”而实现“诚”道，也就是后来胡宏所谓“心以成性”或“用以成体”。“诚心”工夫包含两个方面：一是“见其大者而忘其小者”，自觉到每个人都固有其“至尊”“至贵”者（道与德），而不为刚柔偏向与名利欲望所限；二是乾乾不息地改过迁善、惩忿窒欲。心是动的，善恶只有在心动时才产生，即所谓“吉凶悔吝生乎动”。所以“诚心”工夫并不是孤守其心，而是动静交修，使“动静、言貌、视听”都无违于“中”道。总之，周敦颐在心性论上主张心性可善而不必善，在修养论上则强调在动静语默中“诚其心”“纯其心”。

周敦颐特别讨论了王道论（儒家的政治哲学）。他主要的观点有二。第一，强调治国平天下应当从治家做起，而以修身“诚心”为本。他认为，君王只有心“诚”，才能在治天下时举动皆“神”，既“明通”又“公溥”，使“万物顺”“万物化”“不见其迹，莫知其然”。也就是说，只有在观念与动机上都合于人道之“诚”，才会既有德又有才，才能建立理想的社会。第二，特别重视政治制度的建设与实行。他虽然重视由“诚心”所带来的感化效果，但并未将其夸张到可以直接平治天下的程度。他认为，要使天下大治，就必须重视制度建设。在“礼乐刑政”四者之中，应当以偏重养与教的政与礼为主，而以偏重化与罚的乐与刑为辅。其本体论依据就是仁与义不可分离，乐与礼、政与刑的关系就是仁与义的关系。

在周敦颐看来，修养论与王道论不可分离，前者是“明体”工夫，后者是“达用”工夫，二者的统一就是体与用、静与动的统一。所以他在讲“士希贤”时特别强调应当“志伊尹之所志，学颜子之所学”。伊尹就是“动”而“达用”的代表，颜渊则是“静”而“明体”的代表；志于伊尹而学于颜渊，正是以兼善天下之用为志，而以修身明体为本，体用一源、动静互含，二者不可分恰如“无极”与“太极”不可离。即静即动、即体即用，不仅是周敦颐的基本观念，也是他的思维方式。

《通书》对宋代理学的影响，我们在讨论《太极图说》时已从总体上指出过。除此之外，《通书》还有两个方面的重要影响。其一，“志伊尹之所志，学颜子之所学”等提法，为一般士人提供了一种依据和体现儒家思想特色并颇具操作性的人格理想与人才范式，也开启了宋明理学家对于“孔颜乐处”这一重大问题的探索。其二，通过会通儒家“四书”“五经”来阐发义理的方式，为宋明理学家提供了新的学术范式，使他们在儒家经典之间发现了一个可互相贯通、互相应和的思想体系，据此便可超越具体言辞，系统发挥新思想。

《通书》对以后湖湘哲学的深远影响，除上述之外还包括对“诚”概念的激活，对“心”的注重，对“几”与“势”的重视，对“实”“全”“公”“通”的追求，以及对作为王道制度建设的形上探索，等等。

胡安国

胡安国（1074—1138），字康侯，谥文定，建宁崇安（今福建武夷山市）人。17岁入太学，24岁中进士，从此进入仕途。曾任江陵府学教授、太学录、太学博士、湖北提学、湖南提学，靖康之乱后又曾担任中书舍人、经筵侍讲等官职。因不愿趋附权贵，敢于为国事直言，实际在官时间不到六年，晚年索性辞职隐居。建炎三年（1129）冬，为避战乱，携家至湖南湘潭碧泉，建文定书堂为居家讲学之所。绍兴三年（1133），定居于湖南衡山，于紫云峰下“买山结庐”，亦名文定书堂，在此读书著述，讲学授徒，直至逝世。胡安国在太学和任职湖北提学期间，结识了理学家程颐的同道讲友朱长文、靳裁之以及程门高足杨时（龟山）、游酢（定夫）、谢良佐（上蔡），成为程门私淑弟子。立身处世，“以圣人为标的，志于康济时艰”（《宋史·儒林传》），谢良佐赞其“如大冬严雪百草萎死而松柏挺然独秀者”（《斐然集》卷二十五），《宋史》本传认为“渡江以来，儒者进退合义，以安国、尹焞为称首”。所著《春秋传》不仅在当时极受朝野推重，元明两代更成为科举定本。胡安国在学术思想史上的地位颇为重要。《宋元学案》认为：“私淑洛学而大成者，胡文定公其人也。……南渡昌明洛学之功，文定几侔于龟山，盖晦翁、南轩、东莱皆其再传也。”他更是宋代理学湖湘学派的开创者，所教子侄及弟子数十人皆为一代名儒，一时蔚为壮观，极大地改变了湖南地区的闭塞落后状况，对湖湘文化精神的形成作出了卓越贡献。可惜其著述如今唯存《春秋传》一书。经过点校的《春秋传》已分别在巴蜀书社和岳麓书社出版。

春秋传序

古者列国各有史官，掌记时事。《春秋》，鲁史尔，仲尼就加笔削，乃史外传心之要典也；[①] 而孟氏发明宗旨，目为天子之事者。[②] 周道衰微，乾纲解纽，乱臣贼子接迹当世，人欲肆而天理灭矣。[③] 仲尼，天理之所在，不以为己任而谁可？五典弗惇，己所当叙；五礼弗庸，己所当秩；五服弗章，己所当命；五刑弗用，己所当讨。[④] 故曰："文王既没，文不在兹乎？天之将丧斯文也，后死者不得与于斯文也。天之未丧斯文也，匡人其如予何？"[⑤] 圣人以天自处，斯文之兴丧在己，而由人乎哉？故曰："我欲载之空言，不如见诸行事之深切著明也。"[⑥] 空言独能载其理，行事然后见其用。是故假鲁史以寓王法，拨乱世反之正。[⑦] 叙先后之伦，而典自此可惇；秩上下之分，而礼自此可庸；有德者必褒，而善自此可劝；有罪者必贬，而恶自此可惩。其志存乎经世，其功配于抑洪水、膺戎狄、放龙蛇、驱虎豹；其大要，则皆天子之事也。[⑧] 故曰："知我者，其惟春秋乎！罪我者，其惟春秋乎！"知孔子者，谓此书遏人欲于横流，存天理于既灭，为后世虑至深远也。罪孔子者，无其位而托二百四十二年南面之权，使乱臣贼子禁其欲而不得肆，则戚矣。[⑨] 是故《春秋》见诸行事，非空言比也。公好恶则发乎《诗》之情，酌古今则贯乎《书》之事，兴常典则体乎《礼》之经，本忠恕则导乎《乐》之和，著

---

① 传心：传授心法。本为禅宗用语，理学家认为《伪古文尚书·大禹谟》所谓"人心惟危，道心惟微。惟精惟一，允执厥中"是儒家的传心之语，胡安国进一步指出，《春秋》就是孔子传授实践天理的心法。

② 《孟子·滕文公下》："《春秋》，天子之事也。是故孔子曰：'知我者，其惟《春秋》乎！罪我者，其惟《春秋》乎！'"

③ 周道：文武周公之道。乾纲：天之纲维，喻指朝纲或君权。解纽：废弛紊乱。接迹：足迹相接，形容相继不穷。

④ 此数句化用了《尚书·皋陶谟》。五典：五常，即父义、母慈、兄友、弟恭、子孝。惇：敦厚、笃行。叙：厘定伦次。五礼：公、侯、伯、子、男等五等诸侯朝聘之礼；郑玄认为，五礼指天子、诸侯、卿大夫、士、庶民之礼。庸：用。秩：分别差等。五服：天子、诸侯、卿、大夫、士等五等礼服。章：彰显。命：指示。五刑：墨、劓、剕、宫、大辟等五种刑罚。用：施行。讨：处罚。

⑤ 语出《论语·子罕》。

⑥ 语出《史记·太史公自序》，董仲舒说孔子作《春秋》时讲过这话。深切著明：深刻切当而显明。

⑦ 假：假借。拨乱世反之正：出自《史记·太史公自序》，治理乱世而使之恢复正常。

⑧ 语出《孟子·滕文公下》，谓孔子作《春秋》功同于大禹与周公。抑：制服。膺：打击。放：驱散。

⑨ 南面之权：王权。戚：忧愁、悲哀。

权制则尽乎《易》之变，百王之法度、万世之准绳皆在此书。① 故君子以谓五经之有《春秋》，犹法律之有断例也。学是经者，信穷理之要矣。不学是经，而处大事、决大疑能不惑者，鲜矣。自先圣门人，以文学名科如游、夏，尚不能赞一辞，② 盖立义之精如此！去圣既远，欲因遗经窥测圣人之用，岂易能乎？然世有先后，人心之所同然一尔，苟得其所同然者，虽越宇宙，若见圣人亲炙之也，而《春秋》之权度在我矣。近世推隆王氏新说，按为国是，独于《春秋》，贡举不以取士，庠序不以设官，经筵不以进读。③ 断国论者无所折衷，④ 天下不知所适，人欲日长，天理日消，其效使夷狄乱华，莫之遏也。噫！至此极矣！⑤ 仲尼亲手笔削、拨乱反正之书，亦可以行矣。天纵圣学，崇信是经。乃于斯时，奉承诏旨，辄不自揆，谨述所闻，为之说以献。⑥ 虽微辞奥义或未贯通，然尊君父、讨乱贼、辟邪说、正人心、用夏变夷，大法略具，庶几圣王经世之志小有补云。

（胡安国撰，王丽梅点校：《春秋传》，岳麓书社 2011 年版，第 1–2 页。）

① 此谓《春秋》集中体现了其余“五经”的精神。公好恶则发乎《诗》之情：好恶平允而像《诗经》那样抒发情感。贯：贯通。体：依照。导乎《乐》之和：像《乐经》那样导引人心之和。著权制：彰显权宜之制。

② 《论语·先进》将孔门弟子分为德行、言语、政事、文学等四科，子游、子夏属文学科。赞一辞：添加一句话，意指提出修正意见，语出《史记·孔子世家》。

③ 王氏新说：王安石“新学”。王安石当政时反对以诗赋取士，主张专以经义取士，故组织人员于 1075 年修成《周礼义》《诗义》《尚书义》，合称《三经新义》，作为法定教科书；1082 年，王安石又上奏《字说》，也成为有司取士的根据。按：依据。国是：最高国策或思想路线。庠序不以设官：各级官学不为《春秋》设立专职讲官。经筵不以进读：专为帝王讲论经史的讲席也不进呈《春秋》而讲论之。

④ 国论：有关国家大事的讨论。折衷：依据。

⑤ 至此极矣：至今日已到达极点了。

⑥ 天纵圣学：上天赋予圣上以渊博学识。崇信：崇尚信奉。诏旨：圣旨。宋高宗于 1135 年诏令胡安国“撰修所著《春秋传》，候书成进入”。自揆：自量。

评析

这是胡安国最有名的著作《春秋传》的序言，体现了他最基本的经学思想与理学思想。

胡安国早以精通《春秋》闻名于世，撰写此书却用了三十余年工夫，直至1136年（去世前两年）才正式写定。他之所以费如此多的心血，就是为了“康济时艰”，从根本上思考如何解决当时整个国家所面临的内忧外患。其时在外患方面，备受金兵入侵之苦，且于靖康二年（1127），京城汴梁（今开封）为金兵攻克，两位皇帝（已退位的徽宗和即位不到一年的钦宗）和皇室数千人被掠走，北宋政权就此宣告结束，此即胡安国所谓“夷狄乱华”。内忧方面，则是法制紊乱，官吏腐败，盗贼四起，民不聊生，此即胡安国所谓“人欲日长，天理日消”。

和其他理学家一样，胡安国认为要从根本上改变这种局面，只有真正实行儒家之道。但他进一步主张，要理解和遵循圣人之道，必须在“五经”“四书”中特重《春秋》。此经不同于其他儒家经典，是孔子专讲“天子之事”的“传心要典”，是圣人之道在修身、齐家、治国、平天下等方面的实际运用和全面体现，故曰“天下事物无不备于《春秋》”。所以《春秋》不仅包含了诸经阐发的基本道理，更将其落实为判断、评价和引导现实生活的基本原则和理论依据，不是纸上谈兵的“空言”，而是活生生的实践智慧。正是这一点构成了《春秋》的特别地位。学习圣人经典就是为了理解和运用圣人之道，圣人之道知之难，行之尤难，在知解与运用之间不知隔着几重山和水。倘若只求知解，则圣人千言万语都不过是一场空话、一堆死理。《春秋》如同“法律之有断例”，正是实际运用圣人之道的完美典范。因此，只有通过学习《春秋》，了解“圣人之道”并懂得如何运用圣人之道，才算真正理解了儒家“六经”。否则，纵使读遍儒家经典，当真正“处大事、决大疑”时照样无济于事。

但运用之妙，存乎一心。“用”是通过“心”来实现的。正如胡氏《春秋传》卷三说：“建立万法，酬酢万事，帅驭万夫，统理万国，皆此心之用也。”因此重视用实际上等于重视心，学习圣人之用就是学习圣人如何用其心。圣人之心是“仁心”，充分体现了宇宙本体（“元”）与其固有性理，圣人之用就是圣人仁心的实际表现和成就。一般人并不能自然而然地“心与理一”即具有仁心。因此要懂得圣人之用，首先要使自己的心成为仁心。这就必须“穷理”。穷理工夫不是单纯的知解与思辨，而是在实际做事中穷理，也就是即事穷理。学习《春秋》就是“穷理之要”，因为《春秋》就是圣人实际“用心”的宝典。

胡安国的这些说法，意味着他在哲学上坚持如下体用论。其一，只有通过“心”才能实现“体用不二”。胡安国接受程颐“体用一源，显微无间”的观点，但强调“体”并不是自然而然地有其“用”，也就是说，“体”与“用”并不是一种现成的一致关系；只有通过心才有“用”，只有通过真正的“用”才有真实的“体”，因此“体用不二”乃是心的最高成就而不是无须用心的自然结果。用现代哲学术语来说：只有通过主体（心）对本体（理）的自觉追求与体现（“用心”），本体才能真正得到实现（“用”）。其二，实有其“用”才能实有其“体”。他强调，不能得“圣人之用”就必不能得“圣人之体”。正如后来他的儿子胡宏所说：“学圣人之道，得其体，必得其用。有体而无用，与异端何辨?”（《与张敬夫》）这就在“体用一源”的基础之上突出了“用”的重要性。其三，必有“仁心”才有圣人之用，才能身修、家齐、国治、天下平。“用”是“心”的表现与成就，欲得圣人之用必具圣人之心。圣人之心就是仁心，一般人要想有仁心，必须在实事中“穷理”“居敬”。这种体用论，显然是高度强调了“用”与“心”的重要性，同时又将心之“道”规定为儒家所说的“仁”。

胡安国坚持这种体用论，主要是为了提出其王道论：要从根本上改变当时“人欲日长，天理日消”以致“夷狄乱华”的现实局面，就必须“正人心”，使心真正成为仁心，并且要有实际的运用和体现而不是讲讲而已。这种主张首先是针对人君，其次才是针对士人。“《春秋》深明其用当自贵者始”（《春秋传》卷一），只有最高统治者的心成为仁心才能充分体现“圣人之用”，广大百姓的“正心”才会有保障。在胡安国看来，人君仁心的实际运用，主要应当体现为“公天下、利天下”的治国理念以及相应的各种政治制度。胡安国在上奏给宋高宗的《时政论》中系统地提出了其具体主张。

胡安国的这种体用论与王道论从根本上确定了湖湘学派的理论思路：在强调体用不二的基础之上，重“用”、重“心”并由此而重“仁”、重“理”、重“政”，其中最核心的概念是“心”。

胡宏

胡宏（1106—1162），崇安人（今福建武夷山市），字仁仲，因长期寓居并终老于湖南衡山五峰，故学者称之为五峰先生。他是胡安国的季子，深受家学影响，且“卒传其父之学”（《宋史·儒林传》）。15岁时即撰有《论语说》，并编有《程子雅言》。靖康元年（1126）入太学，得向时在京城任职的程门高弟杨时学习。大约半年后为避战乱与家人暂居湖北荆门，又得从学于程门另一高弟侯仲良（字师圣）。三年后随父流寓湖南湘潭碧泉，数年后与家人定居衡山。在其父逝世后开始独立治学与讲学，并将碧泉文定书堂扩建为碧泉书院，远近来学者甚众。胡宏虽然生活困苦，也对现实极为关心，又有出仕机会，但终身不仕，坚持以治学与讲学作为自己的人生选择，决心在“道学衰微，风教大颓”之际“以死自担”（《五峰集·与谈子立书》），希望像圣人那样通过弘道而“兼善万世”（《胡子知言》卷三）。他是南宋初期绍兴年间（1131—1162）具有思想深度的理学大家，在胡安国的基础之上建构了一个既源于又别于二程、张载的思想体系，并培养了一大批杰出弟子如张栻、彪居正、吴翌、赵师孟、胡广仲、胡大原等，南宋的第一个理学派别湖湘学派也因他而正式形成。所以全祖望在《宋元学案》案语中说：“绍兴诸儒，所造莫出五峰之上。……卒开湖湘之学统。”不幸的是，胡宏仅得中寿，于绍兴三十二年（1162）以贫病之故辞世，只初步撰成了《知言》《皇王大纪》等著作，未及全面阐述和广泛发挥其思想。其现存著作，以中华书局2009年出版的《胡宏集》最为通行。

知言
（节选）

天　命

胡子曰：诚者，命之道乎！中者，性之道乎！仁者，心之道乎！惟仁者为能尽性至命。①

静观万物之理，得吾心之说也易；动处万物之分，得吾心之乐也难。是故仁智合一，然后君子之学成。②

自三代之道不行，君臣之义不明，君诱其臣以富贵，臣干其君以文行。夫君臣相与之际，万化之原也。既汩其利矣，末流其可禁乎？此三代之治所以不复也。③

尧、舜、禹、汤、文王、仲尼之道，天地中和之至，非有取而后为之者也；是以周乎万物，通乎无穷，日用而不可离也。释氏乃为厌生、死，苦病、老，然后有取于心以自利耳。本既如是，求欲无弊，其可得乎！

拘于耳目闻见者，众人也；无典章法度者，释氏也。安得其心遍该流通，与论性命之理而反之正哉？

义者，权之行也。仁，其审权者乎！

道充乎身，塞乎天地，而拘于躯者不见其大；存乎饮食男女之事，而溺于流者不知其精。诸子百家亿之以意，饰之以辨，传闻袭见蒙心之言；命之理、性之道，置诸茫昧则已矣。悲夫！此邪说暴行所以盛行，而不为其所惑者鲜矣。然则奈何？曰：在修吾身。④

释氏定其心而不理其事，故听其言如该通，征其行则颠沛。⑤ 儒者理于

① 胡宏认为，道包含天道、地道（万物之道）和人道三个层面，可分别称之为“诚”（感通无息）、“中”（无过无不及）、“仁”（周乎万物，通乎无穷）；每一层面都包含“理”与其动用（表现）两个方面（即静即动），天道就是命之理与命之动的统一体，地道就是性与性之动的统一体，人道就是心与心之动的统一体。

② 说：通“悦”，此指抽象知解之悦。分：义。精于义才能为仁，仁义关系是体用关系。智：精于义理。

③ 干：求取（名利）。文行：学问与品行，语出《论语》“子以四教，文、行、忠、信”。汩：汩没，沉溺。

④ 亿：通“臆”。传闻袭见：所传、所闻、所袭（因袭）、所见。蒙心：心受到蒙蔽。

⑤ 理其事：依理来应事接物。征：验证。颠沛：此指颠倒差谬。

事而心有止，故内不失成己，外不失成物，可以赞化育而与天地参也。

有毁人败物之心者，小人也。操爱人成物之心者，义士也。油然乎物各当其分而无为者，君子也。①

释氏直曰吾见其性，故自处以静，而万物之动不能裁也；自处以定，而万物之分不能止也。是亦天地一物之用耳。自道参天地、明并日月、功用配鬼神者观之，则释氏小之为丈夫矣。② 其言夸大，岂不犹坎井之蛙欤？

仁者，天地之心也。心不尽用，君子而不仁者，有矣。

万物备而为人，物有未体，非仁也。万民合而为君，有一民不归吾仁，非王也。③

天命为性，人性为心。④ 不行己之欲，不用己之智，而循天之理，所以求尽其心也。

修　身

道不能无物而自道，物不能无道而自物。道之有物，犹风之有动，犹水之有流也，夫孰能间之？故离物求道者，妄而已矣！

释氏之学，必欲出死生者，盖以身为己私也。天道有消息，故人理有始终。不私其身，以公于天下，四大和合无非至理，六尘缘影无非妙用；何事

① 油然：此指顺其自然。无为：无私而顺理。

② 小之为丈夫：为小丈夫，语出《孟子·公孙丑下》。

③ 万物备：万物之性备具。体：视为一体而主宰照管之。归吾仁：语出《论语·颜渊》，指归于我之仁心，即视万民为一体而使之各得其所、各当其分。

④ 天命为性：就分殊的万物而言，其所禀天命当称为性。人性为心：就具备万物性理的人而言，其所具之性当称为心。这两句即《修身》篇所谓“性，天命也；命人，心也”。

非真，何物非我？① 生生不穷，无断无灭，此道之固然，又岂人之所能为哉？夫欲以人为者，吾知其为邪矣。

道非仁不立。孝者，仁之基也。仁者，道之生也。义者，仁之质也。②

未能无欲，欲不行焉之谓大勇。未能无惑，惑不苟解之谓大智。物不苟应，务尽其心之谓大仁。人而不仁，则道义息。③

义有定体，仁无定用。④

道无不可行之时，时无不可处之事。时无穷，事万变，惟仁者为能处之，不失其道而有成功。……

……性外无物，物外无性。是故成己成物，无可无不可焉。释氏绝物遁世，栖身冲寞，窥见天机有不器于物者，遂以此自大，谓万物皆我心，物不觉悟而我觉悟，谓我独高乎万物。于是颠倒所用，莫知所止，反为有适有莫，不得道义之全。名为识心见性，然四达而实不能一贯。展转淫遁，莫可致诘。世之君子信其幻语而惑之，孰若即吾身世而察之乎？⑤

万物生于天，万事宰于心。性，天命也；命人，心也。而气经纬乎其间，万变著见而不可掩。莫或使之，非鬼神而何？

法制者，道德之显尔。道德者，法制之隐尔。天地之心，生生不穷者也。必有春秋冬夏之节，风雨霜露之变，然后生物之功遂。有道德结于民心而无

① 四大和合：佛教认为，世间万物都是缘起性空而无实性，凡物皆由地大（具有坚性而有保持作用）、水大（具有湿性而有摄集作用）、火大（具有暖性而有成熟作用）、风大（具有动性而有生长作用）等四种基本元素构成，因缘凑合事物就生起，因缘离散事物便消灭。六尘缘影：佛教认为，色、声、香、味、触、法（意识对象）等六尘（六类现象）是以眼、耳、鼻、舌、身、意等六根为因缘而生的幻影。何物非我：何物不与我一体？儒家认为人之身体并不局限于一己之躯，凡其心所流通贯注之处皆为其体。

② 道之生：道之“生”德，即道之用。仁之质：仁的实际表现。

③ 未能无欲：不可能没有欲望。道义息：道不行而义无体。

④ 义有定体：义之体为仁，一定而不变。仁无定用：仁之用为义，随时变化而无定。

⑤ 性外无物：没有无性之物。无可无不可：随时适宜而不执着一端。天机：天赋灵机，此指人性与人心。有适有莫：有所执着与拣择。四达：通达四方，此指心能穷高极大。

法制者为无用，无用者亡（刘虞①之类）；有法制系于民身而无道德者为无体，无体者灭（暴秦之类）。是故法立制定，苟非其人，亦不可行也。

阴　阳

胡子曰：一阴一阳之谓道，有一则有三②，自三而无穷矣。老氏谓“一生二，二生三”，非知太极之蕴者也。

夫妇之道，人丑之者，以淫欲为事也；圣人安之者，以保合③为义也。接而知有礼焉，交而知有道焉，惟敬者为能守而勿失也。《语》曰“乐而不淫”，则得性命之正矣。谓之淫欲者，非陋庸人而何？

……生聚而可见，则为有；死散而不可见，则为无。夫可以有无见者，物之形也。物之理，则未尝有无也。老氏乃以有无为生物之本，陋哉！天得地而后有万物，夫得妇而后有男女，君得臣而后有万化，此一之道也，所以为至也。

“维天之命，於穆不已”④，圣人知天命存于身者渊源无穷，故施于民者溥博无尽，而事功不同也。知之，则于一事功可以尽圣人之蕴；不知，则一事功而已矣，不足以言圣人也。庄周乃曰圣人之道“真以治身，其绪余土苴以治天下”⑤，岂其然乎？

……夫人目于五色，耳于五声，口于五味，其性固然，非外来也。圣人

---

① 刘虞（？—193）：东汉末年人，任幽州牧时为政宽仁，深得人心，后因部下出卖而为公孙瓒所杀。

② 有一则有三：一指道即太极；三指天道、地道、人道，道总是包含这三个层面。

③ 保合：语出《易传》，此指阴阳互含而“大和”之道。

④ 语出《诗经·维天之命》而为《中庸》所引用。於（wū）：叹辞。穆：深远。不已：不息。

⑤ 语出《庄子·让王》。绪余：残余。土苴：糟粕。

因其性而导之，由于①至善，故民之化之也易。老子曰“不见可欲，使心不乱”，夫可欲者，天下之公欲也，而可蔽之使不见乎？

时之古今，道之古今也。②

道者，体用之总名。仁其体，义其用。合体与用，斯为道矣。“大道废，有仁义”③，老聃非知道者也。

好 恶

胡子曰：寡欲之君，然后可与言王道。无欲之臣，然后可以言王佐。

人虽备天道，必学然后识，习然后能，能然后用。用无不利，唯乐天④者能之。

水有源，故其流不穷；木有根，故其生不穷；气有性，故其运不息；德有本，故其行不穷。孝悌也者，德之本欤！

……富可以厚恩，贵可以广德，是君子之所欲。有求之而得者，有不求而得者，有求而不得者，命有定矣。信而不渝，然后能为君子。⑤

有为之为，出于智巧。血气方刚，则智巧出焉。血气既衰，则智巧穷矣。……无为之为，本于仁义，善不以名而为，功不以利而劝，通于造化，与天地相终始。“苟不至德，则至道不凝焉”。⑥

① 由于：遵循。老子语，见《老子》第3章。
② 此则指道包含并内在于“时”，即道外无时、时外无道。
③ 语出《老子》第18章。
④ 乐天：此指与天理合一而安之。
⑤ 富可以厚恩：财富可以更好地帮助别人。信而不渝：相信命但不（因富贵贫贱）变其道。
⑥ 劝：勉励。最后一句语出《中庸》。

往　来

释氏以尽虚空沙界为吾身①，大则大矣，而以父母所生之身为一尘刹幻化之物而不知敬焉，是有间也。有间者，至不仁也，与区区于一物之中沉惑而不知反者何以异？

性譬诸水乎？则心犹水之下，情犹水之澜，欲犹水之波浪。

即物而真者，圣人之道也；谈真离物者，释氏之幻也。

释氏见理而不穷理，见性而不尽性，故于一天之中分别幻华真实②，不能合一，与道不相似也。

子思子曰“率性之谓道”③。万物万事，性之质④也；因质以致用，人之道也。人也者，天地之全也。……夫人虽备万物之性，然好恶有邪正，取舍有是非；或中于先，或否于后；或得于上，或失于下。故有不仁而入于夷狄禽兽之性者矣。惟圣人既生而知之，又学以审之，尽人之性，尽物之性，德合天地，心统万物，故与造化相参而主斯道也。……

中者，道之体；和者，道之用。中和变化，万物各正性命，而纯备者人也，性之极也。故观万物之流形，其性则异；察万物之本性，其源则一。圣人执天之机，惇叙五典，庸秩五礼；顺是者，彰之以五服；逆是者，讨之以五刑；调理万物，各得其所。此人之所以为天地也。⑤

……视而知其形，听而知其声，各以其类者，亦禽兽之所能也。视万形，听万声，而兼辨之者，则人而已。睹形色而知其性，闻声音而达其义，通乎

① 以尽虚空沙界为吾身：佛教认为，佛之法身充满整个虚空宇宙，也充满像恒河之沙那么多数目的世界。

② 佛教将整个世界分为三界共二十八个天，即欲界六天、色界十八天、无色界四天。幻华：幻现之花。

③ 语出《中庸》，其作者相传为孔子嫡孙孔伋（字子思）。

④ 性之质：性理的实际成就。

⑤ 纯备：全备（万物之性）。流形：变化着的形体。天之机：天机，此指人性与人心。五典、五礼、五服、五刑，见第46页注④。

耳目之表、形器之外，非圣人则不能与于斯矣。斯道不明，则中国冠带之君有时而为夷狄。杨朱、墨翟之贤而有禽兽之累，惟安于耳目形器，不知觉之过也。……

仲　尼

气主乎性，性主乎心。心纯，则性定而气正。气正，则动而不差。动而有差者，心未纯也。……曾子、孟子之勇原于心，在身为道，处物为义，气与道义同流，融合于视听言动之间，可谓尽性者矣。夫性无不体者，心也。①

……富贵，一时之利；良心，万世之彝。乘利势，行彝章，如雷之震，如风之动，圣人性之，君子乐之。② 不然，乃以一时之利，失万世之彝，自列于禽兽。宁贫贱而为匹夫，不愿王公之富贵也。

惟仁者为能所执无非礼，所行无非义。

文　王

生，本无可好，人之所以好生者以欲也。死，本无可恶，人之所以恶死者亦以欲也。生，求称其欲；死，惧失其欲。冲冲天地之间，莫不以欲为事，而心学不传矣。

仁心，立政之本也。均田，为政之先也。田里不均，虽有仁心而民不被其泽矣。井田者，圣人均田之要法也。恩意联属，奸宄不容，少而不散，多而不乱；农赋既定，军制亦明矣。三王之所以王者，以其能制天下之田里，政立仁施，虽匹夫匹妇一衣一食，如解衣衣之，推食食之。其于万物，诚有调燮之法，以佐赞乾坤化育之功，非如后世之君不仁于民也。

---

① 性主乎心：《事物》篇“性之流行，心为之主”。性无不体：心备性理而主宰之。
② 彝：常理。彝章：常典。

……人君，联属天下以成其身者也。内选于九族之亲，礼其贤者，表而用之，以联属其亲；外选于五方之人，礼其英杰，引而进之，以联属其民。是故贤者，众之表、君之辅也。不进其亲之贤者，是自贼其心腹也；不进其人之贤者，是自残其四肢也。残贼之君，鲜不覆亡哉！

事　物

圣人理天下，以万物各得其所为至极。井田封建，其大法也。暴君污吏既已废之，明君良臣历千五百余岁未有能复之者，智不及邪，才不逮邪？圣道不传，所谓明君良臣也，未免以天下自利，无意于裁成辅相，使万物各得其所邪？

探视听言动无息之本可以知性，察视听言动不息之际可以会情。视听言动，道义明著，孰知其为此心？视听言动，物欲引取，孰知其为人欲？是故诚成天下之性，性立天下之有，情效天下之动，心妙性情之德。性情之德，庸人与圣人同，圣人妙而庸人所以不妙者，拘滞于有形而不能通尔。今欲通之，非致知，何适哉？

至亲至切者，其仁之义也欤！至通至达者，其义之理也欤！人备万物，贤者能体万物，故万物为我用。物不备我，故物不能体我。①

行吾仁，谓之恕。操吾心，谓之敬。敬以养吾仁。

非性无物，非气无形。性，其气之本乎！

气之流行，性为之主。性之流行，心为之主。

行之失于前者，可以改之于后；事之失于今者，可以修之于来。虽然，使行而可以逆制，则人皆有善行矣，使事而可以预立，则人皆有善事矣。惟造次不可以少待也，惟颠沛不可以少安也，则行失于身，事失于物，有不可

① 物不备我：除人之外的万物不能具备我之性理。不能体我：不能视我为一体而主宰照管我。

胜穷者矣。虽强力之人，改过不惮，其如过之不穷何？是以《大学》之方在致其知。知至然后意诚，意诚则过不期寡而自寡矣。①

欲大变后世之法度，必先大变人主之心术。心术不正，则不能用真儒为大臣。大臣非真儒，则百官不可总己以听，而嗣君不可以三年不言，② 母后虽欲顺承天意、不挠外权，不可得矣。此不可不大变其本也。本正，则自身措之百官万民而天下皆正矣。

荀子曰“有治人，无治法”。窃譬之，欲拨乱反之正者如越江湖，法则舟也，人则操舟者也。若舟破楫坏，虽有若神之技，人人知其弗能济矣。故乘大乱之时必变法。法不变而能成治功者，未之有也。

欲拨乱兴治者，当正大纲③。知大纲，然后本可正而末可定。大纲不知，虽或善于条目，有一时之功，终必于大纲不正之处而生大乱。然大纲无定体，各随其时。……

纷 华

一身之利无谋也，而利天下者则谋之。一时之利无谋也，而利万世者则谋之。

仁者，人所以肖天地之机要④也。

人之于天地，有感必应，犹心之于身，疾痛必知焉。

物不独立必有对，对不分治必交焉，而文生矣。⑤ 物盈于天地之间，仁者无不爱也；故以斯文为己任，理万物而与天地参矣。

---

① 逆制：预先控制。造次不可以少待：仓促之间不能等待片刻。颠沛不可以少安：流离之际不能安心片刻。

② 这两语出《伪古文尚书·伊训》和《尚书·无逸》，又见《论语·宪问》。总己以听：率领自己的部下都来听从（冢宰）。三年不言：（新君）三年不轻易说话（过问政治）。

③ 大纲：此指“国是”，即最高国策或思想路线。

④ 机要：关键，要领。

⑤ 对不分治必交焉：对立双方不能完全分离而必交融为一体。文：物相交错曰文。

……若心与迹判，则是天地万物不相管也，而将何以一天下之动乎？①

天下莫大于心，患在不能推之尔。莫久于性，患在不能顺之尔。莫成于命，患在不能信之尔。不能推，故人物内外不能一也。不能顺，故死生昼夜不能通也。不能信，故富贵贫贱不能安也。

事物属于性，君子不谓之性也，必有心焉而后能治。裁制属诸心，君子不谓之心也，必有性焉然后能存。

不仁见天下之事大，而执天下之物固，故物激而怒，怒而不能消矣；感物而欲，欲而不能止矣。穷理尽性以成吾仁，则知天下无大事，而见天下无固物。虽有怒，怒而不迁矣；虽有欲，欲而不淫矣。

……人君欲救偏信之祸，莫先于穷理，莫要于寡欲。穷理寡欲，交相发②者矣。……

人尽其心，则可与言仁矣；心穷其理，则可与言性矣；性存其诚，则可与言命矣。

“穷则独善其身，达则兼善天下”者，大贤之分③也。达则兼善天下，穷则兼善万世者，圣人之分也。

三王，正名与利者也，故其利大而流长。五霸，假名争利者也，故其利小而流近。④

一　气

有而不能无者，性之谓欤！宰物而不死者，心之谓欤！感而无息者，诚

① 心与迹判：心与其表现相分离。管：管属，关涉。一：统一，主宰。

② 交相发：相互引发。

③ 分：去声，天职，义务。

④ 正名与利：辨正名义（概念和观念），许可（既不废弃又不执着）利益。假名争利：假借名义争夺利益。

之谓欤！往而不穷者，鬼之谓欤！来而不测者，神之谓欤！

大哉性乎！万理具焉，天地由此而立矣。世儒之言性者，类指一理而言之尔，未有见天命之全体者也。

万物皆性所有也。圣人尽性，故无弃物。

情一流则难遏，气一动则难平。流而后遏，动而后平，是以难也。察而养之于未流，则不至于用遏矣。察而养之于未动，则不至于用平矣。是故察之有素，则虽婴于物而不惑；养之有素，则虽激于物而不悖。① ……

诚，天道也。人心合乎天道，则庶几于诚乎！不知天道，是冥行②也。冥行者，不能处己，乌能处物？失道而曰诚，吾未之闻也。是故明理居敬，然后诚道得。天道至诚，故无息；人道主敬，所以求合乎天也。孔子自志学至于从心所欲不逾矩，敬道之成也。③ 敬也者，君子之所以终身也。

义　理

胡子曰：义理，群生之性也。义行而理明，则群生归仰矣。……

为天下者，必本于理义。理也者，天下之大体也；义也者，天下之大用也。理不可以不明，义不可以不精。理明，然后纲纪可正；义精，然后权衡可平。纲纪正，权衡平，则万事治，百姓服，四海同。夫理，天命也；义，人心也。惟天命至微，惟人心好动。微则难知，动则易乱。欲著其微，欲静其动，则莫过乎学。……

皇皇天命，其无息乎！体之而不息者，圣人也。是故孔子学不厌，教不

① 婴于物：为物纠缠。激于物：为物激动。

② 冥行：本指夜间行路，此指盲目行事。

③ 此谓孔子自十五岁“志于学”开始，直到七十岁“从心所欲而不逾矩”，才做到与敬合一。

倦。颜子睎夫子，欲罢而不能；孟子承先圣，周旋而不舍。我知其久于仁矣。①

人事有是非，天命不囿于是非。超然于是非之表，然后能平天下之事也。或是或非，则在人矣，虽圣人不能免也，久则白。

万物不同理，死生不同状；必穷理然后能一贯也，知生然后能知死也。人事之不息，天命之无息也。人生在勤，勤则身修、家齐、国治、天下平。虽然，勤于道义，则刚健而日新，故身修、家齐、国治、天下平也。勤于利欲，则放肆而日怠，终不能保其身矣。……

大 学

胡子曰：孔子十五而志于学，何学也？曰：大学也，所以学修身、齐家、治国、平天下之道也。……伏羲、神农、黄帝、尧、舜、禹、汤、文、武、周公、孔子、孟轲之学，立天地之经，成万物之性者。然则请问大学之方可乎？曰：致知。请问致知。曰：致知在格物。物不格，则知不至。知不至，则意不诚。意不诚，则心不正。心不正而身修者，未之有也。是故学为君子者，莫大于致知。彼夫随众人耳目闻见而知者，君子不谓之知也。

阳中有阴，阴中有阳，阳一阴，阴一阳，此太和所以为道也。始万物而生之者，乾坤之元也。物正其性，万古不变。故孔子曰："成之者性。"②

仁者临机发用而后见，不可预指。故季路、冉有、公西华之仁，孔子不得而言也；孟武伯不知仁，故又问，孔子各以材答之。③ 夫学于圣门者，皆以仁为本，三子者今之所能若是，后日之进未已也。其进未已，虽圣人安得

① 皇皇：盛大貌。睎：仰慕。周旋：此指四处奔波。
② 语出《易传·系辞上》，"之"指太和之道。胡宏相信《易传》为孔子所作。
③ 孟武伯问季路、冉有、公西华之仁，事见《论语·公冶长》。

而预言之？故孔子不知其仁。

……学道者，正如学射，才持弓矢，必先知的，然后可以积习而求中的矣。若射者不求知的，不求中的，则何用持弓矢以射为？列圣诸经，千言万语，必有大体，必有要妙。人自少而有志，尚恐夺于世念①，日月蹉跎，终身不见也。……敬者，圣门用功之妙道也。然《坤》卦之义，与《乾》相蒙，敬以直内，终之以方也。苟知不先至，则不知所终——譬如将适一所，而路有多歧，莫知所适——则敬不得施，内无主矣。内无主而应事物，则未有能审事物之轻重者也。故务圣人之道者，必先致知；及超然有所见，方力行以终之。终之之妙，则在其人，他人不得而与也。

复　义

事有大变，时有大宜。通其变，然后可为也；务其宜，然后有功也。

……而朝廷之上，制礼以道，谦尊而光，乾刚下充，臣道上行，致天道于交泰，而大臣可以托天下、委六尺之孤矣。② ……

……天命之谓性，流行发见于日用之间。患在学道者未见全体，窥见一斑半点而执认己意，以为至诚之道如是如是；欲发而中节，与天地相似也，难矣哉！求免斯弊者，舍讲学其可乎？

……天理存亡，在敬肆之间尔。……

汉　文

人通于道，不死于事者，可以语尽心之道矣。

诚，天命。中，天性。仁，天心。理性以立命，惟仁者能之。委于命者，

---

① 世念：流俗观念。

② 乾刚下充，臣道上行：君臣之意交互贯通。致天道于交泰：在交互贯通中实现天道。交泰，语出《周易·泰卦》，指天地交互渗透与作用，成为一个通顺畅达的整体。六尺之孤：尚未成年的孤儿，此指幼主。

失天心。失天心者，兴用废。理其性者，天心存。天心存者，废用兴。达乎是，然后知大君之不可以不仁也。

欲修身平天下者，必先知天。欲知天者，必先识心。欲识心者，必先识乾。乾者，天之性情也。“乾道变化，各正性命”，命之所以不已，性之所以不一，物之所以万殊也。万物之性，动植、小大、高下，各有分焉，循其性而不以欲乱，则无一物不得其所。非知道者，孰能识之？是故圣人顺万物之性，惇五典，庸五礼，章五服，用五刑，贤愚有别，亲疏有伦，贵贱有序，高下有等，轻重有权，体万物而昭明之，各当其用，一物不遗。圣人之教可谓至矣。

……君子居敬，所以精义也；理于义，所以顺于道德也。盛德大业，至矣哉！①

“一阴一阳之谓道”，道谓何也？谓太极也。阴阳刚柔，显极之机；至善以微，孟子所谓“可欲”者也。天成象而地成形，万古不变；仁行乎其中，万物育而大业生矣。②

卦之必重，何也？天道然也。天道何为而然乎？太极动，则重矣。天道无息，故未尝不重也。非深知天地之机者，孰能识之？

天下有三大：大本也，大几也，大法也。大本，一心也。大几，万变也。大法，三纲也。有大本，然后可以有天下。见大几，然后可以取天下。行大法，然后可以理天下。是故君先以天下自任，则皇天上帝畀付以天下矣；君

① 精义：精研随时合宜之义。语出《易传·系辞上》。理于义：合理处理随时之义，语出《易传·说卦》。

② 显极之机：显著至极的事物之机兆。至善以微：（人心）至善而微隐，即所谓“道心惟微”。可欲：语出《孟子·尽心下》“可欲之谓善”，此指四端之心。此则谓道即太极，太极必动，太极之动包含天、地、人等三个层面且各有成就，因此作为人道的仁心之动实为太极之动的一个层面。

以从上列圣之盛德大业自期，则天下之仁人争辅之矣；君以保养天下为事而不以自奉养，则天下之黎民趋戴之矣。上得天心，中得圣贤心，下得兆民心，夫是之谓一心，心一而天下一矣。天下之变无穷也，其大几有四：一曰救弊之几，二曰用人之几，三曰应敌之几，四曰行师之几。几之来也，变动不测，莫可先图，必寂然不动，然后能应也。其大法有三：一曰君臣之法，二曰父子之法，三曰夫妇之法。夫妇有法，然后家道正；父子有法，然后人道久；君臣有法，然后天地泰。泰者，礼乐之所以兴也。礼乐兴，然后赏罚中而庶民安矣。

中　原

胡子曰：中原无中原之道，然后夷狄入中原也。中原复行中原之道，则夷狄归其地矣。

《易》《书》《诗》《春秋》者，圣人之道也。圣人之道若何？曰：圣人者，以一人理亿兆人之德性，息其争夺，遂其生养者也。

诚者，天之道也。心涵造化之妙，则万物毕应。彼夫怀之以恩、令之以义、惮之以威、结之以信者，末矣。《易》曰："云从龙，风从虎。"此之谓也。

……君者，天之道也。臣者，地之道也。君道必谦恭尽下，则臣可以上纳其忠。是故天下地上而为《泰》，天上地下而为《否》。"成象之谓乾，效法之谓坤"，君意不先动而臣先之，是谓失道。道失于初，求欲有终，难矣！故知道之臣，宁有死于其分，而无犯分以徼功①也。

（胡宏著，吴仁华点校：《胡宏集》，中华书局2009年版，第1–45页。）

① 犯分以徼功：为贪求功劳而僭越自己的名位职责。

评析

《知言》是胡宏集中阐发其理学思想的著作，吕祖谦称它胜过张载的《正蒙》。胡宏的理学思想颇具原创性，要准确理解它并不容易。

理解一种哲学思想，首先要把握其最核心的观念和概念。不少研究者因为胡宏说“性”为“天下之大本”，就认为他最核心的概念是性，并说他主张性本体论。然而，他也说“性主乎心”，甚至将道学称为“心学”，并认为历代圣人相传的就是“心学”（与后来的陆王心学不是同一概念）。胡宏思想最核心的概念，其实是作为整体结构的“道”，“性”与“心”都是“道”的构成环节。

胡宏认为，天地宇宙之所以生生不息，不仅是因为它固有的能动性和规范性（“理”）——生生之“本”，也是因为这种固有的能动性与规范性总会实际表现出来。生生之“本”及其实际表现总是一个不可分离的整体结构，这就是“道”。生生之“本”因其动用而有逐渐精妙的“命—性—心”三层，生生之“道”相应地也有逐渐显著的“诚—中—仁”三层。无论是“本”还是“道”，都是一个“函三为一”即分为三层的立体动态结构（非现成性整体结构）。这个结构表明，主宰万事之“心”虽然源自生成万物的“命”与“性”（即主体源自本体），却是天地间最精妙能动的生生之“本”；人道之“仁”虽源于天道之“诚”与地道之“中”，却是天地间最显著具体的生生之道。

胡宏以此为基础，在心性论方面提出了六个著名观点。第一，作为生生之“本”的“命—性—心”在每个层面都是“全体”。这是胡宏心性论的核心观念之一。第二，因为“命—性—心”是全体，所以生生之“本”与恶的产生无关。在命和性两个层面都未产生善恶是非（“不可以善恶辨，不可以是非分”）。对于作为全体的心来说，则只会为善不会为恶，只有当心不是全体时才会产生邪恶。但他不赞成只从“至善”的角度来论性，因为如果不是基于人心而言，则万物之性皆无所谓善恶；如果基于人心而言，则性作为“全体”，不仅是“至善”之理，也是“至真”“至美”“至和”之理。第三，因为性是全体而具万理，所以性是“天下之大本”，亦即“万物皆性所有”“天地由此而立”。应当注意的是，这个说法是从万物层面讲，不是从人这个层面讲。第四，“人性为心”，性为体而心为用。生生之“本”总是要具体表现，天命表现于物时便成为性，性体现于人时便成为心。万物只能各有其性而不能“得其全”（得“性”之全体），只有人才“得其全”而“备万物之性”，故只有人性才能表现为心。第五，“气之流行，性为之主。性之流行，心为之主”，亦即“气主乎性，性主乎心”。天地之气以“命”为“本”，故流行不息，但当天地之气凝结成天地万物时，“命”便表现为万物固具之“性”，万物各依其固有之“性”而存在，故气本于“命”而“主乎性”，亦即“性以立命”。万物各以其“性”为“本”，有情有欲却无所谓善恶是非，但作为万物之灵的人却因有心产生和彰显了真善美等价值，使性获得了最精妙的实现，故人本于“性”而主于“心”，此即“性之流行，心为之主”，亦即“心以成性”。第六，“人尽其心，则可与言仁”，不能“尽心”便不能称为“仁”。心是全体，尽心就是要尽全体之道，此种全体之道就是“仁”。如果一举一动只是出于“私意”而不是出于“大公之理”，则其举动只是某种物性之动而非人心之动；即使一举一动都合于“大公之理”却不能“尽人之性，尽物之性，德合天地，心统万物”，则此动虽为人心之动却仍不能称为“尽心”，其道也仍不能称为“仁”道。胡宏之所以说“仁道”大而全，“周乎万物，通乎无穷”，原因即在于此；他之所以说“惟仁者为能尽性至命”，原因也在于此。

胡宏由此在体用论方面提出了四个著名观点。第一，“尽其用”才能“成其体”，亦即“尽心”方能“成性”，“尽性”方能“至命”。第二，“道者，体用之总名”，“合体与用，斯为道”。仅有体或用都不能称为道，必须有体有用才能称为道，道是兼含体用的整体结构。第三，体与用是交济互成关系（“交泰”“太和”）而非单向决定关系。体的实现必须依赖用，用虽源于体却有相对独立性，并非完全由体控制和决定，体与用就像阴与阳，不可分离，相辅相成。第四，“同体异用”，亦即同一本体由于“用心”的差异而有不同的表现和成就。胡宏的这种体用论既是对胡安国思想的继承与推进，又是对程颐“体用一源”论的补充和辨正。最后两点尤具创意，它表明体与用既不二也不一，既不可分离也不可混同，既不能立体废用也不能以用概体。

应当特别注意的是，胡宏的体用范畴乃是人道范畴，即只能就人“心”与人事讲体用，不能像程朱理学那样直接就天地万物的存在讲体用。只是因为心之体为性，才可说心为性之用；只是因为心有发用之道，才可说道有体用之分（“道之体”与“道之用”）。因此“本”（命—性—心）与“道”（诚—中—仁）并不是天地万物之“体”，天地万物也不是“本”与“道”之“用”。“本”与天地万物乃是“本”与“质”（实际成就）的关系，“道”与天地万物则是“道”与“动”（存在表现）的关系。就人道而言，“质”与“动”当然是“用”，但就万物来讲则不能称为“用”。

胡宏的思想既精微又复杂，往往令人百思不得其解，不过其用意却很明显，就是进一步论证胡安国重“心”重“仁”的思想。要想重“仁”就必须从根本上论证作为人道的“仁道”乃是天地间最显著具体的生生之道，要想重“心”就必须从根本上论证“心”之大用全善而无恶。在当时的思想环境中，必须解决善恶的根源问题，以说明“心”虽可为恶，但就其全体和本体而言是纯善。因为他所崇敬的程颐认为人性分为形上的“天命之性”和现实的“气质之性”两层，善根源于前者而恶根源于后者，这便不仅意味着“气”是导致现实人性即“气质之性”内在地包含恶的罪魁祸首，也意味着“心”并不是全善之心。胡宏不愿接受这种思路，遂提出万物之性都是“天命之性”而无所谓“气质之性”，恶既不源于现实人性也不能归咎于先天之气，而完全来自心，是它“私于身，蔽于爱，动于气”所致。但心之“全体”与“本体”实可遵循仁道而尽其大用，纯善而无恶。因此恶只是“心”未能尽其大用的衍生现象，与“性”“气”并无先天必然的关系。程颐有一句名言：“论性不论气，不备；论气不论性，不明；二之则不是。”对于胡宏而言，实当改为“论性不论心，不备；论心不论性，不明；二之则不是”。这种思路实际上是通过强调“心”的主宰作用而解放了“气”与“性”。

胡宏根据其“尽心”论与“仁道”论，不仅判儒释之异、论修身之方，更在王道论上提出两个重要主张：一是一物未体即非仁，一民不安即非王，要成为名副其实的君王就必须遵循“仁道”，而“仁道”是“全体”之道，故不能“以天下自利”而应“顺天理，承天心，公天下”，广进英才而与之共治天下国家。二是“仁心”应当具体体现为随时合义的政策与制度，否则“虽有仁心而民不被其泽”，因为有体无用，“有道德结于民心而无法制者为无用，无用者亡”。这种王道论同样源于胡安国。

胡宏思想的总体特色是，主张“道”是兼含命—性—心三层和体与用两面的大全结构，由此特别突出了作为主体的“心”和作为人道的“仁”的重要性。在他这里，本体与主体不再是笼统合一，而是既有区分又相贯通——主体源自本体，但也自觉本体、成就本体、主宰本体。以此为基础，他提出了善恶不是由性而是由心产生的观点，将传统的性善论推进了一大步。在这个层面，胡宏所谓“心”与西方所谓“意志”颇为相当，而黑格尔《法哲学原理》中的著名论断“恶也同善一样，都是导源于意志的”正与胡宏的善恶根源论相通。因此，胡宏对于“心”的强调，实可视为对自由意志与主体能动性的强调。

胡宏在后世的声名虽然不能跟程、朱、陆、王相比，但他的思想极具创造性和涵摄性。他关于道具三层，尤其“善恶”与“性”不在同一层次的思想，上承周敦颐，下启王夫之。他所谓体与用是“交泰”“太和”的交济互成关系，与张载的“太和”论共同对王夫之的“乾坤并建”论产生了重要影响，而这种观念正是湖湘哲学区别于程朱理学与陆王心学的关键所在。

与曾吉甫书
（节选）

……

杨先生[①]《中庸解》谓：“中也者，寂然不动之时也。”按子思说“喜怒哀乐未发谓之中”，则是杨先生指“未发”时为“寂然不动”也。顷侍坐[②]时尝及此，谓“喜怒哀乐未发”恐说“寂然不动”未得。……今来教举尹先生[③]之说亦如是。某反覆究观，茫然莫知所谓。心性二字，乃道义渊源，当明辨不失毫厘，然后有所持循矣。

窃谓未发只可言性，已发乃可言心。故伊川曰“中者，所以状性之体段”，而不言状心之体段[④]也。心之体段，则圣人“无思也，无为也，寂然不动，感而遂通天下之故”是也。“未发”之时，圣人与众生同一性；已发，则“无思”“无为”，“寂然不动，感而遂通天下之故”，圣人之所独。夫圣人尽性，故感物而静，“无有远近幽深，遂知来物”；众生不能尽性，故感物而动，然后“朋从尔思”，而不得其正矣。[⑤]若二先生以“未发”为“寂然不动”，是圣人感物亦动，与众人何异？尹先生乃以“未发”为真心，然则圣人立天下之大业，成绝世之至行，举非真心耶？……

承举先君子之言为诲，怆然内伤，如见颜色。[⑥]惟先君子所谓“不起不灭”者，正以“静亦存，动亦存”而言也。与《易》“无思无为”，“寂然不动，感而遂通天下之故”大意相符，非若二先生指“喜怒哀乐未发”为“寂

① 杨先生：杨时（1053—1135），字中立，福建南剑人，人称龟山先生，程门高弟。
② 顷：不久前。侍坐：在尊长旁边陪坐，此指向曾几（字吉甫）当面请教。
③ 来教：对对方来信的敬称。尹先生：尹焞（1071—1142），宋钦宗赐号“和靖处士”，程门高弟。
④ 体段：状貌。
⑤ 这几句引语都出自《易传》。来物：将来的事物。朋从尔思：（只有）友朋顺从你的想法。不得其正：不能获得众人的认同。
⑥ 如见颜色：如见到（先父的）面容。

然不动”也。某愚谓，方“喜怒哀乐未发”，冲漠无朕①，同此大本，虽庸与圣，无以异也。而“无思无为”“寂然不动”，乃是指《易》而言，《易》则发矣。故“无思无为”“寂然不动”，圣人之所独，而非庸人所及也。惟“无思无为”“寂然不动”，故“感而遂通天下之故”，更不用“拟议”② 也。“喜怒哀乐未发”句下，还下得“感而遂通天下之故”一句否？若下不得，即知其立意自不同，不可合为一说矣。……尹先生指“喜怒哀乐未发”为真心，既以未发，恐难指为心。……

（胡宏著，吴仁华点校：《胡宏集》，中华书局 2009 年版，第 115–116 页。）

评析

这是胡宏与曾几讨论心性问题的一封书信。曾几虽是胡宏父亲的弟子，但比胡宏大 20 来岁，所以胡宏对曾几非常尊重，不过这并不妨碍他提出自己的不同看法。之前胡宏与曾几当面讨论时讲到不同意他的老师、程门高弟杨时的一个著名观点，即将《中庸》所谓“未发”等同于《易传》所谓“寂然不动”（这也是程颐的后期观点）。曾几当时就不认同，所以不久后与胡宏通信时再次提及，并说程门另一高弟尹焞（和靖）“以未发为真心”，与杨时之说相近，胡宏之父胡安国更有所谓“不起不灭之心”之说，似乎也与杨时之说相近。胡宏回复曾几时详细地阐明了自己的观点。

心性关系是胡宏哲学思想中的核心问题之一，其基本观点是，心性关系就是体用关系。他之所以如此讲心性，是为了提出另外两个重要观点：一是“性不可以善恶辨”，只有心才产生善恶是非；二是“同体异用”或“同性异心”，圣人与庸众之别在心不在性、在用不在体。这种心性观，归根到底是为了在“体用一源”的基础上，既主张圣庸同一大本而非天生有异，又强调用对于体、心对于性

① 冲漠无朕：空寂无形。语出《二程遗书》卷十五“冲漠无朕，万象森然已具”。
② 拟议：预先考虑，筹划。

的反向作用即个体意志自由的关键作用，同时也是为了坚持所谓“尽心”“尽性”必须体现在“心”之实“用”上而不能孤守其心性。

胡宏就是以这种心性观为基础反对杨时之说。他认为，“未发只可言性，已发乃可言心”；《易传》所谓“无思无为”“寂然不动”并不是说圣、庸皆有的未发之性体，而是说圣人所以异于庸众的独得之“心”。圣、庸之心的最大不同就在于，后者的发用是动静分离，前者的发用是即动即静、即体即用。因此，杨时将“未发”解释为“寂然不动”或如尹氏所谓“未发为真心”，都是将性混同于心、将体混同于用，其后果就是不能显示圣庸“同性异心”或“同体异用”。如此则必将主张圣庸之别乃在先天之性上，好像圣庸之间有一种天生的鸿沟；也必将导致自庸入圣的修养工夫只能放在性上而不放在心上，从根本上忽视“已发”之“心”的动用，也就不可能像圣人那样“立天下之大业，成绝世之至行”。总之，必将导致重性轻心、重体轻用，并最终导致有体无用，违背注重能动自觉与实践的儒学精神而与异端无辨。

由此可见，心性关系与体用关系实际牵涉到如何修身尽性、划清儒学与异端界限的关键问题。故胡宏说：“心性二字，乃道义渊源，当明辨不失毫厘，然后有所持循矣。”他之所以不惜与杨、尹诸前辈甚至与他极为崇敬的程颐意见相左，深层原因即在于此。

综上所述，胡宏对周敦颐的即动即静思想契会甚深。正如《太极图说》与《通书》所表明的，周敦颐正是由于深深领会到即动即静、即体即用才实现了理论上的重大突破。也许是因为曾受教于侯仲良（他曾亲受周敦颐之教），胡宏与周敦颐的思想特别相契。其《横渠正蒙序》首次将周敦颐与邵雍、二程、张载确认为北宋五大理学家。他又专门为周敦颐《通书》作序说：“今周子启程氏兄弟以不传之学，一回万古之光明，如日丽天；将为百世之利泽，如水行地。其功盖在孔孟之间矣。……（其书）宜度越诸子，直与《易》《诗》《书》《春秋》《语》《孟》同流行乎天下。”对周敦颐的评价极高。正是因为胡宏有此评价，后来朱熹、张栻等人才特别重视周敦颐。胡宏对周敦颐如此推崇，就是因为他深契周敦颐的思想。他之论“诚”、论

“几”、论“法”、论“太极”、论“中”与“和”之关系、论“道”之“全”与“通”、论“性不可以善恶辨”、论“对不分治必交焉”“有无不二”“动静不二”与“体用不二”，尤其是论“性”（体）总是与“心”（用）结合，都明显受到了周敦颐的启发。正是通过胡宏的阐扬、发挥与影响，周敦颐的思想才作为一种基本的哲学思路为湖湘哲学家所代代传承并不断丰富，湖湘哲学家也主要因此而常常表现出一种共同的思想性格。

与张敬夫
（节选）

……如令尹子文之忠，似不可谓之私意，而孔子不以仁许之；如陈文子之清，亦似不可谓之私意，而孔子亦不以仁许之。① 仁之道大，须见大体，然后可以察己之偏而习于正。乍见孺子之入井之时，孟子举一隅耳。② 若内交，若要誉，若恶其声，此浅陋之私，甚易见也；③ 若子文之忠、文子之清，而不得为仁，则难识也。……

……仁也者，人之所以为天也。须明得天理尽，然后克己以终之。以圣门实不与异端空言比也。空言易晓，实际难到，所以颜回、仲弓亚圣资质，必请事斯语，不敢以言下悟便为了也。④ ……

① 孔子论令尹子文与陈文子语见《论语·公冶长》。

② 《孟子·公孙丑上》：“所以谓人皆有不忍人之心者，今人乍见孺子将入于井，皆有怵惕恻隐之心。非所以内交于孺子之父母也，非所以要誉于乡党朋友也，非恶其声而然也。”孺子：小孩。一隅：一个小方面。

③ 内交：结交；“内”同“纳”。要（yāo）誉：求取名誉。恶其声：厌恶他（小孩）的哭声。

④ 颜回与仲弓向孔子问仁而皆曰“请事斯语”，见《论语·颜渊》。仲弓：冉雍，与颜回同是孔门德行科的代表人物，胡宏认为二人具有亚圣资质。请事斯语：实行您这话。言下悟：闻言彻悟。

又，学圣人之道，得其体，必得其用。有体而无用，与异端何辨？井田、封建、学校、军制，皆圣人竭心思致用之大者也。秦、汉而下兴者，虽是英雄，亦岂能胜于圣人哉？改制立法，出其私意，一世不如一世。至于近世，坏乱极矣。

……夫理不穷，则物情①不尽；物情不尽，则释义不精；义不精，则用不妙；用不妙，则不能所居而安②；居不安，则不能乐天；不能乐天，则不能成其身③矣。故学必以穷极物理为先也。然非亲之④，则不能知味。惟不知味也，故终有疑，必待人印证也。左右既进乎实弟，必敬以持之，高明博厚，日进无疆。⑤ 圣门有人，幸甚！幸甚！

又，比得款论⑥，窃识左右胸中正矣，大矣！大体既是，正好用功，近察诸身，远察诸物，穷竟万理，一以贯之，直造寂然不动之地；然后"吉凶与民同患"，为天之所为矣。此圣门事业也。敬夫勉之哉！……

……此事是终身事，天地日月长久，断之以勇猛精进，持之以渐渍熏陶，升高自下，陟遐自迩，故能有常而日新，日新而有常，从容规矩，可以赞化育、参天地而不过也。⑦

（胡宏著，吴仁华点校：《胡宏集》，中华书局 2009 年版，第 130－134 页。）

① 物情：事物之实情实理。
② 所居而安：安于所处（处理事物的义理），语出《易传·系辞上》。
③ 成其身：成就自身，成己。语出《礼记·哀公问》。
④ 亲之：实践实证。
⑤ 左右：您。实弟：未详其意，或指胡宏叔父之子胡实（1135—1173，字广仲），或"弟"字当作"地"字。高明博厚：像天一样高明，像地一样博厚，语出《中庸》。
⑥ 比得款论：近来得以诚恳讨论。
⑦ 断之：果决行之。渐渍：从容浸润。陟遐自迩：走远路要从近处开始，语出《伪古文尚书·太甲下》。从容规矩：从容自由又合规矩，即孔子所谓"从心所欲不逾矩"。

评析

张栻于绍兴三十一年（1161）正式成为胡宏的弟子。胡宏视之为道学传人并深幸“圣门有人”。可惜就在次年，胡宏因病辞世。

此处节选了胡宏给张栻的几封书信，主要强调了如下三个方面的思想。

其一，在坚持体用一源的基础上特别重视用，强调对于圣人之道“必得其用”才能“得其体”。由此他反对“多寻空言，不究实用”（《与樊茂实书》），倡导“以古人实事自律”，主张真正的儒者应对国家体制以及经济、教育、文化、军事等方面的制度予以高度重视和深入探索。他在《知言》中反复提到此意。比如《文王》篇说，没有完善的制度则“虽有仁心而民不被其泽”；《事物》篇说，治国的“法制”好比渡越江湖的舟楫，“若舟破楫坏，虽有若神之技，人人知其弗能济矣”。正因如此，他颇重视“变法”或“改制立法”。但他反对出于私意而变法。所谓私意，指“私智”“私慧”，即不能真正赅遍圆通、合乎人情物理的主观意见。所以即使变法的动机很好，若不能合于大公之理，也势必越变越糟。这是对胡安国与周敦颐思想的继承与发扬。

其二，强调“仁之道大”。正如《知言》所说，仁的基本特点是“周乎万物，通乎无穷”，必须人人皆得其所而不是只要做到一两个方面或超越了一般层面就能许之为仁。胡宏总是强调，学道者应当见“全体”，必见“全体”才能有“妙用”。无论格物致知、修身齐家还是治国平天下，都应当见“全体”，否则必不能“日进无疆”，也必不能至于“大成”。

其三，主张先由平常日用察见“大体”，然后“敬以持之”。也就是一面“穷极物理”以见“全体”，一面根据所见之理“克己”“力行”以尽其大用与妙用，力行尽用又反过来促进穷理，二者交相引发，循环无穷。这种思想即所谓“察识此心而后操存”。胡宏所谓修身实指“尽心”，不仅包括格物致知、穷理明体的修身工夫，也包括待人接物与齐家治国平天下的工夫。

张栻

张栻（1133—1180），四川绵竹人，字敬夫（后因避讳改字钦夫），号南轩，卒后谥“宣”，故后世学者亦称之为张宣公。他出身名门，曾祖、祖父都做过不小的官，父亲张浚（1097—1164）更是南宋名相和抗金统帅，因遭秦桧及其党羽排挤，贬谪湘粤近二十年（主要在永州与长沙），有经学著作数种传世，并有王十朋、杨万里等著名弟子。张栻生于四川，长于湖南，三十岁时踏入仕途，父逝之后做过严州（今浙江建德）知州、侍讲与经筵讲官、袁州（今江西宜春）知州、静江（今广西桂林）知府兼广南西路安抚使、江陵（今湖北荆州）知府兼荆湖北路安抚使等官，皆以德才兼备而深受士民爱戴和皇帝嘉奖。张栻的贡献主要是在学术思想与书院教育上。他本“生有异质，颖悟夙成”（朱熹《晦庵集》卷八十九），又长期跟随其父而尽得家学，更师从理学大家胡宏而成为其传人。他对胡宏思想有所修正，但主要是继承和弘扬。黄宗羲《宋元学案》说：“南轩之学得之五峰，论其所造大要比五峰更纯粹。”张栻成为湖湘学派的新一代领军人物之后，以长沙的岳麓书院、城南书院（由他与其父创办）等为基地培养了大批学者，又延请朱熹来长沙讲学并与之反复切磋讨论，使湖湘学派闻名全国，以至当时学者“以不得卒业于湖湘为恨”（朱熹《晦庵集》卷六十四），也对朱熹思想的形成与确定有过重要影响。时人将其与朱熹、吕祖谦并称为“东南三贤”。可惜未至五十而亡，未能充分展拓其思想。主要著作有《南轩易说》《论语解》《孟子说》《太极解义》等。今有杨世文点校的《张栻集》和邓洪波点校的《张栻集》，已分别在中华书局和岳麓书社出版。

孟子讲义序

学者潜心孔孟，必得其门而入，愚以为莫先于义利之辩。盖圣学，无所为而然也。无所为而然者，命之所以不已，性之所以不偏，而教之所以无穷也。凡有所为而然者，皆人欲之私，而非天理之所存，此义利之分也。自未尝省察者言之，终日之间，鲜不为利矣。非特名位货殖而后为利也，斯须之顷，意之所向，一涉于有所为，虽有浅深之不同，而其徇己自私则一而已矣。① 如孟子所谓内交、要誉、恶其声之类是也。是心日滋，则善端遏塞，欲迩圣贤之门墙以求自得，岂非却行以望及前人乎？② 纵使谈高说妙，不过渺茫臆度，譬犹无根之木，无本之水，其何益乎？学者当立志以为先，持敬以为本，而精察于动静之间，毫厘之差，审其为霄壤之判，则有以用吾力矣。学然后知不足。平时未觉吾利欲之多也，灼然有见于义利之辨，将日救过之不暇。由是而不舍，则趣益深，理益明，而不可以已也。孔子曰："古之学者为己，今之学者为人。"③ 为人者无适而非利，为己者无适而非义。曰利，虽在己之事，亦为人也；曰义，则施诸人者，亦莫非为己也。嗟乎！义利之辨大矣。岂特学者治己之所当先，施之天下国家一也。王者所以建立邦本，垂裕无疆，以义故也；而伯者所以陷溺人心，贻毒后世，以利故也。④ 孟子当战国横流之时，发挥天理，遏止人欲，深切著明，拨乱反正之大纲也。其微辞奥义，备载七篇之书⑤。如某⑥者，虽曰服膺，而学力未充，何足以窥究万一？试以所见，与诸君共讲之，愿无忽深思焉。

（张栻撰，邓洪波点校：《张栻集》，岳麓书社 2010 年版，第 617 页。）

① 货殖：经商谋利。斯须之顷：顷刻间。徇己：顺从一己私欲。

② 迩：接近。却行：倒退。

③ 此句出自《论语·宪问》，"为己"是指以自身固有的"仁心"为原则，"为人"是指以外铄的流俗观念为原则。所以"为己"并不是自私自利，倒是"为人"必出于私利之心，即希望获得别人的赞赏或回报。

④ 建立邦本：为人民树立的正确观念。"邦本"语出《尚书》"民惟邦本"，本指国家根本，此指人民。垂裕无疆：为世世代代留下丰厚遗产。伯者：霸者，与王者相对。

⑤ 七篇之书：此指《孟子》。

⑥ 某：自称。

评析

乾道四年（1168），张栻在长沙家塾（后称城南书院）讲解《孟子》时，决定写一本《孟子讲义》，遂先作此序。乾道九年（1173），完成全书初稿，定名为《孟子说》。此后屡有修改。

自从孔子提出“君子喻于义，小人喻于利”（《论语·里仁》），“见利思义”（《论语·宪问》）等说法之后，义利之辨便成为儒学的一个重要主题。张栻的这篇序言之所以成为名篇，是因为它将儒家学者对于义利之辨的阐发提升到了一个新的高度。朱熹高度评价说，张栻的阐发是“扩前圣之所未发”，与孟子提出的性善论、养气论具有同等重要的理论贡献。

张栻认为，强调义利之辨是儒家思想的“第一义”，无论内圣学上的治己修身，还是外王学上的判别王霸，都是以义利之辨作为首要原则。因此，要准确理解儒家思想，首先要正确理解义利之辨。儒家强调义利之辨，无疑是主张修齐治平都应依义不依利，但问题在于，如何分辨“义”与“利”？是不是根本不考虑后果就是重义？是不是只要讲利就是不义？张栻的观点可一言以蔽之曰：义者宜也，亦即随时合理，义利之辨的判断标准就在于是否合于“天理”，合乎“天理”就是“义”，不合乎“天理”而只顺从“人欲”便是“利”。在张栻的思想体系中，“天理”是第一位的，“人欲”是第二位的，后者是对前者的违反、不及或过当；“天理”是指现实世界的固有之理（既是自然或本然之理，也是应然或当然之理）和公共之理（“天理之公”），“人欲”是指不合“天理”的欲望亦即私欲、私意，而不是指一般的欲望。因此，义利之辨其实就是理欲之辨、公私之辨、合理与悖理之辨。朱汉民教授曾指出，张栻以“无所为而然”和“有所为而然”来区分义利的观点，与康德的“绝对命令”说十分契合，即主张只有完全由无条件的、先验的、纯粹理性的“绝对命令”直接规定的道德意志和行为才是真正道德的。

结合张栻的全部言论，可知这种义利之辨意味着如下三个观点。其一，强调义利之辨就是主张以义超越利。超越与反对不同，是既不排斥又不局限。张栻认为，儒家思想并不反对利，但是如果只以利为原则，必会导致人人只讲个人私利与眼前小利；若是以义为原则，则既能成就每个人的德性价值（因为合理），又能保证人人都能长期受益。因为“义所当然，则亦无不利”（《论语解》卷五），随时据理而行，不仅必然有利，而且可有长远之利与广大之利，即胡宏常说的“万世之利”与“天下之利”。所以义是超越利，而不是反对利。公与私的关系也是如此。所谓公，并不意味着完全取消私，而是指不局限于一己之私。全部利益不能只由一人、一地、一时垄断，而应由大家共享，使人人之私都能得到保障和满足。完全无私的“公”只是垄断者实现其垄断的抽象名号，并不是儒家观念，儒家的目的是人人都能各得其所。其二，强调义利之辨绝不等于做事不计后果，而是主张凡所当为之事都应做得合乎“天理”，即做得恰到好处而不偏不倚；凡所当为之事而不为，或者虽为之而不合理，以致“不失之于此，则失之于彼”，便都是依利不依义，从欲不从理，循私不循公。所谓自私，不仅指只为个人求名求利，也指固执不合理的主观想法和行为，后者的深层动机也是前者的。比如所有急功近利的公共事业，表面看来是出于公心，其实只是为了主事者个人的名与利。其三，依义不依利的实质就是“心与理一”，这不是口头上的“谈高说妙”，也不只是主观态度和动机，而是只有通过长期自觉的修养工夫才能具有的极高的人生境界与实践智慧。这种修养工夫以“心”为主体、以“理”为中心，既包含对“物理”与“性理”的穷理工夫，又包含合于“物理”与“性理”的察识居敬工夫。

张栻的上述观点具有极重要的理论意义与现实意义。历代儒者都很重视义利之辨，宋代儒者更是如此，但无论当时还是此前，对于义利之辨常有三种颇为流行的误解：一是将义与利完全对立起来，凡所举措只要有关“事功”就是陷于“利”而非“义”，于是“号为安静者则一切不为”，有关国计民生的一切实事都不去探究与实行；二是只将义利之辨视为主观动机与态度上的分别，于是凡所举措只论态度与动机，根本不考虑其决定与行为是否在事实上合理；三是将“义”只理解为抽象固定的“理”，因此越是重视“义”与“理”，越是陷于不顾实际情况的教条主义。根据张栻的观点，上述第一种倾向实是孤守心性，离事论道，从根本上背离了儒家的务实精神，结果必使儒家所追求的外王事业无从谈起；后两种倾向则从根本上违背了儒家的合理精神。其实，所谓重“义”，不只是要端正态度与动机，更要在实际决定与行动中体现“义”；但“义”并不是抽象固定的教条，而是“事事物物皆有义”（《论语解》卷二），“事事物物皆有所以然”（《孟子说》卷六），“义”就是“理”的具体化，是普遍原则与具体情况的统一体。因此，如果不于事事物物穷理居敬，即使号为重义轻利，也仍是重利轻义，因为“其事虽本是礼义，而施之不当，一过其则，则为非礼义矣。……毫厘之间，一有差焉，而未免流于私情而蔽乎公理。凡非公理者，皆私情也”（《孟子说》卷四）。这种主张的政治学意义，我们将在评析其《孟子说》时予以分析。

总之，张栻通过其对义利之辨的阐发，既强调了实事实行的重要性，又论证了穷理居敬的重要性。其中所蕴含的本体论观念，就是心与事不二不一、心与理不二不一。显然，张栻的这种义利之辨，不仅为道器不二、理事不二、知行不二、内圣与外王不二等观念奠定了基础，也使一切空谈主义、主观主义、教条主义和功利主义失去了理论依据。张栻的上述观点，归根到底就是宋儒常说的“存天理，灭人欲”，它并不像许多现代学者所指斥的那样迂腐。人们因为急于批判传统，往往想象得太多而了解得太少；根据张栻的说法，这也是违背理性精神而“徇己自私”的表现。

张栻的义利观主要源自胡宏的天理人欲“同行异情”说和胡安国《答赣川曾几书》所阐明的心与理不二不一、心与事不二不一等观点。

静江府学记
（节选）

……某惟①古人所以从事于学者，其果何所为而然哉？天之生斯人也，则有常性；人之立于天地之间也，则有常事。在身有一身之事，在家有一家之事，在国有一国之事。其事也，非人之所能为②也，性之所有也。弗胜其事则为弗有其性，弗有其性则为“弗克若天”③ 矣。克保其性而不悖其事，所以顺乎天也。然则舍讲学其能之哉？凡天下之事，皆人之所当为。君臣、父子、兄弟、夫妇、朋友之际，人事之大者也；以至于视听言动、周旋食息，至纤至悉，何莫非事者？一事之不贯④，则天性以之陷溺也。然则讲学其可不汲汲乎？学所以明万事而奉天职也。虽然，事有其理而著⑤于吾心。心也者，万事之宗也。惟人放其良心，故事失其统纪⑥。学也者，所以收其放而存其良⑦也。夏葛而冬裘，饥食而渴饮，理之所固存，而事之所当然者；凡吾于万事皆见其若是也，而后为当其可。学者求乎此而已。……

（张栻撰，邓洪波点校：《张栻集》，岳麓书社 2010 年版，第 559－560 页。）

评析

此文为张栻于乾道六年（1170）二月所作。通过此文，可更好地理解《孟

① 某惟：窃以为。
② 非人之所能为：不是人的主观私意所能产生或抹杀的（即是天理如此）。
③ 弗克若天：语出《伪古文尚书·泰誓中》，此指不能顺从天理。
④ 不贯：不能贯通。
⑤ 著：明著，显明。
⑥ 统纪：大纲与条理。
⑦ 收其放而存其良：收回其放失之心，存养其良心。

子讲义序》，也可更深入地了解张栻所谓天、理、性、心、事等概念间的关系。

在张栻的思想中，天即是理，理即是天，都是指天理，像“夏葛而冬裘，饥食而渴饮”一样的自然之理。天理包括两个方面：一是事物固具之理即“物理”，二是人性固具之理即“性理”。“性理”并不抽象，它是指能够根据“物理”来合理做事（接物应事）的先天理据和能力（当为和能为之理），所以也可以说“性理”就是“事理”。凡是人在天地之间所当为且能为之事，皆是“性之所有”，皆是源于性所固具之理而不容自已、“无所为而然”即自然而然地要去做的“常事”。所谓“常事”，不仅包括尽伦之类的大事，也包括“视听言动、周旋食息”之类“至纤至悉”的小事，它们都是人的“天职”。但凡一事不能做得合理即做得恰到好处，“天性”便有一分未能实现而仍在“陷溺”之中。人的存在价值就在于保有其性，顺从性所固具的天理而不是以私意私欲来为其所当为、能为之“常事”。但要保有其性，就必须“明万事而奉天职”——既能明于“物理”与“性理”，又能力行其事。这只有充分发挥“心”的作用才能实现，因为“心也者，万事之宗也”，明著“物理”与“性理”并依理力行的都是“心”。但“心”既可以是“良心”，也可以是“放心”（放失了的“良心”），只有“收其放而存其良”，才能真正“明万事而奉天职”从而保有其性。这就是学习的目的，学习就是要致力于“收其放而存其良”亦即“正心”。

这些说法最值得注意之处有二。一是强调“性”与“事”不能分离，从而既捍卫了“事”的正当性与合理性（凡天下之事“皆性之所有”“皆人之所当为”），又突出了“事”对于“性”的重要性（“弗胜其事则为弗有其性”，“一事之不贯，则天性以之陷溺”）。其二，强调“心”对于“事”与“性”的中介作用和主宰作用。“性”与“事”的统一只有通过“心”才能实现。“心”为“万事之宗”而具“性理”，只有“存其良心”才能“胜其事”和“贯其事”，从而真正“有其性”和“尽其性”。

张栻的上述观点，来自胡安国、胡宏父子。他的推进之处在于特别突出“事”这一概念（相对于“物”而言，“事”更强调参与、力行），以此为中介来沟通心与性、动与静、体与用、内圣与外王。如此一来，整个湖湘学派重“心”重“用”、务“实”贵“行”的精神就更加突出。

南轩先生论语解序
（节选）

学者，学乎孔子者也。《论语》之书，孔子之言行莫详焉①，所当终身尽心者，宜莫先乎此也。圣人之道至矣，而其所以教人者，大略则亦可睹焉。盖自始学，则教之以为弟为子之职，其品章条贯，不过于声气容色之间，洒扫应对进退之事。② 此虽为人事之始，然所谓天道之至赜者，初亦不外乎是，圣人无隐乎尔也。故究其始则有致知力行之地，而极其终则有非思勉之所能及者，亦贵于行著习察，尽其道而已矣。③ 孔子曰：“道之不行也，我知之矣；知者过之，愚者不及也。道之不明也，我知之矣；贤者过之，不肖者不及也。”④ 秦汉以来，学者失其传，其间虽或有志于力行而其知不明，擿埴索涂⑤，莫适所依，以卒背于中庸。本朝河南君子⑥始以穷理居敬之方开示学者，使之于致知力行有所循守，以入尧舜之道。然近岁以来，学者又失其旨，汲汲求所谓知而于躬行则忽焉，本之不立，故其所知特出于臆度之见而无以有诸躬，识者盖忧之。此特未知二者互相发之故也。孔子曰：“学而不思则

① 莫详焉：莫详于《论语》。

② 品章条贯：章法与条理，语出韩愈《进撰平淮西碑文表》。不过：不超出。声气容色：待人接物的言辞态度。洒扫应对进退：打扫卫生，与人打交道，处理日常事务。

③ 思勉：思考与勉强。语出《中庸》“诚者不勉而中，不思而得”。行著习察：明察自己的行为与习惯。语出《孟子·尽心上》：“行之而不著焉，习矣而不察焉，终身由之而不知其道者，众也。”

④ 孔子此语见于《中庸》。

⑤ 擿（zhì）埴（zhí）索涂：（盲人）以杖点地，摸索道路，比喻暗中摸索。语出扬雄《法言》。

⑥ 河南君子：指程颢、程颐兄弟。

罔，思而不学则殆。”历考圣贤之意，盖欲使学者于此二端兼致其力，始则据其所知而行之，行之力则知愈进，知之深则行愈达，是知尝在先而行未尝不随之也。知有精粗，必由粗以至精；行有始终，必自始以及终；内外交正，本末不遗。条理如此，而后可以言无弊。然则声气容色之间，洒扫应对进退之事，乃致知力行之原①也，其可舍是而他求乎？……

（张栻撰，邓洪波点校：《张栻集》，岳麓书社 2010 年版，第 3–4 页。）

评析

这是张栻于乾道九年（1173）五月为其《论语解》一书所写之序，突出体现了其修养论的基本主张：知行不二、不离日用。在张栻的思想中，所谓知或致知是指“格物穷理”，即通过穷究“物理”而明著“性理”；所谓行或力行是指根据所知之理来实际修行与践履。

张栻认为，知与行本来不二。这首先是指它们都统一于“事”，人总是处在事中——即使是日常的“声气容色”“洒扫应对进退”，也是事，知与行实是一事之两面。其次是指二者“互相发”，“行之力则知愈进，知之深则行愈达”，二者总是互相依赖亦互相促进。因此对于知与行应该“兼致其力”。若是“有志于力行而其知不明”，则所行便是无根据的冥行；若是“汲汲求所谓知而于躬行则忽焉”，则所知不过是脱离身心的空言臆见。

张栻又强调致知力行、穷理居敬不能离开平常日用。这个观点包含三项内容。其一，圣人之道无时不在，正如《中庸》所说“道也者，不可须臾离也，可离非道也”。其二，圣人之道无事不在。圣人和众人一样要做“至纤至悉”的平常日用之事，圣凡之分不在于“事”之大小，而在于能否将事情做得合于天理而“无不尽其节”、无不恰到好处。其三，圣人之道有不容紊乱的“条理”。所以不能因“骛于高远”而“躐等凭虚”，企图跳过粗浅阶

① 原：通“源”，起点与基点。

段而直接达到精深地步；只有遵循固有“条理”，由粗至精、由浅至深、即末求本，才能“本末不遗”而无弊。张栻说：“声气容色之间，洒扫应对进退之事，乃致知力行之原。”这是当时很有影响的一句名言，对陆九渊的兄长陆九龄（子寿）颇有影响，以致《宋元学案》误将此语归为陆氏言论。此所谓“原”，既指起点，也指基础，类似《论语·学而》所谓孝悌乃“为仁之本”的“本”字。必以平常日用之事为“致知力行之原”而渐求其知之精与行之达，所知所行才能不悖于“条理”与“次序”，才能成为有根基的实知实见、实行实德。显然，这种修养论的基础就是体用一源、道器不二、心事不二、本末一致这种体用论。他在《论语解》正文中也多次说“道与器非异体”“本末实一致”，若离器求道、舍末求本，“则是析本末为二体，形而上者与形而下者不相管属，其为弊盖有不胜言矣”。《南轩易说》卷一更说，道“不可虚拘”，必“托于器而后行”。

张栻的这种思想，源自胡宏所谓“此事是终身事”，故必“断之以勇猛精进，持之以渐渍熏陶，升高自下，陟遐自迩”，但他比胡宏讲得更明确。尤其是“条理”概念的引入，对于湖湘哲学而言是一件大事，它意味着所谓“理”不仅是静态存在的根据与法则，更是有节奏地涌动展开、派别支分的脉络与次序，只有包含了“条理”意义的“理”才可能是“道”。从此以后，强调有条理有次序而反对躐等欲速成为湖湘哲学的传统。

孟子说
（节选）

离娄固明矣，公输子固巧矣，而不能舍规矩以成方员也。① 师旷固聪矣，

① 离娄：亦称离朱，传说能于百步之外见秋毫之末。公输子：鲁班。规矩：圆规与曲尺。方员：方圆。

而不能舍六律以为五音也。① 尧舜之道固大矣，而其平治天下，必以仁政。惟夫能用规矩与六律，是所以为明为聪也；惟夫行仁政，是所以为尧舜之道也。“有仁心仁闻”而不能“行先王之道”者，盖虽有是心，不能推而达之，故民不得被其泽，不足以垂法于后也。先王有不忍人之心，斯有不忍人之政。所谓不忍人之政者，即其仁心所推，尽其用于事事物物之间者也。“徒善不足以为政”，谓有是心而不取法于先王，则终不足以为政也，为徒善而已。“徒法不能以自行”，谓王政虽存，苟非其人，则不能以自行也，为徒法而已。盖仁心之存，乃王政之本；而王政之行，即是心之用也。《诗》所记“率由旧章”② 者，欲其遵先王之法也。夫规矩、准绳、六律，圣人竭耳目之力而制之者，故后世之为方员、曲直与夫正五声者，皆莫得而违焉。至于不忍人之政，是乃圣人竭心思之所为而仁覆天下者。然则后之为治者，其可舍是而不遵乎？不曰“为之”，而曰“继之”者，盖竭其心思，而其理继之，乃天之所为，而非圣人强为之也。其于规矩、准绳、六律亦然。……（卷四，二百七十页至二百七十一页）

子产辍乘舆以济冬涉者③，孟子何贬焉？盖小惠妨大德，圣贤之所恶也。以人之病涉④也，则修其政而已。岁十一月而成徒杠，十二月而成舆梁，是乃政也。⑤ 所谓广大平正，公义之所存，过是则私意矣。顾乃区区然以己之舆济之，是特“内交”“要誉”“恶其声”之为耳。故虽可谓之惠，而未知为政之道也。“君子平其政，行辟人可也”。⑥ 夫君子之政，天下之公理也。

---

① 师旷：春秋晋平公时期的著名乐师。六律：我国古代用来确定标准音高的律管共有十二个，阴阳各六，阳称律，阴称吕，此处是对定音律管的统称。五音：亦称五声，指宫、商、角、徵、羽等五个音阶。

② 率由：遵循。旧章：传统的规章制度。

③ 子产：春秋时郑国贤相公孙侨之字。乘舆：所乘的马车。济：渡河。此句是说，子产有次在冬天用自己的车辆帮助路人渡河。

④ 病涉：为渡河发愁。

⑤ 徒杠：简陋的独木便桥。舆梁：铺上木板可过车马的桥梁。

⑥ 此句是说，君子只要搞好公共的制度建设，外出时使行人避道都没有关系。

行法于此，使人由之而已。苟私意一生于其间，则失其所以为平矣。故夫先王之治，为之井田，为之封建，与天下公共，使俱得其平，下至于鳏寡废疾皆有所养，而微至于次舍、桥梁、刍秣之事亦皆有经制。① 此岂先王强为哉？因事而制法，而其法皆循乎天理，所谓“平其政”也。先王平其政，而天下之人无不被其泽，举家爱戴之。后世欲人人而悦，而“日②亦不足”。公义、私意之相去盖如此！……（卷四，二百九十页至二百九十一页）

圣人之动，无非天也，其相授受③之际，岂有我之所得为哉？善乎！孟子发明之曰：“天子不能以天下与人。”夫天子而以天下与人，则是私意之所为，乱之道也。尧之于舜，选于天下，而荐之天耳。而舜之卒有天下者，天实为之，尧岂能加毫末于此哉？故谓之“天与之也”。……神人一理：神之所享，民之所安者也；天与之，即人与之矣。然则尧何加毫末于此哉？舜之相尧，历年如是之久，其荐于天、暴于民者如是其著④，此乃天也。尧崩，舜率天下而服尧之丧。尧丧既除，“舜避尧之子于南河之南”，不敢以己为天子，而听天所命也。朝觐、讼狱、讴歌者皆相率而归之⑤，不容舍焉，夫然后归而践位，其从容⑥于天人之际盖如此。然则舜亦岂能加毫末于此哉？故曰：圣人之动，无非天也。夫所谓天者，至公无私之体也。天之视听何自而见？民之视听是也。朝觐、讼狱、讴歌之所归，是天命之所归也。……（卷五，三百二十一页至三百二十二页）

论性之本，则一而已矣；而其流行发见人物之所禀，有万之不同焉。盖何莫而不由于太极？何莫而不具于太极？是其本之一也。然有太极则有二气

① 微：细微。次舍：止息之所。刍秣：饲养牛马的草料。经制：恒常的制度。
② 日：此处指时间。
③ 授受：此处特指王位传承。
④ 暴：公示。著：明显。
⑤ 朝觐：诸侯朝见天子。讼狱：打官司。讴歌：作诗称颂。这句是说，朝见天子的诸侯和打官司的人都不去找尧的儿子而找舜，歌颂的人也不歌颂尧的儿子而歌颂舜。
⑥ 从容：本指悠闲不迫，此处指不勉而中、自然合理。

五行，细缊交感，其变不齐，故其发见于人物者，其气禀各异，而有万之不同也。虽有万之不同，而其本之一者亦未尝不各具于其气禀之内。故原其性之本一而察其流行之各异，知其流行之各异而本之一者初未尝不完也，而后可与论性矣。故程子曰："论性而不论气，不备；论气而不论性，不明。"盖论性而不及气，则昧夫人物之分，而太极之用不行矣；论气而不及性，则迷夫大本之一，而太极之体不立矣。用之不行，体之不立，焉得谓之知性乎？异端之所以贼仁害义，皆自此也。……故太极一而已矣，散为人物而有万殊；就其万殊之中，而复有所不齐焉，而皆谓之性，性无乎不在也。……（卷六，三百四十四页至三百四十五页）

……人饥渴而饮食，是亦理也，初何罪焉？然饮食之人，人所为贱之者，为其但知有口腹之养，而失其大者耳。如使饮食之人而不失其大者，则口腹岂但为养其尺寸之肤哉？固亦理义之所存也。故失其大者则役于血气而为人欲，先立乎其大者则本诸天命而皆至理。人欲流，则口腹之须何有穷极？此人之所以为禽兽不远者也。天理明，则一饮一食之间，亦莫不有则焉，此人之所以成身而通乎天地者也。然则可不谨其源哉？（卷六，三百五十七页）

理之自然，谓之天命，于人为性，主于性为心。天也，性也，心也，所取①则异而体则同。尽其心者，格物致知，积习之久，私意脱落，万理贯通，尽得此生生无穷之体也。尽得此体，则知性之禀于天者盖无不具也；知性之所素具于我者，则知天之所以为天者矣；此物格知至之事。然人虽能尽心之体以知性之理，而存养之未至，则于事事物物之间，其用有未能尽者，则心之体未能周流而无所滞，性之理亦为有所未完也。故必贵于存心养性焉。存者，颠沛造次必于是也；养者，全之而弗害也。存之、养之，是乃所以事天者也。程子云："事天者，奉顺之也。"若是而久焉，则有以尽其心之用，而

① 所取：所注重的对象（或为口腹之欲，或为固有性理）。

无咈①其性之理，而天之道亦备于是矣。……（卷七，三百七十八页）

当其可即是道。盖事事物物之间，道无往而不存，极无适而不为中也。孔子之去鲁，迟迟其行，是去父母国之道也；去齐，接淅而行②，是去他国之道也。虽或迟或速之不同，而其为道则一。苟"执一"以为道，则有所不能贯通，而非道矣。……凡一饮食、一起居之间，莫不有其道焉。贤者随时而循理，在圣人则如影之随形，道固不离乎圣人也。……时异事异，则其道亦异。若使孟子执夫子去他国之义，而于去齐之际无所动其心，是亦为"举一而废百"，非圣人之所以为道者矣。（卷七，四百一十四页）

君子之动，惟其时而已。……不度其时之可否，则为徇乎血气，而不中义理之节，非君子之道矣。……世固有勇于为善事者，不察夫义理之当然与否，而必为之，盖亦足以悦于流俗，然发不中节，有害于君子之道，是皆"冯妇"③之类耳。学者其无惑于众之悦而有动哉！审诸己而已矣。（卷七，四百一十六页至四百一十七页）

（张栻撰，邓洪波点校：《张栻集》，岳麓书社2010年版。）

评析

《孟子说》颇能体现张栻对胡宏思想的继承与发展以及其王道论主张。

在心性论上，张栻像胡宏一样强调作为主体的"心"对于作为本体的"性"的充分实现具有关键作用，所以说"主于性为心"，其实也就是坚持胡宏所谓"尽心以成性"。所以他认为，只有"尽其心之用"于"事事物物之

① 咈（fú）：同"拂"，违逆，乖戾。

② 接淅而行：带着正在淘洗的米上路，意即不等把米淘完就走了，极言其速速离开。

③ 冯妇：《孟子·尽心下》讲她在众人怂恿下卷袖露臂与老虎搏斗，虽为众人所悦，却为君子所讥。

间”，才能真正“有其性”、“完”其“性”，使性体得到真实而完全的实现与体现。但在心性论上，张栻也修正和发展了胡宏的思想。第一，他不像胡宏那样将心只看成性体之用，而认为心本身就有体有用，其体固然是性，其用却并不是性之用。第二，所谓“尽心”也不只是“尽用”，而是包括“尽心之体”与“尽心之用”两个方面，前者是穷理致知、是察识，后者是居敬力行、是涵养。因此“尽心之用”实即“存心养性”。这样他就既坚持了胡宏重视“心之用”的精神，又将对涵养工夫的重视纳入其中，并且只要在体用论上坚持用对于体的关键作用，就应在修养论上坚持涵养对于省察、居敬力行对于格物致知的关键作用。第三，他接受了程朱“气质之性”的概念。第四，在胡宏以“全体”讲性理的基础之上，明确指出性理即是“天命”“天理”，而所谓“天理”就是“至公无私之体”即“公理”，具体表现为人民大众的“公论”“公义”“公愿”“公心”。

在体用论上，张栻接受了胡宏“得其用”才能“得其体”以及“同体异用”“同行异情”等思想。他的修正在于，像朱熹一样主张体在用中而不是体完全成为用；其发展在于，将“同体异用”论与程朱所极重视的“理一分殊”论打通，明确将体用关系视为“理一分殊”关系，从而所谓“异用”不仅是指表现相同而价值相反（如天理之事与人欲之事）之用，也可指表现不同而价值相同之用（如随时之用）。正是从张栻开始，发挥和强调“理一分殊”成为湖湘哲学的传统。

张栻由此提出了他的王道论主张。他据“同体异用”“同行异情”论，提出治国平天下必须“谨其源”即应明于“天理”。明于“天理”，则如饮食男女之类所谓“人欲”之事都是“天理”之事，不仅是“理义之所存”，更是“人之所以成身而通乎天地者”；相反，若不本诸天理而仅“役于血气”、悦于“流俗”，不仅正常欲望会变成“人欲”即私欲，就连天理之事也将成为“人欲”，譬如做善事，若“不察夫义理之当然与否，而必为之”，同样“有害于君子之道”。这种说法正是其义利观的运用，不仅对“天理”与“人欲”的关系做出了辩证的理解，更为人类正常欲望的正当性做出了理性辩护。

他又据“同体异用”“理一分殊”提出，凡所谓“用”，都不能“‘执一’以为道”，采取教条主义方式，而应“随时以取中”“随时而循理”，灵活处理，“时异事异，则其道亦异”。这便从本体论上论证了“变化”与“差异”的必然性与重要性，从而为外王事业上的变革提供了理论依据。他在《孟子说》和《论语解》中反复说道，应当“本先王所以仁民者，竭其心思，揆以天道，协于时义而损益之”，要对各个方面的政治制度加以变革，使之在新的时代与形势之下“当其理”。张栻和胡宏一样，所谓变革总是指“随时而循理”，不是出于私意，不是尽毁其理、尽变其道、尽革其命，而是理道自身的随时适宜、天命本身的流行不息，因此是“有常而日新，日新而有常”的“通变”，这与现代的革命观念有着本质的不同。

以上王道论主张大体上是对胡宏思想的继承。张栻的推进之处主要体现在，由“得其用”才能“尽其体”和天理就是“公理”而提出的如下主张：

其一，只有完全合乎“公理”即“民意”与“公愿”才是真正遵循“天理”。张栻认为，平治天下不能依据“私欲”“私意”（体现在皇位传承问题上就是不能私相授受），而应遵循“天理”，所谓“天理”就是“公理”、民意，因此遵循“天理”就是要超越一己之主观私意与私欲，完全依照大众的“公论”与“公愿”，“用舍从违无不合其公愿”。

其二，只有“广大平正”的制度才真正体现和实现“公理”。因为只有“广大平正”的制度，才能真正体现、培养、维护和实现“公论”“公愿”“公义”。所谓“广”是指考虑到有关国计民生的所有事而能“至纤至悉”，所谓“大”是指考虑到所有人而能具有公共性，“平正”则指公平和公正。

其三，平治天下者只有将其“仁心”转化为“广大平正”的制度，才能真正“仁覆天下”；否则，便如孟子所谓“徒善不足以为政”，或“惠而不知政”。所以，平治天下者的主要任务是竭其心思来致力于“广大平正”的制度建设与推行，而不是直接对某个人或某部分人予以关照与同情。像子产那样不去制定、落实及时修造桥梁的政策，只偶尔将自己的车子让给无法渡河的人，就只是一种好行小惠的行为，“未知为政之道”。

胡安国、胡宏父子王道论的基本精神就是由重视“仁心”之“用”而强调“仁政”，张栻进一步提出，“仁心”就是“公理”，“公理”就是“公论”“公愿”，亦即民心民意，只有体现与实现民心民意的“仁政”即“广大平正”的公共制度，才能充分实现“仁心”。这种思想，与黑格尔所谓“客观精神”的说法颇有相通之处。这种意义上的“仁政”与现代民主制度之间固然仍有距离，但这种距离并不是一道不可跨越的鸿沟。此后王船山在这个方面有更为深广的探索。

南康军新立濂溪祠记
（节选）

……自秦汉以来，言治者汩于五伯功利之习①，求道者沦于异端空虚之说，而于先王发政施仁之实、圣人天理人伦之教，莫克推寻而讲明之。故言治若无预②于学，而求道者反不涉于事。孔孟之书仅传，而学者莫得其门而入，生民不克睹乎三代之盛，可胜叹哉！惟先生崛起于千载之后，独得微旨于残编断简之中，推本太极，以及乎阴阳五行之流布、人物之所以生化，于是知人之为至灵而性之为至善，万理有其宗，万物循其则，举而措之，则可见先王之所以为治者皆非私知之所出，孔孟之意于以③复明。至于二程先生，则又推而极之，凡圣人之所以教人与学者之所以用工，本末始终，精析该备。

① 汩：汩没，陷溺。五伯：五霸。
② 预：相干。
③ 于以：是以，因此。

于是五伯功利之习无以乱其正，异端空虚之说无以申其诬①，求道者有其序，而言治者有所本。其有功于圣门而流泽于后世，顾②不大矣哉！……盖自近岁以来，先生之书遍天下，士知尊敬讲习者寖多；而其间未免或失其旨，妄意高远，不由其序，游谈相夸，不践其实，反以病夫真。③ 若是者，适为吾道之罪人耳。夫惟淳笃恳恻，近思躬获，不忽于卑下而审察乎细微，是则为不负先生之训，其于孔孟之门墙，庶几乎可以循求而进也。④ ……

（张栻撰，邓洪波点校：《张栻集》，岳麓书社 2010 年版，第 582 页。）

评析

经胡宏、张栻、朱熹等人的大力阐扬，周敦颐作为理学开山祖师的地位在南宋淳熙初年基本确定，许多地方开始修建濂溪祠堂。张栻在其生命旅程的最后几年，相继写过四篇濂溪祠记，此处所选是其最后一篇，作于淳熙六年（1179）。

张栻认为，周敦颐在中国思想史上的最大贡献是，一反秦汉以后“言治若无预于学，而求道者反不涉于事”的思想习惯，重新打通了天道与人道，打通了内圣学与外王学，使“孔孟之意于以复明”。正是基于周敦颐的开创与启示，二程兄弟才得“推而极之”。所以周敦颐有功于圣门而泽被后世者实极巨大。张栻又特别针对当时“妄意高远，不由其序，游谈相夸，不践其实，反以病夫真”的士习，再次重申其重视平常涵养与循序渐进的一贯主张。这同时也是对朱（熹）、陆（陆九渊兄弟）之争的回应（参见其《答陆子寿》），强调他与朱熹所坚持的“践其实”而“由其序”的路数才真正符

① 申其诬：宣扬其没有根据的学说。
② 顾：岂，难道。
③ 先生：此处指周敦颐。寖：同“浸”，逐渐。反以病夫真：反而责备真实正确的。
④ 淳笃：做事踏实厚重。恳恻：用心诚恳。近思：切己而思。躬获：自得，亲证。忽：轻忽。卑下：此处指洒扫应对之类的初级工夫。

合周敦颐的思想。

由此可见，遵循与拓展周敦颐所开创的思想道路，已成为以张栻为代表的湖湘学派的自觉意识。可惜张栻辞世太早，未及像朱、陆那样充分拓展和发挥其所自得，诚如全祖望在《宋元学案》序录中所说："向使南轩得永其年，所造更不知如何也！"

王夫之

王夫之（1619—1692），湖南衡阳人，字而农，号姜斋。因晚年归隐衡阳曲兰乡石船山，撰著又多署名“船山老人”“船山老农”等，学者多称之“船山先生”。他出生于数代崇儒的诗礼人家，曾祖“以文名著南楚”（《王船山诗文集·显考武夷府君行状》）且任过县教谕等学官，父亲王朝聘、叔父王廷聘、长兄王介之更是既富学识又重修身。王夫之从小颖悟过人，4岁入塾发蒙，7岁读完十三经，14岁中秀才。又曾就读于岳麓书院，从学于张栻高弟吴猎的后人吴道行。崇祯十五年（1642）中举人，因李自成的农民军正与政府军队鏖战于鄂皖一带，无法赴京参加会试。清兵入关后，他为抗清救亡多方奔走十余年。为清廷通缉后，流亡于湘南一带，或寄居荒岩野庙，或借住瑶民山峒，颠沛流离，备尝艰苦。此后便隐居避世，将亡国孤愤转化为学术总结与反思，冀望民族文化复兴于未来，留下包括《周易外传》《周易内传》《尚书引义》《读四书大全说》《张子正蒙注》《思问录》以及《黄书》《俟解》《读通鉴论》《宋论》等名著在内的百余种著作，逾八百万字，成为整个宋明理学的反思者与总结者，也成为此后中国哲学新路向的预示者，与顾炎武、黄宗羲并称明末清初三大家。他逝世后的150年间，其思想、著作多不为世人所知。直到1840年前后才由湘人邓显鹤等搜集并刊布其著作18种，1865年曾国荃、曾国藩兄弟又刊刻《船山遗书》56种，流传甚广。船山思想对清末维新变法、反清革命以及民国思想界产生了重要影响。其现存著作以岳麓书社出版的《船山全书》最为齐备。

乾坤并建的太极

大哉《周易》乎！乾坤并建，以为大始，以为永成，以统六子，以函五十六卦之变。① ……乾坤并建于上，时无先后，权无主辅，犹呼吸也，犹雷电也，犹两目视，两耳听，见闻同觉也。……然则独乾尚不足以始，而必并建以立其大宗。（《周易外传》卷五，九百八十九页）

盖太极之有两仪也，在天则有阳而必有阴，在地则有刚而必有柔，在人则有君子而必有小人，有中国而必有夷狄，唯凌杂而相干，斯为大咎。② 乃阴以养阳，柔以保刚，小人以拥戴君子，夷狄以藩卫中国。③ 阴能安于其类聚④，而阳自聚于其所当居之正位；交应而不杂，则阴虽盛而不为阳病。鬼神以是不乱于人而祐人以福，愚贱以是自安其类而贵贵贤贤、得以汇升。⑤（《周易内传》卷三下，三百六十八页）

夫阴，固不足以匹阳之德，然亦孰非造化必有之实、太和固有之撰，可以通万物之志、与之利而得其定体之正哉？⑥（《周易内传》卷四下，四百八十五页）

阴阳之至足，健顺之至纯，太极本然之体也，而用行乎其间矣。《乾》以易而知险，《坤》以简而知阻，阴阳不杂，自细缊以成化。⑦ ……其曰“一阴一阳之谓道”者，阴阳十二皆备，唯其所用之谓也；非一阴而即间以一

---

① 乾坤并建：就《易》而言，指乾、坤二卦是同一卦的正面与背面，就太极或现实事物而言，则指其同时包括阴、阳二气与健、顺二性。以为大始：天地万物从一开始就如此。以为永成：天地万物的最后成就也如此。六子：八卦中除乾、坤之外的其余六卦。五十六卦：六十四卦中除八卦之外的其余诸卦。

② 凌杂：错乱而不当其位。相干：相互干扰。咎：过失。

③ 乃：然而。藩卫：护卫。

④ 类聚：同类事物所当聚居之所，即下文所谓“所当居之正位”。

⑤ 贵贵贤贤：尊敬尊贵者、尊重贤良者。得以汇升：（与贤贵者）成为一体而共同提升。

⑥ 匹：相当。太和：语出《易传·彖传》，船山将其解释为乾坤并建的太极本体。撰：太极本体固有且表现出来的功能。与之利：帮助万物进入有利之境。

⑦ 《乾》以易而知险，《坤》以简而知阻：语出《易传·系辞下》，谓乾德至健，故其动至易，虽出入难行之险而能周知其故；坤德至顺，故其动至简，虽凝聚有所窒碍却能自知其碍。细缊：阴阳二气尚未分化时“交相入而包孕以运动之貌”，船山用来指太极的本然状态，常与“太和”连用。

阳，一阳而即杂以一阴，一受其成型，终古而不易之谓也。……乃当二仪函五行以絪缊于两间，则固不可以迹求，不可以情辨，不可以用分，不可以名纪。迨其已成，而水与火遂判为两物而不相得，然其中自有互相入而不相害之精理存焉。其终也，火息水暵，而仍归于太和。（《周易内传》卷四下，四百九十页至四百九十一页）

阴阳者，太极所有之实也。凡两间之所有，为形为象，为精为气，为清为浊，自雷风水火山泽以至蜎孑萌芽之小，自成形而上以至未有成形、相与絪缊以待用之初，皆此二者之充塞无间。而判然各为一物，其性情、才质、功效，皆不可强之而同。动静者，阴阳交感之几也。动者阴阳之动，静者阴阳之静也。其谓动属阳、静属阴者，以其性之所利而用之所著者言之尔，非动之外无阳之实体，静之外无阴之实体，因动静而始有阴阳也。故曰“阴阳无始”，言其有在动静之先也。阳轻清以健，而恒为动先，乃以动乎阴而阴亦动。阴重浊以顺，非感不动，恒处乎静，阳既丽乎阴则阳亦静。静而阴之体见焉，非无阳也；动而阳之用章焉，非无阴也。犹嘘吸本有清温之气，因嘘吸而出入也。故可谓之静生阴、动生阳，而非本无而始生，尤非动之谓阳、静之谓阴也。合之则为太极，分之则谓之阴阳，不可强同而不相悖害，谓之太和，皆以言乎阴阳静存之体，而动发亦不失也。然阴阳充满乎两间，而盈天地之间唯阴阳而已矣。……无有阴而无阳，无有阳而无阴，两相倚而不离也。随其隐见，一彼一此之互相往来，虽多寡之不齐，必交待以成也。……夫一阴一阳，《易》之全体大用也。（《周易内传》卷五上，五百二十四页至五百二十五页）

分言之，则《乾》阳《坤》阴。合言之，则《乾》以阴为体而起用，阴以《乾》为用而成体。知能并行，而不离一阴一阳之道。（《周易内传》卷五上，五百三十页）

“太极”之名……圣人之所难言也。“太”者，极其大而无尚之辞；“极”，至也，语道至此而尽也。其实，阴阳之浑合者而已，而不可名之为阴阳，则但赞其极至而无以加，曰太极。太极者，无有不极也，无有一极也。唯无有一极，则无所不极。故周子又从而赞之曰“无极而太极”。阴阳之本体，絪缊相得，合同而化，充塞于两间，此所谓太极也，张子谓之“太和”。……“两仪”，太极中所具足之阴阳也。“仪”者，自有其恒度，自成其规范，秩然表见之谓。“两”者，自各为一物，森然迥别而不紊。为气为质，为神为精，体异矣。为清为浊，为明为暗，为生为杀，用异矣。为盈为虚，为奇为偶，数异矣。“是生”者……奇偶著阴阳之仪，皆即至足浑沦之《乾》《坤》所笃降，有生起之义焉，非太极为父、两仪为子之谓也。阴阳，无始者也，太极非孤立于阴阳之上者也。“四象”，纯阳纯阴，通之二象也；阴错阳、阳错阴，变之二象也。阴阳之种性①分而合同于太极者，以时而为通为变，人得而著其象，四者具矣。体之所以互成，用之所以交得。……四象成而变通、往来、进退之几著焉。……乃自一画以至八卦，自八卦以至六十四卦，极于三百八十四爻，无一非太极之全体乘时而利用其出入②。（《周易内传》卷五下，五百六十一页至五百六十二页）

乾坤并建为《周易》之纲宗，篇中及《外传》③广论之，盖所谓“《易》有太极也”。周子④之图，准此而立。……太极一浑天之全体，见者半，隐者半，阴阳寓于其位，故毂转而恒见其六。⑤《乾》明则《坤》处于幽，《坤》明则《乾》处于幽，《周易》并列之，示不相离，实则一卦之向背，而

① 种性：先天属性。

② 利用其出入：出入变化皆有利，语出《易传·系辞上》。出入，就《易》而言指阴阳之卦和阴阳之爻的显与隐，就宇宙而言指阴阳之气的聚散变化。

③ 《外传》：指作者的《周易外传》。

④ 周子：周敦颐。

⑤ 浑天之全体：如浑天说所讲的全体（球体）。浑天说认为，天地浑圆，形如鸟卵，天包地外，南北两极固定在天的两端，日月星辰每天绕南北两极的轴（毂）旋转。六：六爻。

《乾》《坤》皆在焉。① 非徒《乾》《坤》为然也。明为《屯》《蒙》则幽为《鼎》《革》，无不然也。……《乾》极乎阳，《坤》极乎阴，乾坤并建，而阴阳之极皆显，四象八卦三十六象六十四卦摩荡于中无所不极，故谓之太极。阴阳之外无理数，《乾》《坤》之外无太极，健顺之外无德业。合其向背、幽明而即其变以观其实，则《屯》《蒙》《鼎》《革》无有二卦而太极之体用不全。是则“《易》有太极”者，无卦而不有之也。故张子曰：言幽明不言有无。……时隐而时见者天也，太极之体不滞也；知明而知幽者人也，太极之用无时而息也。屈伸相感，体用相资，则道义之门出入而不穷。呜呼！太极一图，所以开示乾坤并建之实，为人道之所自立，而知之者鲜矣！（《周易内传发例》，六百五十七页至六百五十九页）

太和，和之至也。道者，天地人物之通理，即所谓太极也。阴阳异撰，而其细缊于太虚之中，合同而不相悖害，浑沦无间，和之至矣。未有形器之先本无不和，既有形器之后其和不失，故曰太和。（《张子正蒙注》卷一，十五页）

虚空者，气之量；气弥沦无涯而希微不形，则人见虚空而不见气。凡虚空，皆气也：聚则显，显则人谓之有；散则隐，隐则人谓之无。神化者，气之聚散不测之妙，然而有迹可见；性命者，气之健顺有常之理，主持神化而寓于神化之中，无迹可见。若其实，则理在气中，气无非理；气在空中，空无非气，通一而无二者也。其聚而出为人物则形，散而入于太虚则不形。抑必有所从来②。盖阴阳者，气之二体；动静者，气之二几。体同而用异，则相感而动，动而成象则静。动静之几，聚散、出入、形不形之从来也。《易》

① 此谓乾、坤二卦实是同一卦的正面与背面。王夫之认为，六十四卦都是同一卦的不同侧面，此卦共有十二爻而类似球体，从任何一个角度看都只能见到其中的六爻。明：可见。幽：幽隐不可见。向背：正面与背面。

② 从来：来源。

之为道，《乾》《坤》而已：《乾》六阳以成健，《坤》六阴以成顺，而阴阳相摩，则生六子，以生五十六卦，皆动之不容已者；或聚或散，或出或入，错综变化，要以动静夫阴阳；而阴阳，一太极之实体。唯其富有充满于虚空，故变化日新，而六十四卦之吉凶大业生焉。① 阴阳之消长隐见不可测焉，而天地人物屈伸往来之故尽于此。知此者，尽《易》之蕴矣。（《张子正蒙注》卷一，二十三页至二十四页）

误解《太极图说》者，谓太极本未有阴阳，因动而始生阳，静而始生阴。不知动静所生之阴阳，乃固有之缊，为寒暑、润燥、男女之情质②，其絪缊充满在动静之先。动静者，即此阴阳之动静。动则阴变于阳，静则阳凝于阴。③ ……非动而后有阳，静而后有阴，本无二气，由动静而生，如老氏之说也。（《张子正蒙注》卷一，二十四页）

浮屠谓真空常寂之圆成实性止一光明藏，而地水火风根尘等皆由妄现，知见妄立，执为实相。④ 若谓太极本无阴阳，乃动静所显之影象，则性本清空，禀于太极；形有消长，生于变化——性中增形，形外有性。人不资气而生而于气外求理，则形为妄而性为真，陷于其邪说矣。（《张子正蒙注》卷一，二十五页）

游气，气之游行也，即所谓升降飞扬。纷扰者，无心之化，无择于施，

---

① 一太极之实体：都是太极本体的实体。六十四卦之吉凶大业：六十四卦所表示的吉凶变化和伟大成就。

② 情质：内在的性情与外在的质体。

③ 阴变于阳：阴为阳推动而生变化。阳凝于阴：阳为阴所凝敛而成象。

④ 圆成实性：佛教术语，又叫佛性或真如实性，是最真实、最圆满、成就万物而又超越万物的本体。光明藏：佛教术语，又叫如来藏。地水火风根尘：佛教术语，统指世界万物。前四者即“四大”；“根”指人的感觉器官与思维器官，包括眼、耳、鼻、舌、身、意等“六根”；“尘”指“六根”所具有的“六识”（六种认识能力）的对象，包括色、声、香、味、触、法（事物）等“六尘”。妄现：“八识”（上述六识再加末那识和阿赖耶识）变现假象。实相：佛教术语，指具有恒常自性的真相。

阴阳老少互相遇而无一成之轨。……合者，阴阳之始本一也，而因动静分而为两，迨其成又合阴阳于一也。如男阳也而非无阴，女阴也而非无阳。以至于草木鱼鸟，无孤阳之物，无孤阴之物，唯深于格物者知之。时位相得，则为人，为上知；不相得，则为禽兽，为下愚。要其受气之游，合两端于一体，则无有不兼体者也。（《张子正蒙注》卷一，三十七页）

以气化言之，阴阳各成其象，则相为对，刚柔、寒温、生杀，必相反而相为仇；乃其究也，互以相成，无终相敌之理，而解散仍返于太虚。以在人之性情言之，已成形则与物为对，而利于物者损于己，利于己者损于物，必相反而仇；然终不能不取物以自益也，和而解矣。气化之变□性情，其机一也。（《张子正蒙注》卷一，四十一页）

自太和一气而推之，阴阳之化自此而分。阴中有阳，阳中有阴，原本于太极之一，非阴阳判离，各自孳生其类。故独阴不成，孤阳不生。既生既成，而阴阳又各殊体。其在于人，刚柔相济，义利相裁，道器相需，以成酬酢万变之理，而皆协于一。（《张子正蒙注》卷一，四十七页）

（王夫之著：《船山全书》，岳麓书社 1992 年版。）

评析

在 17 世纪的中国，王船山是思想最深刻也最丰富的哲学家。他对宇宙本体论、心性论、体用论、修养论、王道论的每一方面都进行了深入探讨并提出了独到见解。阅读其著作，只觉胜义纷披，令人应接不暇，也令人无比惊叹，惊叹长期身处深山老林的他竟能对儒家典籍有如此深刻又全面的钻研与体会，更惊叹儒家思想竟能使一个人具有如此深刻、丰富、高远而伟大的心灵。

船山整个哲学大厦的基石是其太极论。船山所谓太极，并不只是理，也不只是本体，而是包含理气、兼赅体用、备具万理与万事的“道”，所以他也将其太极论称为天道论或天德论，并且主要从如下三个方面来加以阐述。

其一，太极有其“实体”，也就是说，太极不只是抽象的理。船山认为，太极的“实体”就是由阴阳二气构成的统一体。船山论气有四个要点。第一，气与理不可分。气固有其理，理即气之理，离气别无理。第二，气非单一而总是分阴阳，它们在性（“体性”）、情（趋向）、表现上森然迥别，阳气之性为“健”，其情喜“动”（舒张），表现为“刚”；阴气之性为“顺”，其情喜“静”（凝聚），表现为“柔”。第三，阴阳二气既各别而不可强同，又总是交融而不可分离。任何事物都包含了阴阳二气，阴阳二气的交互作用方式固然千差万别，但绝不会只有阳而无阴或只有阴而无阳。所以说，“阴阳不孤行于天地之间”，“阴阳有畸胜而无偏废”。第四，阴阳二气先于动静，不能以动静分阴阳。不是因为有动静才有阴阳，而是因为有阴阳的交互作用才有动静。阴阳二气交互作用时，阳气也可静，阴气也可动，所以不能简单地认为阳为动而阴为静。船山据此认为，既然“阴阳充满乎两间，而盈天地之间唯阴阳而已矣”，那么太极就必以阴阳二气为其“实体”。此“实体”当然不是赤裸裸的物质，它也固有其理。

其二，“太极本然之体”是“乾坤并建”的“全体”。船山所谓“本然之体”或“本体”，是指阴阳二气尚未分化（“虽其实气也，而未可名之为气”）也尚未交互作用而只是“絪缊合同”“浑沦无间”的状态。“太极本然之体”虽然尚非“成形之气”，却已有其“实体”，并且已具有阴阳二气所固有的“体性”而至健至顺。亦即“太极本然之体”总是一个“乾坤并建”或“阴阳分建”的“全体”，自始至终都内在地包含了相互区分、相互作用而又相互统一（“参伍相杂合而有辨”）的两个方面（阴与阳、健与顺）。船山主要通过对《周易》的分析来阐述这个观念。他认为，《周易》所谓“乾坤”或“两仪”就是指阴阳二气及其健顺二性，乾与坤（阳与阴）虽然有别并具相对独立性，但总是同时存在、同等重要（“时无先后，权无主辅”）并相互作用，共同构成了一个和谐的统一体（“太和”）。“乾坤并建”的太极本体就像一个圆球，尽管从任何角度出发都只能看到其中的一面，却总是一个包含着隐显两面的全体。不能因为看得见就说有，看不到就说无，一般所谓“有”与“无”其实只是“显”与“隐”或“明”与“幽”。

其三，太极是兼赅体与用、备具万理与万事的“全体”。“太极本然之体”所含的阴阳二气虽然尚未分化也尚未交互作用，但二者在体性上迥然有别，因此必会发生交互作用（相感相摩）而有动静。万事万物的生成与变化，从本质上看就是阴阳二气交互作用而有的动静：阳凝于阴则静，静则成物；阴顺于阳则动，动则生变。万事万物之所以不断生成与变化，就是因为阴阳二气总是交互作用。万事万物之“理”，则是阴阳二气在交互作用时其固有体性（健与顺）对于二气自身的“主持分剂”（“分剂”即调剂、调节或调配）；正因阴阳二气有不同的“主持分剂”方式，所以万事万物有不同的性质和“条理”。正因太极本体是“乾坤并建”而非只有一面，所以它必然即静即动而兼赅体用，必然包含万事、万物与万理。这就意味着，“太极本然之体”在事实上必然时时都是“太极之全体”，二者的区分只是理论上的、抽象的区分。所谓“太极之全体”，就是指包含了万物、万事、万理的大全统一体，整个天地宇宙自始至终都是一太极。因此“太极”也可以说为“无极”，“太极者，无有不极也，无有一极也。唯无有一极，则无所不极”。

显然，船山的太极论并不是首先独断地预设一个名叫太极的宇宙本体，再由此推论现实世界。恰恰相反，他首先承认这个世界的真实性、复杂性与结构统一性，然后才断定其必是一个既有“实体”又有“本体”且兼赅体与用、备具万理与万事的“全体”，亦即一个非现成的整体结构，这个整体结构就是宇宙的实相。它不可再化约为某个最终的“一”，也再无外在于这个结构的最终根源。这种思路，就是船山所说的“由用以得体”，也可说由“分殊”而达“理一”（对于船山来说，“理一”不是指一理，而是指万理的统一体）。所以，我们不能将船山的太极论只讲成太极本体论。

不过，船山的太极论确以“乾坤并建”的太极本体论为核心，后者具有极其重要的理论意义与现实意义。可以说，船山的全部哲学思想及其基本精神都只有通过其“乾坤并建”论才能得到恰当的理解。具体地讲，“乾坤并建”论具有如下三个方面的重要意义。

第一，通过阐明太极本体乃是隐显统一的“全体”，从本体论上论证了天地万物皆为实有而非空无虚妄（幽隐不等于空无），每个存在者都固有其“理”其“性”；也论证了“天理广大”而有显有隐，绝不会被一人、一时、一地所完全掌控和垄断。这就为批判“异端”之学、反抗独裁专制、探索合理的政治体制和制度提供了本体论依据。

第二，通过将差异性与结构统一性同时纳入本体之中，从根本上论证了“体用一源”而不可分离的观念，因为本体作为结构性整体总是内在地包含了差异性，必因不同方面的“相交”“相入”，“相荡”“相感”而生生不息、日新富有、不断实现；同时也论证了“保合太和”“相倚互成”即交互协作应该作为理解世界和接物应事的基本观念与思维方式，因为结构性整体的不同方面之间虽然相争相斗、相仇相害，但也“相倚”“相资”，“相济”“相成”。

第三，一反尊阳卑阴、以阳主阴的流俗观念，从根本上否定了单方面的绝对决定作用，突出了整体结构的功能与作用。流俗观念往往认为，在整体结构中总是有且只有一个方面（乾或阳）起着绝对的主宰作用、统帅作用和决定作用，由此有崇乾贬坤、尊阳卑阴的观念。但“乾坤并建”论表明，没有任何一个方面可以具有绝对的决定作用，万事万物之产生、变化与成就，莫不由于它是一个整体结构，并且总是处在一个更大的整体结构之中，同一整体结构的不同方面总是相互作用、相互牵制也相互促成。因此真正的本体和决定者只能是整体结构，绝不是其中的一个环节。每个整体结构都是“乾坤并建”，蕴含了多种功能，故可根据不同需要表现出不同功能（表现出来的功能称为“撰”，没有表现出来的功能称为“德”）。所以说：“撰之全，斯体之纯。体之纯，斯用之可杂。”也就是说，只有不同方面相倚互成的有机整体，才具有最伟大、最复杂、最全面也最精妙的功能。古人常将男女关系、君臣关系、上下关系、德法关系等理解为乾坤（阴阳）关系，所以“乾坤并建”论具有非常重大的现实意义，它可为现代文明的“平等”“交流”“协作”“对话”等观念提供本体论依据。

船山的太极本体论来自他对《周易》的深刻领悟，同时他也深受重新阐发“太极”之道的周敦颐、重新阐发“太和”之道的张载以及特别强调体用“交泰”的胡宏等人的影响。对于宋明理学家，船山的基本态度是，批判陆王，修正程朱，融通胡宏，推崇横渠（张载），归宗濂溪（周敦颐）。在他看来，张载是周敦颐的继承者与补充者，他自己则是张载的继承者与发挥者，所以他在《自题墓石》中说“希张横渠之正学而力不能企”。其实也不妨说，王船山乃是通过会通张胡（胡宏）、吸收程朱而继承并发展了周敦颐的思想。

诚、动、时、几、势、神

圣人之动，必因其时。然终古之时，皆圣人之时也。时，因其盈而盈用之，因其虚而虚用之。下此者，则有所怵矣。① 有所怵者，有所疑也。疑于道之非与时宜，则贬志以几功名；疑于道之将与物忤，则远物以保生死。② 故一为功利，一为玄虚，而道为天下裂。如是者，皆始于疑时，终于疑己。夫己亦何疑之有哉？审己之才，度己之量，皆无所待于物而为物之待。天命之体，煌然其不欺也；无待于物，则至正矣。③ 故小功乍集而失道，小名外溢而失德。为物之待，则大公矣。故天下死而己不独生，天下生而己不忧死。而才不审乎正，量不致其公，骛于才则惊功惊名而以为物即己也，歉于量则惊生惊死而以为物非己也。疑于己，则失本；疑于物，则争末。之二术者，

① 下此者：低于圣人境界者。怵：恐惧、担心。
② 几：接近，此指追求。忤：相违。
③ 天命之体：固有的天赋和能力。煌然其不欺：昭明自觉而不自欺。待：依靠。

分歧以起，而国终无人。此无他，疑不释而怵然于所升也，故于时有疑焉，于位有疑焉。（《周易外传》卷三，九百三十二页至九百三十三页）

为治水之术者曰“陻其所自溢”，是伯鲧之术，而白圭袭之者也；则为安身利用之术者曰“杜吉凶悔吝之所从生”，亦犹是而已矣。① 天下固有此洚洞②浩瀚之流行于地中，中国自足以胜之。惊其无涯而陻以侥幸，禁其必动，窒其方生，汩乱五行，而不祥莫大焉。知吉凶悔吝之生乎动也，则曰：不动不生③，不生则不肇乎吉，不成乎凶，不贻可悔，不见其吝，而以逍遥乎苍莽，解脱乎火宅。④ 呜呼！无以胜之，而欲其不生，则将谓稻麦生夫饥，丝麻生夫寒，君师生夫乱，父母生夫死，亦奚为而不可？其云大盗生于圣人、无明生于知见，犹有忌而不敢昌言。充其所操⑤，惟乾坤、父母为古今之大害，而视之若仇雠。乃要其所挟，则亦避祸畏难之私，与禽兽均焉而已矣。夫圣人亦既知之，曰“吉凶悔吝生乎动”者矣，而吉者吾道也，凶者吾义也，悔者吾行之几也，吝者吾止之时也。道不可疑，义不可避，几不可逆，时不可违，恒有所奉以胜之。故袗衣鼓琴而居之自得，夏台、羑里而处之不忧。⑥ 怨艾以牖其聪明⑦，而神智日益；退抑以守其坚忍，而魄骨日强。统此者，贞⑧而已矣。惟其贞也，是以无不胜也。无不胜，则无不一矣。且夫欲禁天下之动，则亦恶从而禁之？天地所贞者可观，而明晦荣凋弗能禁也；日月所贞者可明，而阴霾晕珥弗能禁也。天下所可贞者君子之一，而得失忧虞

① 陻（yīn）：同“堙”，堵塞。伯鲧：鲧，禹的父亲，尧帝曾封他为崇伯，故称伯鲧。白圭：战国时人，自称筑堤治水之术胜过大禹，但孟子说他不过是以邻为壑。杜吉凶悔吝之所从生：杜绝一切行动，即下文所谓“禁其必动”。《易传》说“吉凶悔吝者，生乎动者也”。

② 洚（jiàng）洞：洪水无边无际状。

③ 不动不生：不动就不会产生（吉凶悔吝）。

④ 苍莽：道家所谓空阔无际的世界。火宅：佛教所谓烦恼苦难的“三界”俗世。

⑤ 充其所操：将其观点推论到底。

⑥ 袗衣鼓琴：舜为天子后穿上有文采的衣服弹琴鼓乐，此处喻指顺境，典出《孟子·尽心下》。夏台、羑里：分别是商汤王和周文王被拘囚之地，此处喻指逆境。

⑦ 怨艾：后悔并自责。牖：开启。

⑧ 贞：正，此指坚持正道。

弗能禁也。当其吉，不得不吉，而固非我荣；当其凶，不得不凶，而固非我辱。……乃其畏凶而惮悔吝也，畏死而已矣。畏凶者极于死，畏悔吝者畏其焦肺怵心以迫乎死，然而与死为徒焉。此无藉之子逃桁杨而自雉经之"智计"，亦恶足比数于人类哉？① 其为心也，非无所利于吉也，畏不得吉，无可奈何而宁勿吉也。夫君子则无所利于吉，而何畏乎非吉？故守贞而一之，而道乃无穷。……故不知进退存亡，而龙德乃备；不惮玄黄之血，而天地以杂而成功。② 则天下日动而君子日生，天下日生而君子日动。动者，道之枢，德之牖也。……故曰"天地之大德曰生"，离乎死之不动之谓也。（《周易外传》卷六，一千零三十一页至一千零三十三页）

"维天之命，於穆不已"，只是动而不已。而动者必因于物之感，故《易》言"感而遂通天下之故"。即此是天地之心。……圣贤以体天知化，居德行仁，只在一"动"字上。故恻隐、羞恶、辞让、是非之不相一而疑相碍者，合之于动则四德同功矣。（《读四书大全说》卷八，九百四十四页至九百四十五页）

世儒每误看一"诚"字，将作直情径行③解，其乱德非小。诚，实也，至也，有其实而用之至也。故质，诚也；文，亦诚也。质之诚，天道也，以天治人者也；文之诚，人道也，以人尽天者也。若不尽其实，而但一直无伪以为诚，则谓之直而不谓之诚；且抑证父攘羊④之直，并不得谓之直矣。自四先生⑤而外，后儒多不识得"诚"字。此是天理扑满处，经纬咸备，变通不爽，岂得以乔野戆绞、直情径行之夷行当之？（《读四书大全说》卷八，九

① 无藉之子：无赖汉。桁（héng）杨：套于脚或颈的枷锁。雉经：自缢。比数：充数，并列。
② 此二句典出《易传·文言》。龙德：君子之德。玄黄：玄黄二色。天地以杂而成功：玄黄二色之血相杂才形成玄色的天和黄色的地。
③ 直情径行：任着性情直率地行动。《礼记·檀弓下》认为这是"戎狄之道"，亦即野蛮行为。
④ 证父攘羊：（儿子）告发父亲偷羊，语出《论语·子路》。
⑤ 四先生：指周敦颐、张载和二程。

百四十九页至九百五十页）

粗疏就文字看，则有道之“天”似以理言，无道之“天”似以势言，实则不然；既皆曰“役”，则皆势矣。……“小德役大德，小贤役大贤”，理也。理当然而然，则成乎势矣。“小役大，弱役强”，势也。势既然而不得不然，则即此为理矣。……故以无道之弱小，而无强大者以为之统，则竞争无已，戕杀相寻，虽欲若无道之天下尚得以成其相役之势而不能。则弱小固受制于强大，以戢其糜烂鼎沸之毒。而势之顺者，即理之当然者已。曹操曰：“使天下无孤，则不知几人称帝，几人称王。”自操言之，固为欺凌蔑上之语；若从旁旷观，又岂不诚然耶？是虽不得谓强大之役人为理之当然，而实不得谓弱小之役于人非理之所不可过也。故本文云：“小役大，弱役强，天也。”自小弱言之，当役而役，岂非理哉！是非有道之天唯理，而无道之天唯势，亦明矣。……有道、无道，莫非气也（此气运、风气之气），则莫不成乎其势也。气之成乎治之理者为有道，成乎乱之理者为无道。均成其理，则均成乎势矣。……若使气之成乎乱者而遂无理，则应当无道之天下，直无一定之役，人自为政，一彼一此，不至相啖食垂尽而不止矣。其必如此以役也，即理也。……理与气不相离，而势因理成，不但因气。气到纷乱时，如飘风骤雨，起灭聚散，回旋来去，无有定方，又安所得势哉！凡言势者，皆顺而不逆之谓也，从高趋卑、从大包小、不容违阻之谓也。夫然，又安往而非理乎？……言理势者，犹言理之势也；犹凡言理气者，谓理之气也。理本非一成可执之物，不可得而见；气之条绪节文①，乃理之可见者也。故其始之有理，即于气上见理；迨已得理，则自然成势，又只在势之必然处见理。双峰②错处，在看理作一物事，有辙迹，与“道”字同解。道虽广大，然尚可见，尚可守，未尝无一成之侀③。故云“天下有道”，不可云“天下有

① 条绪节文：条理、秩序、节度、文理。
② 双峰：南宋理学家饶鲁（1193—1264）之号，朱熹的再传弟子，《四书大全》中有他的讲解。
③ 侀：一成不变的形态，定型。

理”。则天下无道之非无理，明矣。道者，一定之理也。于理上加“一定”二字方是道。乃须云“一定之理”，则是理有一定者而不尽于一定。气不定，则理亦无定也。理是随在分派位置得底。道则不然，现成之路，唯人率循而已。故弱小者可反无道之理为有道之理，而当其未足有为，则逆之而亡也。孟子于此，看得“势”字精微，“理”字广大，合而名之曰“天”。进可以兴王，而退可以保国，总将理势作一合说。曲为分析，失其旨矣。①（《读四书大全说》卷九，九百九十页至九百九十三页）

“诚其意”，只在意上说，此外有正心，有修身。修身治外而诚意治内，正心治静而诚意治动。在意发处说诚，只是“思诚”一节工夫。若“反身而诚”，则通动静、合外内之全德也。静而戒惧于不睹不闻，使此理之森森然在吾心者，诚也；动而慎于隐微，使此理随发处一直充满，无欠缺于意之初终者，诚也；外而以好以恶，以言以行，乃至加于家国天下，使此理洋溢周遍，无不足用于身者，诚也。三者一之弗至，则“反身”而不“诚”也。唯其然，故知此之言诚者，无对之词也。……诚不诚之分者，一实有之，一实无之；一实全之，一实欠之。……说到一个“诚”字，是极顶字，更无一字可以代释，更无一语可以反形，尽天下之善而皆有之谓也，通吾身、心、意、知而无不一于善之谓也。若但无伪，正未可以言诚，但可名曰“有恒”。……学者先须识得此字，然后见处真，立处大，可有至百步之力，而亦不昧于中百步之巧。若将此“诚”字降一格，使与“欺”字“伪”字作对，则言必信、行必果，硁硁然之小人便是配天之至诚矣。（《读四书大全说》卷九，九百九十四页至九百九十六页）

程子统心、性、天于一理，于以破异端妄以在人之几为心性而以“未始有”为天者，则正矣。若其精思而实得之，极深研几而显示之，则横渠之说

① 此段是诠释《孟子·离娄上》“天下有道，小德役大德，小贤役大贤；天下无道，小役大，弱役强。斯二者，天也。顺天者存，逆天者亡”一段。

尤为著明。盖言心言性、言天言理，俱必在气上说，若无气处则俱无也。……凡理皆天，固信然矣。而曰“天一理也”，则语犹有病。……天为化之所自出，唯化现理，而抑必有所以为化者，非虚挟一理以居也。所以为化者，刚柔、健顺、中正、仁义赅而存焉，静而未尝动焉。赅存，则万理统于一理，一理含夫万理，相统相含，而经纬错综之所以然者不显。静而未尝动，则性情功效未起，而必由此、不可由彼之当然者无迹。若是者，固不可以理名矣。无有不正，不于动而见正；为事物之所自立，而未著于当然；故可云“天者理之自出”，而不可云“天一理也”。……由气化而后理之实著，则道之名亦因以立。是理唯可以言性，而不可加诸天也，审矣。就气化之流行于天壤各有其当然者曰道，就气化之成于人身实有其当然者则曰性。……若夫天，则《中庸》固曰“诚者，天之道也”。诚者，合内外、包五德、浑然阴阳之实撰，固不自其一阴一阳、一之一之之化言矣。诚则能化，化理而诚天。天固为理之自出，不可正名之为理矣，故《中庸》之言诚也曰一，合同以启变化，而无条理之可循矣。是程子之竟言“天一理也”，且令学者不审而成陵节之病，自不如张子之义精矣。乃天为理之所自出，则以理言天，虽得用而遗体。而苟信天为理，亦以见天于己而得天之大用。是语虽有遗而意自正。若夫谓“心一理也”，则其弊将有流入于异端而不觉者，则尤不可以不辨。……以本言之，则天以化生，而理以生心。以末言之，则人以承天，而心以具理。理以生心，故不可谓即心即理，诿人而独任之天；心以具理，尤不可谓即心而即理。心苟非理，理亡而心尚寄于耳目口体之官以幸免于死也。如其云“心一理”矣，则是心外无理而理外无心也。以云“心外无理”，犹之可也，然而固与释氏唯心之说同矣。父慈子孝，理也。假令有人焉，未尝有子，则虽无以牿亡其慈之理，而慈之理终不生于心，其可据此心之未尝有慈，而遂谓天下无慈理乎？夫谓未尝有子而慈之理固存于性，则得矣；如其言未尝有子而慈之理具有于心，则岂可哉！故唯释氏之认理皆幻，而后可以其认心为空者言心外无理也。若其云“理外无心”，则舜之言曰“道心惟微，人心惟危”，人心者其能一于理哉？随所知觉、随所思虑而莫非理，将不肖者之放辟邪侈，与夫异端之蔽、陷、离、穷者而莫非理乎？……张子曰："合性与知觉，有心之名。"性者，道心也；知觉者，人心也。人心、道心合而为心，其不得谓之"心一理也"又审矣。……圣贤既以有为性，则唯性为天命之理，而心仅为大体以司其用。伊川于此纤芥之疑未析，故或许告子"生之谓性"之说为无过。然则欲知心、性、天、道之实者，舍横渠其谁与归！（《读四书大全说》卷十，一千一百零九页至一千一百一十三页）

人只将者①富贵福泽看作受用事，故以圣贤之不备福为疑，遂谓一出于气而非理。此只是人欲之私，测度天理之广大。……理与气互相为体，而气外无理，理外亦不能成其气，善言理气者必不判然离析之。（《读四书大全说》卷十，一千一百一十五页）

有即事以穷理，无立理以限事。故所恶于异端者，非恶其无能为理也；冏然②仅有得于理，因立之以概天下也。而为君子之言③者，学不及而先言之，与彼同归，不已诬乎！异端之言曰："万变而不出吾之宗。"宗者，冏然之仅得者也，而抑曰吾之宗矣。吾其能为万变乎？如其不能为万变，则吾不出吾之宗，而非万变之不出也。无他，学未及之，不足以言而迫欲言，则冏然亦报以仿佛之推测也。……故曰理一而分殊，不可得而宗也。（《续春秋左氏传博议》卷下，五百八十六页至五百八十七页）

顺逆者，理也。理所制者，道也。可否者，事也。事所成者，势也。以其顺成其可，以其逆成其否，理成势者也。循其可则顺，用其否则逆，势成理者也。（《诗广传》卷三，四百二十一页）

① 者：这。
② 冏然：明亮状。
③ 君子之言：此指以成君子为目的的儒家言论。

庄生云："参万岁而一成纯。"① 言万岁，亦荒远矣，虽圣人有所不知，而何以参之！乃数千年以内，见闻可及者，天运之变，物理之不齐，升降污隆治乱之数，质文风尚之殊，自当参其变而知其常，以立一成纯之局而酌所以自处者，历乎无穷之险阻而皆不丧其所依，则不为世所颠倒而可与立矣。使我而生乎三代，将何如？使我而生乎汉、唐、宋之盛，将何如？使我而生乎秦、隋，将何如？使我而生乎南北朝、五代，将何如？使我而生乎契丹、金、元之世，将何如？则我生乎今日而将何如？岂在彼在此遂可沉与俱沉、浮与俱浮邪？参之而成纯之一审矣。极吾一生数十年之内，使我而为王侯卿相，将何如？使我而饥寒不能免，将何如？使我而蹈乎刀锯鼎镬之下，将何如？使我而名满天下，功盖当世，将何如？使我而槁项黄馘，没没以死于绳枢瓮牖之中，将何如？使我不荣不辱，终天年于闾巷田畴，将何如？岂如此如彼，遂可骄、可移、可屈邪？参之而成纯之一又审矣。变者岁也，不变者一也。变者用也，不变者体也。……唯其一也，是以可参于万世。无恒之人，富而骄，贫而谄，旦而秦，暮而楚，缁衣而出，素衣而入，蝇飞蝶惊，如飘风之不终日，暴雨之不终晨，有识者哀其心之死，能勿以自警乎！（《俟解》，四百八十五页至四百八十六页）

"太极动而生阳"，动之动也；"静而生阴"，动之静也。废然无动而静，阴恶从生哉！"一动一静"，阖辟之谓也。由阖而辟，由辟而阖，皆动也。废然之静，则是息矣。"至诚无息"，况天地乎！"维天之命，於穆不已"，何静之有？（《思问录内篇》，四百零二页）

六十四卦之变动，皆人生所必有之事，抑人心所必有之几；特用之不得其宜，则为恶。故虽《乾》《坤》之大德，而以刚健治物，则物之性违；柔

① 此句出自《庄子·齐物论》，船山理解为：综参万年世变而知其常道，由此形成一种纯而全的人生观。

顺处己，则己之道废。唯以《乾》自强，以《坤》治人，而内圣外王之道备矣。余卦之德，皆以此为统宗，所谓“易简而天下之理得矣”。(《周易内传》卷一上，七十八页)

夫诚者，实有者也，前有所始、后有所终也。实有者，天下之公有也，有目所共见，有耳所共闻也。……独见独闻，而非有所终始，仁不显而非诚矣。(《尚书引义》卷三，三百零六页)

奚以明其然也？势者，事之所因；事者，势之所就。故离事无理，离理无势。势之难易，理之顺逆为之也。理顺斯势顺矣，理逆斯势逆矣。……夫顺逆者，轻重之委也；轻重者，权衡之所得也。权衡立而轻重不爽，轻重不爽而先后不忒，先后不忒而上下不拂，上下不拂则大顺而无逆。权衡审于理，顺逆成于势，端举而委从，故曰理外无势也。……守天下者，正名定分而天下信，惟因理以得势。攻天下者，原情准理而天下服，则亦顺势以循理。(《尚书引义》卷四，三百三十五页至三百三十六页)

轻者浮，重者沉，亲上者升，亲下者降，动而趋行者动，动而赴止者静，皆阴阳和合之气所必有之几，而成乎情之固然，犹人之有性也。絪缊，太和未分之本然；相荡，其必然之理势。……天地人物消长死生自然之数，皆太和必有之几。(《张子正蒙注》卷一，十五页至十六页)

天自有其至常，人以私意度之则不可测。神，非变幻无恒也，天自不可以情识计度据之为常，诚而已矣。(《张子正蒙注》卷二，六十八页)

神，非变幻不测之谓，实得其鼓动万物之理也；不贰，非固执其闻见之知，终始尽诚于己也。此至诚存神之实也。(《张子正蒙注》卷二，七十页)

几者，动静必然之介，伸必有屈，屈所以伸，动静之理然也。（《张子正蒙注》卷五，二百一十二页）

至诚者，实有之至也。目诚能明，耳诚能聪，思诚能睿，子诚能孝，臣诚能忠，诚有是形则诚有是性，此气之保合太和以为定体者也。（《张子正蒙注》卷九，三百六十页）

（王夫之著：《船山全书》，岳麓书社 1992 年版。）

评析

要理解船山的太极论，应把握其反复论及的“诚”“动”“时”“几”“势”“神”等概念。

船山认为，对于太极只可以用“诚”来形容，并且这个意义上的“诚”是“极顶”“无对”之辞，不能只将其理解为无伪无欺或《大学》里所谓的“诚意”，甚至也不能将其理解为一般所谓的“理”或“道”，因为“曰‘命’、曰‘性’、曰‘道’、曰‘教’，无不受统于此一‘诚’字”。他认为，太极之“诚”包括实有、备有、公有、生生不息等四个义项。太极之所以实有，是因为它以阴阳二气为其“实体”；之所以生生不息，是因为阴阳二气总是相感而动，产生无穷变化。所谓“备有”，是指太极因生生不息而必是“充满”“至极”的“全体”。所以船山常说“诚”是“前有所始、后有所终”，是“经纬咸备，变通不爽”，是“洋溢周遍”“充满”“无欠缺”。当船山以“实”释“诚”时，所谓“实”也不仅指“实有”，更指“备有”，“夫所谓实者，理之不容已，内外交尽而无余憾之谓也”（《读通鉴论》卷二十九）。正因太极之“诚”总是随处表现，“贯万事之中而无不通”，所以它不仅是实有、备有，而且是“天下之公有”，不为一人一物所独占，而为天地万物所共有。

船山对于太极之“诚”的这种理解，远源于思孟论“诚”，近受周敦颐、张载及胡宏的影响，而又独具深思。其中备有之义尤其体现了“体用一源”的思想，意味着合理的世界乃是充分实现和充分绽放的世界，健全的人格乃是妥帖处理一切事务的人格，否则就是有体无用，就不能说是“诚”。此意与黑格尔所谓“凡是合理的必然是现实的”颇为相通。

正因船山如此理解太极之“诚”，所以他强调太极本体之“动”。船山认为，整个天地宇宙之所以不断运动和变化，根源就在于太极本体乃是一个包含阴阳二气、兼具健顺二性的统一体，它必然会因内在固有的差异性相感而动，动则必变，变则必通、必实、必全。所以船山总是说，“动”与“变”是天地宇宙的“必有之几”和“固然之情”，“静”只是动的一种表现而不是无动的“废然之静”。因此可以说，“动者，道之枢，德之牖也”。由此他主张“居德行仁，只在一‘动’字上”，反对将“动”看成是罪乱之源而专主静修。他认为，只有通过“动”，世界才能真正“充满”，生命才能充分实现，否定“动”最终只会走向否定生命和世界本身；“动”固然可能产生乱与恶，但那只是因为不够恰当，“用之不得其宜”；否定“动”实是因为只想趋吉避凶而又不愿尽力去正确处理“动”，故而只是“避祸畏难”的表现，是私意而不是智慧，是软弱而不是坚强。从体用论角度来看，船山强调本体必“动”，就是强调“体”必成“用”，强调“体”与“用”乃是不可分离且非现成的结构性整体。

肯定“动”自然就肯定“时”，因为“动必因其时”。人们往往有生不逢时之慨，也常怀疑所信奉的道不合时宜。但船山认为“终古之时，皆圣人之时”，真正的儒者在任何时候都有其自处和处事之道，或者说儒家之道应在任何时候都能实现（“贯万事之中而无不通”），并不是只在某种特定条件下才能实现，正如太极是“无所不极”。人生的价值不取决于其遭遇，而取决于能否依据“道”来正确对待其遭遇。治世有处治世之道，乱世有处乱世之道；通达有处通达之道，穷约有处穷约之道；“富贵、贫贱、夷狄、患难，极于俄顷之动静云为，以与物接，莫不有自尽之道”（《思问录内篇》），也就是《中庸》所谓“君子无入而不自得”。所以问题的关键不在身处何时、面对何境、遭遇何事，而在于是否有其贞一之道而能“随时处中”。只有时时自尽其道，方可谓之贞、纯、诚。总之，在船山看来，“道穷于时，不穷于己”，对于“时”与“道”的怀疑，归根到底是对于自己能不能、愿不愿自尽其道而“随时处中”的怀疑。这种观点，其实就是胡宏所谓：“道无不可行之时，时无不可处之事。时无穷，事万变，惟仁者为能处之，不失其道而有成功。”(《知言·修身》)

要想“善动”而“随时处中”，就不仅要知贞常之道，还要知“几”。凡“动”皆有其“几”。几者，动之微，事变将起而未起、善恶将分而未分之机，也可说是初现端倪的动变之“势”。船山和周敦颐一样，强调君子不仅要知外在事变之“几”，更要识内在人心之“几”。“知几”就是“见微知著”，当外在事变与内在心意微动之际即知其是非善恶的走向，故能从动变之始就采取正确的态度与方式。只有“知几”，才能“慎于隐微”，才能“善动”而“随时处中”；否则便可能因为动之不得其宜而产生邪与恶。关于船山的“几”概念，我们应特别注意它有两个不同的层次。其一，就太极本体而言，本体必有其“几”，即必然包含着“动”“变”之“理势”，必然表现为“用”，所以“几”是“动静必然之介”，是体必成用的中介；其二，就人而言，不仅有人心之动“几”与外物之来“几”，更有此二者交互作用所形成的事变“几”，此种事变“几”固为本体所必有，但对于人性而言却是一种不能完全由它做主的偶然性变化，因此也不能直接视为人性之“用”。这个层次上的“几”又意味着体与用的不一。对此我们在讨论船山人性论时还会讲到。

本体既有其“几”，就必有其“势”，微动之几成为显然且必然的变化趋势就是势。船山论势的突出特点是主张理势合一而不可分。他认为，势既然具有“顺而不逆”“不容违阻”的必然性，就属于理，也就是现实事物运动变化的固有规律（“条理”或“条绪节文”）。所以势就是理的具体表现，“势之必然”（“势之顺”而“不得不然”）即是“理之当然”。“理本非一成可执之物”，理对事物发生作用的实际方式就表现为某种必然之“势”。故有其理必有其势，有其势也必有其理。当然，势虽有必然性，但并不是永恒的，而是有时间性的，条件变化了，又会另有其势。船山之所以特别强调理势统一，是因为不少儒家学者认为无道之世有势而无理。船山不这样看。他认为无道之世既有其势，必有其理；道与理不可混而为一，“理有一定者而不尽于一定”，道则只是“一定之理”，理比道更“广大”，既有“有道之理”，也有“无道之理”。船山强调理势统一，还有更为深层的哲学思考。其一，势是“气运、风气之气”，只有坚持理势统一才能真正坚持理气统一，只有坚持理气统一才能从根本上承认“气”即现实世界与现实人生的正当性以及某种不能为人们所完全理解的现象的合理性。其二，人们往往执其片面所得之理“以概天下”，但这种做法不过是“私为理”而已，“立理以限事”而已，其实“天理广大”且“理一分殊”，被指为无理者未必真无理。

船山所谓“天理广大”而“不可以情识计度据之为常”，是一个非常重要的观点。它意味着天理虽有其必然性，但任何人都不能完全理解和把握它，正如“浑天之全体”从任何角度看都只能见到它的一个方面。因此，作为本体的天（非指有形之天）也可以说不能以“理”来论，即不可以人们所能了解的常理来理解“天理”，而只能以“诚”来形容。这个意义上的“诚”就是“神”，即《易传》所谓“阴阳不测之谓神”，它当然不是指神仙，而是指超越了人的理解范围的宇宙变化。因此，天地宇宙的变化，便应当称为“神化”，不能为人所完全理解和把握。船山特别重视“神”这个概念。在他看来，“神”之“不测”并不是说诚本体“变幻无恒”“变幻不测”即无“理”，而是指人无法“以私意度之”，不能以一理固执之。因此，不能因为天地间有“不可以人之情理测知”的变化（比如为什么万物不能都成为人、为什么天地间会有邪恶现象等等），就否定天道之至诚、天命之本善；也因此，每个人都只能理解天理的某些方面和层面，谁都不能完全掌握天理、垄断天理，从而唯我独尊地控制所有人。后来谭嗣同提出“道非圣人所独有也，尤非中国所私有也”，在一定程度上受到船山这种思想的影响。

船山对上述概念的重视与阐发，上承周敦颐，下启魏源、罗泽南、曾国藩、郭嵩焘和谭嗣同等人。

体用与道器

天下之用，皆其有者也。吾从其用而知其体之有，岂待疑哉？用有以为功效，体有以为性情，体用胥有而相胥以实，故盈天下而皆持循之道。① ……故善言道者，由用以得体；不善言道者，妄立一体而消用以从之。②“人生而静”以上，既非彼所得见矣，偶乘其聪明之变，施丹垩于空虚，而强命之曰体；聪明给于所求，测万物得其景响，则亦可以消归其用而无余，其邪说自此逞矣。③ 则何如求之“感而遂通”者，日观化而渐得其原也哉？故执孙子而问其祖考，则本支不乱；过宗庙墟墓而求孙子之名氏，其有能亿中之者哉?④ 此亦言道者之大辨也。（《周易外传》卷二，八百六十一页至八百六十三页）

是故以我为子而乃有父，以我为臣而乃有君，以我为己而乃有人，以我为人而乃有物，则亦以我为人而乃有天地。器道相须而大成焉。未生以前，既死以后，则其未成而已不成者也。故形色与道，互相为体，而未有离矣。是何也？以其成也。故因其已成，观其大备，断然近取而见为吾身，岂有妄哉！（《周易外传》卷三，九百零五页）

① 胥有：都有。相胥：相互依存。持循之道：各种可以把握和遵循的道。

② 妄立一体：虚拟一个本体。消用以从之：抹杀实有之用以曲从虚拟之体。

③ “人生而静”以上：指人性之源，即天命，语出《乐记》。施丹垩于空虚：在空中粉红刷白，即凭空描画本体。给：支持、满足需求。景响：影子与回响。

④ 本支：嫡系子孙与庶出子孙。过宗庙墟墓而求孙子之名氏：经过一个王族的宗庙和墓地，就想知道其子孙后代的名与氏（古代同姓王族的不同分支有不同的氏）。亿中：猜中。

是故性情相需者也，始终相成者也，体用相函者也。性以发情，情以充性；始以肇终，终以集始；体以致用，用以备体。阳动而喜，阴动而怒，故曰性以发情；喜以奖善，怒以止恶，故曰情以充性。三时有待，春开必先，故曰始以肇终；四序所登，春功①乃备，故曰终以集始。无车何乘？无器何贮？故曰体以致用；不贮非器，不乘非车，故曰用以备体。六者异撰而同有②，同有而无不至。至则极，无不至则太极矣。"《易》有太极"，固有之也，同有之也。太极生两仪，两仪生四象，四象生八卦，固有之则生，同有之则俱生矣。故曰"是生"。"是生"者，立于此而生，非待推于彼而生之，则明魄同轮③，而源流一水也。……无所变而无太极也。……故曰"《易》有太极"，不谓"太极有《易》"也。唯《易》有太极，故太极有《易》。所自生者肇生，所已生者成所生。无子之叟，不名为父也。性情以动静异几，始终以循环异时，体用以德业异迹，浑沦皆备，不漏不劳，固合两仪、四象、八卦而为太极，其非别有一太极以为仪、象、卦、爻之父明矣。（《周易外传》卷五，一千零二十三页至一千零二十四页）

"谓之"者，从其谓而立之名也；"上下"者，初无定界，从乎所拟议而施"之谓"也。然则上下无殊畛，而道器无异体明矣。天下惟器而已矣。道者器之道，器者不可谓之道之器也。无其道则无其器，人类能言之。虽然，苟有其器矣，岂患无道哉？君子之所不知，而圣人知之；圣人之所不能，而匹夫匹妇能之。人或昧于其道者，其器不成，不成非无器也。无其器则无其道，人鲜能言之，而固其诚然者也。洪荒无揖让之道，唐虞无吊伐之道，汉唐无今日之道，则今日无他年之道者多矣。④ 未有弓矢而无射道，未有车马

① 功：作用。

② 六者：指性与情、始与终、体与用。撰：功能。

③ 明魄同轮：圆月和缺月都是同一轮月亮。

④ 洪荒：尚未开化的远古时代。揖让：礼让，此处特指礼让王位。吊伐：慰问（百姓）和讨伐（暴君）。

而无御道，未有牢醴璧币、钟磬管弦而无礼乐之道；① 则未有子而无父道，未有弟而无兄道，道之可有而且无者多矣。故无其器则无其道，诚然之言也，而人特未之察耳。故古之圣人能治器而不能治道。治器者则谓之道，道得则谓之德，器成则谓之行，器用之广则谓之变通，器效之著则谓之事业。……形而上者，非无形之谓，既有形矣，有形而后有形而上。无形之上，亘古今，通万变，穷天穷地，穷人穷物，皆所未有者也。……器而后有形，形而后有上。无形无下，人所言也；无形无上，显然易见之理，而邪说者淫曼以衍之而不知惭，则君子之所深鉴其愚而恶其妄也。……呜呼！君子之道，尽夫器而止矣。②（《周易外传》卷五，一千零二十七页至一千零二十九页）

《中庸》一部书，大纲在用上说；即有言体者，亦用之体也。乃至言天，亦言天之用；即言天体，亦天用之体。大率圣贤言天必不舍用，与后儒所谓“太虚”者不同。若未有用之体，则不可言“诚者天之道”矣。舍此化育流行之外，别问窅窅空空之太虚，虽未尝有妄，而亦无所谓诚。佛、老二家，都向那畔去说，所以尽着钻研，只是捏谎。③（《读四书大全说》卷三，五百二十九页）

情发于性之所不容已。体为固然之成形与成就之规模，有其量而非其实。乐水、乐山，动、静，乐、寿，俱气之用。④ 以理养气，则气受命于理，而调御习熟，则气之为动为静，以乐以寿，于水而乐、于山而乐者成矣。（《读四书大全说》卷五，六百八十九页至六百九十页）

① 牢醴璧币：泛指礼物，牢是祭祀时所用的三牲，醴是美酒，璧是玉璧，币是丝帛。钟磬管弦：泛指乐器。

② 此段是对《易传·系辞上》“形而上者谓之道，形而下者谓之器，化而裁之谓之变，推而行之谓之通，举而错之天下之民谓之事业”的解释。船山在别处指出，凡说“谓之”都是描绘实际，凡说“之谓”只是对描述（拟议）的解释而非直接针对事实而言。

③ 那畔：那边，指“体”。捏谎：捏造谎言。

④ 此处是针对《论语·雍也》“知者乐水，仁者乐山。知者动，仁者静。知者乐，仁者寿”而言的。

"与道为体"① 一"与"字，有相与之义。凡言"体"，皆函一"用"字在。体可见，用不可见；川流可见，道不可见；则川流为道之体，而道以善川流之用。此一义也。必有体而后有用，唯有道而后有川流，非有川流而后有道，则道为川流之体，而川流以显道之用。此亦一义也。缘此，因川流而兴叹，则就川流言道，故可且就川流为道体上说，不曰道与川流为体。然终不可但曰川流为道之体，而必曰川流与道为体，则语仍双带而无偏遗。故朱子曰："'与道为体'一句，最妙。"（《读四书大全说》卷五，七百三十四页）

天下唯无性之物、人所造作者（如弓剑笔砚等），便方其有体，用故②不成，待乎用之而后用著。仁义，性之德也。性之德者，天德也，其有可析言之体用乎？当其有体，用已现；及其用之，无非体。盖用者用其体，而即以此体为用也。（《读四书大全说》卷八，八百九十四页）

佛、老之初，皆立体而废用。用既废，则体亦无实。故其既③也，体不立而一因乎用。庄生所谓"寓诸庸"，释氏所谓"行起解灭"是也。君子不废用以立体，则致曲有诚；诚立而用自行；逮其用也，左右逢原而皆其真体。（《思问录内篇》，四百一十七页）

无心而待用者，器而已矣。镜与衡，皆器也。"君子不器"，而谓圣人之心如镜空、衡平，可乎？镜能显妍媸而不能藏往，衡能测轻重而随物以轻重，本无故也。明其如日乎？"继明以照于四方也"；平其如水乎？"维心亨"，"行险而不失其信"也。④ 继，恒也；信，恒也。有恒者，圣功之藏也。

① 与道为体：船山理解为以道为体并与道互为体。此说为程颐提出、朱熹《论语集注》中引用。
② 故：仍然，犹。
③ 既：最终，尽头。
④ 此二句都出自《易传》，一为离卦的《象传》，一是坎卦的《象传》。

(《思问录内篇》，四百二十一页)

统此一物，形而上则谓之道，形而下则谓之器，无非一阴一阳之和而成。尽器，则道在其中矣。(《思问录内篇》，四百二十七页)

圣人之所不知不能者，器也；夫妇之所与知与能者，道也。故尽器难矣。尽器则道无不贯，尽道所以审器。知至于尽器，能至于践形，德盛矣哉！(《思问录内篇》，四百二十七页)

性者，善之藏；才者，善之用。用皆因体而得，而用不足以尽体。故才有或穷，而诚无不察。于才之穷，不废其诚，则性尽矣。(《思问录内篇》，四百二十八页至四百二十九页)

(王夫之著：《船山全书》，岳麓书社1992年版。)

评析

理学家都强调体用不可分离，但船山进一步提出了如下四点创见。

其一，所谓体用“不可判分”，只适用于流行化育之天和具有能动性的人，不适用于“无性之物”或“无心之器”。对于后者而言，体用可以分离，当其有“体”并不立即有“用”，必须由人“用之而后用著”。故船山反对以镜之空与衡之平来比拟圣人之心，因为它们都是“无心之器”，不具有能动性。船山的这一区分是对胡宏思想的继承与推进（参见《知言》评析），对于解决哲学史上有关体用关系的争论颇有意义。

其二，体用“相函”且“相需”“互成”。所谓“相函”是指“固有”与“同有”。也就是说，体是用所固有，用也是体所固有，用与体是“同有”“俱生”而无先后。“当其有体，用已现；及其用之，无非体”。所谓“相需”“互成”是指“体以致用”“用以备体”，无体即无用、无用亦无体（“用既废，则体亦无实”）。为此，船山特别提出了“量”与“实”（或“真”）两个概念。“量”相当于可能性概念，“实”相当于现实性或真实性概念；体为“量”而用为“实”（或“真”）——唯有其用，体才真实和充实（“诚”）；唯有其体，用才可能。正因体用是“相函”又“相成”的结构整体，所以“体”并不是一个居高临下、唯我独尊的现成存在者，而是只能具体体现于其各种表现中，也只能通过其所有表现才有真实和充分的存在。换言之，体用关系并不是先后不同的父子关系，也不是一般理解的君臣关系即控制与被控制的关系，而是相倚交济、相辅相成的关系。这种思想是其“乾坤并建”论的应有之义，也是对胡宏的继承与发挥。

其三，只能“由用以得体”，不能“废用以立体”。对于本体的思考与把握，只能以现实世界的实际情况为基点，不能以抽象思辨为基点。因为体不可见而用可见，只有通过可见之用才能如实地推知不可见之体。若是“废用以立体”或“离用言体”，先主观地虚拟一个本体，再以之解释现实世界，则是凭空“妄立一体”，结果必然是抹杀或否定其所不能解释的现实，最终因理论上的扞格难通而走向其反面，即只讲用不讲体。船山认为，“由用以得体”与“废用以立体”是两种根本对立的本体论思路（“言道者之大辨”），也是儒家思想与佛、道思想的根本区别所在。船山的这个主张同样是对胡安国、胡宏父子所谓“必得其用”而后“得其体”的继承与推进。至20世纪，熊十力在晚年主张“摄体归用”反对“摄用归体”，徐复观在晚年强调应以“实践”与“现实”而不能以抽象思辨作为哲学思考的基点，都可以视为船山思想的回响。从哲学史来看，这种主张看似简单，但要真正在思想上加以贯彻却非易事。

其四，“用不足以尽体”。船山认为，虽然只能“由用以得体”，但“用不足以尽体”，特定方面或特定时段内的“用”并不能充分地表现“体”；甚至可以说，所有具体的“用”都不能完全表现“体”。因为“体”总是生生不息，除非它成为死体；所以“体”之“用”实为无限。同时“用”并不完全由“体”决定，也取决于“几”，完全可能像胡宏所说的“同体异用”。因此体用固然不可分离，但二者并不能直接等同。简言之，体用不二不一。其实“乾坤并建”的太极本体论已经蕴含了这个观点。因为太极本体乃是“一浑天之全体”，它在任何时候所表现出来的“用”都只是其中的一个方面（故有“德”“撰”之别）。“用不足以尽体”这个说法，也是对胡宏思想的继承与推阐，后者认为本体是“全体”，不能“窥见一斑半点而执认己意，以为至诚之道如是如是”。这种思想不仅意味着“得体”与“尽体”乃是一个无尽过程（所以谁都不能认为自己已完全掌握了天理），更意味着“体用一源”乃是一种非现成性的统一，既不能由已有之“用”的局限遽然断定其“体”之“不备”，也不能将“用”之不善简单地归结为其“体”之不善。譬如，不能将中国社会在最近几百年的滞后简单地归结为中国文化精神尤其是儒家精神的缺憾。既强调体与用的一致性，又注意体与用的差异性，正是湖湘哲学的一个重要特点。

对于船山来说，体用关系与道器关系虽有交错之处，却并不完全相等。他对道器关系也提出了四点创见。

其一，“道器无异体”，甚至可以说“互相为体”或“相与为体”，二者“相须而大成”。当然，在说道以器为体时，此“体”字是指“固然之成形”即存在的现实性；在说器以道为体时，此“体”字是指“成就之规模”即存在的可能性。这种说法既是为了突出道器不可分离，又是为了突出器的重要性。以下三个观点都以此为基础。

其二，“无其器则无其道”。此所谓“道”不是指一般的“理”或规律，而是指“一定之理”亦即某种具体的“治器”之道。如果现实世界从未有过某种器，就一定不可能有治理这种器的道。所以道非先验现成，并不是先有了道再由道产生器，恰恰是只有存在某种器才会有某种治器之道。船山正是在这个意义上说“道者器之道，器者不可谓之道之器”。

其三，“君子之道，尽夫器而止矣”。道就是完善器用之道，“尽道”就是充分研究并完善具体的器物（“审器”）而充分发挥其功用（“尽器”），所以“尽器，则道在其中”，“尽器则道无不贯”。这个主张其实是“无其器则无其道”的应有之义，只有具备完善的“器”与“用”，才能实有此“器”之“道”。比如只有真正建立并充分实施“仁政”，才能说自己实有“仁道”或“仁心”。所以这个主张也为船山对政治体制与制度的探索提供了本体论依据。

其四，“道之可有而且无者多矣”。这个说法实是由“无其器则无其道”反推而来。道不是固定现成的，可以从无到有。无此道是因无此器，既有此器便不能无其道。所以这种说法暗示了变法思想，后来谭嗣同正是以此为依据提倡维新变法的。

船山的上述思想，可以说都是对胡宏思想的继承与推阐。这从一个侧面表明，湖湘哲学传统在基本思路上确是一脉相承的。

理一分殊

情以御才，才以给情，情才同原于性，性原于道，道则一而已矣。一者，保合和同而秩然相节①者也。始于道，成于性，动于情，变于才，才以就功，功以致效，功效散著于多而协于一，则又终合于道而以始。是故始于一，中于万，终于一。始终一，故曰“一本而万殊”；终于一而以始，故曰“同归而殊途”。夫惟其一也，故殊形绝质而不可离也，强刑弱害而不可舍也。② 舍之以为远害，离之以为保质，万化遂有不相济之情才。不相济曰“未济”，则何以登情才而成流行之用乎？舍之离之，因万化之繁然者，见其殊绝之刑害，而分以为二。既已分之，则披纷解散，而又忧其不合，乃抑矫揉销归以

① 保合和同而秩然相节：和谐统一、相辅相成，又各有层次条理而互为限制。

② 殊形绝质：完全不同的形与质。强刑弱害：由互相冲突引起的强弱不等的凶害。刑害本是古代星相学术语，有所谓三刑六害。

强之同，则将始于二，成于一。故曰异端二本而无分。……夫同者所以统异也，异者所以贞同也，是以君子善其交而不畏其争。……故极乎阴阳之必异，莫甚于水火。火以熯水，所熯之水何往？水以灭火，所灭之火何归？水凝而不化，熯之者所以荡而善其化；火燥而易穷，灭之者所以息而养其穷。则莫不相需以致其功矣。需以互交，先难而后易，情德而貌刑，故忘本者尤恝然而畏其争。将以为本异而不可同也，于是析兄弟之居，察情欲之辨，解而散之，因而仍之——因而仍之以为自然，解而散之以为解脱。之说也，其于道也，犹洴澼纩之于渊鱼①也。（《周易外传》卷四，九百八十页至九百八十一页）

人物有性，天地非有性。阴阳之相继也善，其未相继也不可谓之善；故成之而后性存焉，继之而后善著焉。② 言道者统而同之，不以其序，故知道者鲜矣。……故成之者人也，继之者天人之际也，天则道而已矣。道大而善小，善大而性小。道生善，善生性。道无时不有，无动无静之不然，无可无否之不任受。善则天人相续之际，有其时矣。善具其体而非能用之，抑具其用而无与为体。万汇各有其善，不相为知，而亦不相为一。性则敛于一物之中，有其量矣。有其时，非浩然无极之时；有其量，非融然流动之量。故曰“道大而善小，善大而性小”也。小者专而致精，大者博而不亲。然则以善说道，以性说善，恢恢乎其欲大之，而不知其未得其精也。……惟其有道，是以继之而得善焉，道者善之所从出也。惟其有善，是以成之为性焉，善者性之所资也。方其为善，而后道有善矣；方其为性，而后善凝于性矣。故孟子之言性善，推本而言其所资也，犹子孙因祖父而得姓，则可以姓系之。而善不于性始有，犹子孙之不可但以姓称，而必系之以名也。（《周易外传》卷五，一千零六页至一千零七页）

① 犹洴（píng）澼（pì）纩（kuàng）之于渊鱼：就像在水面上漂洗衣服，与水底之鱼完全无关。洴澼纩，语出《庄子》，指漂洗棉絮。

② 此处是据《易传》所谓“一阴一阳之谓道，继之者善也，成之者性也”而言。

道之大原惟天，万物之大原惟天地，天下之大原惟君，人之大原惟父母。由一而向万，本大而末小。本大而一者，理之一也；末小而万者，分之殊也。理惟其一，道之所以统于同；分惟其殊，人之所以必珍其独。故父母者，人道之大也。以大统小而同者疏，故天地父母万物①，而人不得以天为父、以地为母。道无为，天地有为，物生于有，不生于无，故道不任父母万物而天地父母万物。子法父母，故人法天地而道不可法；有行于无，无不行于有，故人弘道而天地不资道以弘。天地无心，元后有心。无心无择，有心有择，故天地父母万物而元后不任为万物父母，而惟“作民父母”。② 天地无作，而父母之道固在；元后不作，而父母之道旷矣。元后非施生，而父施母生，故父母配天地之施生，而元后必待作而后均于父母。与物同者疏，独民有者亲，则天地疏而元后亲。有施者亲，无施者疏，则天地亲而元后疏。亲、疏之杀③，效法、率行之别，大小之异，本末之差，分之殊也。天地、元后、父母，其道均也，理之一也。理一而分殊，此之谓也。道不任父母万物，而天地任之，故《周易》并建乾坤，以统六十有二之变，不推于自然之理，而本于有为之健顺。元后能以其不施生者作而赞天地父母之施生，而后可以继天地以均于父母，故人无易天地、易父母，而有可易之君。天地率由于一阴一阳之道以生万物，父母率行于一阴一阳之道以生子，故孝子事父母如天地，而帝王以其亲配上帝。元后效法天地以父母民，故忠臣称天以诔君而戴之以死生。以小承大而德无不充，故太极之成男成女者，父母之施生也，而与太极絜其大。以大统小而道渐以分，故太极之二殊、五实囿于太极之中而不可伉④也。反其所自生而亲始之谓仁，秩其所以生而类别之谓义。仁之至，义之尽，以极天下之道，尽于此矣。昧于其渐降渐分、源流亲疏之序，而凌躐以迫求其本，乃为之说曰：“万物之生，生于一也；万物之生，生于道也。”

① 父母万物：为万物之父母，即生养万物。

② 此句是据《伪古文尚书·泰誓》所谓“惟天地万物父母，惟人万物之灵。……元后作民父母”而言。船山将其中的“作”字理解为自觉充当。元后：大君，天子。

③ 杀：等级、差别。

④ 不可伉：不可并列（或不是同一层次）。

一也者，未有殊而未有实也；道也者，非有心而非有为也。无实之谓幻生，无殊之谓归一，无心之谓不可思议，无为之谓听其自己——则将于其率行者而效法之，则将于其效法者而率行之，颠倒揉乱，枵然自大，而后元后不足以纪之，父母不足以有之，窒其必恻必隐之心则不仁，乱其类聚群分之理则不义，仁义充塞而人禽之畛破矣。夫道也者，路也，人率路以行，路不足以有行也。天地者实也，虚不可分，而实可分也。虽有甚辩之口，其能易吾言哉？（《尚书引义》卷四，三百二十三页至三百二十四页）

《易》云“同归殊途，一致百虑”，是“一以贯之”。若云“殊途同归，百虑一致”，则是贯之以一也。释氏“万法归一”之说，正从此出。此中分别，一线千里。“同归殊途，一致百虑”者，若将一粒粟种下，生出无数粟来，既天理之自然，亦圣人成能之事也。其云“殊途同归，百虑一致”，则是将太仓之粟，倒并作一粒，天地之间，既无此理，亦无此事。……若倒着《易》文说，则收摄天下固有之道而反之，硬执一己以为归宿，岂非“三界唯心，万法唯识”之唾余哉？（《读四书大全说》卷四，六百四十二页至六百四十三页）

圣人只是圣人，天地只是天地。《中庸》说“配天”，如妇配夫，固不纯用夫道。其云“浩浩其天”，则亦就知化之所涵喻者言尔。无端将圣人体用，一并与天地合符，此佛、老放荡僭诬之词，不知而妄作。圣人立千古之人极，以赞天地，固不为此虚诞而反丧其本也。《泰誓》曰：“唯天地万物父母，元后作民父母。”理一分殊，大义昭著。古人之修辞立诚，鲜不如此。若云“不纲”“不射宿”便是天地生物之心，以大言之，天地固不为是区区者；以精言之，天地亦不能如是之允当也。天地不需养于物，人则不能。而天地之或杀，则无心而无择；方秋禾槁，固不复拣稚者而更长养之；夭札[①]所及，

① 夭札：遭疫病早死。

不与人以得避之地。成周之治，可以数百年而无兵；七国、五胡之际，不复更有完土。必欲规规然一与天地相肖，非愚而无成，必且流于异端之虚伪矣。天地之元、亨、利、贞，大而无迹；圣人仁至义尽，中而不偏。圣人之同乎天地者一本，圣人之异乎天地者分殊。（《读四书大全说》卷五，七百零九页至七百一十页）

《中庸》说“天命之谓性”，作一直说，于性、命无分。孟子说性、命处，往往有分别，非于《中庸》之旨有异也。《中庸》自是说性，推原到命上，指人之所与天通者在此，谓此性固天所命也。乃性为天之所命，而岂形色、嗜欲、得丧、穷通非天之所命乎？故天命大而性专。……此性原于命，而命统性，不得域命于性中矣。……盖天命不息，而人性有恒。有恒者受之于不息，故曰“天命之谓性”。不息者用之繁而成之广，非徒为一人，而非必为一理。故命不可谓性，性不可谓命也。此孟子之大言命而专言性，以人承天而不以天治人；其于子思之旨加察焉，而未有异也。……天道自天也，人道自人也。人有其道，圣者尽之，则践形尽性而至于命矣。圣贤之教，下以别人于物，而上不欲人之躐等于天。天则自然矣，物则自然矣。蜂蚁之义，相鼠之礼，不假修为矣，任天故也。过持自然之说，欲以合天，恐名天而实物也，危矣哉！（《读四书大全说》卷十，一千一百三十七页至一千一百四十四页）

物不可谓无性，而不可谓有道，道者人物之辨，所谓人之所以异于禽兽也。……善而后谓之道；泛言性，则犬之性，牛之性，其不相类久矣。尽物之性者，尽物之理而已。虎狼噬人以饲其子，而谓尽父子之道，亦率虎狼之性为得其道而可哉？禽兽，无道者也；草木，无性者也；唯命则天无心无择之良能，因材而笃，物得与人而共者也。（《张子正蒙注》卷三，一百一十二页）

后儒之驳者，援天以治人，而亵天之“明威”，以乱民之“聪明”，亦异乎帝王之大法矣。① ……天之化裁人，终古而不测其妙；人之裁成天，终古而不代其工。天降之衷②，人修之道：在天有阴阳，在人有仁义；在天有五辰，在人有五官。形异质离，不可强而合焉。所谓肖子者，安能父步亦步，父趋亦趋哉？父与子异形离质，而所继者惟志；天与人异形离质，而所继者惟道也。……故人之所知，人之天也；物之所知，物之天也。若夫天之为天者，肆应③无极，随时无常，人以为人之天，物以为物之天，统人物之合以敦化，各正性命而不可齐也。由此言之，贤智有贤智之天，愚不肖有愚不肖之天，恶得以贤智之天，强愚不肖而天之也哉？均乎人之天者，通贤智愚不肖而一。圣人重用夫愚不肖，不独为贤智之天者，愚不肖限于“不可使知”④，圣人固不自矜其贤智矣。是故春温夏暑，秋凉冬寒，昼作夜息，赏荣刑辱，父亲君尊，众著而共由者，均乎人之天也，贤智之不易尽，愚不肖之必欲喻者也。教以之兴，政以之立矣。……故作历以授时，占星以兴事，藏冰以调凄阴，内火以消亢阳，引伸其“聪明”以丽民事，奉若其“明威”以正民志，而兴教立政，自尽人之显道，终不规规以求肖焉。⑤ 非然，且假于天以炫其“聪明”而尸其“明威”，智测力持，取必不可知之象数，以穿凿易其方圆，使貉粤贸其裘葛也，奚可哉？⑥ 故圣人所用之天，民之天也；不专于己之天，以统同也；不滥于物之天，以别嫌也；不僭于天之天，以安土也。……不若于民，举天以弹压之；臆测乎天，诬⑦民以模仿之。……人且不知，天之又何似也？而以己之意见号之曰天，以期人之尊信，求天之佑也，难矣哉！(《尚书引义》卷一，二百七十一页至二百七十二页)

① 驳：(思想)驳杂不纯。明威：圣明与威严。聪明：灵敏的视听。语出《尚书·皋陶谟》“天聪明，自我民聪明。天明畏，自我民明威”。
② 衷：善。
③ 肆应：各方响应。
④ 不可使知：《论语·泰伯》所谓“民可使由之，不可使知之”。
⑤ 丽：照亮。奉若：敬承顺从，语出《伪古文尚书·仲虺之诰》。
⑥ 尸：把持、擅有。方圆：此指不可强同的习俗规矩。貉粤：南蛮。
⑦ 诬：欺骗。

同一道也，在未继以前为天道，既成而后为人道。天道无择，而人道有辨。圣人尽人道，而不如异端之欲妄同于天。（《周易内传》卷五上，五百二十九页）

（王夫之著：《船山全书》，岳麓书社 1992 年版。）

评析

船山在本体论上最具创见的是其“乾坤并建”论，在体用论上最具创见的是其“理一分殊”论。自从程颐明确提出“理一分殊”后，这一思想便为许多理学家所重视。船山也不例外，并且有极为重要的推进。若不懂得船山的理一分殊论，便无法理解其许多观点的理据。

关于理一分殊，船山最核心的观点有二。第一，所谓“理一”不是指“一理”，而是指万理皆本于天而能相互统一。“一者，保合和同而秩然相节者也”，即“理一”之“一”不是一个实体，而是一个具有统一性的整体结构，此结构中的各要素，层次殊异、各有条理、互为限制而又“协于一”，因为皆“始于道”又皆“终合于道”，故“始终一”。即使道或天也不是一个固定的实体，而是乾坤并建或阴阳并建的统一结构，故曰“一阴一阳之谓道”。因此，“理一”总是指分殊之理的统一。第二，所谓“分殊”不仅包括同一层次的差异，而且包括不同层次的差异。所以船山反复辨析“天”“命”“性”“情”，或“道”（天）、“善”（天人之际）、“性”（人物）等概念之间的层次之别。此前的理学家利用分殊原则已引出了对“条理”“次序”的重视，船山的一大贡献是进一步引出对层次差异性的重视。

理一分殊论要解决的主要哲学问题就是世界的差异性与统一性问题，但对不同的哲学家而言其侧重点又有不同。有些哲学家承认差异性是为了强调统一性，有些哲学家承认统一性是为了突出差异性。船山则既重视统一性，又重视差异性。比如，正因坚信“理一”或“一本”，所以船山主张，天道与形色情才不可分离，各个方面都“莫不相需以致其功”，不能因为存在差异和矛盾就执一舍一（比如理与欲、情与性、大体与小体），而应“善其交而不畏其争”。只有这样来看问题，整个世界才是一个丰富充实而日新（“至诚不息”）的世界。但船山也特别强调“分殊”，尤其是层次之“殊”。由此他在如下几个方面提出了富有创意的观点。

其一，关于善恶与性、道之间的关系，主张道—善—性—情—恶是不同的层次，因此可顺推而不可逆说（如可说“由性善故情善”，但不可说“以情之善知性之善”）。正因“道大而善小，善大而性小”，故“非性有不善而性不足以载善”，“不善之所自来，于情始有而性则无”，禽兽有性却无道。船山的这些辨析皆可谓发前贤之所未发。

其二，关于天人关系，主张不能简单地将人道等同于天道。道（天道）、天地和人处在不同层次，天道无为而人道有为，天地无心无择而人有心有择，因此人可效法天地但不能直接效法天道（“人法天地，而道不可法”）；即使天地也只能效法其健顺而不能效法其无心无择，故人对天地既有“效法”又有“率行”。他由此进一步提出了三个重要观点。第一，既不能效法天道之无为，也不能效法天地之无心，而应尽人之所独能。“理惟其一，道之所以统于同；分惟其殊，人之所以必珍其独”，唯有如此才能“别人于物”。第二，不能简单地将圣人或国君等同于天地。“圣人只是圣人，天地只是天地”，“必欲规规然一与天地相肖”而妄欲与天地相等，势必“愚而无成”，或“流于异端之虚伪”。第三，任何人都不能垄断、独霸天（天道或天理）而强迫天下万物听从自己。“以己之意见号之曰天，以期人之尊信，求天之佑”，不过是因为感到自己的软弱无力而妄欲“矫天以制人”，“举天以弹压之”。总之，理一分殊论意味着在天人关系上，“不专于己之天，以统同也；不滥于物之天，以别嫌也；不僭于天之天，以安土也”。

其三，在修身齐家与治国平天下的关系上，主张各有其道，而不能将修齐之道直接等同于治平之道。这是船山论证治国平天下必须重视制度建设的一个重要理据。同时，他也据此特别强调，在制度设计上应该遵循分层管理的原则而不能越过不同层次直接遥控。

船山和之前许多理学家一样，也将理一分殊论作为儒家思想与佛老思想在基本思路上的分水线，所谓“此中分别，一线千里”。他强调“一以贯之”不能理解为“贯之以一”，“同归殊途，一致百虑”不能倒说为“殊途同归，百虑一致”。因为后一种说法正是佛教的“万法归一”思想，它从根本上消除了现实世界的差异性（分殊之理与分殊之事）而“硬执一己以为归宿”，表现在体用论上便是“妄立一体而消用以从之”——企图从抽象的“一理”推导现实的“分殊”，以“一理”来“收摄天下固有之道”而强同之。相反，强调理一分殊，则是在承认现实世界的差异性与统一性基础之上由“分殊”求“理一”，即所谓“由用以得体”。就思维方式而言，“万法归一”或“妄立一体而消用以从之”是自上而下或“摄用归体”，是以抽象思辨之“一”为起点与归宿，是一种典型的外在控制模式；“理一分殊”或“由用以得体”则是自下而上或“摄体归用”，是以现实世界之“殊”为起点与归宿，是一种典型的内在协和模式（没有任何东西独立于由分殊组成的统一结构之外）。因此，只有理解船山的理一分殊论，才能真正理解他的体用论。

人性与善恶根源

阴阳不孤行于天地之间。……行不孤，则必丽物以为质。质有融结而有才，才有衰王而有时。① 为之质者，常也。分以为才、乘之为时者，变也。常一而变万，其一者，善也；其万者，善、不善俱焉者也。才纯则善，杂则善、不善俱；时当其才则善，不当其才则善、不善俱。才与时乘者万，其始

① 融结：融合与凝结。才：（生命体的）各种能力。衰王：衰旺。

之因阴阳之翕辟者一；善、不善万，其始之继善以成者一。故常一而变万，变万而常未改一。……皆阴阳之实有而无所疑也。……而昧者不测其所自始，而惊其变。以为物始于善，则善、不善之杂进何以积也？必疑此不善之所从来矣。以为始一而后不容有万，则且疑变于万者之始必非一也。故荀悦“三品”之说①以立。其不然者，以不善之无所从来，抑且疑善所从来之无实，故释氏之言曰“三界唯心，万法唯识”，如束芦之相交，如蕉心之无实；② 触目皆非，游心无据，乃始别求心识消亡之地，亿为净境，而斥山林瓦砾之乡以为浊土。则甚矣，愚于疑者之狂惑以嗥鸣也！……是以君子于一得善焉，于万得善、不善之俱焉，而皆信以为阴阳之必有。信而不疑，则即有不善者尘起泡生于不相谋之地，坦然不惊其所从来，而因用之以尽物理，奚况山林瓦砾一资生之利用，而忍斥之为浊乎？（《周易外传》卷七，一千零八十九页至一千零九十一页）

“习与性成”③ 者，习成而性与成也。使性而无弗义④，则不受不义；不受不义，则习成而性终不成也。使性而有不义，则善与不善，性皆实有之；有善与不善而皆性，气禀之有不可谓天命之无——气者天，“气禀”者“禀”于“天”也。故言性者户异其说。今言“习与性成”，可以得所折中⑤矣。夫性者，生理也；日生则日成也。则夫“天命”者，岂但初生之顷“命”之哉？⑥ 但初生之顷命之，是持一物而予之于一日，俾牢持终身以不失——天且有心以劳劳于给与，而人之受之，一受其成侀而无可损益矣。夫天之生物，

① 荀悦（148—209），东汉著名学者，其“性三品”说是指人性可分为三品，上智者纯善无恶，下愚者纯恶无善，中人则有善有恶，唯中人之性可变。

② 束芦：佛教认为六根与六尘的关系一如互相依藉而又各自中空的芦苇丛。蕉心：佛教认为世间万物皆如芭蕉心，层层剥去后便无实物。

③ 习与性成：出自《伪古文尚书·太甲上》，船山将其理解为习性与人性不可分离，有什么样的习性也就会形成什么样的人性。

④ 使：假使。无弗义：无不善。此处“义”字指善，依《太甲》原文“兹乃不义，习与性成”而言。

⑤ 折中：依据，准则。

⑥ 这句是据《中庸》“天命之谓性”而言。天指天理，命指流行。初生之顷：诞生的那一刻。

其化不息。初生之顷，非无所命也。何以知其有所命？无所命，则仁义礼智无其根也。幼而少，少而壮，壮而老，亦非无所命也。何以知其有所命？不更有所命，则年逝而性亦日忘①也。形化者化醇也，气化者化生也。② 二气之运，五行之实，始以为胎孕，后以为长养，取精用物，一受于天产地产之精英，无以异也。形日以养，气日以滋，理日以成，方生而受之，一日生而一日受之，受之者有所自授，岂非天哉？故天日命于人，而人日受命于天。故曰性者生也，日生而日成之也。……二殊五实之妙，翕合分剂③于一阴一阳者；举凡口得之成味，目得之成色，耳得之成声，心得之成理者皆是也。是人之自幼讫老，无一日而非此以生者也，而可不谓之性哉？生之初，人未有权也，不能自取而自用也；惟天所授，则皆其"纯粹"以"精"者矣。天用其化以与人，则固谓之"命"矣。生以后，人既有权也，能自取而自用也。自取自用，则因乎习之所贯④，为其情之所歆，于是而纯疵莫择矣。乃其所取者与所用者，非他取别用，而于二殊五实之外亦无所取用，一禀受于天地之施生，则又可不谓之命哉？"天命之谓性"，命日受则性日生矣。目日生视，耳日生听，心日生思，形受以为器，气受以为充，理受以为德。取之多、用之宏而壮，取之纯、用之粹而善，取之驳、用之杂而恶，不知其所自生而生。……惟命之不穷也而靡常，故性屡移而异。抑惟理之本正也而无固有之疵，故善来复⑤而无难。未成可成，已成可革。性也者，岂一受成侀，不受损益也哉？故君子之养性，行所无事，而非听其自然，斯以择善必精，执中必固，无敢驰驱而戏渝已。⑥ ……周子曰："诚无为"，无为者诚也，诚者无不善也，故孟子以谓性善也；诚者无为也，无为而足以成，成于几也。"几善恶"也，故孔子以谓可移也。有在人之几，有在天之几。成之者性，天之

① 忘：同"亡"，消逝。

② 形化者化醇：形体的变化越来越完善。气化者化生：阴阳二气的变化产生了生命。

③ 翕合：聚合。分剂：调剂，调节。

④ 贯：同"惯"。

⑤ 来复：返回，《周易》的常用词。

⑥ 行所无事：顺其固然，因势利导，语出《孟子》"禹之行水也，行其所无事也"。驰驱：此指放荡任意。戏渝：嬉戏耽乐，亦作"戏豫"，语出《诗经·大雅·板》。

几也；初生之造，生后之积，俱有之也。取精用物而性与成焉，人之几也，初生所无，少壮日增也。(《尚书引义》卷三，二百九十九页至三百零二页)

圣人说“命”，皆就在天之气化无心而及物者言之。天无一日而息其命，人无一日而不承命于天，故曰“凝命”，曰“受命”。若在有生之初，则亦知识未开，人事未起，谁为凝之，而又何大德之必受哉？……此有生以后之“命”，功埒生初①，而有生以后之所造为尤倍也。天命无心而不息，岂知此为人生之初而尽施以一生之具，此为人生之后遂已其事而听之乎？又岂初生之顷有可迓②命之资，而有生之后一同于死而不能受耶？一归之于初生，而术数之小道由此兴矣。(《读四书大全说》卷五，六百七十七页)

耳聪、目明、言从、动善、心睿，所谓才也，则皆理也，而仅气乎哉？气只是能生，气只是不诎，气只是能胜。过此以往，气之有功者皆理也。德固理也，而德之能生、不诎而能胜者亦气也。才非不资乎气也，而其美者即理也。理气无分体，而德才有合用。不骄、不吝，所以善吾才，即所以成吾德，曾何歧出沟分之有！……短于才，正是德之不优处。诚优于德矣，则凡为道义之所出，事物之待治，何一不有自然之条理？……德者得其理，才者善其用。必理之得，而后用以善；亦必善其用，而后理无不得也。故短于才者，不可谓无德，而德要不优。……骄吝之不可有，固善才之用，而亦居德之方。……然则有德而短于才者，无亦骄吝之使然；正不得以才短为无损于德而自恣也。如云德不忧骄吝，而有才者则然，则非但病才，而且以贼德，固儒者之大患也。(《读四书大全说》卷五，七百一十七页至七百一十八页)

《易》曰“继之者善也，成之者性也”，善在性先。孟子言性善，则善通

① 功埒生初：和刚出生时所承受于天者具有同等功用。
② 迓：迎接，接受。

性后；若论其理，则固然如此。……程子将性分作两截说①，只为人之有恶，岂无所自来？故举而归之于气禀。……程子以形而下之器为载道之具，若杯之盛水，杯有方圆而水有异象。乃以实求之，则孟子之言较合于前圣之旨。盖使气禀若杯，性若水，则判然两物而不相知；唯器则一成不改，而性终托于虚而未有质也，《易》又何以云"成之者性"哉？唯物欲之交，或浅或深，不但圣、狂之迥异，即在众人等夷之中亦有不同者，则不得谓由中发者之皆一致。……故言"气禀"不如言"后天"之得也（后天谓"形生""神发"之后"感"于天化而得者②）。后天之性，亦何得有不善？"习与性成"之谓也。先天之性天成之，后天之性习成之也。乃习之所以能成乎不善者，物也。夫物亦何不善之有哉（如人不淫，美色不能令之淫）？取物而后受其蔽，此程子之所以归咎于气禀也。虽然，气禀亦何不善之有哉（如"公刘好货""太王好色"③，亦是气禀之偏）？然而不善之所从来，必有所自起，则在气禀与物相授受之交也。气禀能往，往非不善也；物能来，来非不善也。而一往一来之间，有其地焉，有其时焉。化之相与往来者，不能恒当其时与地，于是而有不当之物。物不当，而往来者发不及收，则不善生矣。……乘乎不得已之动，而所值之位不能合符而相与于正，于是来者成蔽，往者成逆，而不善之习成矣。业已成乎习，则熏染以成固有，虽莫之感而私意私欲且发矣。夫阴阳之位有定，变合之几无定，岂非天哉？惟其天而猝不与人之当位者相值，是以得位而中乎道者鲜。故圣人之乘天行地者，知所取舍以应乎位，其功大焉。先天之动，亦有得位、有不得位者，化之无心而莫齐也。然得位，则秀以灵而为人矣；不得位，则禽兽草木、有性无性之类蕃矣。既为人焉，固无不得位而善者也。后天之动，有得位、有不得位，亦化之无心而莫齐也。得位，则物不害习而习不害性；不得位，则物以移习于恶而习以成性于不善

① 此指程颐认为性有"天命之性"与"气禀之性"，前者纯善而后者有恶。

② 此据周敦颐《太极图说》"形既生矣，神发知矣。五性感动，而善恶分，万事出矣"而言。

③ 此句出自《孟子·梁惠王下》。公刘是夏朝末叶的周部落首领，"好货"指他带领族人发展农业；太王是周文王之祖古公亶父，"好色"指他带着妃子四处视察。

矣。此非吾形、吾色之咎也，亦非物形、物色之咎也，咎在吾之形色与物之形色往来相遇之几也。天地无不善之物，而物有不善之几（非相值之位则不善）。物亦非必有不善之几，吾之动几有不善于物之几。吾之动几亦非有不善之几，物之来几与吾之往几不相应以其正，而不善之几以成。故唯圣人为能知几。知几则审位，审位则内有以尽吾形、吾色之才，而外有以正物形、物色之命，因天地自然之化，无不可以得吾心顺受之正。如是而后知天命之性无不善，吾形色之性无不善，即吾取夫物而相习以成后天之性者亦无不善矣，故曰“性善”也。呜呼，微矣！（《读四书大全说》卷八，九百五十九页至九百六十三页）

若情，固由性生，乃已生则一合而一离。如竹根生笋，笋之与竹终各为一物事，特其相通相成而已。又如父子，父实生子，而子之已长，则禁抑他举动教一一肖吾不得。情之于性，亦若是也。……性，道心也；情，人心也。……发而始有、未发则无者，谓之情，乃心之动几与物相往来者，虽统于心而与性无与。即其统于心者，亦承性之流而相通相成，然终如笋之于竹，父之于子，判然为两个物事矣。大抵不善之所自来，于情始有而性则无。……情以性为干，则亦无不善；离性而自为情，则可以为不善矣。恻隐、羞恶、辞让、是非之心，固未尝不入于喜、怒、哀、乐之中而相为用，而要非一也。或人误以情为性，故曰“性可以为善，可以为不善”。今以怵惕恻隐为情，则又误以性为情，知发皆中节之“和”而不知未发之“中”也。言“中节”则有“节”而“中”之，非一物事矣。性者“节”也，中之者情也，情中性也。曰由性善故情善，此一本万殊之理也，顺也。若曰以情之善知性之善，则情固有或不善者，亦将以知性之不善与？此孟子所以于恻隐、羞恶、辞让、是非之见端于心者言性，而不于喜、怒、哀、乐之中节者征性也。（《读四书大全说》卷八，九百六十四页至九百六十五页）

故天下别无有恶，只不善便是恶。犹然此君子，犹然此野人，犹然此野人之养君子，配合得不当，不自吾心之经纬尽力度量出的，只物之易取者取之不厌，把吾性之才理撇着全不用事，而一任乎喜怒，遂以为暴君污吏而有余。岂但其气禀之偏于好货者为之哉？不善已著而人见其可恶（去声），便谓之恶。暴君污吏，初无本领与天德王道分路并驰，故曰“夫道一而已矣”。言外之物、内之性①，无一不善，但交互处错乱杂揉，将善底物事做得不好尔。须与猛力，有才皆尽，则药虽瞑眩②，疾无不瘳矣。（《读四书大全说》卷八，九百六十六页至九百六十七页）

天下岂别有所谓理，气得其理之谓理也。气原是有理底，尽天地之间无不是气，即无不是理也。变合或非以理，则在天者本广大，而不可以人之情理测知。圣人配天，只是因而用之，则已无不善矣。……唯知其广大而不执一偏，则无不善矣。在天之变合，不知天者疑其不善，其实则无不善。惟在人之情才，动而之于不善，斯不善矣。然情才之不善，亦何与于气之本体哉！气皆有理，偶尔发动，不均不浃，乃有非理，非气之罪也。人不能与天同其大，而可与天同其善，只缘者气一向是纯善无恶，配道义而塞乎天地之间故也。……故任气无过，唯暴气、害气则有过（暴亦虐害意。义见前篇③）。不暴害乎气，使全其刚大，则无非是理，而形以践，性以尽矣。（《读四书大全说》卷十，一千零五十八页至一千零五十九页）

情元是变合之几，性只是一阴一阳之实。情之始有者，则甘食、悦色；到后来蕃变流转，则有喜怒哀乐爱恶欲之种种者。性自行于情之中，而非性之生情，亦非性之感物而动则化而为情也。情便是人心，性便是道心。道心微而不易见，人之不以人心为吾俱生之本者鲜矣。故普天下人只识得个情，不识得性，却于情上用工夫，则愈为之而愈妄。……孟子曰：“若夫为不善，

① 外之物、内之性：身外之物，所禀之性。
② 药虽瞑眩：虽然只是治疗头昏目眩的平常药物。
③ 前篇：指《读四书大全说》卷八（《船山全书》，九百二十四页）所说。

非才之罪也。”不善非才罪，罪将安归耶？《集注》云“乃物欲陷溺而然”，而物之可欲者，亦天地之产也。不责之当人，而以咎天地自然之产，是犹舍盗罪而以罪主人之多藏矣。毛嫱、西施，鱼见之而深藏，鸟见之而高飞，如何陷溺鱼鸟不得？牛甘细草，豕嗜糟糠，细草、糟糠如何陷溺人不得？然则才不任罪，性尤不任罪，物欲亦不任罪。其能使为不善者，罪不在情而何在哉！朱子曰“非才如此，乃自家使得才如此”。“自家”二字，尤开无穷之弊。除却天所命我而我受之为性者，更何物得谓之自家也？情固是自家底情，然竟名之曰“自家”则必不可。盖吾心之动几，与物相取，物欲之足相引者，与吾之动几交，而情以生。然则情者，不纯在外，不纯在内，或往或来，一来一往，吾之动几与天地之动几相合而成者也。释氏之所谓心者，正指此也。唯其为然，则非吾之固有而谓之“铄”。……释孟子者又不察于性之与情有质无质、有恒无恒、有节无节之异，乃以言性善者言情善。夫情苟善，而人之有不善者又何从而生？乃以归之于物欲，则亦老氏“五色令人目盲，五音令人耳聋”之绪谈。抑以归之于气，则诬一阴一阳之道以为不善之具，是将贱二殊、厌五实，其不流于释氏“海沤”“阳焰”① 之说者几何哉！愚于此尽破先儒之说，不贱气以孤性而使性托于虚，不宠情以配性而使性失其节。窃自意可不倍②于圣贤，虽或加以好异之罪，不敢辞也。（《读四书大全说》卷十，一千零六十六页至一千零六十八页）

初生而受性之量，日生而受性之真。（《思问录内篇》，四百一十三页）

得五行之和气，则能备美而力差弱；得五行之专气，则不能备美而力较健。伯夷、伊尹、柳下惠，不能备美而亦圣。五行各太极，虽专而犹相为备，

---

① 海沤：海中水泡，佛经常以之比喻事物起灭无常。阳焰：浮尘为日光照射时所呈现出的一种似水似雾的景象，佛经常以之比喻事物虚幻不实。

② 倍：同“背”，违背。

故致曲而能有诚。气质之偏，奚足以为性病①哉！（《思问录内篇》，四百二十六页）

（王夫之著：《船山全书》，岳麓书社 1992 年版。）

评析

心性论的核心是要讲清心性本体与善恶根源问题。对于宋明理学家来说，心性论的探讨之所以重要，主要在于它是由宇宙本体论到修养论及王道论的枢纽与中介，只有根据宇宙本体讲清心性本体并解决善恶根源问题，才能为修齐治平提供理论根据。程朱理学的心性论观点主要是，提出人性的本然状态是纯善无恶的“天命之性”，人性的实际状态则是与气禀结合后有善有恶的“气质之性”或“气禀之性”。如此一来，“气”便成为恶之根源，“贵性贱气”也成为必然思路。但周敦颐、胡宏的观点与此不同。船山在这个方面，也提出了四个创造性观点。

其一，人性非现成固定而是“命日受则性日生”。人一出生就有“先天之性”，但并非一成不变，而是在生命止息之前不断生成，“未成可成，已成可革”。现实的人性就是“先天之性”借助后天所习不断变化充实而成的“后天之性”。前者只是基础与可能性，后者才是其现实性，所以说“初生而受性之量，日生而受性之真”。后天之性的形成过程，就是“习与性成”的过程；因为凡人所习（所得之味、色、声、理等）皆为天之所命，所以这一过程也是“命日受则性日生”的过程。因此后天之性与先天之性都是“天命之性”。正因天命不息（“命之不穷也而靡常”），这才导致人性必然不断生成与变化（“屡移而异”）。后天所受之“命”不仅“功埒生初”，而且“所造尤倍”，即对人性的形成更具有决定作用。这是借助《伪古文尚书》的

① 为性病：成为性理的拖累。

“习与性成”说，对《中庸》所谓“天命之谓性”进行了全新诠释。

其二，善与恶有不同的根源但都不是源于性，善源于天命之诚，恶则源于“变合之几”即“情”。船山认为，所谓善，就是合理，亦即各种要素各得其所而和谐共存，日新不已。反之、逆之、害之则为恶。善并不来自性，倒是性源于善，是“善在性先”“善大而性小”。不善或恶也不源于性，而是源于无定无恒的“变合之几”——当外物在不恰当的时间与地点出现而当事人又不能恰当地对待时就产生不善或恶。就人而言，“变合之几”就是“情”。“情”既“不纯在外”也“不纯在内”，而是“吾之动几与天地之动几相合而成者”，恰如佛家所谓因缘和合的产物。当情之动不能顺性而完全缘物时，才产生不善以至于恶。因此，恶之根源在于“变合之几”，在于“情”。这样，善恶不仅不同源，还是不同层次（善—性—情—恶），这就既承认了恶的实然性，又论证了现实存在的恶并不能否定天命之诚和人性之善。船山将“恶”归于“变合之几”，这种思路可能受到佛教因缘和合说的影响，也明显受到周敦颐所谓“诚无为，几善恶”的影响，其推进在于将“几”与“情”打通。

其三，性与情虽相关却有严格区别。这主要表现在三个方面。第一，性是“一阴一阳之实”，情是“变合之几”，二者的分别就是“实”与“几”的分别，即固有和偶有的区别。“实”无论“已发”“未发”皆有，“几”则“发而始有、未发则无”；“实”纯在我而“有质”“有恒”“有节”，“几”则因缘和合而非可完全由我做主，故“无质”“无恒”“无节”。第二，“非性之生情，亦非性之感物而动则化而为情”，只能说“性行于情中”，并不是性直接产生或化为情，性情关系并不必然是体用关系。性只是作为一种内在规范（节）流行于情中，但情未必总是遵循其内在规范（中节）。当然，“非性之生情”并不是说情的产生完全与性无关（否则，性作为情之“节”就完全是“外铄”），只是说情不是由性直接产生和决定的，它是人心之动几与外物之动几交互作用的结果。第三，就心涵性情而言，性是“道心”，情是“人心”。所谓四端即恻隐、羞恶、恭敬、是非之心不是情而是“道心”，乃性体之用；所谓七情即喜、怒、哀、乐、爱、恶、欲并不是四端所生，而是“人心”，是“变合之几”。这些说法与之前的理学家都不相同，故说“尽破先儒之说”。船山之所以要严分性情，主要是想强调“不善之所自来，于情始有而性则无”，不能因为情之不善就说性也不善。

其四，先天之性纯善无恶，后天之性则可在善恶之间不断变化。先天之性之所以纯善无恶，是因为它源自善（“善在性先”）且非恶之源。后天之性则有可能包含不善或恶，因为它是在先天之性的基础上由后天所习形成（“习与性成”），习与情密切相关，长久的不当之情逐渐形成恶习，恶习逐渐形成恶性并表现为不当之情。但作为“变合之几”的情是可以改变的，恶习也是可以改变的，天命流行更是“本正也而无固有之疵”，所以后天之性又完全可以由恶恢复为善。因此，“天下别无有恶，只不善便是恶”——恶只是善的缺失与变态。善是人性的常态，恶只是其变态，不能因为变而否定常，也不能因为常就否定变。这样就既承认了人性恶的实然性，又强调了恶并不根源于人性。

船山提出新的人性论与善恶根源论，主要目的是从根本上捍卫“气”的正当性，论证它“一向是纯善无恶，配道义而塞乎天地之间”。程朱理学认为恶来自与“天命之性”不同的“气禀之性”，气禀之偏的恶是必然的、固定的。在船山看来，这种思路必将导致“贵性贱气”的后果。否定了气（不仅包括气质、气禀，也包括情、才、欲）的正当性，也就等于否定了整个现实世界的正当性，同时更意味着性与气（或理与气）终究可以分离，遂使“性终托于虚而未有质”。所以，尽管他所谓“后天之性”显然受到了“气禀之性”这个概念的启发，但已有本质的不同：它仍属于“天命之性”，即使有恶也是可变的；即使有偏，也能因其固有潜能而同样可以成圣（“得五行之专气，则不能备美而力较健。伯夷、伊尹、柳下惠，不能备美而亦圣”）。更何况，从社会整体来看，正需大家各有所专，因为“虽专而犹相为备”。总之，“气质之偏”并不足以成为性的祸害与拖累。只有从根本上维护气的正当性，才能“不贱气以孤性而使性托于虚”。船山之所以提出“后天之性”

这个概念，就是试图以此取代程朱理学的“气禀之性”或“气质之性”。

维护了气的正当性，自然就维护了气禀之才（“耳聪、目明、言从、动善、心睿，所谓才也”）的正当性。不少儒者认为“才”即“气”，与“德”是二而非一，人之所以为不善，就是气禀之偏导致有才无德。但船山认为，这种才、德分离的看法其实从根本上违背了气与理不可分离的原则。才固然是气禀之才，但它并不只是气也含有理，“气之有功者皆理也”，才之“美者即理也”，实得其理为有德，因此必有德而后有才；“必善其用，而后理无不得”，故又必有才而后德优。所以，船山认为“理气无分体，而德才有合用”。这就意味着，“短于才者，不可谓无德，而德要不优”，“不得以才短为无损于德而自恣”。船山根据理气不二与体用不二的观点，从哲学上论证了才的正当性及其对于成德的重要性，突出体现了船山务实的思想特色。这种思想后来对于曾国藩与郭嵩焘有过重要影响。

从中国人性论史来看，船山对《伪古文尚书》“习与性成”的特别发挥还表现为强调了“习”的重要性。尽管“习气”（与“性气”相对）有巨大的消极作用（习气会导致一种“公欲”即普遍的私欲），但也只有依靠它才能使人性最终得以扩充和实现。所以不应以“厌恶之心”对待“习”。“习与性成”意味着“习”与“性”无法完全分离，认为性是性、习是习的观点不过是一种抽象的思辨。根据这一思路，对于人性恶的探讨实不应局限于个体，而应充分注意“习”尤其是由社会制度所形成的公共之“习”的重大影响。许多罪恶虽然由个体表现，但其根源并不全在个体，还在整个社会尤其是这个社会的制度。当然，尽管恶的根源不在性而在“习”与“几”，但这并不意味着个体可以推卸责任。恰恰相反，它意味着个体要特别注意“慎其所习”而“知几”“审位”，必须充分发挥其自觉性与能动性，时刻反省自己的“习气”和接物应事的动机。对“习”的重视归根到底就是对“气”的重视。

特别值得注意的是，船山虽然认为“恶”只是变态，即只是“变合之几”的结果，但并不认为它们是可以完全消除的，因为它们也是天地间所“必有”和“实有”。也就是说，恶虽然并不正当，但恶的产生是自然的和真实的。所以无论对于不可以常理推测的“变合之几”还是对于不可消除的恶与不善，船山都主张，应该首先坦然承认其真实性，然后才力求其解决之道。他特别指出，只有承认它们是“必有”“实有”而“不疑”，才能从根本上承认善的常态性和整个现实世界的真实性。因为只有不幻想一个完全没有恶的理想世界，才能不厌离总是存在着恶的现实世界。船山认为，这种态度也适用于现实世界和人生所遇到的所有消极面，如夭老病死、人穷世乱、天灾人祸等。这是儒家思想看待现实世界的大智慧，构成了湖湘哲学的现实精神。

船山在人性论与善恶根源论上虽与周敦颐、胡宏等人有所不同，但从总体思路上来看，实可视为在周敦颐和胡宏的基础上的后出转精。他们都不愿意将恶的根源直接归结为人性（哪怕是气质之性或后天之性），也都不愿意将其直接归咎于“气”（包括整个形器世界和人的身躯气禀），又都强调“恶”只是人在动变过程中的变态，与世界本然之诚或善并非同一层次。船山的推进在于，更深入地论证了人性的不断生成与扩展（即胡宏所谓“成性”），更细致地辨析了性与情的差异、体与用及“变合之几”的差异，因此也更合理地解决了善恶根源问题，更雄辩地维护了性的超越性和气的正当性。这就使得湖湘哲学从根本上继承并弘扬了儒家的人性本善、“形色”即“天性”的思想。

性情与理欲

情者，阴阳之几，凝于性而效其能者也，其可死哉？……夫生理之运行，极情为量；追其灌注，因量为增。① 情不尽于所生，故生有所限；量本受于

① 此谓将情发挥到极致（“极情”）乃是性理（“生理”）运行所固具的可能性（“量”），当生命进入壮盛阶段，情也因其固具的可能性而增盛。灌注：生命的壮盛阶段。船山认为生命可分为胚胎、流荡、灌注、衰减、散灭等五个阶段。

至正，故生不容乖。……故贱形必贱情，贱情必贱生，贱生必贱仁义，贱仁义必离生，离生必谓无为真而谓生为妄，而二氏之邪说昌矣。（《周易外传》卷二，八百八十九页）

圣人有欲，其欲即天之理。天无欲，其理即人之欲。学者有理有欲，理尽则合人之欲，欲推即合天之理。于此可见：人欲之各得，即天理之大同；天理之大同，无人欲之或异。……只理便谓之“天”，只欲便谓之“人”。[①]饥则食、寒则衣，天也。食各有所甘，衣亦各有所好，人也。……倘以尽己之理压伏其欲，则于天下多有所不通。若只推其所欲，不尽乎理，则人己利害，势相扞格，而有不能推。一力推去，又做成一个墨子“兼爱”及“忘身徇物”之仁矣。（《读四书大全说》卷四，六百三十九页至六百四十页）

孔颜之学，见于六经、四书者，大要在存天理。何曾只把这人欲做蛇蝎来治，必要与他一刀两段，千死千休？且如其余之“日月至”者[②]，岂当其未至之时，念念从人欲发，事事从人欲做去耶？此不但孔门诸贤，即如今寻常非有积恶之人，亦何尝念念不停，唯欲之为汲汲哉？既饱则不欲食矣，睡足则不欲寝矣。……既然，则以人欲不起为仁者，将凡今之人，其为日一至、月一至者，亦车载斗量而不可胜纪。（《读四书大全说》卷五，六百七十三页至六百七十四页）

私意、私欲，先儒分作两项说。……而要之所谓私意者，即人欲也。意不能无端而起，毕竟因乎己之所欲。己所不欲，意自不生。……乃天下之以私意悖礼者，亦必非己所不欲；特已立一意，则可以袭取道义之影似，以成

---

① 此谓只要是大同的欲就是“天理”，只有各异的欲才是“人欲”。

② “日月至”者：偶尔达到仁的境界者，语出《论语·雍也》。

其欲而盖覆其私。① 如庄子说许多汗漫道理，显与礼悖，而摆脱陷溺之迹，以自居于声色货利不到之境。到底推他意思，不过要潇洒活泛，到处讨便宜。缘他人欲落在淡泊一边，便向那边欲去，而据之以为私。故古今不耐烦剧②汉，都顺着他走，图个安佚活动。此情也，此意也，其可不谓一己之私欲乎？则凡以非礼为意者，其必因于欲，审矣。（《读四书大全说》卷六，七百六十八页至七百六十九页）

盖必使吾心之仁泛应曲当于天下而无所滞，天下事物之理秩然，咸有天则于静存之中而无所缺，然后仁之全体大用以赅存焉。故存养与省察交修，而存养为主，行天理于人欲之内，而欲皆从理，然后仁德归焉。……天理充周，原不与人欲相为对垒。理至处，则欲无非理。欲尽处，理尚不得流行。如凿池而无水，其不足以畜鱼者与无池同；病已疗而食不给，则不死于病而死于馁。故曰“仁则吾不知也”③。此圣学、异端之大界，不可或为假借④者也。（《读四书大全说》卷六，七百九十八页至七百九十九页）

离欲而别为理，其唯释氏为然，盖厌弃物则而废人之大伦矣。……五峰曰“天理人欲，同行异情”，韪哉！能合颜、孟之学而一原者，其斯言也夫！即此好货、好色之心，而天之以阴骘万物，人之以载天地之大德者，皆其以是为所藏之用。故《易》曰：“天地之大德曰生，圣人之大宝曰位。何以守位曰仁，何以聚人曰财。”于此声色臭味，廓然见万物之公欲，而即为万物之公理。大公廓然，物来顺应，则视之听之，以言以动，率循斯而无待外求。非如老子所云“五色令人目盲，五声令人耳聋”，与释氏之贱以为尘、恶以

① 袭取道义之影似：冒用道义之名的似是而非之论。成其欲而盖覆其私：既实现其欲望又掩盖其私意。

② 不耐烦剧：忍受不了烦琐与繁重。

③ 此句出自《论语·宪问》，孔子说仅仅“克、伐、怨、欲不行”还不能称为仁。

④ 假借：借用。

为贼也。……使不于人欲之与天理同行者，即是以察夫天理，则虽若有理之可为依据（老之重玄，释之见性），而总于吾视听言动之感通而有其贞者不相交涉，乃断弃生人之大用，芟剃无余。[①] 日中一食而后不与货为缘，树下一宿而后不与色相取，绝天地之大德，蔑圣人之大宝，毁裂典礼，亏替节文，己私炽然，而人道以灭；正如雷龙之火[②]，愈克而愈无已也。孟子承孔子之学，随处见人欲，即随处见天理。学者循此以求之，所谓“不远之复”者，又岂远哉？（《读四书大全说》卷八，九百一十一页至九百一十二页）

若论异[③]，则甘食、悦色处亦全不同；若论其异仅“几希”，则仁义之异亦复无几。虎狼之父子亦似仁，蜂蚁之君臣亦近义也。随处须立个界限，壁立万仞，方是“君子存之”。若“庶民”，便爱亲敬君，也只似虎狼蜂蚁来，趁一点灵光做去也。苟知其所以异，则甘食、悦色之中井井分别处，即至仁大义之所在；不可概谓甘食、悦色便与禽兽同也。圣贤吃紧在美中求恶，恶中求美，人欲中择天理，天理中辨人欲，细细密密，丝分缕悉，与禽兽立个彻始终、尽内外底界址。若概爱敬以为人，断[④]甘食、悦色以为禽兽，潦草疏阔便自矜崖岸，则从古无此苟简径截之君子。而充其类，抑必不婚不宦，日中一食，树下一宿而后可矣。朱子说人能推，禽兽不能推，亦但就才上见得末流异处，而未及于性。禽兽之似仁似义者，当下已差了。虎狼之父子，只是姑息之爱；蜂蚁之君臣，则以威相制而利相从耳。推得来又成甚伦理？……若人之异于禽兽，则自性而形，自道而器，极乎广大，尽乎精微，莫非异者，则不可以“仁义”二字括之。故曰“非行仁义”，明夫非守“仁义”二字作把柄，遂可纵横如意也。特其人纪之修，人极之建，则亦往往依

① 感通而有其贞者：此指固有的“道心”，即人性四端。贞：正。生人：此指活生生的人。

② 雷龙之火：中医术语，或称霹雳火、水中火，指因肾水不足引起的相火、虚火，若用以水克火的常法治疗，反而更为严重，恰如霹雳得雨而益炽。

③ 异：此指人禽之异。

④ 断：断定。

仁义以为用，故曰“由仁义行”。①（《读四书大全说》卷九，一千零二十五页至一千零二十六页）

盖恻隐、羞恶、恭敬、是非之心，其体微而其力亦微，故必乘之于喜怒哀乐以导其所发，然后能鼓舞其才以成大用。喜怒哀乐之情虽无自质，而其几甚速亦甚盛。故非性授以节，则才本形而下之器，蠢不敌灵，静不胜动，且听命于情，以为作为辍、为攻为取，而大爽乎其受型于性②之良能。（《读四书大全说》卷十，一千零六十七页）

不善虽情之罪，而为善则非情不为功。盖道心惟微，须借此以流行充畅也（如行仁时，必以喜心助之）。情虽不生于性，而亦两间自有之几，发于不容已者。唯其然，则亦但将可以为善奖之，而不须以可为不善责之。……功罪一归之情，则见性后亦须在情上用功。……若不会此，则情既可以为不善，何不去情以塞其不善之原？而异端之说由此生矣。乃不知人苟无情，则不能为恶，亦且不能为善。便只管堆塌③去，如何尽得才，更如何尽得性！（《读四书大全说》卷十，一千零六十九页至一千零七十页）

存心为养性之资，养性则存心之实。故遏欲、存理偏废，则两皆非据。欲不遏而欲存理，则其于理也，虽得复失。非存理而以遏欲，或强禁之，将如隔日疟④之未发；抑空守之，必入于异端之三唤“主人”，认空空洞洞地作“无位真人”也。⑤（《读四书大全说》卷十，一千一百零八页）

---

① 此段是解释与发挥《孟子·离娄下》中“人之所以异于禽兽者几希，庶民去之，君子存之。舜明于庶物，察于人伦，由仁义行，非行仁义也”一则。

② 受型于性：受到人性的规范，即此句开头所谓“性授以节”。

③ 堆塌：软弱无力以致不能撑持。

④ 隔日疟：疟疾的一种，此喻反复发作的毛病。

⑤ 三唤“主人”：唐代师彦禅师在台州瑞岩坐禅时，常自呼“主人公”（实即自己的本心），又自答“诺”，并以主人公身份对自己说：“惺惺着（清醒点），他后莫受人谩（以后别受人欺诳）。”空空洞洞地：此指空诸所有而又明亮清醒的本心。无位真人：禅宗术语，常用来指本心。

德未充，义未精，而欲遏制人欲，必且激而成乎妄。佛、老是也。（《周易内传》卷三下，三百五十八页）

凡止之道，能终于止者，必其当止而可终不行者也，然而难矣。无静而不动，无退而不进，天之理数、人心自然之几也。故必熟尝乎变化之途，而审其或行或止之几，以得夫必不可行之至理，而后其止也历万变而不迁。……止于至善之定静，而非强为遏制者也。……故克己之学，唯颜子而后可告以“四勿”① 之刚决，而非初学之可与。止之急，则必不能敦。异端之所以无定守，而为陆王之学者终于无忌惮，皆未历乎变而遽求止也。（《周易内传》卷四上，四百二十四页）

盖性者，生之理也。均是人也，则此与生俱有之理，未尝或异。故仁义礼智之理，下愚所不能灭，而声色臭味之欲，上智所不能废，俱可谓之为性。而或受于形而上，或受于形而下，在天以其至仁滋人之生、成人之善，初无二理。……理与欲皆自然而非由人为。故告子谓食色为性，亦不可谓为非性，而特不知有天命之良能尔。（《张子正蒙注》卷三，一百二十八页）

天下之公欲，即理也；人人之独得，即公也。道本可达，大人体道，故无所不可达之于天下。（《张子正蒙注》卷四，一百九十一页）

天下之人，嗜好习尚移其志者无所不有，而推其本原，莫非道之所许。故不但兵、农、礼、乐为所必务，即私亲、私长、好货、好色，亦可以其情之正者为性之所弘。圣人达于太和絪缊之化，不执己之是，以临人之非，则君子乐得其道，小人乐得其欲，无不可感也，所以天下共化于和。（《张子正

① 四勿：孔子告诉颜回的“非礼勿视，非礼勿听，非礼勿言，非礼勿动”，出自《论语·颜渊》。

蒙注》卷五，二百零一页）

（王夫之著：《船山全书》，岳麓书社 1992 年版。）

评析

船山对情欲关系及相应的修养论，提出了极具创意而颇为圆通的观点。

船山虽然将恶之根源归于作为“变合之几”的情，但并不主张“贱情”，倒认为“贱情”必然导致对生命本身的轻视（“贱生”）；他更不主张“去情”以堵塞恶的源头，认为这只是异端邪说。他说，若不能充分发挥情的作用，生命必不能达到其固有的极致（“情不尽于所生，故生有所限”）。船山之所以有这种看法，不仅因为情是“两间自有之几”，更因为情虽为恶之源，但也是为善尽性的“功臣”，“不善虽情之罪，而为善则非情不为功”。船山将“功罪一归之情”，而不仅从为恶方面来看待情。他认为，情诚然只是“人心”（七情）而非“道心”（人性四端），但“道心”要“鼓舞其才以成大用”，就必借助前者“以导其所发”而“流行充畅”。因为“道心惟微”——“其体微而其力亦微”，作为“人心”的情则“其几甚速亦甚盛”，只有借助情的鼓舞推动，才能“尽才”以至“尽性”。人若无情，固不能为恶，但也不能为善。情诚然是恶之根源，但并不必然为恶，只要顺从其固有的性理，不仅不会流于为恶，还会“养性”“辅性”以至“尽性”。所以，不能因为情能为恶便要“贱情”甚至“去情”，应在“存养性理”的基础上来省察、规范与引导情，通过“存性”来“存情”，“使之为功而免于罪”。

解决了情与性的关系，也就解决了欲与理的关系（欲即情之发端，性即理）。欲望与罪恶总是紧密相连，所以不少学者常将理与欲简单对立，但船山主张二者不能截然分开。这主要包括四个方面。第一，人有欲望乃人性必有之几。“声色臭味之欲”与“仁义礼智之理”同为人生所必有与固有，故“俱可谓之为性”，也可说“理与欲皆自然而非由人为”。不管上智还是下愚，都不可能只有其中的一个方面。第二，天理必寓于欲望之中，且天理必借助欲望才能充分“章其用”，所以“终不离欲而别有理”。船山认为，胡宏所谓“天理人欲，同行异情”就包含了这个道理，察识人自身的天理，应是察识人欲中所含的天理，否则所谓天理便不过是空言，“总于吾视听言动之感通而有其贞者不相交涉”。第三，完全与欲望分开的天理实际是更深层的人欲。将天理与欲望完全分开，要么是因为自己的欲望只“落在淡泊一边”，只想淡泊而完全不顾他人是否都喜淡泊；要么是因为在对待欲望的人生过程中畏难怕苦、“不耐烦剧”，便“索性拼一番劳苦”以求一劳永逸；要么是因为根本就好逸恶劳，只想“将眼前万理销陨无余”以便一步登天。凡此种种，都是私意，是一种更为深层的私欲，不过是“袭取道义之影似，以成其欲而盖覆其私”。第四，“人欲之各得，即天理之大同”。存天理的目的不是要最终消灭欲望，而是为了“给天下之欲”，是“日用饮食、声色臭味还得其所欲，而非终于枵寂，以远乎人情”。当然，这并不是指只有欲而无理，而是指二者“相得”“相成”，因为“天理充周，原不与人欲相为对垒”。这就从根本上承认了合理欲望的正当性。相对于许多理学家对待欲望的态度，船山的看法是相当宽容的。

承认合理欲望的正当性，当然不等于说一切欲望都正当合理，只是说欲望不能也不应完全去除。船山正是据此提出其“存养与省察交修，而存养为主”或“静存为主，动察为辅”的修养论。其要点有三。第一，只有存理才能遏欲，故当以存理为先。否则，不仅辨欲无根据，遏欲也只是“强禁”与“压伏”，不可能理欲相得，结果必是欲望“因间而复发”，甚至更为泛滥乃至完全溃决。所以船山提出，“非礼勿视，非礼勿听，非礼勿言，非礼勿动”实非初学工夫，只有工夫达到相当程度而德充义精后才可如此。“必熟尝乎变化之途，而审其或行或止之几，以得夫必不可行之至理，而后其止也历万变而不迁”。他认为，“异端”之所以无定守，陆王心学之所以终于无忌惮，都是因为“未历乎变而遽求止”。第二，存理是目的而遏欲只是手段，故当以存理为主。人们往往以为只要做到无欲便已是存理，但船山认为，若如此，则圣贤或仁者就会是“车载斗量而不可胜纪”，因为只要不是“积恶之人”，就不会时时刻刻都有欲望。实则“欲尽处，理尚不得流行”，正如“凿池而无水”则仍不能养鱼。所以修养工夫应以存理为主为常，而不应以一味遏欲为主。对于儒家来说，“何曾只把这人欲做蛇蝎来治，必要与他一刀两段，千死千休”。第三，存理不应脱离人欲，而应“人欲中择天理，天理中辨人欲”。所谓“人欲中择天理”，是指从人的欲望与禽兽并不完全相同之处察识其天理并加以提升扩展，而不是别寻一个完全与人欲无关的天理。“天理中辨人欲”，则主要指辨察所谓“天理”是否恰是更深的“人欲”。如果远离现实世界和现实人生的各种欲望而“孤据一心”，空守天理、空谈仁义，便仍是私意人欲。欲望实与天理相始终，修养工夫并不能轻易“了毕”，而应是终身事业。

就思维方式而言，船山对性情关系及理欲关系的讨论与他讲“乾坤并建”是一致的：既承认二者不同，又强调二者皆“固有”“同有”且“相入”“相成”，统一而不可分离，因此虽有差异与争斗，却终可“相得”与“太和”。他关于欲望的论述，与胡宏等湖湘哲学前辈在精神上颇为相通，又有了相当程度的推进。对情与欲的肯定，其实就是对现实人生的肯定，归根到底是对“体用一源”的世界的不厌不弃和充分信任。

知行与格致

天下之物无涯，吾之格之也有涯；吾之所知者有量，而及其致之也不复拘于量。① 颜子“闻一知十”，格一而致十也。子贡“闻一知二”，格一而致二也。必待格尽天下之物而后尽知万事之理，既必不可得之数。……则致知

① 格之：格物。致之：致知。船山认为格物受到经验见闻的限制，致知却能超越此种限制。

者，亦以求尽夫吾心之全体大用，而岂但于物求之哉？……则格物、致知亦自为二，而不可偏废矣。大抵格物之功，心官与耳目均用，学问为主，而思辨辅之，所思所辨者皆其所学问之事。致知之功则唯在心官，思辨为主，而学问辅之，所学问者乃以决其思辨之疑。“致知在格物”，以耳目资心之用而使有所循也，非耳目全操心之权而心可废也。朱门诸子唯不知此，反贻鹅湖之笑①。（《读四书大全说》卷一，四百零三页至四百零四页）

格致有行者，如人学弈棋相似，但终日打谱，亦不能尽达杀活之机；必亦与人对弈，而后谱中谱外之理，皆有以悉喻其故。且方其迸着②心力去打谱，已早属力行矣。盖天下之事，固因豫立，而亦无先知完了方才去行之理。使尔③，无论事到身上由你从容去致知不得，便尽有暇日，揣摩得十余年，及至用时，不相应者多矣。如为子而必诚于孝，触目警心，自有许多痛痒相关处，随在宜加细察，亦硬靠着平日知道的定省温清样子做不得。是故致知之功，非抹下行之之功于不试而姑储其知以为诚、正之用。是知中亦有行也。……大要致知上总煞分明，亦只是大端显现；研几审理，终其身而无可辍也。倘云如白日丽天，更无劳其再用照烛，此圣神功化极致之所未逮，而况于学者？（《读四书大全说》卷一，四百零九页至四百一十页）

知行之分，有从大段分界限者，则如讲求义理为知，应事接物为行是也。乃讲求之中，力其讲求之事，则亦有行矣。应接之际，不废审虑之功，则亦有知矣。是则知行终始不相离，存心亦有知行，致知亦有知行，而更不可分一事以为知而非行，行而非知。（《读四书大全说》卷三，五百六十二页至五百六十三页）

---

① 反贻鹅湖之笑：反而在鹅湖之会上贻笑于人。1175 年，吕祖谦邀请朱熹与陆九渊兄弟于江西信州鹅湖寺商讨道学，朱熹主张必先格物穷理始能发明本心，陆九渊则强调为学须先发明本心，讥笑朱说为“支离”。

② 迸着：拼着。

③ 使尔：假使真是如此。

盖云知行者，致知、力行之谓也。唯其为致知、力行，故功可得而分。功可得而分，则可立先后之序。可立先后之序，而先后又互相为成，则由知而知所行，由行而行则知之，亦可云并进而有功。（《读四书大全说》卷四，五百九十七页至五百九十八页）

凡知者或未能行，而行者则无不知。且知行二义，有时相为对待，有时不相为对待。如“明明德”者，行之极也，而其功以格物、致知为先焉。是故知有不统行，而行必统知也。（《读四书大全说》卷六，八百一十五页）

耳目“不思”而亦得，则其得色得声也，逸而不劳，此小人之所以乐从。心之官“不思则不得”，逸无所得，劳而后得焉，此小人之所以惮从。……不思而得，不劳而可有功；“而蔽于物”，则虽劳而亦无益。声色之丽耳目，一见闻之而然，虽进求之而亦但然，为物所蔽而蔽尽于物。① 岂如心之愈思而愈得，物所已有者无不表里之具悉（耳目但得其表），物所未有者可使之形著而明动②哉！③（《读四书大全说》卷十，一千零八十八页）

只缘后世佛、老之说充斥天下，人直不识得个心，将此知觉运动之灵明抵代了。其实者知觉运动之灵明只唤作耳目之官。释氏谓之见性、闻性，又唤他做性。……故“思”之一字，是“继善”“成性”“存存”三者一条贯通梢④底大用，括仁义而统性情，致知、格物、诚意、正心，都在者上面用工夫，与《洪范》之以“睿作圣”一语斩截该尽天道、圣功者同。⑤ 孟子之

① 但然：仅仅如此。蔽尽于物：（所知只能）尽止于所见之物。

② 形著而明动：出自《中庸》“形则著，著则明，明则动”。

③ 此段是诠释《孟子·告子上》“耳目之官不思，而蔽于物，物交物，则引之而已矣。心之官则思，思则得之，不思则不得也”一则。

④ 条贯：条达贯穿。通梢：首尾。

⑤ 参见周敦颐《通书·思》对“思”与“睿作圣”的解释。

功，不在禹下，此其一征矣。……学者于此须破尽俗陋之见，特地与他正个疆界：只思义理便是思，便是心之官；思食思色等，直非心之官，则亦不可谓之思也。……无事而理固可思，此乃心官独致之功。今人但不能于形而上用思，所以不知思之本位，而必假乎耳目以成思。则愚先言尽天下人不识得心，亦尽天下人不会得思也。……思乃心官之特用，当其未睹未闻，不假立色立声以致其思；而迨其发用，则思抑行乎所睹所闻而以尽耳目之用。（《读四书大全说》卷十，一千零九十页至一千零九十四页）

心之官"思则得之"，原不倚于物而无涯量，即物而理可穷，举一隅则三隅可见。……若耳目之官，视尽于色，无色即无所视；听尽于声，无声即无所听；聪明尽于闻见之中，所闻所见之外便无聪明，与心之能彻乎形而上者不同，故曰"蔽于物"。既有所蔽，则虽凝目以视，倾耳以听，更无丝毫之益，固不若心之愈思而愈得。则欲用此以察善恶之几而通性命之微，则必不能，故曰"小体"①。（《读四书大全说》卷十，一千零九十七页）

盖格物者知性之功，而非即能知其性；物格者则于既格之后，性无不知也。……穷理格物只是工夫，理穷物格亦格物穷理之效。乃至于表里精粗无不豁然贯通之日，则岂特于物见理哉！吾心之皆备夫万物者固现前矣。……物理虽未尝不在物，而于吾心自实。吾心之神明②虽己所固有，而本变动不居。若不穷理以知性，则变动不居者不能极其神明之用也固矣。心原是不恒底，有恒性而后有恒心。有恒性以恒其心，而后吾之神明皆致之于所知之性，乃以极夫全体大用，具众理而应万事之才无不致矣。故曰"尽心则知至之谓也"③，言于吾心之知无所吝留而尽其才也。此圣贤之学所以尽人道之极，而非异端之所得与也。呜呼，严矣！（《读四书大全说》卷十，一千一百零五页

① 小体：《孟子·告子上》谓耳目为"小体"，心为"大体"。
② 神明：此指人心固有的知觉能力。
③ 此句为朱熹《孟子集注》解释"尽其心"之语。

至一千一百零六页）

乃心统性而性未舍心，胡为乎其有恶之几也？盖心之官为思，而其变动之几，则以为耳目口体任知觉之用。故心守其本位以尽其官，则唯以其思与性相应；若以其思为耳目口体任知觉之用为务，则自旷其位，而逐物以著其能，于是而恶以起矣。盖唯无情、无觉者，则效于不穷而不以为劳，性是也（“诚无为”）。心既灵明而有情觉矣，畏难幸易之情生矣。独任则难，而倚物则易。耳目之官挟其不思亦得、自然逸获之灵，心因乐往而与为功，以速获其当前捷取之效，而不独任其“求则得，舍则失”之劳，是以往与之逐，“比匪伤”而不恤也。① 迨其相暱深而相即之机熟，权已失而受制之势成，则心愈舍其可求可得者以应乎彼。……是故奉性以著其当尽之职，则非思而不与性相应（知觉皆与情相应，不与性应；以思御知觉，而后与性应）；穷理以复性于所知，则又非思而不与理相应（但知觉则与欲相应，以思御知觉而后与理应）；然后心之才一尽于思，而心之思自足以尽无穷之理。（《读四书大全说》卷十，一千一百零六页至一千一百零七页）

知见之所自生，非固有。非固有而自生者，日新之命②也。原知见之自生，资于见闻；见闻之所得，因天地之所昭著，与人心之所先得。③ 人心之所先得，自圣人以至于夫妇，皆气化之良能也，能合古今人物为一体者。知见之所得，皆天理之来复，而非外至矣。故知见不可不立也，立其诚也④。

① 求则得，舍则失：语出《孟子·尽心上》。比匪伤：语出《周易》比卦的《象传》，此谓连自己都感伤与匪人同流合污。

② 日新之命：日新的天命。

③ 天地之所昭著：天地本身的彰著表现。人心之所先得：人心的先天认识能力和感通能力，即孟子所谓的良知良能。

④ 立其诚也：知见之立正是天命之诚的表现。

介然恃其初闻初见之知为良能，以知见为客感，所谓“不出于颎”者也，[1]悲夫！（《思问录内篇》，四百二十页）

夫知之之方有二，二者相济也，而抑各有所从[2]。博取之象数[3]，远证之古今，以求尽乎理，所谓格物也。虚以生其明，思以穷其隐，所谓致知也。非致知，则物无所裁而玩物以丧志；非格物，则知非所用而荡智以入邪。二者相济，则不容不各致[4]焉。今辟异学之非，但奉格物以为宗，则中材以下必溺焉以丧志，为异学所非而不能不为之诎。[5] 若奉致知以为入德之门，乃所以致其知者，非力行而自喻其“惟艰”以求研几而精义，则凭虚以索惝恍之觉悟，虽求异于异学，而逮乎行之龃龉，不相应以适用，则亦与异学均矣。（《尚书引义》卷三，三百一十二页至三百一十三页）

且夫知也者，固以行为功者也；行也者，不以知为功者也。[6] 行焉可以得知也，知焉未可以收行之效也。将为格物穷理之学，抑必勉勉孜孜，而后择之精、语之详，是知必以行为功也。行于君民、亲友、喜怒、哀乐之间，得而信，失而疑，道乃益明，是行可有知之效也。其力行也，得不以为歆，失不以为恤，志壹动气，惟无审虑却顾[7]，而后德可据，是行不以知为功也。冥心而思，观物而辨，时未至，理未协，情未感，力未赡，俟之他日而行乃

---

① 介然：耿耿于怀状。客感：外来的感动。不出于颎（jiǒng）：《诗经·无将之车》语，本指“在忧中耿耿然不能出”，此谓陷溺于最初的那点良知而不能自拔。颎同“耿”，朱熹《诗集传》解释为“小明”。

② 各有所从：各有所循之道。

③ 象数：此指事物的现象和规律。

④ 各致：分别获致。

⑤ 异学：此指佛禅之学及陆王心学。为之诎：为其所屈（驳倒）。

⑥ 为功：建立功绩，获得成就。此句是说，知（认识活动）须凭借行（实践活动）才能有（知识上的）成就，但行建立其功绩时却不凭借知（认识活动）。此段所谓“知”都是指认识活动，不是指知识。

⑦ 审虑：仔细思辨。却顾：反复考虑。

为功，是知不得有行之效也。行可兼知，而知不可兼行。① 下学而上达，岂达焉而始学乎？君子之学，未尝离行以为知也必矣。离行以为知，其卑者，则训诂之末流，无异于词章之玩物而加陋焉；其高者，瞑目据梧，消心而绝物，得者或得，而失者遂叛道以流于恍惚之中。② 异学之贼道也，正在于此。(《尚书引义》卷三，三百一十四页)

密翁与其公子为质测之学③，诚学、思兼致之实功。盖格物者，即物以穷理，惟质测为得之。若邵康节、蔡西山④则立一理以穷物，非格物也（按近传泰西物理、化学正是此理)。(《搔首问》，六百三十七页)

（王夫之著：《船山全书》，岳麓书社 1992 年版。)

评析

船山关于格物与致知、知与行的讨论极富创见。按照宋明理学的总体架构和船山思想的内在脉络，格物致知与存养省察是修养工夫的两个相辅相成的方面。

关于知行问题，船山着重批评了“先知后行”与“尊知贱行”的主张，为此他提出了两个重要观点。其一，知与行“相因”“相成”且“终始不相离”“并进而有功”。虽然知与行各有职责与效用，但从实际的修养工夫来

① 行可兼知：实践活动能有认识活动的效果（知识)。知不可兼行：认识活动不能有实践活动的效果。

② 加陋：更浅陋。瞑目据梧：靠着几案闭目养神。语出《庄子·德充符》，梧即槁梧，用梧桐做的矮几。

③ 密翁与其公子：指明末著名学者方以智（1611—1671，字密之）与其次子方中通（1634—1698)，他们注重通过考证与实验探求物理，又通过西洋传教士接触了西方的自然科学。质测之学：方以智将学问分为通几、质测、宰理等三类，分别探究天人至理、物理、人道治理，质测之学相当于今天的自然科学。

④ 邵康节：邵雍（1011—1077，字尧夫，谥“康节”)，北宋著名理学家，长于以“数学”明理。蔡西山：蔡元定（1135—1198，字季通，因创办西山精舍，人称“西山先生”)，朱熹的高足，精于理学而长于天文、地理、乐律、历数、兵阵之学。

看，二者总是同时存在，不可能“知而非行”或“行而非知”。他所谓“知中有行”，不仅指致知活动本身就有行的成分，比如学习下棋时努力“打谱”已属力行；更指认知活动始终不能脱离实践活动，因为只靠认知活动，所得之知不管如何分明也只是“大端显现”，只有通过实践才能渐知精微，真正完成认知活动。正如下棋必与人对弈，而后“谱中谱外之理，皆有以悉喻其故”。所以绝不可能“先知完了方才去行”。其二，“行可兼知，而知不可兼行”或“知有不统行，而行必统知”。这不仅是说“知必以行为功”而“行不以知为功”，即致知必须依赖力行，力行却可以不依赖致知（指“审虑却顾”即反复细致的认知活动和思辨活动，不是指知识本身）；更是说“知不得有行之效”而“行可有知之效”，即仅仅致知不会有力行的效果，但力行却必会有致知的收获。船山主张以行兼知，是为了驳斥“先知后行”“离行以为知”即离开实践活动来求知的观点。他认为，这种观点最终将导致知的目的不再为行，于是浅陋者将以名物训诂而不以即物穷理为知，高明者则将以“消心而绝物”为知，这都有悖于儒家知行不相分离的精神。从体用论角度来看，“先知后行”或“尊知贱行”其实就是“立体以废用”或“摄用归体”。船山强调以力行为基点来实现知行统一，与他在体用论上强调“由用得体”与“理一分殊”是同一思路。

但这并不意味着船山不重视知。恰恰相反，他将知的重要性提到了前所未有的高度。他认为，知见正是形成人性的必由之途。因为“习与性成”，知见就是“习”的重要组成部分。与后天之性一样，知见也是日新不息的“天命”的表现。所以不能只重视、只依靠先天的良知良能，不能将后天的知见视为外在的，因而是次要的、可有可无的东西（“客感”）。同时，知见也是尽心以至尽性的必由之途。人心虽有先天的“神明”，但不致知穷理，则先天“神明”只能如禅宗孤守的“空空洞洞”的“无位真人”一样不能尽显其大用。只有通过“穷理以知性”，才会有“恒心”即心之“神明”归于其性，从而使人性尽显其全体大用——“具众理而应万事之才无不致”。所以，格物致知正是“知性”—“尽心”—“尽才”—“尽性”这一完整的修养工夫历程的基础环节，也是儒学区别于“异端”的关键所在。

船山又通过严格区分格物与致知，阐明将二者统一起来的必要性。他认为，格物与致知是两种不同的认知方式，故不能互相替代。第一，从认知能力来看，格物是“心官与耳目均用”，以感觉与知觉为主，以理性思辨为辅；致知则“唯在心官”，以理性思辨为主，以感觉与知觉为辅。第二，从认知特点来看，格物局限于经验见闻，致知则“不倚于物”“不复拘于量”。正因如此，虽不可能通过“格尽天下之物”来“尽知万事之理”，却可通过致知来达到这一目的。第三，从认知结果来看，格物所得是“即物以穷理”的经验知识与实证知识，致知所得则是反求诸己而“虚以生其明，思以穷其隐”的智慧即性理。只有通过致知才能知性，格物不过是穷物理，穷物理有助于知性理，但毕竟不是知性理。为此船山还特意辨析了“格物”与“物格”之别。船山的这些思想，既针对朱熹，又针对阳明。朱熹强调格物而忽略致知，认为致知不是一种独立的求知工夫，只是格物的结果；阳明则强调致知而忽略格物，认为格物不是一种独立的求知工夫，只是致知的一种方式（格物就是正意念、致良知）。船山通过严格区分格物与致知，阐明了它们是两种完全不同（“各有所从”）而又“相济”“相因”的认知方式，所以应该“各致”而“不可偏废”。若无格物工夫，将“凭虚以索惝恍之觉悟”，“则知非所用而荡智以入邪”；若无致知工夫，又将“物无所裁而玩物以丧志”。因此，偏废其中任何一个方面，都不是儒学的真正主张而终将陷于“异端”。

船山在严分格物与致知时还提出了两个极为重要的观点。

其一，明确区分了三种认识功能，即耳目之官的见闻（相当于今天所谓的感性）、听从耳目之官的心之知觉（相当于今天所谓的知性）、作为心官独特功能的“思”（大体相当于理性，包括今天所谓的知识理性与道德理性两个方面，格物时利用前者，致知时利用后者）。前二者亦可统称为“耳目之官”。船山认为它们的区别有三。第一，耳目之官“不思而亦得”，轻易就可发挥作用；心官之“思”却“不思则不得”“愈思而愈得”，比较难发挥作用但作用更大。第二，耳目之官必须依赖具体事物且“但得其表”，故局限于所见之物（“蔽于物”）；心官之“思”则可超越而不完全依赖于物象（“不倚于物而无涯量”，“无事而理固可思”），因此所知更深入也更全面（“物所已有者无不表里之具悉，物所未有者可使之形著而明动”）。第三，仅靠耳目之官不足以穷理知性，只有心官之“思”才使格物而能穷物理，致知而能知性理。

船山的上述区分及对作为“心官之特用”的“思”的突出强调是他的一大创见，这就既讲清了儒学与“异端”言心之差异（“异端”言心实是将属于耳目之官的心之知觉误认为心官之思），又解决了一个重大理论问题：人心之所以为“性”所统却又产生“恶之几”，根源就在于发挥心之知觉可以“逸而不劳”，发挥心官之思则必“劳而后得”，心因畏难求易，遂致不能“守其本位以尽其官”，于是产生了“恶之几”。船山又认为，“思”在格物与致知中承担了不同的功能（一为知物理，一为知性理），这种说法既表明了知识理性与道德理性的统一，又暗示了之后中西学者都将致力的科学思维与哲学思维的区分以及二者之关系。船山对于“思”的全新解释和突出强调，不仅发挥了孟子的思想，也明显受到了周敦颐的影响。

其二，从实证与穷理两个方面严格规定了“格物”。船山认为，“格物者，即物以穷理”包括两层意思。一是必须“即物”实证才是格物，亦即“惟质测为得之”，若是“立一理以穷物”便不能算格物。在这方面，船山已经了解到西方的科学，并认为“近传泰西物理、化学”正是强调实证与“质测”。二是必须穷理才是格物，“博取之象数，远证之古今，以求尽乎理，所谓格物也”，仅仅“记诵讲解”或只从事训诂都不能称为格物。船山对于格物概念的这种严格规定，表明他和好友方以智一样对格物提出了比以往更高的要求——既非训诂考据，也非凭空思辨，而是以“即物”“质测”为基础，以“学思兼致”为方法，以穷究物理为目的。换言之，真正的格物之学就应当是“泰西物理、化学”那样的自然科学。

这种格物论对于今天了解儒学与科学的关系具有特别重要的意义。尽管由于各民族历史发展的不同，儒学未能首先发展出西方近代以来的那种自然科学，但在西方科学兴盛之后，真正务实的儒者却能衷心欣赏和接受它。因为从儒学精神出发，科学就是格物之学，格物之学有多重要，自然科学就有多重要。只是对于儒学而言，格物之学并不是学问的全部，修齐治平也不能只依靠格物之学。那种认为儒学与科学冰炭不容的主张，要么是别有用心而欲一语骂倒“孔家店”，要么是仅凭道听途说或某些“后儒之驳者”的言论就以偏概全。不作认真了解就遽作判断并任意诋毁，除了让自己的心灵变得更加封闭枯竭之外，其实并无任何意义。儒家之道和天底下的各种理性智慧一样，绝不会因某些人或某时代的诋毁就消亡。

公天下的政治体制

定大器者非以为利，成大功者非以为名。① 圣人之生，以其为颛蒙之耳目也，则以为天地之日月也。② 故物忧与忧，物患与患，胥天下以明而离于暗，而圣人释矣。③ 生而身致之④，圣人之力；没而人继之，圣人之心。力尽心周而忧患释，岂其沾沾然以为己之功名而利赖⑤之！是故抚大器，成大功，特详于付托之得人⑥。付之暗，其忧也；付之明，则喜也，幸其以明继明矣。在人无异于在己，其何吝焉而足劳其嗟哉？菁华既竭，古人以褰裳异姓而不伤；遂为闲人，后世以妒娼其子而不广。⑦ 然则歌嗟异意，付托之际难言之

① 大器：天下国家。大功：治国平天下之功。
② 颛蒙：愚昧无知的大众。则以为天地之日月：（大众）将其（圣人）当作日月一样效法。
③ 物忧与忧：与民同忧，此处“物”指大众。胥：皆。释：释怀，即不再有忧患。
④ 身致之：亲身实现这个目的（使大众离暗就明）。
⑤ 利赖：利用依赖。
⑥ 特详于付托之得人：特别强调将王位托付给恰当的人。
⑦ 此句意思为：古代圣人年老无精力时就将王位托付异姓，褰裳离去而毫无忧伤；后世君王则一旦传位，便因妒忌继任的儿子而郁郁寡欢。

矣，而莫陋乎其有吝心。有吝心者，近而吝留于身，远而吝留于子孙；握固①天下，如死生之与共；藉有贤智，编棘树藩，以左掣而右曳之。② 气馁援孤，卒陨获于老妇孤儿之手，以授之夷狄、盗贼而不恤。③ ……才相均，德相若，情相合，时相嬗，先后异体而同明，此而嗟焉，则气萎暮年而情长敝屣④，不已陋与！……夏商之授于圣人，贤于周之强国；周之授于强国，贤于汉之奸臣；汉之授于奸臣，贤于唐之盗贼；唐之授于盗贼，贤于宋之夷狄。不能必继我者之重明也，则择祸莫如轻，毋亦早留余地，以揖延俦伍而进之。⑤ 操暗昧之情，于可继者而吝予之，则不可继者进矣。子曰：“大道之公，三代之英，丘未之逮也。”⑥ 忧周之失所继也。（《周易外传》卷二，九百页至九百零一页）

古之帝王，顾大位之将有托也，或命相而试以功⑦，或立子而豫以教。立子以适⑧而不以贤，立而后教之，故三代崇齿胄之礼；命相以德而不以世，故唐、虞重百揆之任。⑨ 试而命之，以重其望也。立而教之，以成其德也。定民志者存乎望；堪大业者存乎德。德其本也，望其末也。本末具举，则始于无疑，而终于克任矣。试而后命，本先于末；立而后教，末先于本。先难而后以易，故尧迟之七十载，而以不得舜为己忧。先末而后本，则初吉而终或乱，故桀、纣、幽、厉得奄有⑩四海，待汤武而后革。虽然，法岂有定邪？

① 握固：牢牢把持。
② 藉：假使。编棘树藩：比喻设置各种障碍。
③ 卒：最终。陨获：本指困迫失志，此指在困迫无奈的情况下丧失政权。盗贼：此指造反作乱者。
④ 敝屣：破烂的鞋子，语出《孟子·尽心上》“舜视弃天下，犹弃敝屣也”。
⑤ 必：肯定。重明：同等圣明。揖延：礼延。俦伍：同类者（同样圣明的人）。进之：让他登上王位。
⑥ 英：一般理解为圣人，船山理解为据王道所作的典礼。逮：赶上。语出《礼记·礼运》，与原文略异。
⑦ 命相：任命宰相为下任君王。试以功：（正式授位前）考察其业绩。
⑧ 适：同“嫡”，正妻之子。传位给嫡长子是封建宗法制的基本原则之一。
⑨ 齿胄之礼：帝王或贵族之后依长幼排序之礼。唐、虞：尧（陶唐氏）、舜（有虞氏）。百揆：尧舜时代总理国政之官。
⑩ 奄有：全部占有。

知人之哲如尧舜，不易得也；教胄有恒，而中主可守也。则试而后命，立而后教，义协于一而效亦同。迨其敝也，秦失其本于后而胡亥速亡，汉魏乱其末于先而逆臣继篡。① 所必尽者人也，不可恃者法也。固不得以尧之授舜，舜之授禹，为必治不乱之道。(《尚书引义》卷一，二百四十四页至二百四十五页)

尊无与尚、道弗能逾、人不得违者，惟天而已；曰“天视自我民视，天听自我民听”，举天而属之民，其重民也至矣。虽然，言民而系之天，其用民也尤慎矣。善读书者，绎其言而辗转反侧以绎之，道乃尽，古人之辞乃以无疵。言之无疵者，用之一时而业以崇，进之百世而道以建。大公于天下，而上下、前后、左右皆一矩絜之而得其平。② 征天于民，用民以天，夫然后大公以协于均平。而持衡者慎也，故可推广而言之曰“天视听，自民视听”，以极乎道之所察；固可推本而言之曰“民视听，自天视听”，以定乎理之所存。之二说者，其归一也，而用之者不一。展转以绎之，道存乎其间矣。由乎人之不知重民者，则即民以见天，而莫畏匪民③矣；由乎人之不能审于民者，则援天以观民，而民之情伪不可不深知而慎用之矣。……夫物之视听④，亦未尝非天之察也，而固非民之天也。非民之天，则视眩而听荧，曹好而党恶，忘大德，思小怨，一夫倡之，万人和之，不崇朝而喧阗流沔⑤，溢于四海，旦喜夕怒，莫能诘其所终。若此者，非奉天以观民，孰与定其权衡，而可惟流风之披靡以诡随⑥哉？故曰：天视听，自民视听，而不可忽也；民视听，抑必自天视听，而不可不慎也。今夫天，彻乎古今而一也，周乎六合而一也，通乎昼夜而一也。其运也密，而无纭然之变也；其化也渐，而无猝然

① 本：此指德。末：此指威望。
② 矩：此指法度。絜（xié）：衡量。
③ 莫畏匪民：凡所敬畏莫非来自民众。
④ 物之视听：此指凡民顺物而忘其固有性灵的视听。
⑤ 崇朝：终朝，从天亮到早餐之间。喧阗：喧哗。流沔：流行。
⑥ 诡随：妄随。

之兴也；穆然以感，而无荧然之发而不可收也。① 然则审民之视听，以贞己之从违者，亦准诸此而已矣。一旦之向背，骛之如不及，已而释然其鲜味矣；一方之风尚，趋之如恐后，徙其地而漠然其已忘矣；一事之愉快，传之而争相歆羡，旋受其害而固不暇谋矣。教之衰，风之替，民之视听如此者甚夥也。……民权畸重，则民志不宁。其流既决，挽之劳而交受其伤，将焉及哉？“民献有十夫”②，而视无不明矣，听无不聪矣。以民迓天，而以天鉴民，理之所审，情之所协，聪明以亶，好恶以贞，德怨以定，赏罚以裁，民无不宜，天无不宪，则推之天下，推之万世而无敝。③（《尚书引义》卷四，三百二十七页至三百三十一页）

王者创制显庸，有传德而无传道也。④“体仁”以“长人”，“利物”以“和义”，“嘉会”以“合礼”，“贞固”以“干事”，“君子行此四德”耳。⑤ ……理势者，夫人之所知也。理有屈伸以顺乎天，势有重轻以顺乎人，则非有德者不与。仁莫切于笃其类，义莫大于扶其纪。笃其类者，必公天下而无疑；扶其纪者，必利天下而不吝。⑥ 君天下之理得，而后可公于人；君天下之势定，而后可利于物。是岂泛然取似于古，有所托而遂无咎哉？……盖周之不置相也，前乎此者无所因，而始之者文王也。……呜呼！缘此而后世之以勤劳开国者，恃其精明刚健之才，师《周官》，而一天下之权归于人主，禁制猜防，上无与分功，而下得以避咎，延及数传，相承以靡，彼拱此揖，进异族而授之神器。师古无权，而为谋不远，又岂非理势之必然者乎？……孟子曰：“为天下得人者谓之仁。”尧之大也，舜之君也，末之强⑦

① 纭然：杂多状。穆然：沉静状。荧然：淆乱状。
② 民献有十夫：民献指辅助君王平治天下的贤臣，十夫即十人，语出《尚书·大诰》。
③ 亶：诚信。宪：效法。此段是诠释《伪古文尚书·泰誓中》“天视自我民视，天听自我民听”。
④ 创制显庸：创立制度以彰显功用，语出《国语·周语中》。道：此指具体的治理之道。
⑤ 语出《易传·文言》。
⑥ 笃其类：笃爱同类。扶其纪：扶持纲纪法度。
⑦ 末之强：没有故意要使天下国家强盛。末：莫。

而卒不可弱，得其理而势自顺也。仁以厚其类则不私其权，义以正其纪则不妄于授，保中夏于纲纪之中，交相勉以护人禽之别，岂必恃一人之耳目以弱天下而听其靡哉！……秦汉以降，封建易而郡县壹，万方统于一人，利病定于一言，臣民之上达难矣；编氓可弋大命，夷狄可窃神皋，天子之与立者孤矣；① 则即以文王之勤，若将病诸，而概责之锦衣玉食之冲人②，散无友纪之六卿。以虚文而理乱丝，彼己不相知而功罪不相一，欲无日偷日窳，以听封豕长蛇之吞噬也，其可得邪？③ ……故师文王者师其德，则允合于尧舜之传德矣；师其道，则非尧舜之道也。后有兴者，其尚鉴之哉！（《尚书引义》卷五，三百九十五页至四百零一页）

天无特立之体，即其神化以为体；民之视听明威，皆天之神也。故民心之大同者，理在是，天即在是，而吉凶应之。若民私心之恩怨，则祁寒暑雨之怨咨，徇耳目之利害以与天相忤，理所不在，君子勿恤。故流放窜殛，不避其怨而逢其欲。己私不可徇，民之私亦不可徇也。（《张子正蒙注》卷二，七十一页）

古者人得进谏于君，而谏无专官，不欲天下之以言为尚也。圣王乐闻天下之言，而恶天下之以言为尚；上下交责于己，而不攻人以求胜；治之所以定，功之所以成，俗之所以淳，乱之所以讫也。谏之有专官，自萧梁始，而唐因之。谏有专官，则以言为职矣。以言为职，则以言为尚矣。……乃唐之有专官也，隶于门下省，则与宰相为僚属，而听治于宰相，法犹善也。所以然者，天子之职，论相而已矣。论定而后相之，既相而必任之，不能其官，而唯天子进退之，舍是而天子无以治天下。夫天子无以博察乎人之贤奸而悉乎民之隐志，唯此一二辅弼之臣寄以子孙黎民者，为其所谨司。然而弗能审

① 编氓：编入户籍的普通平民。弋大命：争夺政权。神皋：神明所聚之地，此即神圣的国土。
② 冲人：此指幼君。
③ 偷：苟且。窳（yǔ）：懒惰。封豕长蛇：此指贪暴的官吏，封豕即大猪。

焉，则天子无以为天下君。……故唐之制犹善也。宰相之用舍听之天子，谏官之予夺听之宰相，天子之得失则举而听之谏官；环相为治，而言乃为功。谏官者，以绳纠天子，而非以绳纠宰相者也。天子之职，止此一二日侍密勿心膂之大臣。弗能决择而委之谏官，则天子旷矣。天子旷而繁言兴，如是而不乱者，未之或有。（《宋论》卷四，一百二十一页至一百二十二页）

夫主少则国政亦必有所裁，大臣不居辅政之任而恶乎可？而有道于此，则固无事立辅政之名，授之以独驭之权，而疑天下。无他，唯官常数定，官联相属，法纪豫立，而行其所无事焉耳。① 三公论道，而使莅庶事则下侵六卿；百执不相越，而不守其官则交争。故六卿百执之可否，三公酌之；而三公唯参可否，不制六卿、百执以行其意。则盈廷多士，若出一人，州牧、军帅，适如其恒。天子虽幼，中外自辑以协于治，而恶用辅政者代天子而制命邪？夫古之天子，未尝任独断也，虚静以慎守前王之法，虽聪明神武，若无有焉，此之谓无为而治。守典章以使百工各钦其职，非不为而固无为也。诚无为矣，则有天子而若无；有天子而若无，则无天子而若有；主虽幼，百尹皆赞治之人，而恶用标辅政之名以疑天下哉？是以三代之圣王，定家法朝章于天下初定之日，而行之百世，主少国疑之变皆已豫持之矣。故三代千八百年，非无冲人践阼，而大臣无独揽之威福。……有圣主兴，虑后世不能必长君令嗣之承统也，豫定奕世之规，置天子于有无之外，以虚静而统天下，则不恃有贵戚旧臣以夹辅，既无窦、梁擅国之祸，而亦不如庾亮之避其名而启群争。②（《读通鉴论》卷十三，四百七十四页至四百七十五页）

天下之治，统于天子者也，以天子下统乎天下，则天下乱。故封建之天下，分其统于国；郡县之天下，分其统于州（后世曰道、曰路、曰行省、曰

① 官常：常规官职。官联：官吏联合治事的机制。相属：互相衔接。

② 奕世：世代，累世。窦、梁：窦武（？—168）和梁冀（？—159），二人都是东汉末年的外戚大臣。庾亮（289—340）：东晋时期的外戚大臣。

布政使司，皆州之异名也）。州牧刺史，统其州者也；州牧刺史统一州而一州乱，故分其统于郡（隋唐曰州，今曰府）。郡守统其郡者也，郡守统一郡而一郡乱，故分其统于县。上统之则乱，分统之则治者，非但智之不及察，才之不及理也；民至卑矣，其识知、事力、情伪至不齐矣。居尊者下与治之，亵而无威，则民益亢而偷；以威临之，则民恇惧而靡所骋。故天子之令行于郡而郡乱，州牧刺史之令行于县，郡守之令行于民，而民乱。强者玩焉，弱者震悼失守而困以死。唯县令之卑也，而近于民，可以达民之甘苦而悉其情伪。唯郡守近于令，可以察令之贪廉敏拙而督以成功。唯州牧刺史近于守，可以察守之张弛宽猛而节其行政。故天子之令不行于郡，州牧刺史之令不行于县，郡守之令不行于民，此之谓一统。上侵焉而下移，则大乱之道也。而暴君污吏，恒下求以迫应其所欲，于是牧刺不能治守，守不能治令，令抑不能治民。其尤乱者，天子之令，下与编氓相督责，守令益旷，奸民益逞，懦民益困，则国必亡。故统者，以绪相因而理之谓也，非越数累而遥系之也。（《读通鉴论》卷十六，五百九十九页至六百页）

人则未有不自谋其生者也，上之谋之，不如其自谋。上为谋之，且弛[1]其自谋之心，而后生计愈蹙。故勿忧人之无以自给也。藉其终不可给，抑必将改图而求所以生。其依恋先畴而不舍，则固无自毙之理矣。上唯无以夺其治生之力，宽之于公，而天地之大，山泽之富，有余力以营之，而无不可以养人。……夫王者之有其土若无其土也，而后疆圉以不荒；有其民若无其民也，而后御众而不乱。（《读通鉴论》卷十九，七百一十页）

（王夫之著：《船山全书》，岳麓书社 1992 年版。）

① 弛：使……松懈。

评析

在儒家尤其是理学家的思想脉络中，探讨天道与人性是为了“明体”，“明体”则是为了“达用”即修身齐家治国平天下。儒家之学因此可统称为内圣外王之学，或如船山所谓“天德王道”之学。王道论或外王学包罗至广而以今天所谓政治哲学为核心，是天道论与人性论的具体运用，也是修养论的应有扩展，所有这些方面都是“同条一贯”的关系。王道论是湖湘哲学家所特别注意探讨的一个方面，船山自然也不例外。

船山王道论的总原则可一言以蔽之曰：“治理”有一定，“治道”非现成。所谓“治理”（“君天下之理”）有一定，是指以“公天下”与“利天下”为其恒常不变的通义。其哲学根据就是《易传》所谓“立天之道曰阴与阳，立地之道曰柔与刚，立人之道曰仁与义”——仁义并建的人道与阴阳并建的天道具有内在的一致性与统一性，仁义并建的人道就意味着“公天下”与“利天下”：“仁莫切于笃其类，义莫大于扶其纪。笃其类者，必公天下而无疑；扶其纪者，必利天下而不吝。”恒常的“治理”正是基于恒常的人道。所谓“治道”非现成，是指治理天下不仅要坚持一定不易的常理，也要遵循随时变化的事势，一定之常理与特定之事势的结合就是具体的治道，事势既变则治道亦当变。船山所谓“有传德而无传道”，就是指治理天下绝不能简单地照搬某种制度体系，即使它在特定时势下如此完美，也只能在继承其德（实得其理）的基础上随时势之变以损益之而自成其治道，如此则“道之迹相背而实相成”。船山王道论的所有具体主张，都是根据这个总原则而提出的。

船山对于治道的核心问题——政体问题进行了深入探索并提出了颇富创造性的主张。

其一，天下或国家的最高权力应是一个“环相为治”的结构而不能由君王一人“独断”。所谓君王不过是“代天而理民者”，即只是“天”（天理）

的代理者而并不是“天”，只是天下万民的管理者与治理者而并不是主宰者，天下乃“神器”而非“一姓之私”，因此“公天下”而共理分治就是“天下之通义”。据此，船山批评了后世效法周代废相而“一天下之权归于人主”的专制集权制度，认为这从根本上违背了“公天下”的原则，也违背了人道（“仁以厚其类则不私其权”）。船山又认为，如不用谏官制度便已，若用之，则其职责就应是“绳纠天子，而非以绳纠宰相”。因为最高权力应是一个“环相为治”的结构：“宰相之用舍听之天子，谏官之予夺听之宰相，天子之得失则举而听之谏官。”在船山看来，谏官制度其实并不是最好的制度，比较理想的制度应是既不“以言为尚”又能“人得进谏于君”，只有这样民情才可轻易上达。现代社会通过媒体舆论和人民代表大会等对政府权力进行监督以体现民意，正符合船山的这种思路。如果将谏官视为民意的体现，则所谓“环相为治”的结构实应是君—臣—民。这种政体设想虽不必是“三权分立”，但由“公天下”和君臣民“共治”“分治”从而“环相为治”的理念，确可发展出一种既相协作亦相节制的权力结构形式。这种政体设想源于船山的“乾坤并建”论与“理一分殊”论，“环相为治”的权力结构形式就是根据“道”是“保合和同而秩然相节”的整体结构这一原理而来。

其二，国家政权应依靠一套完备而稳定的政治制度自行运转，而不是依靠君王一人的“聪明神武”与“精明刚健之才”来运转。君王的主要任务就是自修其德而与大臣因时定法，若法已定则唯自修其德、广纳民意、慎守其法。所以君王应是“虚静”“无为”而可置于“有无之外”。这是船山非常著名的主张，有些学者甚至认为该主张与西方所谓的“虚君共和”制颇为相通。船山认为，如果有了这种“置天子于有无之外”的政治体制，即使国君年少或者才德一般，也不必依靠贵戚旧臣的辅政而照样可使国家政权良好运行。如此便可从根本上杜绝因少主需要辅政而引发的擅权与争权之祸，更可解决最高领导人选不能尽得其人的政治难题。船山这种设想的哲学根据，就是其“乾坤并建”论所阐明的原理：整体结构并不由任何一个要素所完全决定与控制，而是所有要素依据固有规律与规则互相配合和协作，只有不同方面“交济互成”的有机整体才具有最复杂、最全面也最精妙的功能。

其三，最高领导权的传接应采取传贤制而不是世袭制。船山认为，最高领导人应是德才兼备又望重四海，只有望重四海才能凝聚民心，只有德才兼备才能成就大业；前者为末，后者为本，“本末具举，则始于无疑，而终于克任”。最高领导人的确定，应由现任君王与重臣们共同协商决定。船山根据治道非现成的思想，反对将传子或“命相”（任命现任宰相为下任君王）定为固定制度，但并不完全反对传子，也并不认为“命相”就是“必治不乱之道”，因为只要是传给德才兼备而又望重四海者，无论传子还是“命相”，都合理而可取得相同的效果。船山所主张的，是以“公天下”为总原则的传贤制，只有这样才能使各任君王“才相均，德相若，情相合，时相嬗，先后异体而同明”。他坚决反对君王世袭制，认为这种制度的深层动机就是私心与吝心，势必使最高领导权在几代传接之后传至“老妇孤儿”之手，“老妇孤儿”又无能力，结果便只能落在“夷狄、盗贼”之手，因此亡国亡天下实是君王世袭制的必然结果。船山主张传贤制而反对世袭制，其哲学根据与上述第二点完全相同。传贤制的实质就是公平、公正、公开的选举制。

其四，治理天下国家应当逐层分统而不能越级遥控。船山认为，“上统之则乱，分统之则治”。所谓“上统”是指越级遥控的治理模式，也就是独断集权模式，比如由君王直接管理所有官吏与百姓。此种管理模式之所以不可行而必乱，是因为天下百姓的实际情况太复杂，根本无法“达民之甘苦而悉其情伪”，其结果必是各级官吏都不能直接管理其下属而只能旷其职守，于是“奸民益逞，懦民益困”。所谓“分统”则指分层自治模式，每级领导都只管理其直属下级，而对其下级之下级则无权过问。比如在君王—州牧刺史—郡守—县令—民众等五个层级中，君王只能管理州牧刺史而不能直接管理郡守、县令与民众，州牧刺史也只能管理郡守而不能直接管理县令与民众。分统制意味着各级官吏都有相当的自治权，最低一层的民众则只属县令管，并且也应任其“自治”“自谋”而不应由政府完全掌控、统一计划，因为民众“未有不自谋其生者也，上之谋之，不如其自谋”。一个国家要想富强，政府只能从总体上调控筹划，具体的决定与计划当任凭民众自己。船山认为，理想的治理模式就应是这种严分层次的分统制，只有通过“分统”才能真正实现“一统”。所谓“一统”不是“统一”，即不是自上而下、越级遥控的集权管理和划一管理，而是“以绪相因而理”，即自下而上、层层自理而又层层相因与协和的自主管理和差异管理，正如“理一分殊”的“理一”不是指一理而是指万理“保合和同而秩然相节”。同时，最底层的民众对于最高层的君王也有相当的约束作用，因为君王必须充分尊重民意而“征天于民”“即民以见天”。所以，分统制其实也是“环相为治”的表现。与此种分统制相应，船山还提出“分兵民而专其治”的主张（《黄书》）。船山提出的分统制，与现代社会的国家治理理念颇为相通。此种主张正是在“公天下”与“利天下”的总前提之下，根据“理一分殊”原则而提出的。

其五，对于民意既应充分重视，又当慎重鉴别而不能诡随流风，所以要“以民迓天，而以天鉴民”。君王既然是“代天而理民”，当然就应“奉天”以治平。所谓“天”是指天理，天理必是公理，其具体体现就是全体民意，即所谓“民心之大同者”。民意与大公之天的关系是理一分殊的关系。只能由分殊求理一，也只能由民意而求大公之天，此即“征天于民”或“以民迓天”或“即民以见天”。然而，局部的分殊并不就是整体的理一，应当由理一来审察分殊；同样，“一旦”“一方”“一事”之民情民意固然属于天，但并不就是“彻乎古今而一也，周乎六合而一也，通乎昼夜而一也”的大公之天，故当由大公之天来权衡“一旦”“一方”“一事”之民情民意，此即“用民以天”“以天鉴民”或“奉天以观民”。大全的民意民情固然为“理之所在”，但局部范围和特定阶段的民意民情可能只是“民之私”。“己私不可徇，民之私亦不可徇”。那么，应如何既充分重视又慎重鉴别民意呢？船山认为，仅靠君王一人显然不可能，只有像武王那样有一批贤能的大臣即所谓“民献有十夫”，才能“视无不明，听无不聪”。船山实是主张由一个贤人集团来通达民意与辨别民意，如此才能既避免君主独裁又避免“民权畸重”，真正“大公以协于均平”。

由此可见，船山的王道论实与其天道论一脉相承。由此我们可以理解，船山之所以特别强调“乾坤并建”与“交济互成”，就是因为这个原则意味着，只有整体结构才具有最全面、最伟大的功能，其中的任何一端从根本上来说都是“权无主辅”而“同功”“同效”、相辅相成，故不能畸重一端（君或臣或民）而偏废其余。由此也可理解，船山之所以特别重视“由用得体”或“摄体归用”及“理一分殊”，就是因为这些原则从根本上否定了自上而下的独裁控制与集权独断的合理性。所以坚持修养论、王道论与天道论相结合的原则，实是理解中国古代哲学的一个诀窍。

船山的王道论主张与现代民主制度颇多相通之处，并且已注意到现代民主制度至今尚不能妥善解决的“民权畸重”的严重后果。船山的上述思考表明，以儒家思想为基础有可能发展出一套不同于西方的现代政治制度；对于现代政治制度而言，儒家的政治思想并不是阻力，相反，它完全可以是一种巨大的推动力与提升力。问题的关键在于是否善于运用它。

有些学者认为，中国文化只重“治道”不重“政道”，即只关心具体治术而不关注政体探索。只要看看湖湘哲学的一贯传统尤其是船山的上述思考，即可知其是凭空想象之辞。自 20 世纪以来，关于中国文化尤其是儒家思想产生了许多悬想影似之辞甚至完全妖魔化的想象之辞，真是辨不胜辨。但有一点很明显，自以为位处历史巅峰而真理在握，居高俯视数千年来的无数圣贤哲士，任意蔑视他们竭尽智慧心力所形成的思想传统，其实正是从根本上背离了民主精神与开放精神，也是一种更恐怖的专制心态与骄狂心态——就连历代圣贤哲士都可视若童蒙，我们这些平头百姓岂非更加愚不可及，更可视若无物？

利天下的制度建设

“是以君子有絜矩之道”，须于教孝、教弟、教慈之外，别有一教之之道在。……齐家之教，要于老老、长长、恤孤，而可推此以教国矣。乃国之于家，人地既殊，理势自别，则情不相侔，道须别建。虽其心理之同，固可类通，而终不能如家之人，可以尽知其美恶①，以因势而利导之。乃君子因其理之一，而求之于大公之矩，既有以得其致远而无差者，则不患夫分之悬殊；而困于美恶之不知，使教有所不行也；一国之人，为臣为民，其分之相临，情之相比，事之相与，则“上下”“左右”“前后”尽之矣，为立之道焉，取此六者情之所必至、理之所应得者，以矩絜之，使之均齐方正，厚薄必出于一，轻重各如其等，则人得以消其怨尤，以成孝弟慈之化，而国乃治矣。……矩之既絜，则君子使一国之人并行于恕之中，而“上下”“前后”“左右”无不以恕相接者，非但君子之以恕待物而国即治也。……齐家恃教而不恃法，故立教之本不假外求。治国推教而必有恒政，故既以孝弟慈为教本，而尤必通其意于法制，以旁行于理财用人之中，而纳民于清明公正之道。② 故教与养有兼成，而政与教无殊理。则《大学》之道，所以新其民者，实有以范围之于寡过之地，不徒恃气机之感也。③ 此则以治其国，而推之天下亦无不可矣。④（《读四书大全说》卷一，四百三十五页至四百三十七页）

---

① 美恶：好恶。

② 通其意于法制：将教化之意（孝、弟、慈）贯通到法制之中。旁行：遍行。

③ 新其民：使民众日新其德。程颐和朱熹认为，《大学》所谓“亲民”当作“新民”。气机之感：因（君王与民众之间）气的升降出入而相应发生的感通，此指君王以德感人。

④ 此段是根据《大学》“所谓平天下在治其国者，上老老而民兴孝，上长长而民兴弟，上恤孤而民不倍，是以君子有絜矩之道也。所恶于上，毋以使下，所恶于下，毋以事上；所恶于前，毋以先后；所恶于后，毋以从前；所恶于右，毋以交于左；所恶于左，毋以交于右；此之谓絜矩之道”，诠释“絜矩之道”。船山认为，所谓“絜矩”是指，根据“大公之矩”（均平方正的治国理念与政策）和国民好恶的实际情况确定具体的规矩制度以衡量和规范民众。船山单用“絜”字，有时指执持，有时指衡量，有时指规范。

“民之所好”，“民之所恶”，矩之所自出也。有絜矩之道，则已好民之好，恶民之恶矣。……君子只于天理人情上絜著个均平方正之矩，使一国率而由之。则好民之所好，民即有不好者，要非其所不可好也；恶民之所恶，民即有不恶者，要非其所不当恶也。如妨贤病国之人，又岂无朋党私昵幸其得位而恐其见逐者？乃至争民施夺①之政，亦岂尽人而皆恶之？……故民之好恶，直恁参差，利于甲者病于乙，如何能用其好恶而如父母？唯恃此絜矩之道，以整齐其好恶而平施之，则天下之理得，而君子之心亦无不安矣。……曰“民”者，公辞也，合上下、前后、左右而皆无恶者也。……故家政在教而别无政，国教在政而政皆教，斯理一分殊之准②也。③（《读四书大全说》卷一，四百三十七页至四百三十八页）

《大学》之教，理一分殊。本理之一，则众善同原于“明德”，故曰“明德为本”。因分之殊，则身自有其身事，家自有其家范，国自有其国政，天下自有其天下之经。本统乎末，而由本向末，茎条枝叶之不容夷④也。今云“有人此有土，有土此有财，有财此有用”，则一国之效乎治者，其次序相因，必如是以为渐及之词，而后足以见国之不易抵于治。乃云君子有其明德而遂有人，则躐等而为迫促之词，是何其无序耶！夫明德为新民之本，而非可早计其效于民新，故身修之后，必三累⑤而至乎天下平。则新民者固原本于已明之君德，而必加之以齐、治、平之功。岂德之既明，而天下即无不平乎？故格、致、诚、正，其报成在身修，而修、齐、治之底绩在天下平。⑥是以明德、新民，理虽一贯，而显立两纲，如日月之并行而不相悖。（《读四书大全说》卷一，四百四十页至四百四十一页）

① 争民施夺：与民争利，实施掠夺。
② 准：准则，法则。
③ 此段是诠释《大学》所谓“民之所好好之，民之所恶恶之，此之谓民之父母”。
④ 夷：抹杀，夷平。
⑤ 三累：连续不断的三个层级或阶段。
⑥ 报成：宣告成功。底绩：取得成功，最终成就。

儒者任天下事有一大病，将平日许多悲天悯人之心，因乘权得位，便如郁火之发于陶，迫为更改，只此便近私意，而国体民命已受其剥落矣。① ……今人粗心，说“害不除，利不可兴”者，都是一往之气。天下大器，自非褊衷②所能任。……为治而先革弊，到头只是哄闹一场，引身而退。盖正气未昌，与邪战而恒见不敌也。故为学必先存理，而后欲可遏；……为治必先建德，而后弊可革。（《读四书大全说》卷六，七百九十二页至七百九十三页）

所云“推”者，扩充也；所云扩充者，则“以不忍人之心，行不忍人之政”也。③ ……夫老吾老、幼吾幼者，岂徒有心哉？必有以老之、幼之矣；则及人之老、及人之幼，亦岂徒心恤之哉？必实有以及之矣。此所谓“举此心而加诸彼”也。若徒此心之怜其老而恤其幼，而无以加诸彼，则是“不推恩不足以保妻子”。非其心之不相及，无术④则欲保而不足也。……古人之大过人者，只是极心之量，尽心之才，凡所欲为，皆善推以成其所为（推为非推心）。则有其心，必加诸物。（《读四书大全说》卷八，九百零四页至九百零五页）

扩充之中，便有全部不忍人之政在内。大用无非全体，须一一拣别，令与此四端相应相成。《大学》之所谓“致知”，正此是也。……扩而充之者，尽心所本有之术也。如乍见孺子入井时，既有怵惕恻隐之心，则其所以救之者不遗余力可知已。先王于心见全体，则术自无不得其宜，以心之固有夫术

---

① 郁火：中医术语，泛指阳气郁结化火的征候。陶：陶道穴（穴位名）。古人认为此穴之于人身，相当于宰相之于国家。迫：急迫。国体：国家的典章制度。民命：民生。

② 褊衷：狭隘急躁之心。

③ 此处是据《孟子·梁惠王上》“推恩足以保四海，不推恩无以保妻子。古之人所以大过人者无他焉，善推其所为而已矣”，其中所谓“推”即《孟子·公孙丑上》所谓“扩而充之”，亦即“以不忍人之心，行不忍人之政”。

④ 术：孟子的概念，船山将其理解为“办法”，政治上的“仁术”即是“仁政”“仁道”。

也。……心、术元为一贯，而心外无术，故可尽心以广其术，亦可因术以善其心。（《读四书大全说》卷八，九百四十八页至九百四十九页）

法之既坏，且务与收拾整顿，以求其安。若人心已敝，势重难返，而不揣其本，区区辨法制之得失，以驱疲民而数改之，则其为祸尤烈。（《读四书大全说》卷八，九百七十一页）

法律之不可胜用，仁之覆天下，虽圣人之以为法于后世者以此，乃圣人之自以制器审音，平治天下，先须用此。① 非在圣人独恃其耳目心思已足给用，但为天下后世不能如已之不待于法，故须与立个法度也。……则亦但竭其耳目心思，终不能制器审音而仁天下；于是继求之一定之法，使目有凭以用其明，耳有凭以用其聪，心有依据以行其仁，然后知向之徒勤于耳目之力、心之思者，必至此而后非妄也。规矩准绳元不是目力看出来底，六律元不是耳力听出来底，不忍人之政元不是师心臆度想出来底。……圣人不于目求明，于耳求聪，而以吾心之能执象通数者为耳目之则。② 故规矩、六律之所自制，不得之耳目者而得之于心思，以通天下固有之象数——此以心而治耳目也。不忍人之政，上因天时，下因地利，中因人情。圣人不任心以求天下，而以天下固然之理顺之以为政——此以理而裁心思也。故仰观天文，俯察地理，察迩言以执两端而用其中。岂有闭门造车、出门合辙之自用者哉？圣人用之而自不可胜用，乃以垂之后世而亦不可胜用，其理一，其效均也。如谓先王为天下后世故，制此法度，若圣人之自为用者，一目击而方圆即定，一流耳而五音即定，一致思而仁即被于天下，则此圣人者，将如佛氏之观十方世界

① 此句解释《孟子·离娄上》“圣人既竭目力焉，继之以规矩准绳，以为方员平直，不可胜用也；既竭耳力焉，继之以六律，正五音，不可胜用也；既竭心思焉，继之以不忍人之政，而仁覆天下矣”。法律：法度与音律。

② 执象通数者：指人心固有的通过现象把握规律的理性认识能力。则：准则。

如掌中果，一按指而海印发光①，一皆成就耶？言之无实，亦不祥矣。（《读四书大全说》卷九，九百八十六页至九百八十八页）

记礼者曰："礼不下庶人，刑不上大夫。"② 是靳③礼于上而专刑于下，不足以语王道矣。……王者之法，刑尤详于贵，礼必逮于下。大夫以下，刑有不足施，王者弗治焉。不治而欲弭其乱，则修礼以自严，而销天下之萌于训典。④ 知此，可以知《春秋》之议刑矣。……略之者，非谓其罪为不当刑也，以其人为不足治也。人不足治，则罪亦不足刑。故刑有详于大夫、降于士而宥于庶人。王者乃以统贵治贱，而不与天下争生死也。刑所不详，治所不屑，有以治之，而不恃治于法。……故刑之所至，礼必至焉；礼修于上，而必达乎下。庶人之不能备物，非其不能备礼也。以刑治者，治人者也。以礼治者，自治者也。……王者之治卑贱，唯自治焉耳，自治而刑略矣。后世之议刑者不然，多求卑贱者于法而宽之于礼。……此无他，自弛于礼，弗能修明，而后恃刑以劫天下。刑礼上下之间，颠倒混施，而上慢以下贼也。故刑日繁，礼日圮，人而致之禽，生而致之死，可胜悼哉！⑤（《春秋家说》卷下，三百四十七页至三百四十九页）

《春秋》立法谨严而宅心忠恕。……刑者，钳之使合，抑之使受也。不亲者岂钳之而亲，不逊者岂抑之而可使逊哉？且夫人之敢于无礼于君、亲者，非尽不畏清议而肆为之也。其始也，荏苒于货财妻子，以生嫌隙；其既也，"睽孤"有"鬼豕"之疑而不蒙"遇雨"之释，操之已蹙，势重难反，则处无将之地，而见绝于贤人君子者已无可湔洗之一日，于是以成不忠不孝之巨

---

① 海印发光：语出佛典《楞严经》。海印即海印三昧，指定心澄清而能应物皆现，犹如海水湛寂而有像皆印。因海印三昧之力引发菩提智光，故说海印发光。

② 此语出自《礼记·曲礼上》，通常解释为礼不及于庶民，刑不及于大夫。

③ 靳：本指吝惜，此指专用、垄断。

④ 萌：祸乱的萌芽。训典：此处特指礼典。

⑤ 圮（pǐ）：毁坏。人而致之禽：是人却让他成为禽兽。

慝，君无所用其威，师无所用其戒，而帝王之教思亦穷。[①] ……若夫中人以上，所遇不幸，用意未至，迷瞀以乖于亲逊者，无以利导而予之安，则亦周章纆棘，以自困于名教之地，救过不遑，而忠孝之心抑不足油然以生。[②] 是则严以教君子而阻其自然之爱敬，严以教小人而激其滔天之巨恶。通于古今，达于四海，咸以宽而成其涵泳熏陶之化。……法立于画一，以别嫌而明微；教养以从容，或包荒而养正。[③] 君子所甚惧者，以申、韩之酷政文饰儒术，而重毒天下也。……子曰："欲速则不达，见小利则大事不成。"小快其疾恶之心，速效于一切之法，作之君，作之师，以绥四方，讵胜其任与?[④] （《尚书引义》卷一，二百四十八页至二百五十页）

司马温公曰："慢则纠之以猛，残则施之以宽，宽以济猛，猛以济宽，斯不易之常道。"是言也，出于左氏，疑非夫子之言也。……宽之为失，非民之害；驭吏以宽，而民之残也乃甚。……严者，治吏之经也；宽者，养民之纬也；并行不悖，而非以时为进退者也。今欲矫衰世之宽，益之以猛，琐琐之姻亚，仳仳蔌蔌之富人，且日假威以蹙其贫弱，然而不激为盗贼也不能。[⑤] 犹且追咎之曰：未尝束民以猛也。憔悴之余，摧折无几矣。故严以治吏，宽以养民，无择于时而并行焉，庶得之矣。而犹未也。以汉季言之，外戚、奄人之族党肆行无惮，是信刑罚之所不赦也；乃诛殛以快一时之众志，阳球用之矣，范滂、张俭尝用之矣，卒以激乎大乱而不可止。[⑥] 然则德教不

① 荏苒：本指柔弱，此指沉溺。"睽孤"有"鬼豕"之疑而不蒙"遇雨"之释：典出睽卦的《象传》，意指与别人关系很僵，总被怀疑为心怀鬼胎又得不到洗刷的机会。操之已蹙：操之过急。无将：谋逆，谋反。湔洗：洗刷（罪名或耻辱）。

② 用意未至：考虑不周。迷瞀：迷乱。乖于亲逊：有违孝敬父母、恭顺君长之礼。周章纆（mò）棘：惊恐惶惧，生怕被绑送监狱。"纆棘"一词出自坎卦上六爻辞，船山《周易稗疏》将其解释为监狱。

③ 包荒：包容不受治理者。语出泰卦九二爻辞。养正：养而正之。

④ 一切：一概，一律。绥：安抚，安定。讵：岂。

⑤ 琐琐之姻亚：语出《诗经》，指妻党小人。仳仳蔌蔌：语出《诗经》，猥琐丑陋状。蹙：逼迫。

⑥ 奄人：宦官。诛殛：诛杀。

兴，而刑罚过峻，即以施之殃民病国之奸而势且中溃。……上之自为正①也无德，其导民也无教；宽则国敝而祸缓，猛则国竞而祸急。言治者不反诸本而治其末，言出而害气中于百年，申、韩与王道争衡而尤胜。（《读通鉴论》卷八，三百零九页至三百一十页）

严下吏之贪，而不问上官，法益峻，贪益甚，政益乱，民益死，国乃以亡。群有司众②矣，人望以廉，必不可得者也。中人可以自全，不肖有所惮而不敢，皆视上官而已。上官之虐取也，不即施于百姓，必假手下吏以为之渔猎，下吏因之以售其箕敛，然其所得于上奉之余者亦仅矣。③ 而百姓之怨毒诅咒，乃至叩阍号诉④者，唯知有下吏，而不知贼害之所自生。下吏既与上官为鹰犬，复代上官受缧绁⑤，法之不均，情之不忍矣。将责上官以严纠下吏之贪，可使无所容其私乎？此尤必不可者也。胥为贪，而狡者得上官之心，其虐取也尤剧，其馈献也弥丰；唯琐琐箪豆之阘吏，吝纤芥以封殖，参劾在前而不恤，顾其为蠹于民者，亦无几也。⑥ 且有慎守官廉，偶一不捡，而无从置辩者矣。故下吏之贪，非人主所得而治也，且非居中秉宪⑦者之所容纠也，唯严之于上官而已矣。严之于上官，而贪息于守令，下逮于簿尉胥隶，皆喙息而不敢逞。⑧（《读通鉴论》卷十六，一千一百页）

（王夫之著：《船山全书》，岳麓书社 1992 年版。）

---

① 为正：为政。
② 群有司众：（上官）管理众多百姓，统领众多下属。
③ 售其箕敛：发挥其苛敛民财之术。仅：很少。
④ 叩阍号诉：向政府哭诉告状。
⑤ 受缧绁：入狱。
⑥ 琐琐：卑微。箪豆：此指计较小利。阘吏：位卑品劣之吏。封殖：聚敛财物。
⑦ 秉宪：执法。
⑧ 贪息：贪指贪污，息指停止。簿尉胥隶：泛指不主事的小官小吏和差役。喙息：休歇。

评析

船山的王道论，不仅极为关注政体问题，也非常重视一般的制度建设。不少儒者尤其部分理学家从儒家重视修身、德教感化的精神出发，认为只要最高统治者有足够的自我修养，就可以完成治国平天下的外王大业——用《大学》的术语来说，只要“明明德”，便能完成治国平天下的“新民”大业。这就从根本上忽视了制度建设对于治平大业的必要性与重要性。船山对此从哲学上加以深入驳斥。

其一，从理一分殊论看。儒家精神固然强调治国平天下的“新民”大业须以格致诚正的“明德”“修身”工夫为本，但这只是从“理一”角度说明修身、齐家、治国、平天下乃是一个“次序相因”的统一进程；若从“分殊”角度来看，则修、齐、治、平毕竟分处不同层次，修身固然是“本”而可“统乎末”，“而由本向末，茎条枝叶之不容夷也”，每个层次都不容跳过，也不容互相取代，因为各有不同之“势”，故“理虽一贯”而“道须别建”。具体地说，每个层次的工夫都是基于前一层次而又有所扩充与变通。比如，从修身到齐家必须在“格致诚正”的基础之上加上孝弟慈之教，从齐家到治国又必须将齐家之教推扩变通为治国之政即“通其意于法制”，故说“身自有其身事，家自有其家范，国自有其国政，天下自有其天下之经”。因此，“明德”固然为“新民”之本，但须经三层不同的工夫、别建三层不同的“道”，然后才能真正实现平天下的“新民”大业。那种认为“明德”即可“新民”的观点，实存速效之心而发为无序躐等之论，从根本上背离了儒家的理一分殊论与“先难后获”的务实精神。

其二，从体用不离论看。用孟子的术语来讲，修身明德乃“存心”，“新民”则是“举斯心加诸彼”，后者并不是单纯指对百姓有仁心，而是指实际体现出来，让百姓真正受益（“必实有以及之”）。这就必须有术、有道，即必须建立一定的规矩制度。“心”固有其术与道，但并不能自动显发。心与术的关系是“相应相成”的体用关系，只要有心就必能想出实现此心的办法，也只有想出办法把事情做成才算真正有心。所以要“新民”就必须“尽心”，即充分“扩充”此心——“极心之量，尽心之才”，建立随时适宜的仁政以“善推其所为”。光讲仁心而无仁政，必将有体无用、有名无实，这是异端邪说，不是儒家精神。

其三，从格物致知论看。不少儒者认为，治国平天下的法度不过是圣人留给后世的一种权宜方便，圣人自己“不待于法”，“独恃其耳目心思已足给用”，似乎只要眉头一皱便能想出仁覆天下的办法。船山认为，这种观点不仅违背了格物致知论，也是对圣人的污蔑。一切规矩法度都是理性的光辉成就而不是感性的自然结果，规矩准绳不是仅凭耳目之力就能获得，仁政更不是仅凭主观臆想就能建立。“规矩”是格物穷理所得，格物固须发挥耳目之官，但只有同时发挥心官之思方有穷理可言。仁政更是在格物穷理的基础之上再加“致知”之功即“尽心”“尽才”的“扩充”工夫，才可能建立。正因所有法度的建立都是合理而不妄，所以“圣人用之而自不可胜用，乃以垂之后世而亦不可胜用”；也正因“其理一”，故能“其效均”。因此，圣人治国平天下绝不会不用理性来建立规矩法度而只“竭其耳目心思”，恰恰相反，圣人“不于目求明，于耳求聪”，也不“任心以求天下”，而是“以心而治耳目”“以理而裁心思”。耳目之力与心官之思只有依据一定的规矩法度才能循理而不妄，故圣人必“求之一定之法，使目有凭以用其明，耳有凭以用其聪，心有依据以行其仁”。因此，认为圣人“不待于法”而“独恃其耳目心思”，从表面看是尊重圣人，其实是把圣人降低为不懂得重视理性和运用理性的低能者。

总之，船山由其体用论、心性论与修养论（格物致知也属修养工夫）出发，认为制度建设既是理性与人性的成就与表现，也是引导与规范整个社会趋于理性、合于人性的“大用”，必有其“用”而后乃有其“体”。若不从事制度建设就想成就治平大业，不过是欲“以其心身之学，坐弋崇高富贵之获”的妄想。正是基于这种认识，船山对具体的政治制度、军事制度、土地制度、赋税制度、商业制度、货币制度等进行了深入的探索，并坚持认为《大学》所谓“絜矩之道”应理解为公共的政治制度而不是个人修养的恕道，孟子所谓“扩充”与“善推”应理解为以合理的制度（“道”与“术”）“推其所为”，而不是由亲向疏、由近至远的“推心”。他甚至有了“公民”概念的萌芽：“曰‘民’者，公辞也，合上下、前后、左右而皆无恶者也。”

船山虽然将制度建设提到了前所未有的高度，但他并不认为只要严格实施制度就能解决一切问题。为此，他特别提出“立法谨严而宅心忠恕”的主张：立法固然必须谨严“以别嫌而明微”，但其目的不是以严刑峻法来矫民，而是本于忠恕原则来化民。其理由有三。第一，从制度建设的目的来看，“政与教无殊理”，根本目的是使“人得以消其怨尤，以成孝弟慈之化”，因此法律制度的目的应在教化而不在刑罚。如果一定要严，也应当“严以治吏”，并且是“唯严之于上官而已”，如果只严于下吏而不问上官，则“法益峻，贪益甚，政益乱，民益死，国乃以亡”。第二，从现实结果来看，严刑峻法并不能导致治与化；相反，只会导致困与乱。虽然严刑峻法也可以说是一种“教”，但无数的历史事实表明，“德教不兴，而刑罚过峻”最终只能导致百姓更苦难、国家更混乱以致完全崩溃，因为对于君子则阻碍其自然爱敬之心，对于小人则激成其滔天巨恶。第三，从心理动机来看，试图通过严刑峻法来治国，或是想为在上者的无德无教开脱责任，或是想“小快其疾恶之心”，或是想“速效于一切之法”。无论哪种动机，都是“不反诸本而治其末”，违背了儒家所倡导的立法施政的根本精神。儒者而为此，便不过是“以申、韩之酷政文饰儒术”的“申、韩之儒”而非“君子儒”。船山又根据其理一分殊论一反“礼不下庶人，刑不上大夫”的流俗观点，主张“刑尤详于贵，礼必逮于下”——对于各级官吏当以“刑”治之，对于一般百姓则当略于“刑”，以礼待之，也只以礼责之。

船山也反对在“人心已敝”之际急于改革与变法。其理由有二。第一，任何制度要想发挥作用，不仅须合理，也须因势，人心即势，若不从根本上安顿人心、改变观念，只在局部制度上改来改去，不但不能收到预期效果，反而会让老百姓更加手足无措也更疲于奔命。第二，改革变法必牵涉到革弊，但为治而先革弊，正如治病，“正气未昌”就痛下猛药，结果必然是正不敌邪，只好哄闹收场，“国体民命”受到了更大伤害，故“为祸尤烈”。所以船山认为，正如修身“必先存理，而后欲可遏”，治国同样“必先建德，而后弊可革”。凡说“害不除，利不可兴”而急于变法者，都不过是意气用事而非理性所为，都不能真正治理好国家，“天下大器，自非褊衷所能任”。

由此可见，船山虽然高度重视制度建设，但更有一种超越制度的眼光与智慧，他并不是唯制度论者，此其所以为儒家而非法家。现代学者往往指责儒家只重德化不重制度，这显然是只注意到部分儒者的言论就以偏概全，仅从自周敦颐以来的湖湘哲学来看，这种说法已不能成立。现代学者又常指责儒家思想主要以性善论作为制度建设的理据，不如西方主要以性恶论为基础来进行制度设计。然而，越来越多的研究者已开始意识到，以性恶论来设计制度体系不仅存在极大的理论矛盾，也导致了极严重的现实后果。在借鉴西方经验与教训的前提下，重新考虑依据儒家的性善论（它并不否定人有恶的一面）来建构现代社会制度，实是今后中国所要面对的重要的现实课题之一。到时，船山对于制度建设的深入探索也许会有更为重要的启示意义。

魏源

魏源（1794—1857），字默深，又字墨生，湖南邵阳隆回人。他的家族是当地望族，曾祖与祖父皆以种田经商为生，家产丰饶又乐于助人；其父魏邦鲁于嘉庆初年由监生捐巡检（从九品），官职虽低却颇有政绩，深得林则徐、陶澍、贺长龄等人器重。魏源从小性喜沉静，聪颖超常且勤学过人。15 岁中秀才，20 岁就学于岳麓书院并通过了拔贡考试。次年入京求学，得向硕学大儒问学而识汉儒家法与宋儒义理，并与龚自珍同向著名经学家刘逢禄（1776—1829）学习今文经学。道光二年（1822）中举人，此后会试却屡次落第。道光五年（1825），入江苏布政使贺长龄幕府，代其编选《皇朝经世文编》。道光十一年（1831），入两江总督陶澍幕中，协助改革淮北盐政。道光二十二年（1842）底纂成林则徐嘱其完成的《海国图志》50 卷（后增补为百卷），该书为第一部由中国人自己编纂的综合介绍世界各国的巨著，魏源在书中提出了“师夷长技以制夷”的著名主张。道光二十五年（1845），魏源终于考中进士，后于扬州府任县令。咸丰元年（1851）升任高邮知州。两年后，以世乱多故不再出仕，信奉佛教，潜心著述。咸丰七年（1857）病逝于杭州。在中国近代史上，魏源与龚自珍齐名，他明确主张向西方学习并致力于西方文明的介绍，对中国、日本、朝鲜产生了重要影响。其现存著作，较通行的是中华书局出版的《魏源集》，最齐备的是岳麓书社出版的《魏源全集》。

皇朝经世文编叙

事必本夫心。玺一也，文见于朱者千万如一。有玺籀篆而朱鸟迹者乎？有朱籀篆而玺鸟迹者乎？① 然无星之秤不可以程物，故轻重生权衡，非权衡

① 玺：帝王的印章。文见于朱者：盖在公文上的红印。玺籀篆而朱鸟迹：印章上刻的是籀篆体文字（大篆）但印出来的是鸟篆体文字。朱籀篆而玺鸟迹：印章上刻的是鸟篆体文字但印出来的是籀篆体文字。

生轻重。① 善言心者，必有验于事矣。

法必本于人。转五寸之毂，引重致千里；莫御之，跬步不前。然恃目巧，师意匠，般、尔不能闭造而出合。② 善言人者，必有资于法矣。

今必本夫古。轩、挠③上之甲子，千岁可坐致焉；然昨岁之历，今岁而不可用。高、曾器物，不如祖、父之适宜。时愈近，势愈切，圣人乘之，神明生焉，经纬起焉。善言古者，必有验于今矣。

物必本夫我。然两物相摩而精者出焉，两心相质而疑难形焉，两疑相难而易简出焉。《诗》曰："秩秩大猷，圣人莫之，他人有心，予忖度之。"又曰："周爰咨度，周爰咨谋。"④ 古人不敢自恃其心也如是！古之善入夫人人之心，又善出其人人之心，以自恢⑤其心也如是！切焉劘焉，委焉输焉。⑥ 善言我者，必有乘于物矣。

蟠焉际焉之谓神，效焉法焉之谓事；创之因之，谓之后王君公；承之宣之，谓之大夫师牧；役智、效能、分事，亹亹达之天下，谓之府史、胥徒、农、工、商、贾、卒、伍。⑦ 人积人之谓治，治相嬗成今古，有洿隆、有敝更之谓器与道。⑧ 君、公、卿、士、庶人推本今世前世道器之洿隆所由然，以自治外治，知从违、知参伍变化之谓学——学为师长、学为臣、学为士庶者也；格其心、身、家、国、天下之物，知奚以正、奚以修、奚以齐且治平

① 程物：衡量事物的轻重。轻重生权衡：事物本有轻重才产生了用来衡量轻重的秤（秤星的划分是根据事物的轻重）。权衡指秤锤和秤杆，此喻权衡万事之心。

② 毂：车轮中心插入车轴的圆孔。引重致千里：牵引重物到达千里之外。目巧：目测的技巧。意匠：想象。般、尔：公输般（鲁班）和王尔都是战国时代的能工巧匠。闭造而出合：闭门造车而出门合辙（尺寸一定的车轨）。

③ 轩、挠：黄帝轩辕氏与史官大挠氏，传说他们制定历法，作甲子计算时日。

④ 秩秩：条理分明。大猷：方针大政。莫：通"谟"，谋略。周：周遍。爰：于。咨度：咨询。咨谋：商酌。

⑤ 恢：扩大。

⑥ 切焉劘（mó）焉：切磋砥砺。委焉输焉：积聚起来又输送出去，此喻反复交流讨论。

⑦ 蟠：充满（天地间）。际：接近（天）。后王：君王。君公：诸侯。师牧：师是专管一个部门的官，牧是地方官。此处泛指古代高级官员。役智：出谋划策。分事：分掌职事。亹亹：勤勉不倦状。

⑧ 洿（wū）隆：衰败与兴盛。敝更：陈旧与更新。

者也。絻钺①，其好恶；教养，其喜乐；兵刑，其怒哀。亹亹乎经曲，淼淼乎精微，② 则遵袭循守与创制同，谏询谋议与施措同，胶葛纷纭、至纤至悉与性命流行品物同。淆诸事则右史所述，赜诸言则左史所记；事者一成而不可易，言则得失粲矣、违从系矣、参伍具矣。③ 先王以之备矇诵、知民务、集群虑、研几微、究中极，精极蜎蠖不为奥，博周伦物不为末，玄黄相反不为异，规矩重叠不为同。④

故鸠聚本朝以来硕公、庞儒、俊士、畸民之言，都若干篇，为卷百有二十，为纲八，为目六十有三：言学之属六，言治之属五，言吏之属八，言户之属十有二，言礼之属九，言兵之属十有二，言刑之属三，言工之属九。⑤ 则鳃理于邵阳魏君默深，告成于道光六年柔兆阉茂之仲冬也。⑥

（魏源著：《魏源集》，中华书局2009年版，第156-158页。）

评析

道光五年（1825），魏源入江苏布政使贺长龄（1785—1848，字耦耕，号耐庵，湖南长沙人，后官至云贵总督）幕府，代为编选《皇朝经世文编》。他用了一年多时间，从清代学者的各种著作中选录了有关经世致用的文章两千余篇共百余万字，编成120卷，分为“学术”“治体”“吏政”“户政”“礼政”“兵政”“刑政”“工政”8大类65个子目。此书主要宣扬“经世致用”思想，并以所列8纲65目实际确定了“经世之学”的大致范围，对当

① 絻钺：奖赏与惩罚。

② 亹亹：纷繁复杂。经：大道。曲：小事。淼淼：浩渺无边状。精微：精深微妙。

③ 淆诸事：诸事混淆。赜诸言：群言复杂。粲：分明。违从系：反对意见和赞成意见都分别类聚。参伍：错综变化。

④ 矇：盲人乐官，职责是吟诵臣民百姓的箴谏之言以供帝王参考。蜎蠖：细小的虫子，此喻细微之事。

⑤ 鸠聚：搜集。硕公：有名望的大臣。畸民：有特长的平民。都：总共。六十有三：实为六十五，其中“言礼之属”为十目而非九目。

⑥ 鳃（sāi）理：此指分类并确定体例。柔兆阉茂：丙戌年。柔兆是丙的别称，阉茂是戌的别称。

时知识界产生了极大影响。清末著名学者俞樾说："凡讲求经济者无不奉此书为矩矱，几于家有其书。"因其体例精良，后来陆续有学者仿效而出《续编》《三编》《四编》《新编》《统编》诸书。

魏源代作的这篇叙言，从理论上集中阐发了他与贺长龄、陶澍（1779—1839，湖南安化人，时任江苏巡抚，后官至两江总督，是嘉道期间经世思潮的实际领导者）等人共同主张的经世致用思想。其要点是如下四句话。

其一，"事必本夫心"而"善言心者，必有验于事"。这是在体用一源的基础上强调"用"的重要意义从而主张经世致用之学。心与用心做事的关系就是体与用的关系，事用既以心体为根本与依据，又对心体有验证作用、中介作用和扩展推动作用。魏源的这种观点，即船山所谓"体以致用，用以备体"。这就从根本上确定了"事"与"心"具有同等重要的本体论地位，并论证了"道存乎实用"的观点。据此，一切"胶葛纷纭、至纤至悉"之事，只要有关于修身、齐家、治国、平天下，就都是"道之所存"或"道之所形"，都有必要去探究与学习。用《大学》的术语来说，凡有关于修齐治平之事都有必要去"格"，"格其心、身、家、国、天下之物，知奚以正、奚以修、奚以齐且治平者"。这就从根本上论证了真实的学术应当是关心家事国事天下事的"实用之学""经世之学"。

其二，"法必本于人"而"善言人者，必有资于法"。这是在道器统一的基础上强调器尤其是典章制度的重要性。心之大用在成其事，欲成其事则必以其道与器。在魏源的心目中，各种法度就属于"道之器"（参见《默觚上·学篇九》）。因此，欲成其事尤其是欲经世济时必须充分重视"法"而会通古今典章制度。不仅如此，魏源还特别主张对于各种典章制度分门别类加以研究。其《皇朝经世文编五例》说："盖土生禾，禾出米，米成饭，而耕获舂炊，宜各致其功，不可谓土能成饭也。脉知病，病立方，方需药，而虚实补泻，宜各通其变，不得谓一可类推也。"这是从类似于船山所说的理一分殊论出发，强调对于典章制度应该分别研究，"各致其功""各通其变"而不应执一类推。《皇朝经世文编》的主要内容就是对于"吏政""户政""礼政”“兵政”“刑政”“工政”等各种政治法度的分别探讨。所以“善言人者，必有资于法”实是主张，实用之学、经世之学应当以各种政治法度研究为重心，且应具有分科研究的意识。

其三，“今必本夫古”而“善言古者，必有验于今”。这是在理势统一的基础上强调必须充分重视古今不同之“势”。今之治法治道固然必须本于历史传统，但又必须随时势而变化。因此要建立真正实用的制度与治道就必须重视当今之“势”与“时”，要“因时”“乘势”，“时愈近，势愈切，圣人乘之，神明生焉，经纬起焉”。魏源认为，治世之“法”与“道”皆必因势乘时、“因熟乘便”建立“易简”良法，“圣人举事，无一不根柢于民依而善乘夫时势，故举一事而百顺从之”。所以“善言古者，必有验于今”实是主张，实用之学、经世之学应当具有时代意识，充分研究当今的具体情况与变化趋势。

其四，“物必本夫我”而“善言我者，必有乘于物”。这是在人我统一的基础上强调广泛咨询与考察各种观点甚至矛盾观点的重要性。既然各种制度“各致其功”“各通其变”而不能执一“类推”，当今时势也“胶葛纷纭、至纤至悉”，那么真正的实用之学就不能“自恃其心”，只依靠个人的经验与智慧，而必须像《诗经》所说的“周爰咨度，周爰咨谋”亦即广泛参考、集思广益。这就意味着，即使一般民众（俊士、畸民）的意见也应重视，因为他们的意见恰恰可能是“专门”“夙习”之见；同时，即使不同的意见也弥足珍贵，因为“两物相摩而精者出焉，两心相质而疑难形焉，两疑相难而易简出焉”，只有充分考虑各种不同的意见才能最终形成周全的观点和易简的制度。所以说，“精极蝟蠖不为奥，博周伦物不为末，玄黄相反不为异，规矩重叠不为同”。只有充分尊重众人的意见，心思才能广大，最终提出的主张才能为大家所接受。魏源后来在《默觚·治篇一》中对此讲得更明确：“人有恒言曰学问，未有学而不资于问者也。土非土不高，水非水不流，人非人不济，马非马不走。绝世之资，必不如专门之夙习也；独得之见，必不如众议之参同也。……夫士而欲任天下之重，必自其勤访问始；勤访问，必自其无事之日始。”因此，所谓“善言我者，必有乘于物”实是主张，实用之学、经世之学应当具有公共意识，应广泛而深细地考察各方意见。

由此可见，魏源主要是以一种“交济互成”的观念，阐明理想的学术应是心与事、人与法、古与今、我与物相结合，以充分重视时代大势和各方意见为基点、以分门别类的制度研究与建设为重心、以济时经世为目的的实用之学。以今天的眼光看，魏源实际上是主张，学者应以自觉的实用意识、时代意识、公共意识、分科意识来进一步发展传统学术。其中，对分科意识和公共意识的强调是魏源对前人思想的一大推进。以下讨论其《默觚》一书时还会讲到这一点。

上述观点，构成了魏源思想的核心和此后进一步发展的基础。就基本思路而言，魏源的思想可说是湖湘哲学尤其是船山思想的进一步发展。他之所以形成这种思想，又与他受到经学家刘逢禄尤其是当时经世思潮的主要领导人陶澍、贺长龄的影响与启发密切相关。

默觚
（节选）

……“子罕言利，与命，与仁”，“夫子之言性与天道，不可得而闻也”。① 仁其性乎？命其天道乎？利其天人之参乎？圣人利、命、仁之教，不谆谆于《诗》《书》《礼》而独谆谆于《易》。《易》，其言利、言命、言仁之书乎？“济川”“攸往”“建侯”“行师”“取女”“见大人”，曷为不言其当行不当行，而屑屑然惟利、不利是诏？圣人若曰：天下无不吉之善，无不凶之恶，无不悔且吝之小恶。世疑天人之不合一久矣，惟举天下是非、臧否、

① 此两句都出自《论语》，分别见于《子罕》和《公冶长》。

得失一决之于利不利，而后天与人合。故曰："乾始能以美利利天下，不言所利，大矣哉！"① 甚哉，是非之与利害一也！天道之与人事一也！知是非与利害一，而后可由"利仁"以几于"安仁"；知天道之与人事一，而后可造命、立命以成其安命。王道之外无坦途，举皆荆棘，而不仁者安仁矣；仁义之外无功利，举皆祸殃，而不知命者安命矣。然则圣人何以罕言《易》？曰：《易》者，卜筮之书也，天道之书也。中古以后，地天之通绝矣，天与人日远矣，人且膜视乎天，且渐不信天敬天，圣人纵欲谆谆以天道诏人，天何言哉？使非空空然叩诸卜筮，受命如响，鬼神来告，曷以舍其偏是偏非而信吉凶悔吝易知易从哉？故卜筮者，天人之参也，地天之通也。《诗》《书》《礼》皆人道设教，惟《易》则以神道设教。夫神道，非专言祸福吉凶而不言是非者乎？（《默觚上·学篇八》，十九页至二十页）

……惟周公、仲尼，内圣外王，以道兼艺，立师儒之大宗。天下后世，学焉而得其性之所近，仁者见仁焉，知者见知焉，用焉而各效其材之所宜。三公坐而论道，德行之任也；士大夫作而行之，政事、言语、文学之职也。如必欲责尊德性者以问学之不周，责问学者以德性之不笃，是火日外耀者而欲其内涵，金水内涵者必兼其外耀乎？体用一原，匪圣曷全？……曷谓道之器？曰礼乐。曷谓道之断？曰兵刑。曷谓道之资？曰食货。道形诸事谓之治，以其事笔之方策俾天下后世得以求道而制事谓之经。……士之能九年通经者，以淑其身，以形为事业，则能以《周易》决疑，以《洪范》占变，以《春秋》断事，以《礼》、《乐》服制兴教化，以《周官》致太平，以《禹贡》行河，以三百五篇当谏书、以出使专对，谓之以经术为治术。曾有以通经致用为诟厉者乎？以诂训音声蔽小学，以名物器服蔽《三礼》，以象数蔽《易》，以鸟兽草木蔽《诗》，毕生治经，无一言益己、无一事可验诸治者乎？……（《默觚上·学篇九》，二十二页至二十四页）

① 此语出自《易传·文言》。

天地，是非之域也。身心，是非之舍也。智愚贤不肖，是非之果也。古往今来，是非之场垒也。方隅之士，入主出奴，日相斗战，物而不化。岂知大人殊途共归，百虑一致，无不代行而错明乎？孔、老异学而相敬，夷、惠异德而同圣，箕、比异迹而同仁，四科并出于尼山，九流同宗乎古帝。……其轨辙不同者，道之并育并行所以大；其同是尧而非桀者，性善秉彝之无二也。孰浑融斯？孰默识斯？孰一神而两化斯？……（《默觚上·学篇十二》，二十八页至二十九页）

柳下①，圣之和，和之极为不恭，其敝也邻于老。伯夷，圣之清，清之极为隘，其敝也邻于杨。伊尹，圣之任，任极而殉身救民太过，亦可邻于墨。虽然，老子治天下亦何可得哉？墨子治天下亦何可得哉？柳下、伯夷、伊尹，方以内之圣也；老聃、墨翟，方以外之圣也。惟圣人“时乘六龙以御天”，“潜龙”“飞”“跃”，无有定在，时惠、时夷、时尹而非惠、夷、尹也，有时似老、似墨、似杨而非老、墨、杨也。“溥博渊泉而时出之”②，圣人之治天下，更何可得哉？若夫学者，循焉而得其性之所近，即偏至一诣焉，或狷而隘，或狂而不恭，能祛利欲而未能化其气质，已超乡愿倍蓰矣，超少正卯、仪、秦万万矣。③ ……（《默觚上·学篇十二》，二十九页）

禾未熟而登场，获者弃之矣；果未熟而登盘，食者吐之矣。是故治之因者，政之熟者也；俗之庞者，化之熟者也；功之成者，虑之熟者也；名之归者，德之熟者也。政未熟而急求治，治必乱；化未熟而急变俗，俗必骇；虑未熟而急图功，功必阻；德未熟而急知名，名必辱。……（《默觚上·学篇

---

① 柳下：指柳下惠，孟子推许他为“圣之和者”。

② 溥博渊泉而时出之：语出《中庸》，指圣人周遍广博如天，深厚静止如深渊，又能随时有实际表现。

③ 倍蓰：数倍。蓰的意思是五倍。少正卯：春秋时鲁国大夫，孔子任职后七日即将其处死。仪、秦：张仪、苏秦，皆为战国时期著名策士。

十三》，三十一页）

自古有不王道之富强，无不富强之王道。王伯之分，在其心不在其迹也。心有公私，迹无胡越①。《易》十三卦述古圣人制作，首以田渔、耒耜、市易，且舟车致远以通之，击柝、弧矢以卫之。② 禹平水土，即制贡赋而奋武卫；《洪范》八政，始食、货而终宾、师；无非以足食足兵为治天下之具。③后儒特因孟子义利、王伯之辩，遂以兵食归之五伯，讳而不言，曾亦思足民、治赋皆圣门之事，农桑、树畜即孟子之言乎？抑思屈原志三后之纯粹而亦曰“惜往日之曾信兮”“国富强而法立”④，孔明王佐之才而自比管、乐乎？王道至纤至悉，井牧⑤、徭役、兵赋，皆性命之精微流行其间。使其口心性，躬礼义，动言万物一体，而民瘼⑥之不求，吏治之不习，国计边防之不问；一旦与人家国，上不足制国用，外不足靖疆圉⑦，下不足苏民困，举平日胞与民物之空谈，至此无一事可效诸民物，天下亦安用此无用之王道哉？《诗》曰：“监观四方，求民之莫。”（《默觚下·治篇一》，三十六页）

工骚墨之士，以农桑为俗务，而不知俗学之病人更甚于俗吏；托玄虚之理，以政事为粗才，而不知腐儒之无用亦同于异端。彼钱谷簿书不可言学问矣，浮藻饾饤可为圣学乎？释老不可治天下国家矣，心性迂谈可治天下乎？……（《默觚下·治篇一》，三十六页至三十七页）

① 胡越：胡在北，越在南，比喻疏远隔绝。
② 参见《易传·系辞下》“作结绳而为网罟，以佃以渔，盖取诸《离》。……上古结绳而治，后世圣人易之以书契，百官以治，万民以察，盖取诸《夬》”一段。击柝：敲梆子巡夜。弧矢：制造弓箭。
③ 奋武卫：奋扬卫国的武威，语出《尚书·禹贡》。《洪范》八政：《尚书·洪范》讲九种治国大法（九畴），其中第三种大法是“八政”，即设定食、货、祀、司空、司徒、司寇、宾、师等八类政务官员，其中宾掌朝觐，师主军事。
④ 此两句出自屈原《九章·惜往日》。
⑤ 井牧：周代田制，按土质划分田地性质，或为井田耕作，或为牧地畜牧，确定授田与贡赋时二牧当一井。语出《周礼·地官司徒》（《周礼》又名《周官》）。
⑥ 民瘼：民众疾苦。
⑦ 疆圉：边疆，边境。

治天下之具，其非势、利、名乎？井田，利乎？封建，势乎？学校，名乎？圣人以其势、利、名公天下，身忧天下之忧而无天下之乐，故褰裳去之，而樽俎揖让兴焉；后世以其势、利、名私一身，穷天下之乐而不知忧天下之忧，故慢藏守之，而奸雄觊夺兴焉。争让之分，帝王之忧乐天下为之也。……大哉，神器！亿万生灵之所托命也。而智可暗奸①，而力可觊图乎？夫惟使势、利、名纯出乎道德者，可以治天下矣。（《默觚下·治篇三》，四十三页至四十四页）

圣人以名教治天下之君子，以美利利天下之庶人。求田问舍，服贾牵牛，以卿大夫为细民之行则讥之，细民不责以卿大夫之行也。故《国风》刺淫者数十篇，而刺民好利者无一焉。……礼、义、廉、耻，国之四维，故于士大夫则开之于名而塞之于利，于百姓则开之于利而坊②之于淫。……故曰：刑以坊淫，庶民之事也；命以坊欲，士大夫之事也；礼以坊德，圣贤自治之学也。世之极盛也，使天下以义为利；其次，则以民为利。……（《默觚下·治篇三》，四十四页至四十五页）

强人之所不能，法必不立；禁人之所必犯，法必不行。虽然，立能行之法，禁能革之事，而求治太速，疾恶太严，革弊太尽，亦有激而反之者矣。用人太骤，听言太轻，处己太峻，亦有能发不能收之者矣。兼黄、老、申、韩之所长而去其所短，斯治国之庖丁乎！……（《默觚下·治篇三》，四十五页）

医之活人，方也；杀人，亦方也。人君治天下，法也；害天下，亦法也。不难于得方而难得用方之医，不难于立法而难得行法之人。……君子不轻为

① 暗奸：阴谋篡夺，奸，通“干”。
② 坊：同“防”，防止，防范。

变法之议，而惟去法外之弊，弊去而法仍复其初矣。不汲汲求立法，而惟求用法之人，得其人自能立法矣。……（《默觚下·治篇四》，四十五页至四十六页）

三代以上，天皆不同今日之天，地皆不同今日之地，人皆不同今日之人，物皆不同今日之物。……故气化无一息不变者也，其不变者道而已，势则日变而不可复者也。天有老物，人有老物，文有老物。柞薪之木，传其火而化其火；代嬗之孙，传其祖而化其祖。古乃有古。执古以绳今，是为诬今；执今以律古，是为诬古。诬今不可以为治，诬古不可以语学。……（《默觚下·治篇五》，四十七页至四十八页）

租庸调变而两税，两税变而条编。[①] 变古愈尽，便民愈甚，虽圣王复作，必不舍条编而复两税，舍两税而复租、庸、调也。……天下事，人情所不便者，变可复；人情所群便者，变则不可复。江河百源，一趋于海，反江河之水而复归之山，得乎？履不必同，期于适足；治不必同，期于利民。……（《默觚下·治篇五》，四十八页）

庄生喜言上古，上古之风必不可复，徒使晋人糠粃礼法而祸世教。宋儒专言三代，三代井田、封建、选举必不可复，徒使功利之徒以迂疏病儒术。君子之为治也，无三代以上之心则必俗，不知三代以下之情势则必迂。读父书者不可与言兵，守陈案者不可与言律，好剿袭者不可与言文。善琴弈者不视谱，善相马者不按图，善治民者不泥法；无他，亲历诸身而已。读黄、农之书，用以杀人，谓之庸医；读周、孔之书，用以误天下，得不谓之庸儒乎？靡独无益一时也，又使天下之人不信圣人之道。……（《默觚下·治篇五》，

① 租庸调：唐代安史之乱前的主要税制。两税：安史之乱后的赋税制度，此制奠定了唐代后期至明代中期赋税制度的基础。条编：明中叶后的“一条鞭法”。它是赋税制度的又一重大改革，清代沿用此制。

四十八页至四十九页）

……得诸天者固已殊矣，即学圣人之学而性所各近者，何独不然？火日外照而内暗，故足民治赋之才不可以语性命，此“亲民”而未“明德”者也。金水内照而外暗，故潜修养性之儒未可皆共事功，此“明德”而未能“亲民”者也。学道者宜各自知所短，用人者宜各因其所长；勿以师儒治郡国，勿以方面之材责师儒。非体用之殊途，乃因材之难强也。若乃志伊学颜之君子，固以内圣外王为准鹄，夫何本末偏枯之有！……（《默觚上·治篇六》，四十九页至五十页）

天下其一身与！后元首，相股肱，诤臣喉舌。然则孰为其鼻息①？夫非庶人与？九窍百骸四支之存亡，视乎鼻息，口可以终日闭而鼻不可一息柅②。古圣帝明王，惟恐庶民之不息息相通也，故其取于臣也略而取于民也详。天子争臣七人而止，诸侯争臣五人而止。③ 至于彻膳之宰，进善之旌，诽谤之木，敢谏之鼓，师箴，瞍赋，矇诵，百工谏，庶人传语，士传言，遒人木铎以询于路，登其歌谣，审其诅祝，察其谤议，于以明目达聪，而元首良焉，股肱康焉。④ 士者，庶民之首也，汉、宋太学之士皆得上书，明初耆老皆得召见，往往关系国家大计。公议无不上达，斯私议息，夫是之谓“天下有道，庶人不议”也。……（《默觚下·治篇十二》，六十七页至六十八页）

古无谏诤之官，人人皆谏官也；不惟广受天下之言，亦所以广收天下之才。自后世立谏官，而人之无言责者始不得尽其言。……知者不必言，言者

① 鼻息：此指呼吸气息的鼻子。
② 柅（nǐ）：堵塞，遏止。
③ 此句出自《孝经》。争臣：诤臣，直言谏君的大臣。
④ 彻膳：（遇灾患变异时）减撤帝王膳食。进善之旌：上古专为进言者发表意见而设置的一种标志性旗帜。诽谤之木：舜帝时在交通要塞竖立让人们发表谏言的木牌。遒人木铎以询于路：周朝于每年孟春派出使臣摇着木铎（以木为舌的铜质铃铛）了解民情。诅祝：诅咒。

不必知，自谏官之设始也。张一目之罗以求禽，张一面之网以觊鳞，自谏官之设始也。古圣之听言也，不问其疏近，并不问其公私，而惟其理之是非，即有吁有咈，未闻以其吁咈而罪之也，是谓“不以人废言”。① 瞽史、百工、庶人、刍荛②皆得进言，未闻工瞽刍荛一言可采，即擢以崇高之位，是谓“不以言举人”。不以言举人，故能“明试以功”，而广收天下之人；不以人废言，故能“敷奏以言”，而广闻天下之言。③ ……（《默觚下·治篇十二》，六十八页）

景运之世，言在都俞。④ 其次，言在旌木；其次，言在庭陛；其次，言在疏牍；其次，言在歌谣；其次，言在林薮；其次，言在腹臆。言在腹臆，其世可知矣。⑤ 至治之世，士在公孤；小康之世，士在僚采；倾危之世，士在游寓；乱亡之世，士在阿谷。⑥ 士在阿谷，其世又可知矣。……故世昌则言昌，言昌则才愈昌；世幽则言幽，言幽则才愈幽。……（《默觚下·治篇十二》，六十八页至六十九页）

使人不暇顾廉耻，则国必衰。使人不敢顾家业，则国必亡。善赋民者，譬植柳乎？薪其枝叶而培其本根；不善赋民者，譬则剪韭乎？日剪一畦，不罄不止。《周官》保富之法，诚以富民一方之元气，公家有大征发、大徒役皆倚赖焉，大兵燹、大饥馑皆仰给焉。⑦ 彼贪人为政也，专朘⑧富民；富民渐

① 有吁有咈：有否定有反对。语出《尚书》，吁是表否定的语气词，咈指违背。
② 刍荛：割草打柴者，喻指最底层的乡野之士。
③ 明试：明确考察。敷奏：普遍奏陈。“明试以功”与“敷奏以言”出自《尚书·尧典》。
④ 景运之世：至治之世。都俞：《尚书》中表示赞美或赞成的语气词，此处是“都俞吁咈”的简称，指天子与重臣之间融洽雍睦的问答论政。
⑤ 旌木：参见“进善之旌”“诽谤之木”注释。庭陛：朝廷。言在腹臆：只在心中反对。
⑥ 公孤：泛指重臣。公指三公，是古代中央三种最高官衔的合称；孤指少师、少傅、少保。僚采：一般官员。游寓：远游客居。阿谷：大山之间的夹道，喻指偏僻的隐居之地。
⑦《周官》保富之法：《周官》讲地官大司徒的职责之一是以六种措施安养万民，“一曰慈幼，二曰养老，三曰振穷，四曰恤贫，五曰宽疾，六曰安富”。富民一方之元气：富裕家族是一个地方的元气。燹（xiǎn）：野火，多指兵乱时所纵之火。
⑧ 朘（juān）：剥削。

磬，复朘中户；中户复然，遂致邑井成墟。故土无富户则国贫，土无中户则国危，至下户流亡而国非其国矣。《诗》曰“适彼乐土”，言将空其国以予人也。……（《默觚下·治篇十四》，七十二页）

俭，美德也；禁奢崇俭，美政也。然可以励上，不可以律下；可以训贫，不可以规富。《周礼》保富，保之使任恤其乡，非保之使吝啬于一己也。车马之驰驱，衣裳之曳娄①，酒食鼓瑟之愉乐，皆巨室与贫民所以通工易事，泽及三族。王者藏富于民，譬同室博弈而金帛不出户庭，适足损有余以益不足。如上并禁之，则富者益富，贫者益贫。彼富而俭者，未必如大禹之菲食恶衣而为四海裕衣食也，未必如晏子、墨子之节用，而待举火者七十家、待寝攻者数十国也。② 俭生爱，爱生吝，吝生贪，贪生刻。……俭则俭矣，彼贫民安所仰给乎？天道恶积而喜散，王政喜均而恶偏。则知以俭守财，乃白圭、程郑③致富起家之计，非长民者训俗博施之道也。……（《默觚下·治篇十四》，七十三页）

晋文之图伯也，三年思用其民，而子犯三阻之；越王之报吴也，四年思兵其仇，而范蠡四拒之；皆不肯轻试其锐于事机未可之时。及一旦用之，踣楚沼吴，不崇朝而得志天下。岂仅惧己力之未足哉？抑可乘之机未十全也。秦之方强，九国之师不能入函谷一步；及陈胜中夜一呼，而九州瓦解。匈奴之猖獗，汉高、汉武两世雄主不能逾漠扫庭，及宣、元不折一矢而呼韩稽首。曹操、苻坚不审机而锐图江左，遂再蹶赤壁、淝水之师；富平、符离不审机而锐议恢复，遂永绝关陕、淮西之望。……故摘果于未熟，视已熟不可同年

① 曳娄：穿戴，语出《诗经·唐风·山有枢》。

② 举火：生火做饭。寝攻：平息战争。

③ 白圭：战国时人，据《史记·货殖列传》记载，他采取“人弃我取，人取我与”的办法经商而致富，但他十分节俭。程郑：西汉人，据《史记·货殖列传》记载，他靠冶铁铸器卖给少数民族而成为大富翁。

而语；拔儿齿于已龀，① 视未龀不可同年而语。……（《默觚下·治篇十五》，七十五页）

古今宇宙，其一大弈局乎！天时有从逆，地理有险易，人情有爱恶，机事有利害，而攻取之局生焉。……故禅让一局也，征诛一局也，传子、传贤一局也。……女祸、阉祸、强藩、夷狄、盗贼，自三代之末至于元二千年，所谓世事理乱、爱恶、利害、情伪、吉凶、成败之变，如弈变局，纵横反覆，至百千万局，而其变几尽。而历代君相深识远虑之士载在史册者，弈谱固已详矣。……王莽以井田致乱，安石以《周礼》误宋。故废谱而师心，与泥谱而拘方，皆非善弈者也。有变易之易，而后为不易之易。……（《默觚下·治篇十六》，七十八页至七十九页）

（魏源著：《魏源集》，中华书局 2009 年版。）

评析

《默觚》分为 14 篇《学篇》与 16 篇《治篇》，具体写作年代不明，大约作于 1840 年之前，是魏源以经学思想讨论哲学和政治问题的代表作之一，提出了不少富有创见的观点。此处所选主要体现了如下四个方面的主张。

其一，天下学术皆为“道之所形”，因此就整体而言应当体用统一，就个人而言则当志其全而用其长。魏源主张天下学术的统一性，一方面是为了强调“通经致用”。要通经致用，就必须将“经术”与“治术”统一起来（“以经术为治术”）而不能互相隔绝，不能毕生治经都只是空谈心性而“无一言益己、无一事可验诸治”，“无一事可效诸民物”，更不能自矜风雅高妙而“以农桑为俗务”，“以政事为粗才”。要做到体用一源，“王道至纤至悉，

① 儿齿：乳齿。龀（chèn）：本指乳齿脱落换成恒齿，此指乳齿松动将脱。

井牧、徭役、兵赋，皆性命之精微流行其间”，因此“治经之儒”与“明道之儒”“政事之儒”不能截然分裂甚至互相轻视，而应相互贯通与合作，此即魏源反复提倡的“贯经术、政事、文章于一”（《刘礼部遗书序》）。另一方面，对于个人而言，固当“以内圣外王为准鹄”、以体用全备为志向，但在客观上毕竟只能“得其性之所近”。因此对于“学道者”而言，“宜各自知所短”而互尊互助，不能以己之长轻人之短；对于“用人者”而言，则当知人善任而不能求全责备，“宜各因其所长”而“勿以师儒治郡国，勿以方面之材责师儒”。魏源特别强调，全体与大用固然应该统一与全备，但这种统一与全备不应寄望于某一个人（“体用一原，匪圣曷全”，“非体用之殊途，乃因材之难强”），应由大家通过分工合作来共同实现。重视公共意识与协作意识并强调只有通过分工合作才能实现全体大用，这是魏源的一大卓见。

魏源又根据这种主张来处理儒学与其他思想流派的关系。他认为，所有思想流派其实都可说是“道一而已矣”，不是因为它们完全相同，而是因为它们可以“交济互成”、相协为一。故其所谓“一”是指统一于“事”与“用”（“适于事，适于用”），不是统一于某种不问时势不讲实用的条条框框。正是这种观点，使魏源不再像之前的多数湖湘哲学家那样从儒学立场出发坚持辨别异端，而是从务实适用的角度强调善用各家学说而不拘泥于儒学一家。这也是魏源的公共意识、开放意识的突出表现之一。之后曾国藩、郭嵩焘、谭嗣同将其进一步推阐，遂使湖湘哲学在思想文化问题上逐渐发展出一种“和而不同”的包容开放精神。

其二，“天下为天下之天下”而非一人一家之天下，因此天下当如一身。如果说皇帝是头脑、宰相是股肱、诤臣是喉舌，那么广大民众就是主导呼吸的“鼻息”。魏源这个比喻颇有创意，说明了民众与君王百官具有同等重要的功能，这是从“公天下”的王道出发空前强调民众意志与意见的重要性。正如个体生命一刻都不能离开呼吸，整个国家也一刻不能离开广大民众尤其是广大士人的“公议”。魏源和船山一样反对谏有专官的制度，主张人人皆可上谏，既不以人废言，又不以言举人，如此不仅可以“广受天下之言”而

“使壅情之人皆为达情之人”，更能“广收天下之才”。魏源提出了一个著名主张：时代昌盛的标志是言论自由、民意畅达、人才兴盛，它们又反过来促使时代更加昌盛（“世昌则言昌，言昌则才愈昌；世幽则言幽，言幽则才愈幽”）。这一主张至今都是不易之言。魏源所谓“公天下”实指天下大通，即政府始终与民众“息息相通”，既充分尊重与满足民众的意志与要求，又充分利用和发挥民众的才能与智慧。易言之，“公天下”既意味着“为天下”（不为一人），也意味着“达天下”（通天下之志）和“用天下”（不以一人治天下）。魏源强调“善言我者，必有乘于物”，主张“周爰咨度，周爰咨谋”，正是此种思想的另一种表述。显然，魏源是由“公天下”提出了明确的公共意识。

其三，“无不富强之王道”。这是将之前不少儒者反复强调的“公天下”“利天下”推进到更为具体和实在的“富天下”。他认为，义与利并不矛盾，所谓义是指“以其势、利、名公天下”。如果所谓王道“上不足制国用，外不足靖疆圉，下不足苏民困”，那么天下也就用不着这种无用的王道了。既然圣人讲义就是讲天下大利，也就必然“无不富强之王道”。王道与霸道的分别只在“心”之公与私，而不在要不要富强（“王伯之分，在其心不在其迹也。心有公私，迹无胡越”）——这个观点与张栻如出一辙。魏源又像船山那样，特别反对政府官吏专门剥削和压制富户。他主张“保富”，认为“土无富户则国贫”；也特别反对以节俭观念来抑制富民的消费与发展，主张鼓励消费，以带动整个社会财富的流通与均平，所以禁奢崇俭的观念与政策“可以励上，不可以律下；可以训贫，不可以规富”。魏源主张经世致用，主张实学，其根本就是此种“公天下”“利天下”“富天下”的观念与意识。对魏源来说，一个政府倘若不能“利天下”与“富天下”，就必然不是“公天下”的政府。

其四，治国之道当因“势”而变。魏源在《皇朝经世文编叙》中已明确提出这一观点，在《默觚》中论述更加深刻。他认为，“气化无一息不变”，“势则日变而不可复”，古今宇宙就是一盘不断变化的“弈局”，如果执古绳今、一成不变便是“诬今”，便是不能“通于今”和“公于今”。真从“公天下”与“利天下”出发，就必然因应时势不断变革，“变古愈尽，便民愈甚”，“天下事，人情所不便者，变可复；人情所群便者，变则不可复。……治不必同，期于利民”。但魏源在重视“变”时又特别指出应慎变而“不轻为变法之议”。这包括两个方面的意思：一是不能完全置传统经验与智慧于不顾，正如下棋不能完全不顾棋谱，“废谱而师心，与泥谱而拘方，皆非善弈者”；二是“势”未至于“熟”时也不能轻言变革，否则就是急功近利，就是“题目过大”而“求效太侈”，结果只会适得其反，欲速不达。无数历史往事表明，“政未熟而急求治，治必乱；化未熟而急变俗，俗必骇；虑未熟而急图功，功必阻”。魏源这种重变而又慎变的思想，并不是保守，而是儒家务实精神的表现。这也是湖湘哲学的一贯传统。

由此可见，魏源《默觚》的思想核心实是“公天下”与“利天下”，其哲学理据则是船山所反复阐明的“乾坤并建”“理一分殊”“交济互成”的整体结构观。魏源的经世致用、顺势而变的务实精神由此而来，重视民情民意与各家学术、各派意见的公共意识也由此而来，之后他在《海国图志》中所表现出来的高度重视西方文明的开放意识同样由此而来。

海国图志叙
（节选）

《海国图志》六十卷，何所据？一据前两广总督林尚书所译西夷之《四洲志》，再据历代史志及明以来岛志及近日夷图、夷语。① 钩稽贯串，创榛辟莽，前驱先路，大都东南洋、西南洋增于原书②者十之八，大小西洋、北洋、

① 林尚书：林则徐。《四洲志》：详见评析。夷图：外国地图册。夷语：外文资料。
② 原书：林则徐派人所译《四洲志》。

外大西洋增于原书者十之六。又图以经之，表以纬之，博参群议以发挥之。何以异于昔人海图之书？曰：彼皆以中土人译西洋，此则以西洋人谭①西洋也。

是书何以作？曰：为以夷攻夷而作，为以夷款夷而作，为师夷长技以制夷而作。②《易》曰："爱恶相攻而吉凶生，远近相取而悔吝生，情伪相感而利害生。"故同一御敌，而知其形与不知其形，利害相百③焉；同一款敌，而知其情与不知其情，利害相百焉。古之驭外夷者，诹以敌形，形同几席；诹以敌情，情同寝馈。④

然则执此书即可驭外夷乎？曰：唯唯，否否！此兵机也，非兵本也；有形之兵也，非无形之兵也。明臣有言："欲平海上之倭患，先平人心之积患。"人心之积患如之何？非水，非火，非刃，非金，非沿海之奸民，非吸烟贩烟之莠民。故君子读《云汉》《车攻》，先于《常武》《江汉》而知《二雅》诗人之所发愤；玩卦爻内外消息，而知《大易》作者之所忧患。⑤愤与忧，天道所以倾否而之泰也，人心所以违寐而之觉也，人才所以革虚而之实也。昔准噶尔⑥跳踉于康熙、雍正之两朝，而电扫于乾隆之中叶。夷烟流毒，罪万准夷，吾皇仁勤，上符列祖，天时人事，倚伏相乘，何患攘剔之无期？何患奋武之无会？⑦此凡有血气者所宜愤悱，凡有耳目心知者所宜讲画也。去伪，去饰，去畏难，去养痈，去营窟，则人心之寐患祛其一。⑧以实事程实功，以实功程实事；艾三年而蓄之，网临渊而结之；毋冯河，毋画饼，则

① 谭：同"谈"。

② 以夷款夷：利用国际公法及国际关系与外国议和。长技：先进技术。

③ 相百：相差百倍。

④ 诹：询问。形同几席：形势熟悉得就像自家的桌子与床铺。情同寝馈：情况熟悉得就像自家的吃与住。

⑤ 《云汉》《车攻》：《诗经》中赞美周宣王治理内政的诗。《常武》《江汉》：《诗经》中赞美周宣王讨伐外寇的诗。卦爻内外：《易经·系辞下》说"爻象动乎内，吉凶见乎外"。

⑥ 准噶尔：卫拉特蒙古四部之一，17—18世纪以伊犁为中心控制天山南北，建立了游牧帝国。

⑦ 夷烟：鸦片烟。罪万准夷：罪恶胜过准噶尔部落万倍。倚伏相乘：互相依托转化。攘剔：铲除。奋武：奋扬武威。会：机会。

⑧ 养痈：比喻姑息坏人坏事。营窟：比喻只为个人经营。寐患：愚昧之弊。祛：去除。

人材之虚患祛其二。① 寐患去而天日昌，虚患去而风雷行。《传》曰：“孰荒于门，孰治于田？四海既均，越裳是臣。”② ……

（魏源著：《魏源集》，中华书局2009年版，第206-208页。）

评析

道光二十一年（1841）五月，力主禁烟的林则徐被革职发配伊犁。七月，他途经京口，与前来拜见的魏源相晤，嘱托魏源编撰《海国图志》。魏源于次年底完成此书，共50卷，刊刻于1843年初。1847年刊印时增至60卷，1852年更增至100卷。

《海国图志》的蓝本是林则徐主持翻译的《四洲志》（*The Encyclopaedia of Geography*）。此书为英国人慕瑞（Hugh Murray）所著，1834年出版于伦敦，全书介绍了亚、非、欧以及南美、北美等五大洲主要国家的历史地理。《四洲志》中译近9万字，因将南北美洲合为一洲，故称“四洲”。魏源将其全部收入《海国图志》中，排在各卷开头，注明“林则徐辑”；只有“美国志”例外，以美国传教士裨治文（Elijah Coleman Bridgman，1801—1861）所作《美理哥国志略》开篇，称为《弥利坚即美理哥国总记上》，《四洲志》原本居后，称为《弥利坚国即育奈士迭国总记下》。林则徐在广州期间组织翻译的《澳门月报》《滑达尔各国律例》《华事夷言》也全部辑入《海国图志》。此书总共采用了近百种中外文献，其中洋人著述虽然只有20种左右，却是该书介绍各国史地情况的主要来源，所占比例远远超过国人著作（约为1/4）。《海国图志》从50卷本的57万字到100卷本的88万字，主要是不断增补最新的外国资料。

① 程：衡量，考核。艾：艾草，可治病，以陈为佳，《孟子·离娄上》说“七年之病求三年之艾”。冯河：徒步涉水过河。画饼：比喻图虚名而不务实。

② 语出韩愈《琴操十首·越裳操》，意谓驭外必先自强。越裳：古南海国名。臣：臣服。

《海国图志叙》作于道光二十二年（1842）十二月，提出了“师夷长技以制夷”的著名观点，这是当时少数站在时代前沿的有识之士的共同主张。其中最关键的是“师夷”二字。中华民族一向以文明昌盛著称，只为周边国家所师，从不觉得还有必要“师夷”——所谓“夷”总是意味着文明的落后。即使在魏源编纂此书时，世情仍是“苟有议翻夷书、刺夷事者，则必曰多事”（《筹海篇三》）。魏源的“师夷”说开创性地突破了固闭自大的帝国心态，主张以开放意识、平等眼光来正视世界局势并学习外国文明。“师夷”的目的最初确是“制夷”，制服夷人——那些被想象为文明落后的外国民族。但随着认识的不断深入，魏源对于外国文明渐多欣赏、仿效之意，并对世界文明发展趋势屡有“天下之气，自西而东”之叹，因此在《海国图志》增订版中逐渐主张各国文明应该互相促进、和同共处以达到天下一家之局。至于所“师”内容，魏源从一开始就不局限于技术器物层面，他已注意到西方国家还有各种先进的管理制度甚至政治制度。

魏源认为，“师夷”固然重要，但对于一个国家的强盛而言，更重要的还是自觉自立，因此观念的自觉和制度的改革就显得尤为重要。在观念的自觉上，魏源提出“五去”即“去伪，去饰，去畏难，去养痈，去营窟”，其核心是“公”与“实”；在人才的培养与选拔上，则提出了二“实”（“以实事程实功，以实功程实事”）二“毋”（“毋冯河，毋画饼”），不仅强调实用，更主张实下功夫、长期积累而不是只凭意气和想象。这些主张正是魏源之前倡导“经世实学”的基本观点。鸦片战争后，他在思想上的最大发展，就是由“经世实学”的思想进一步发展出“师夷”的开放意识和对于西方文明的高度重视。这一切，归根到底是由其“公天下”“利天下”的“经世实学”观念而来。

《海国图志》自成书至辛亥革命的70年间，连续刊刻了10余次，成为与近代中国相始终的名著，并推动了此后的洋务运动和维新变法。自1851年之后，此书在日本的流行与普及程度超过了中国，成为日本幕府末期有识之士的必读著作，并使他们“思想上起了革命”（梁启超语），间接促成了明治维新运动。此书在朝鲜也受到高度重视。因此，魏源的《海国图志》及其“师夷”主张的历史意义在于，从思想观念上为整个东亚学习西方文明、探索民族国家的现代化之途拉开了序幕。

魏源确实是站在时代的最前沿。当绝大部分国人还认为西洋技术只是不足挂齿的“奇技淫巧”时，他已非常清楚地意识到“有用之物，即奇技而非淫巧”，其用途并不仅仅是军用而主要是“民用”。他认为，引进西方科学技术的关键是引进其军事技术，军事技术不仅为解决当时外交纷争所急需，更将带动整个民族与国家的文明发展，将从根本上导致“风气日开，智慧日出”；科学技术的全面发展又将带来全方位“夺造化，通神明”的局面，终致“足国而足兵”。此即《默觚上·学篇二》所谓“技可进乎道，艺可通乎神”，或如船山《思问录》所谓“尽器则道在其中”。魏源在《海国图志》中还特别指出，俄国的勃然兴盛走的正是这样一条道路，它由落后国家一跃而为欧洲“最雄大国”，就是由彼得大帝学习与引进西方军事技术开始。显然，魏源希望中国也能像俄国一样，由“师夷长技”开始，逐渐走上一条富强文明的道路。因为通过“师夷长技”将带动整个国家的观念自觉、科技兴盛与制度变革。

因此，魏源的“师夷长技”主张，其实是最早提出的中国现代化思路，其哲学依据就是湖湘哲学向来强调的道器一贯，尤其是船山所说的“尽器”以“尽道”。

海国图志·外大西洋墨利加洲总叙
（节选）

呜呼！弥利坚国非有雄材枭杰之王也，涣散二十七部落①，涣散数十万

① 1765年10月，北美洲9个英属殖民地的27名代表（各部落首领）齐聚纽约召开会议，反对英国干涉美洲事务。这是第一次由美洲人倡议召开的各殖民地之间的会议，是美国独立战争的先声。

黔首，愤于无道之虎狼英吉利，同仇一倡，不约成城，坚壁清野，绝其饷道，逐走强敌，尽复故疆，可不谓武乎？创开北墨利加者佛兰西，而英夷横攘之；愤逐英夷者弥利坚，而佛兰西助之，故弥与佛世比①而仇英夷，英夷遂不敢报复，远交近攻，可不谓智乎？二十七部酋分东、西二路，而公举一大酋②总摄之，匪惟不世及，且不四载即受代，一变古今官家之局，而人心翕然，可不谓公乎？议事听讼，选官举贤，皆自下始，众可可之，众否否之，众好好之，众恶恶之，三占从二，舍独徇同；即在下预议之人，亦先由公举，可不谓周乎？中国以茶叶、大黄岁数百万济外夷之命③，英夷乃以鸦片岁数千万竭中国之脂，惟弥利坚国邻南洲，金矿充溢，故以货易货外，尚岁运金银百数十万以裨中国之币，可不谓富乎？富且强，不横凌小国，不桀骜中国，且遇义愤，请效驰驱，可不谓谊乎？故不悉敌势，不可以行军；不悉夷情，不可以筹远。……乌乎，八荒以外，存而不论，乌知宇宙之大哉！

（魏源著：《魏源全集·海国图志》，岳麓书社 2011 年版，第 1619－1620 页。）

评析

魏源所谓“墨利加洲”，为南北美洲的合称。他在此洲“总叙”中特别提到了美国可以作为中国效法的榜样。其中主要包括三个方面：一是在抵御外侮方面团结一致，以弱胜强；二是在国际外交方面利用矛盾，“远交近攻”；三是在政治体制方面废除君主专制，实行民主共和制。

魏源指出，美国政体的特点是其民主选举制、议会与总统分权制（其实是三权分立制）。总统即所谓“大酋”由民意“公举”而非世袭，有确定任

① 世比：世代交好。

② 大酋：此指总统。

③ 道光年间，许多官员甚至朝廷都相信，西方人如果数月不吃中国的茶叶、大黄，就会双目失明、肚肠堵塞以致丧命。

期而不能长期担任（“不四载即受代”），在国家大事上无独裁权力而须经议会批准，因此总统不是国王。魏源认为，议会是代表民意的权力机构，其特点有二：一是“皆自下始”即完全顺从民意并由民众选举产生，二是“舍独徇同”即少数服从多数。《海国图志》卷六十《弥利坚国即育奈士迭国总记下》（“育奈士迭国”即美国之音译）中也说到，美国成为“富强之国”与其政治体制密切相关：“不立国王，仅设总额（即总统），而国政操之舆论，所言必施行，有害必上闻，事简政速，令行禁止，与贤辟所治无异。此又变封建、郡县官家之局而自成世界者。”魏源认为，这种政体，比中国历史上已经出现过的封建制与郡县制更为理想，更能体现儒家主张的“公”（天下为公）、“周”（君子周而不比）原则。只有在这种制度下，人才方能兴盛，人心才会“翕然”，政治才会清明，国家才能长治久安。所以他在 1852 年作《海国图志后叙》时明确说道：“墨利加北洲之以部落代君长，其章程可垂奕世而无弊。”此所谓“章程”当指 1787 年制定的《美国联邦宪法》章程。

魏源的这种结论，并不是崇洋媚外，而是长期探索的结果。他之前曾特别注意到中国传统政体有两个难以解决的矛盾：一是人才难得，二是明君更难得。他从民主制找到了解决这两大难题的途径。因为民主制从根本上废除了国王而由民众集思广益以自治，“国政操之舆论，所言必施行，有害必上闻”的体制必会导致人才的兴盛，“言昌则才愈昌”。

对于政体问题的关注与探索本是湖湘哲学的一贯传统，魏源更将目光转向了西方。他所谓“师夷”，实不限于“长技”“奇器”，更包含了西方的政治制度尤其是政治体制这一层面。作为一个务实的儒者，他丝毫不觉得现代西方的制度文明与儒家思想有何冲突，反倒认为这种制度文明更符合儒家的王道观念。他在西方文明中发现了政治改革的新天地，看到了人类文明的新曙光，也找到了实现儒家王道的新途径。当然，从今天的角度来看，我们还可以再加一句，中华文明本有的政治理念和政治智慧，还可使我们开辟出一条更健康、更和平、更能普惠天下的现代化道路。

罗泽南

罗泽南（1808—1856），字仲岳，号罗山，又号悔泉，谥忠节，湖南湘乡善庆乡（今属双峰县石牛乡）人。他出生于一个世代耕稼的贫寒家族，入塾读书全靠家人节衣缩食，连年过六旬的祖父都要经常典当自己的衣服。他虽资质非凡又勤奋好学，但科举考试一再失利；又门庭多故，婚后十年间相继丧失亲人达十位。但他“强自支持，颇不为世俗所动”（《寄谢大春池书》），一面当塾师勉强维持生计，一面坚持自修并曾先后就读于涟滨书院和双峰书院。自道光十六年（1836）起，开始服膺并探索理学思想，先后与刘蓉、曾国藩、郭嵩焘等人结为朋友，并与当时著名的理学前辈、长沙人唐鉴结识。他在各地私塾中以其理学思想影响了一大批生徒，其中著名的有王鑫、李续宾、李续宜、蒋益澧、杨昌濬等，这些人后来都成为湘军名将，有些还在担任督抚后积极兴办洋务。道光十九年（1839）他第八次应试，终于通过童试成为生员（俗称秀才），得入长沙城南书院学习。八年后，补廪生，享受政府津贴，后来又被举荐为孝廉方正。咸丰二年（1852）太平军围攻长沙，罗泽南受命率领生徒倡办“湘勇”，后隶属曾国藩，成为湘军的骨干力量。从此他“朝出鏖兵，暮归讲道”（《曾文正集》卷二），转战湘鄂赣等省，历经百余战，克城二十座，屡建奇勋，并为湘军最终战胜太平军确定了根本战略，成为声震朝野的湘军儒将。咸丰六年（1856）在武昌负伤而亡。罗泽南是公认的“以醇儒为名将”，在湘军将领中对理学的钻研最深，其余诸将多师事之。他也是晚清理学的重要代表，其思想特色是崇程朱、黜陆王而归趣于湖湘哲学传统，颇能自成一家。主要著作有《人极衍义》《姚江学辨》《读孟子札记》《小学韵语》《西铭讲义》《皇舆要览》《周易附说》等。经过整理和标点的《罗泽南集》已由岳麓书社出版。

性理简论四篇
（节选）

天　地

邵子曰："天地之大，阴阳尽之矣。"① 其说可得而知之乎？曰：可。太极既判，两仪以立，纯阳之气浮而为天——苍苍之色非形质也，人望之而所见如是也——一昼一夜，周行三百六十五度有奇而未尝息者，所以称为健也。地以纯阴之气，凝结于天之中；天之气甚厚，循环不已，故常聚而不散。天有以施，地得有以成之。《易》之所谓"承天时行"也。有形者，阴也；无形者，阳也。有形之阴质摄于无形之阳气，如人之百骸五官各有定位，精神血气时灌输于筋节脉络之间也。……凡物之生死、伏见、鸣已，皆二气之消长也。② 是孰非阴阳之所充周者哉？虽然，布濩③天地者，气也；而纲维天地者，理。理生乎气，理即存乎气之中也；气载乎理，气实统乎理之内也。於穆不已，天地之所以常存；覆载无私，天地之所以不息。向使无理以主宰于其间，则此阴阳之气将游散而无纪，安得资生资始、化育流行之若是哉？然则天地无消息乎？曰：物有息，必有消，即天地会有尽时，继此而为天地者将不知其凡几，是亦惟此一理以递嬗之也。气有消息，理无消息也。然则天地有内外乎？曰：物有内即有外，即天地亦有尽处，此外之为天地者又不知其凡几，是亦惟此一理以统摄之也。形有内外，理无内外也。是固以理推之，合当如是耳。人处天地之中，微矣；五官得其宜，万事得其理，天以之清，地以之宁。是以圣人体天地之理，持天地之化，而天地顺之。故曰：天、地、人，谓之三才。

① 邵子：北宋著名学者邵雍（1011—1077）。引语出自《观物内篇上》，原文"天"字后面无"地"字。

② 伏见：隐和显。鸣已：鸣叫和无声。

③ 布濩（huò）：遍布。

性理

太极者，理也；阴阳者，气也。人得阴阳之气以成形，即得太极之理以成性。孟子曰性善，斯诚足以开斯民之愚蒙，启万世之聋聩者也。但性有天命之性，有气质之性。天命之性者，维皇降衷，厥有恒性，① 全体浑然，初无偏倚，此溯原于太极者也。气质之性者，天以此理赋之人，必随是气以与之。气有互阴互阳之不同，故质有或昏或明之各异。得木之性居多者，清则仁慈，浊则柔靡。得火之性居多者，清则高明，浊则暴烈。推之于金、于水、于土，亦然。此禀受乎阴阳者也。告子言性，惟因其气质之不同而不能溯其大原。孟子明辨乎天命之初，以揭其本然之理，特未指言②乎气质，故终无以祛斯人之惑。有宋程氏出，始以天命之性兼言乎气质之性，曰："论性不论气，不备；论气不论性，不明。"故朱子称程子阐性之功为最大焉。虽然，人之所以禀乎气者不同，人之所得是理者未尝或异。有人于此，其性急躁，一日自知其失，痛自损抑，其人则为平和之人也；其性柔缓，一日自知其非，勉自振作，其人则为刚健之人也。自古至今，其得气之极清而为圣人者少，其得气之极浊而为下愚者亦少，其余奋其力皆可以为圣贤，纵其欲皆可以为庸昏。盖从容中道者，浑然太极也；修身体道者，复反此太极也；困知勉行，百倍其功，以至于明、至于强者，仍不失此太极者也。孟子曰："人皆可以为尧舜"，非虚言也，特人自不为之耳。……

道德

人受天地之中以生，无一理之不具于心者，道之体也；率其性之本然，发之于日用事物之间者，道之用也。……《中庸》言道，推本于天命之原，是盖明道之所以为道，实吾性之固有；而其体道之功，则必求之于卑迩而不

① 维皇降衷，厥有恒性：出自《伪古文尚书·汤诰》"维皇上帝，降衷于下民，若有恒性"，此处相当于说天命之谓性。

② 指言：指陈，明言。

求之于高远。盖为父、为子，自有父子之道，尽其道，则太极之理见于父子也；为君、为臣，即有君臣之道，尽其道，则太极之理见于君臣也；为夫、为妇，自有夫妇之道，尽其道，则太极之理见于夫妇也；为兄、为弟，自有兄弟之道，尽其道，则太极之理见于兄弟也。诚能竭人事之当然，固无不合乎天命之自然者。有人曰："吾欲成泰华之高，而此一篑之微，吾不屑覆之也。"吾知其必不能成其高也。有人曰："吾欲成湖海之大，而此一勺之水，吾不屑聚之也。"吾知其必不能成其大也。舍日用事物之端，而求道于荒茫微渺之域，无怪其不知道也已。夫修道者，君子也；悖道者，小人也。……唐虞以降，传道统者数圣人，而此数圣人者，亦不过尽一身当然之则。"尧舜，性之也"，全此身之道者也；"汤武，反之也"，体此身之道者也；禹皋伊旦、孔曾颜孟，存此身之道者也。① 达而行道于天下，是以此一身之道以教天下之共由此道者；穷而明道于万世，是以此一身之道以俟后世之继任此道者。人无异人，道无异道，古之圣贤岂欺我哉？……

学　问

人欲行道，必先存理；人欲存理，必先扩识；人欲扩识，必先立志。其所谓立志者何？曰：学圣人也。今人一言圣学，动辄惊疑，先自安于卑陋，于身之所固有者置之而不求，于身之所不有者反汲汲以求之。不思太极之真，妙合而成人，生知安行虽为吾所不逮，而其所以得于天之理者，究未尝于圣人有异。……此其弊在于志之不大，而其端又在于知之不明。盖择善者固执之基，思辨者笃行之本。……见理未真，而曰吾欲存理、吾欲祛欲，是何异由京师而不知其路，察秋毫而已盲其目也哉？识之不可不充者，以此。虽然，穷理矣，理固未易言循；知性矣，性固未易言尽。知之而不行之，所知尚为空言，究与吾身无补。古之圣贤必以居敬之功为要者，心之出入无时，莫知其向，瞬息之间不加提撕，天理遂因是而日亡也；一念之微不加审慎，人欲

① "性之"与"反之"两句，出自《孟子·尽心下》，前者指本性已然如此，后者指做到如此。禹皋伊旦：大禹、皋陶、伊尹、周公旦。

遂因是而日滋也。惟能敬以直内，则静时存养，动之所本者已立，动时省察，静之所存者不虚。圣学之功，未有不由于此者。夫立志者，《大学》之“知止”也；扩识者，《大学》之“格”“致”也；存理者，《大学》之“诚意”“正心”“修身”也。志大则不安于小成，识扩则不惑于歧途，理存则不杂于物欲，由是而齐家，而治国，而平天下，是亦何有①也哉？学者不可不知之也。

（罗泽南撰，符静点校：《罗泽南集》，岳麓书社 2010 年版，第 45－53 页。）

评析

以上所选是《罗泽南集》卷三所收七篇“论”中的四篇。写作年代不详，大约作于道光十六年（1836）至二十五年（1845），可视为罗泽南《人极衍义》的提纲。

罗泽南思想的突出特色是维护程朱理学而贬黜阳明心学。但罗泽南对于程朱理学并非单纯复述和盲目信从。我们从以上选文可知，他在继承程朱思想时实有一种很精微的修正与发展。

在本体论上，罗泽南一方面坚持“理”对于“气”的“统摄”“主宰”，另一方面又特别强调理气不可分离。理与气的这种关系，罗泽南在《人极衍义》《读孟子札记》等书中将其概括为“不杂不离”。这个说法来自朱熹。但朱熹实以“不杂”为基点来讲“不离”，即将理气先分为二然后组合为一，所以他说“理在气先”，“未有天地之先，毕竟也只是理”。罗泽南却是在“不离”的基础上来讲“不杂”，在坚持理气统一的前提之下来讲理气之别。所以他虽坚持理对气的超越性，却从不离开运动变化着的气即现实世界来讲这种超越性。他也说“天地会有尽时”而“理”仍在，但这并不是说理可以

① 何有：何难之有。

离开天地万物（气），而是说即使目前的这个天地没了，也会有“继此而为天地者”，那时的天地仍有着同样的“理”。在他看来，坚持理气不离，反对理在气先或气外，正是儒学与佛老之学的根本区别。严格地讲，对于主张“理在气先”的朱熹而言确可说是理气“不杂”，对于反对“理在气先”的罗泽南而言，“不杂”的说法并不准确，而当说为“不一”（“不离”则是“不二”）。罗泽南没有修正朱熹的说法，但修正了其实际内涵，真正贯彻了理气有别而又统一的思路。“理气不杂不离”是罗泽南的核心观念，也是准确理解其思想、把握其特色的关键所在，以下还将详细分析。

在人性论上，罗泽南也像朱熹那样坚持天命之性与气质之性的区分。但对朱熹来说，天命之性与气质之性是先后实存的，是先有天命之性，它堕入气中被污染才有气质之性。但对于罗泽南来说，前者就在后者之中，它们是理一分殊的关系。朱熹是自上而下地思考，以“不杂”于气的天命之性为基点讲气质之性（正如他以“理气不杂”为基点来讲“理气不离”），故从负面来看气质之性。罗泽南则是自下而上地思考，以“不离”于气的气质之性为基点讲天命之性（“溯其大原”），后者乃是前者发展（“复反”）的理想与目标。罗泽南所谓“大原”指“本然之理”，“本然之理”即本体，亦即固有之“规模”（发展的可能性）；他所谓“复反”当然谓复归，但不是指倒退到“理”的原初状态和自然状态，而是指上升到“理”被充分实现的理想状态，即所谓“极其规模之大”而“尽其节目之详”（《西铭讲义》）。所以对于罗泽南来说，气质之性只是修养的起点，并无负面意义。罗泽南也因此更多地讲“养”气而不是“克”气 。可见罗泽南虽然接受了朱熹的“气质之性”概念，却修正了朱熹“贵性贱气”的理论思路，维护了气的正当性。在这一点上，罗泽南与胡宏、王船山是一致的。

在体用论上，罗泽南也不同于朱熹。朱熹讲“用”可以与“心”无关，但罗泽南讲“道之用”必是“心”来运用其本具之“理”——“率其性之本然，发之于日用事物之间”。又因作为由体达用之中介的心“出入无时”，所以体用虽一致却非现成，要想“体用兼备”，必须通过包括“养心”在内的“体道之功”。也就是说，在本体论上固可由体至用地讲，在修养论上却必须由用至体地讲。因此，很自然地，“养心”“治心”成了罗泽南修养论的一个重要内容。这种修养论的基础正是体用不二不一论。罗泽南对于体用论的这种理解以及对于“养心”的高度重视，与胡宏的思路颇为相近。罗泽南又多次说“达而行道于天下……穷而明道于万世”，这与胡宏所谓“达则兼善天下，穷则兼善万世”也完全相同。

在修养论上，罗泽南虽然像朱熹那样主张“穷理”与“居敬”并重、存养与省察交修以及“知行并进”，尤其强调“格物”“致知”的重要性，但同样在一些关键环节上有所修正和发展（详后）。

罗泽南的好友刘蓉在《人极衍义序》中说：“仲岳生僻壤，处约食贫，未尝有先达者为之倡，而独能寻濂洛关闽之旨，笃信谨守，卓然有以自立而不疑，盖古所谓豪杰之士者。”其实罗泽南尊崇程朱而贬斥陆王并不奇怪，恰恰是因为他“生僻壤”而“处约食贫”。唯因长期“处约食贫”，才更需要解决人生价值问题而获得精神上的支持与动力；唯因“生僻壤”，才只能以崇朱抑王这种在当时占主流的意识形态作为思想资源。罗泽南真正可贵的地方是在笃信程朱思想时“卓然有以自立”——不仅在躬行践履上，更在思想的探索与突破上。当然，突破并不是反对，而是古人所说的“善继”“善述”，是“有所变通而非叛，有所致疑而不轻”。在这方面，罗泽南很像张栻，虽然颇受程朱思想影响，却能自成一家、自具特色。在后面的选文中我们将会看到，罗泽南的基本思路与张栻极为接近。正因如此，罗泽南的思想资源虽与之前的湖湘哲学家不尽相同，但其思想旨趣与湖湘哲学传统高度契合。

表面看来，罗泽南的思想似乎缺乏鲜明的时代色彩，若将其言论置于宋明理学家的著作中，很难分辨这竟是清代道光年间的思想。但这正好表明，在继承固有思想传统和探索“大本大原”上，罗泽南足以代表他那个时代所达到的深度。这一点特别重要，因为“用”可以且应当千变万化，“体”却只会是常道。唯据此常道，方能开出真正的“有用之学”。罗泽南明确说，

“经济之学”固然不能不讲，但“必依大本大原上做去，始为有用之学”（《与谭砚农书》），否则“语经济，则惟考求乎海防、河务、盐法、水利，以待用于斯世，明德新民之学视为迂疏矣。迹其所学，似胜于窃取富贵者之所为。究其所为，要皆从功利上起见。是以所见日陋，所行亦日卑”（《寄郭意城书》）。罗泽南虽未大讲“经济之学”，但在地理学方面有专著《皇舆要览》，对全国山川河流详加介绍并绘制了涵盖山脉、河川的地形图，又着重讨论了与之相关的水利、军事、财政诸事。此书为他后来带兵时确定根本的战略构想和具体的战斗部署提供了极大的帮助。罗泽南的许多弟子也是从这种“体明”而后“用达”、“本深”而后“末茂”的思想出发成长为卓越的经世之才。近代湖湘哲学之所以能够成为“体用兼举”之学，就是因为它不仅非常强调“用”，也高度重视“体”。

人极衍义
（节选）

天、地、人，一太极也。至哉道乎！无声无臭；纲维二五，根柢万化。①至诚无息，天以诚而运也；至顺有常，地以诚而凝也。乾知大始，坤作成物，民受其中②以生，真实而无妄者也。继之者善也，成之者性也，浑然中具，不偏不倚，分而为健顺，判而为五常。五常一健顺也，健顺一性也，性则与天地同此一理也。其未发也，真而静；其既发也，顺而达。性存于中，情自著于外也。事万殊而理一，万物一太极也。理一本而万殊，物物一太极也。（一百八十九页）

① 二五：阴阳与五行。根柢万化：作为万物变化的根源。
② 中：此指天理。

盖理也者，所以宰夫气者也；气也者，所以载夫理者也。无理，气无所宰；无气，理无所附；二者不相杂亦不相离者也。是故阴阳异位，道无往而不存也；动静殊时，道无往而不在也。散之万殊，统之一致也。（一百九十页）

……盖天地人同一太极也，理之一也；天地人各一太极也，分之殊也。其分殊，其理一，分之有畛，合之无间也。由是观之，太极之在天地，远而难明者也；太极之在吾身，近而易见者也。明乎吾身之太极，天地之太极不外是矣。周子曰："圣人定之以中正仁义而主静，立人极焉。"（一百九十页至一百九十一页）

人性皆善，何以人之善、不善若是之不同与？曰：性善者，天命之本然也；有善、有不善者，气禀之各异也。气有清有浊，斯人有智愚也；有纯有杂，斯人有贤否也；有强有弱，斯人有勇怯也。故上哲之资清而纯，下愚之资浊而杂，其中人，则毗阴毗阳，或静或躁之不同。气禀拘于生初，物欲蔽于后起，斯人之才遂至于千变万殊而不可纪极。然而物与人分明暗也，圣与凡分通塞也。暗者不可使之明，塞者犹可使之通。气质之性，君子终不为所囿者，变化之道，是在乎人为也。尽性则人事皆天，好学则气质无权。（一百九十一页）

立一身之主宰而提万事之纲者，其维心乎？心也者，理之舆也。事物未至，理具于心；事物既至，心即运此理以应之。其静也，动之理所由存；其动也，静之理所由发。视也、听也、言也、动也，皆心之所统摄也，蔽交于前，其中则迁也。君臣也、父子也、夫妇也、昆弟也、朋友也，皆心之所因应也。彝伦攸斁①，本心以丧也。仁民也、爱物也，皆心之所运用也，一物

① 彝伦攸斁（dù）：伦常败坏，语出《尚书·洪范》。

不得其所，则心有所不忍也。心之为物，灵变不测，出入无定时也，因应无定在也。放而纵之，茫然莫知其所至也；苦以拘之，又急迫而不能久也。御之以理，而居之以敬，动静交修，内外来持，庶能保之而不失耳。（一百九十二页至一百九十三页）

嗟嗟！心与迹非判然而为二者也。存其心，所以为应事之本也；敬其事，所以安其心也。徇乎物欲而不返者，邪也；忧其力之所不能思、其智之所不及者，妄也。屏见闻、绝思虑，以求其心之不动者，桎梏其心者也；去日用、弃人伦，直指此心，见性成佛者，戕贼其心者也。其体不立，其用不行，乌可言养心？然则心不绝乎物，亦能不累于物乎？曰：不累也。常人之心，役于物者也，物胜则理灭，心为物夺也。君子之心，役物者也。因物付物，顺乎理之自然也。事物未至，心无所将迎也，鉴空衡平，至正而不倚也。事物既去，心无所系恋也，电收雷敛，一过而不留也。即当万念杂沓、众物纷纭之际，一事有一事之理存，一物有一物之理在，随其所至而应之，于己无与也。……事无大无小、无久无暂、无常无变、无难无易，顺理而行，自无所动于心也。必扫除天下之事，而后无所累于心，顽石也、坏木也、朽壤也、髑髅也，一无所用于世者也。一无所用于世，天壤之间又何用有此人为哉？（一百九十三页）

二帝三王之法本于道，二帝三王之道本于天。大经大法，万世所不能外，而其制度文为则必随时而损益。禹、汤、文、武即生今日，夏、商、成周之制亦有不能尽行者。道无古今，用有古今也。必泥其迹而行之，非通儒之经济矣。……（一百九十七页）

今夫天之所以赋于人者，未尝有一人之或异也。何人之能立极者，不数见于天下耶？虽曰气禀之各殊，亦由学术之不正也。三代以还，圣教充塞①，物欲纷炽，邪说流行，相尚以浮，相诱以利，相倾以势，相轧以诈，相矜以奇，相高以异，先王之道愈蚀愈晦。是故尚词章，务记诵，身心之学不事讲求者，弃天者也。矜夸诈，逞机变，崎岖反侧②，不即乎义理之安者，欺天者也。急功利，图近效，补苴欢虞③，无复远大之模者，亵天者也。崇尚虚无，厌弃礼注，仁义礼智悉视为后起之数者，逆天者也。梦幻天地，微尘法界，君臣、父子、夫妇、昆弟之伦一切弃之不顾者，叛天者也。以讲习为支离，以事物为外累，言顿悟、言心宗，超凡入圣，不事下学者，贼天者也。其心愈私，其性愈漓；其说愈高，其教愈偏。学术既坏，世运随之。生民之祸，遂有不可胜诘者矣。嗟乎！继善成性，天无所吝于人也；坏法乱纪，人自有亏于天；人之罪，非天之过也。俗学不黜，异学不熄，欲求立乎其极，是欲之闽越而趋陇蜀也，安望其能至也哉！（二百零五页）

（罗泽南撰，符静点校：《罗泽南集》，岳麓书社2010年版。）

评析

罗泽南从道光十六年（1836）开始服膺并研究理学思想，师从湘乡王安辅（字笎云，号星垣）。次年，他于课读之暇将其心得写成《常言》一书，道光二十七年（1847）改定并更名为《人极衍义》，明确表示该书是继承和发挥周敦颐推原太极而归本人极的思想。罗泽南非常推崇周敦颐，曾说“不有濂溪子，谁开宋代贤”。他对周敦颐思想的理解，主要是通过朱熹的诠释。故其《人极衍义》反复发挥“万物一太极”“物物一太极”这种理一分殊的思想，并由此明确提出理与气“不相杂亦不相离”，又据此指出天命之性与气质之性“不相杂亦不相离”。我们应特别注意的是其以“养心”为核心的

① 充塞：堵塞。
② 崎岖：此处形容内心曲折诡秘。反侧：反复无常。
③ 补苴欢虞：苟安于欢娱。

修养工夫论。

罗泽南非常重视人“心”的地位。他认为，“心”是“立一身之主宰而提万事之纲者”，一切行动“皆心之所统摄”，一切行为“皆心之所因应”，人身所具一切天理亦“皆心之所运用”。也就是说，“心”是理与气或理与事、体与用达到统一的中介。因为人“心”虽是气，却是“天地精英之气”，是“气之灵”——能够自我觉知自身所具“性理”的气（《姚江学辨》卷一），用现在的术语说，“心”是具有自觉能力和自由意志的主体。因此，虽然在本体论上可说“理能宰制此气”，但对于现实的个人来说，本体之“理”要想真正实现对于气的主宰或者说由体达用，必须通过作为主体的“心”。“理”或“性”是本体而不是主体。不过，“心”虽然能够成为主体，但每一个体之“心”却并不必然成为主体，因为“心之为物，灵变不测，出入无定时也，因应无定在也”——“心”是自由的，也可以放弃自己的自由。每一个体要想真正成为自由的主体，必须“治心”“养心”。

罗泽南认为，“养心”的途径是“穷理”“居敬”。在这方面，罗泽南思想的突出特点是强调不能离事养心。“存其心，所以为应事之本也；敬其事，所以安其心也”（《人极衍义》）。他在《与谭砚农书》中说，“事之所在即为道之所在”，“天下无事外之道”，因此处己接物无非学问工夫，也无非“存心”“养心”工夫。他在《与刘孟容书》中更说：“宇宙之事，无一非至理之所在。吾人为学，固当于身心下工夫，而于世务之繁琐、民情之隐微，亦必留心穷究，准古酌今，求个至是处。庶穷而一家一乡处之无不得其宜，达而天下国家治之无不得其要。此方是真实经济，有用学问。使徒自说性说天，而不向事物上穷求，虽于本原上有所见，终不能有济于实用也。”——正因心不离事，所以养心过程同时就是由体达用的过程。也正因“养心”工夫要于每一事皆能穷其理而求其合理得宜，而一事有一事之理存，一物有一物之理在，故切实的修养工夫必然要注重“分殊”而能随宜适变。故说“道无古今，用有古今也。必泥其迹而行之，非通儒之经济矣”（《人极衍义》）。由此可见，正是心不离事原则，使得罗泽南的思想虽不着重讲经济之学却自然包括了对经济之学的讲求。正如后来曾国藩所说："苟通义理之学，而经济该乎其中矣。"罗泽南思想之所以虽重在"明体"却能导致"达用"的效果，其根本原因就在于此。

罗泽南认为，"养心"的最高境界是"无所动于心"。因为强调"心"不离"事"，故其所谓"无所动于心"，不是像道家那样"屏见闻、绝思虑，以求其心之不动"——他认为这是"桎梏其心"；也不是像佛家那样"去日用、弃人伦，直指此心，见性成佛"——他认为这是"戕贼其心"；而是指心在接物应事中"定"而"不乱"，是"事无大无小、无久无暂、无常无变、无难无易"，皆能顺义理以行而不为物欲所乱。比如说，不为贫贱易其志，不为富贵变其节，不为俗说所牵引，不为俗情所摇夺，不为艰难困苦而欲速躐等，不为事变纷然而悖理任气，等等。用罗泽南在《又答高旭堂书》中所阐述的"养心"之道来说，只有"精其心"而不"粗"、"永其心"而不"躁"、"宏其心"而不"隘"、"一其心"而不"杂"，才算是定而不乱。总之，定是以理而定，乱是因欲而乱。只有修养到心理合一才能心定，只有心定才能性定、气定，从而真正挺立"人极"。在罗泽南看来，这就是周敦颐所谓"圣人定之以中正仁义而主静"的真正意思，也是孟子所谓"养气""知言"而达到"不动心"的实际内涵。

这种以能"定"为境界和标志的修养论，是罗泽南思想的一大特点，也是他一生得力处。他说自己之所以能有军事上的建树，就是因为一向重视"养心"而能"危急时站得定""不动心"。他平日勉励友人、教育子弟，总是强调要"站定脚跟"、要"守得定"；他的临终遗言，同样是讲"乱极时站得定，才是有用之学"。

从精神旨趣来看，罗泽南对于"心"的看法及其养心论实接近于胡宏、张栻的思路。他们都强调"心"的主体作用却不将其视为本体，都重视"养心"而又坚持心不离事；至于罗泽南所说的"定"而不"乱"，实即胡宏所谓"直造寂然不动之地"（《与张敬夫》），亦即张栻所谓"无所为而然"（《孟子讲义序》）。

姚江学辨

（节选）

孟子言性善，后世论性者纷纷不一。至宋儒分言义理之性①、气质之性，道始大明于天下。盖人性皆善，因乎义理之同。然其心有善恶之不同者，气质各殊故也。虽曰天命之理不离乎气之中，要之理自理，气自气，实有不相蒙者。……阳明不然②宋儒之分言气质，以为理即是气，独不思乎孔孟之言理与气，早已判然也哉？且夫理至一者也，气不一者也。气运有古今，道③不以古今而殊也；风气有南北，理不以南北而异也；气数有寿夭穷通，理不以寿夭穷通而增减也；气禀有智愚贤否，理不以智愚贤否而加损也。果如阳明之言，则尧舜性之，汤武身之，其禀气之清者，故其理亦善也；熊虎之状、豺狼之声，其禀气之恶者，即其理之恶也；中人之性，可以为善，可以为恶，亦其理之有善有恶也；凡天下之人，有躁气，有暴气，有乖气，有戾气，有惰慢之气、嚣张之气、邪靡之气、噍杀之气，皆不得谓之为非理矣。匪特主持风气、挽回气运与自立乎气数之学可以不必，即变化气质之功，亦可以不用矣。尚得成其为人乎哉！夫学阳明之学者，无论矣；明儒之中亦有力诋阳明为禅为佛者，而于理气合一之说，终不敢以为非，抑亦未之思耶？（卷一，二百一十四页至二百一十五页）

……心也者，理之次舍也。万事万物之理，莫不具于其中。事物之来，心顺此理以应之。故张子④“心统性情”之说为最密。阳明独谓心即是理，盖不知性之所以为性，与心之所以为心耳。今夫性有善无恶者也，心有善有恶者也。曰慈祥、曰恭敬、曰裁制、曰精明，心之能顺乎理而不失者也；曰

① 义理之性：也称天命之性。
② 不然：不以为然。
③ 根据上下文之意，此处“道”字或作“理”字。
④ 张子：张载。

残忍、曰放肆、曰柔懦、曰昏昧，心之贼乎理而不顾者也。合心与理而为一，直混善与恶而为性矣。……（卷一，二百一十五页）

……夫天理者，万事万物之理也。至善者，尽夫天理之极，而无一毫人欲之私，事事物物做到恰好处也。理本于天，具于心，散见于万事万物。无理则事物无其则，无事物则理无由见。孔子教人，不尝言天理也；究之其终日所言者，无非天理之所在。……行之于身，物物悉见乎天则；推之于世，事事悉彰乎天性。言甚近，道甚切也。舍事物而别有天理，则孔子之所言所行，皆出天理之外矣。阳明令人存天理、去人欲，终不指天理为何如；又言至善只是“纯夫天理之极”，不必求之于事物。则其所谓天理者，果何物哉？间尝①即其言思之，而后知其所谓天理者，非吾所谓天理也；其所谓至善者，非吾所谓至善也。……盖所谓天理、所谓至善者，只是养得此心极虚极灵，光明洞彻，莹莹净净，一尘不染，一丝不挂，外来事物不稍著于胸中；及乎事物之至，吾心之明觉自能照之，梦幻泡影皆不足为本体之累。此是阳明正眼法藏也。圣贤之言天理皆实，故可即事物指点。阳明之言天理皆虚，实难以言语形容；且显言之，则人直目为外氏矣。然而其所以不言者，正其所以显言之耳。嗟乎！佛氏讳言天理者也，言之则指为理障矣；阳明好言天理者也，其所言者仍不出佛氏之空虚矣。窃我之言，谈彼之道，所谓愈近似愈乱真也，可畏也哉！（卷一，二百一十七页）

……人得天地之理以成性，即得天地精英之气而为心。心之为物，虚灵不昧，性之具于其中者能烛照而不差。事物之来，心即运此理以应之。能知者，气之灵也。所知者，心之理也。……阳明谓良知即天理即本体，盖误认气为理矣，误认心为性矣。孟子之言岂如是哉？且也，人禀二五之气，有或清或浊之不同，故其心之所知，有或广或狭之各异。……试即天下之人观之，

① 间尝：曾经。

事有知其大纲而不能知其细微者矣，有知其一偏而不知其全量者矣。且有语以一理，多方导之而不能悟者矣；投以一事，竟日思之而不能会者矣；彼其心岂无良知哉？特以资有所蔽，而不能遽知耳。孟子言“知言”“知性”，言“博学”“详说”，尝示人以学问之道，盖必有学而后可以充其知，固未尝以此良知遽欲人废学也。阳明则谓人人有此良知，是便知是，非便知非；且谓至诚之聪明睿知，是人人皆有底。诚如是，天下皆圣人矣，天下皆生知矣。……捐弃学问，徒恃良知，孟子之言又岂如是哉？……（卷一，二百一十九页）

明明德，纲也。格、致、诚、正、修，目也。目虽有五，只完得明明德一事。明德虽一，工夫实各有其节次。必此五者之兼尽，而后明德始明。身曰“修”，心曰“正”，意曰“诚”，知曰“致”，物曰“格”，节节有工夫在，此功之不可阙也。曰“先”、曰“而后”，工夫如是之循循做去，此序之不可乱也。阳明谓身、心、意、知、物“只是一物”，格、致、诚、正、修“只是一事”，条理、工夫实无先后次序之可分。夫既是一物，《大学》已先言个明德矣，何必复言许多名目乎？既是一事，《大学》已先言个明明德矣，何必复言许多节次乎？是明明德于天下一节，亦几赘而又赘矣。……理无内外之殊，工夫实有内外之辨，固有不可浑同者。至于诚、正、修，行上工夫也；格、致，知上工夫也；知之与行，古圣贤无不分晰言之。……昔人谓宋儒乐言分晰①，明儒乐言浑同。夫宋儒非乐分晰也，理一而分殊，不知乎理之一，无以见人道之大原；不辨乎分之殊，则理之一者亦莫可捉摸也。岂仅宋儒乐言分晰哉？古今圣贤亦莫不言之也。试观阳明之所欲浑同者，知行合一也，博约合一也，理气合一也，心性合一也，动静合一也，已发未发合一也，明德新民合一也，格致诚正修合一也。其所欲合一者，自宋儒始分言之乎？抑自古圣贤分言之乎？古圣贤必分言之者，欲其一一完诸实际也。阳明必浑同言之者，必如是而后可以托空归寂也。……（卷二，二百三十九页至

① 分晰：分析。

二百四十页）

……颜渊问为仁，孔子不言“克己为仁”，曰“克己复礼为仁”，盖克得己后尤须复礼，庶几不失其则也。人之为学如治田然，去稂莠固所以培嘉禾，然稂莠既去，犹必勤灌溉，尽栽培，始得嘉禾之畅茂，非一去稂莠而禾遂硕也。如治国然，去寇盗固所以保人民，然寇盗既除，犹必制田里以养民生，设学校以复民性，兴仁、兴让，底于①至治，非一去寇盗遂无事也。能减一分人欲，固能复得一分天理。然天理者，一本而万殊，事事物物各有当然之则，必须精察力行，方能中乎矩矱。是人欲虽减，而天理中尚有工夫在也。佛氏清净，尽有无私心者，终不可谓之道，未复乎理故也。在本体上论至善无恶，不可言增，亦不可以言减。在工夫上论去恶，则日求其减，减之又减，以至于无，则本体不杂矣；为善则日求其增，增之又增，以至于无所不用其极，则本体乃充矣。非有增于本体之外也，始犹未能尽善，增则善量可复，孟子所谓“增益其所不能”也。阳明谓吾辈用功不求日增，只欲日减，减去恶念，便已千了百当，不复向天理上做工夫，自矜洒脱，自矜简易，不知已倒戈于禅和矣。② 噫！（卷二，二百四十八页）

古今之深诋朱子者，莫如王阳明一人也。人皆谓其致良知之说与朱子格物致知异，而不知其所以与朱子异者不仅在格物致知也。……然则阳明之所以异于朱子者，又何在与？曰：其本体异也，其大用异也。体、用之异可得而辨与？曰：朱子以性为有善无恶，阳明以性为无善无恶也；朱子以性为理，心不可谓之性，阳明以心为性，吾心之灵觉即天理也；朱子以仁义礼智为性之本然，阳明以仁义礼智为心之表德③也，此本体之所以异也。若夫善念之发，朱子以为率性，阳明则谓心体上着不得些子善念也；好善恶恶，朱子以

① 底于：至于，终于。
② 倒戈：放下武器，即向敌人投降。禅和：参禅者。
③ 表德：表现出来的德用。

为皆务决去而求必得之，阳明则谓心之本体本无一物，着意去好善恶恶又是多了这分意思也；万事万物，朱子以其理皆具于心，日用伦常各有当然之则；阳明则以事物为外来之感应，与心体无涉，以事事物物各有定理是为揣摩测度于其外也。此大用之所以异也。盖惟性善则实，实则万事无不实，故必下学上达，而后能优入乎圣域，此格物致知所以为明善之要也。性无善则虚，虚则万事无不虚，故一悟本体即是工夫，此"即物穷理"阳明所以视之为外也。两家意旨如冰炭之不相入，此是则彼非，此非则彼是，势有不可两立者。向使仅格物致知与朱子异，所以言全体大用者无不同，则所以不同者虽偏，而其所以同者尚不失为圣贤之道。孰知南辕北辙，其相悬殊已至于此哉！嗟乎！古之佛老犹在吾儒之外也，后世之佛老则在吾儒之中，以其阳儒而阴释也。昔之阳儒阴释，犹以佛老之理隐托乎圣贤之道也；今之阳儒阴释，则直以圣贤之道折入于佛老之中。……（卷二，二百六十五页至二百六十六页）

……夫人之学，不患本体上不明，只患工夫之不至；工夫不至，于本体终有亏也。不患理一处不合，只患分殊处有差，则理之一者不完也①。未至真积力久之候，而骤语之以一贯，则其所谓一贯者，不几空虚而无据哉？至谓"体用一原，体未立，用安从生"，其说似矣。不知圣贤所谓体用一致者，是言乎性情之德，有此大本存于中，故有此达道著于外也。若夫用功之序，则必由粗而及精，由博而反约。不历阶级，超凡入圣，岂圣人教人之法哉？（卷二，二百六十八页）

（罗泽南撰，符静点校：《罗泽南集》，岳麓书社 2010 年版。）

评析

《姚江学辨》是罗泽南于道光二十四年（1844）所作，其时他正在长沙

① "则理之一者不完也"前疑脱"分殊有差"四字。

著名乡绅贺修龄家做塾师。“姚江学”即阳明心学（王阳明的出生地是浙江余姚，为姚江所经之地，后人遂以地望称之），“姚江学辨”意指对阳明心学的分析和批判。此书是罗泽南的名著，分为两卷，共42节，每节都先列出阳明的相关言论，然后予以辨析和驳斥。其批判深度可与王船山媲美，且较王船山更为系统而集中。钱穆评价说，“自来攻击阳明，未有如罗山之严正明快者”，且“皆确然有见，非拘拘于门户之为见也”。

罗泽南崇朱黜王，首先是当时占主流的意识形态尤其是湘学风气使然。宋代理学是清代的官方意识形态，自长沙人唐鉴提倡理学以来，“湖南学者皆宗紫阳而黜姚江”（《清儒学案》）。唐鉴的《清学案小识》就是崇朱黜王的代表作（但此书完成于1845年，尚在《姚江学辨》之后）。其时湘籍学者如曾国藩、刘蓉、孙鼎臣等人亦多如此，罗泽南即是受此风气影响。他们都认为，“吾道之兴废”关乎“世运之盛衰”，正是学术不正直接导致了世运之乱与生民之祸，阳明心学恰恰就是这样一种似是而非、影响极大的学术，因此必须予以严斥。罗泽南明确地说，自己之所以要系统驳斥阳明心学，就是因为它“窃禅门之宗旨，乱吾儒之正道，虽经前人议论，而其中之似是而非者，尚未能一一剖析，故曾为明辨之。固非攘臂于已毙之虎狼，而欲居其除害之功也”。

但罗泽南作《姚江学辨》除受时风影响之外，还有一个重要原因。他与阳明心学一样高度重视“心”的地位，要想站在他所理解的儒学立场上理直气壮地讲“心”重“心”而又与阳明心学划清界限，就必须对自己与阳明关于“心”的看法以及由此引出的一系列观点的根本差异做出详细辨析。罗泽南对同样重“心”的佛禅之学加以批判，也是出于这个原因。其实，从胡安国、胡宏父子到张栻再到王夫之的湖湘哲学传统，之所以特别注重批判佛学或心学，其内在思想上的缘故也大抵如是。湖湘哲学传统在中国哲学史上的一个重要贡献，就在于它以一种不同于心学和佛学的思路维护了“心”的重要性，使“心”在儒学思想中的合法地位不因人们对心学和佛学的批判而根本丧失。

罗泽南说，之前崇朱黜王者，都只注意到王阳明的格物致知论与朱子不同，其实阳明与朱子在本体论、人性论、体用论、工夫论上都是南辕北辙而“势有不可两立者”。他认为，阳明心学错误的根源就是在本体论上“误认气为理”而主张“理气合一”，从而在人性论上主张“心性合一”，在体用论上主张“动静合一”“体用合一”，在工夫论上则主张“知行合一”“博约合一”“格致诚正修合一”“明德新民合一”，等等。罗泽南认为，所有这些“合一”其实都应该说是“不杂不离”或“不二不一”，是一种非现成的“合一”，是必须通过无限的修养工夫才能达到的理想境地。因此若是遵循阳明心学而直接讲“合一”，势必抹杀现实差异、取消修养工夫及其不容紊乱的“节次”，不仅不能真正达到“合一”，还从根本上导致人心从欲不循理，大道之晦、世运之乱、生民之祸遂不可底止。他批判阳明心学的最终理据就是理气“不杂不离”这一本体论观点。他认为，阳明乃是基于“理气合一”的本体论来讲“心”及相关问题，朱子（其实是罗泽南自己）则是基于“理气不杂不离”的本体论来讲“心”及相关问题，“理与气不相杂亦不相离，故心与性本为二而亦为一”（《读孟子札记》卷二）。

综观细察罗泽南的全部言论，“理气不杂不离”论（其中也包含了“心性不二不一”论）正是其整个思想大厦的基石，他的主要思想都是由此核心观念而展开，其思想特色及与程朱理学、陆王心学的异同也都源自此核心观念。在这方面，他也许受到了明代著名哲学家罗钦顺（1465—1547，号整庵）的影响。罗钦顺既是朱子学的继承者与修正者，又是阳明心学的较早批判者之一。他虽尊崇朱熹，但反对委曲迁就而主张一种修正和发展的态度。他从理依于气的立场出发，认为朱熹虽说理气“不杂不离”，其实在观念上仍有理气割裂之嫌。他主张：“理须就气上认取，然认气为理便不是。……只就气认理，与认气为理，两言明有分别。若于此看不透，多说亦无用也。”（《困知记》卷下）罗泽南所属的家族是从罗钦顺的故乡江西泰和迁来的，他们是同宗，故其《泰和谒罗整庵先生祠》一诗说：“吾宗原自豫章衍，细认渊源守旧模。”意谓作为罗钦顺的后代，应在思想上继承他，其中当然包括对王阳明和朱熹的态度。

罗泽南对于朱熹理气“不杂不离”论的理解正同于罗钦顺，既坚持“只就气认理”，又反对“认气为理”。他认为，“气”是具体的现实和有待改造的自然，千差万别、千变万化而“有善有恶”，具有自然性、多样性、变化性、特殊性；“理”则是“气”的“大原”“纲维”与终极理想，是“大同”“至一”且“纯善无恶”，故高于“气”而具有理想性、价值性、统一性与普遍性。简言之，气与理的区别即是现实与理想的区别、自然与文明的区别，同时也是“理一”与“分殊”的区别。所谓“理气不离”是指整个世界和具体事物都包括这两个方面。但“不离”并不等于“合一”。“不离”包含两种情况，一是理为气所蔽、不得敞显而只是潜在，二是理为气所顺而得以充分实现（“如燃烛于琉璃灯中，光辉自然发越”）。只有后一种情况才叫“合一”，但最初的现实和人性的自然状态却是前一种情况。因此“理气不离”只为理与气提供了“合一”的可能性，要从“不离”到真正的“合一”还有非常遥远的距离。这段距离只有“心”这种特殊的存在才能克服。“心”要想克服这种距离，必须通过“穷理”“居敬”的工夫来“养心”，达到与理“合一”。因为“理本于天，具于心，散见于万事万物”，所以“养心”过程只能是“分殊”过程，不仅要历经万事万变、精察力行事事物物之“理”，而且要遵循每一事物的条理和事物之间的次序，绝不可能“不历阶级”、不需工夫便能自然“合一”而“超凡入圣”。

罗泽南将“气”具体分为气数、气质、风气、气运四种，除气数（如生命之寿夭与境遇之穷通）外，其余三者都可通过“养心”而宰之以理从而改变提升之。至于“操之自天”的气数，人虽不能改变，但也能依理对待而不为其所动所乱，此即“自立乎气数”。显然，只有坚持“理气不杂”，养心工夫才有必要，人生旅程也因实现理对气的“主宰”“统摄”或“自立”才有其价值与意义。

由此可见，罗泽南之所以特别强调“理气不杂”，实是为了反对现成的“理气合一”论，以突出“心”的价值以及养心工夫的必要性与复杂性。如果“合一”是现成的，就不需要心的居间努力，更不需要艰苦而复杂的养心工夫，因而也就不能体现心的价值、修养的价值以及整个人生努力的价值。当然，由“理气不杂”走向“理气合一”，也必以“理气不离”为前提，若是根本分离，则心无论如何努力亦不能使之“合一”。同时，也正因“理气不离”，而气具有分殊性，所以要想实现“理气合一”，就不能因为本体的“理一”而在工夫上无视必须面对的“分殊”之气与“分殊”之理。

罗泽南的上述观念也与其人生际遇密切相关。他不仅因为长期场屋失意而极其贫困潦倒，且频频遭遇家庭变故。据其《殇侄殇子哀辞》记载，道光四年（1824）冬天，他结婚时家中大小共十三人，可是次年就遭丧母之痛，“又明年兄与嫂丧，又明年兄之女丧，不三年，死者四人”；道光十年（1830），他最敬爱的祖父去世，在接下来的两年中，他的两个儿子和一个妹妹也夭折，又是“不三年，死者四人”；道光十五年（1835）夏，他再次“院试不售”，又再次遭逢丧子丧侄之痛。故自道光五年（1825）以来，“十年之中，前后死者计十人，存者仅六人”（《殇侄殇子哀辞》）。仅存的六人中，在家的只有三人，其中“父年已迈，妻则耳目不能视听、病不休，余迩年亦多疾，腰背酸痛，家贫不能购良药以自治”（《殇侄殇子哀辞》）。此种人生际遇真可谓“屋漏更遭连夜雨，船迟又遇打头风”。在这种情况下，要想精神不崩溃，必须解决人生价值问题。所以，毫不奇怪，罗泽南就是从次年即道光十六年（1836）开始信奉程朱理学，并且从一开始就接受了“理气不杂不离”的思想（虽然当时尚未明确使用此一术语）。他正是通过这一思想解决了人生价值问题，建立了精神支柱。正如他在《寄谢大春池书》中所说：“饥寒交迫，变故频加，泽南之贫较阁下为更甚。然而人有所甚不贫者，其尊也超乎势利之外，其荣也得之有生之初。故气数之命，操之自天，人所不能强也；义理之命，予之自天，操之自我，我欲为之，天不得而限之。……即困苦难堪，其心自坦坦荡荡，绰有余裕。”此后他之所以历尽险阻崎岖而不为世俗所动，之所以反复强调定而不乱，主张“竖起脊梁，站定脚跟，斩钉截铁”，“耐苦耐寒”，“勇力向前做去”，都是因为从“理气不杂不离”论出发找到了人生价值的根源和实现人生价值的具体方式。

读孟子札记
（节选）

天下事有理有势，势有可为不可为，理则无时可以或失。……（卷一，二百八十二页）

世俗之见，动谓儒术迂疏，不能切时势以立论。予谓善用时势者，莫如真儒之经济也。盖急小利，图近功，逐时逞势，以遂一己之私，每至坐失机会，不能成王业于天下，此甚暗于时势者也。惟道德之儒，本原素裕，时有可为，不难返运会于皇初；势有可凭，不难沛仁义于海内。① 盖有其德，则可乘时势；无其德，虽有时势亦难为功。……（卷一，二百八十三页）

人受天地之中以生，此理此气本是一齐付与，各无欠缺。缘人为物欲所锢，行事不能合宜，义理日丧，故气日馁。惟能克去己私，顾道义而行之，此事求合乎义，彼事求合乎义，义渐集而渐多，斯气渐生而渐长。故此浩然之气必由集义而生，非谓止行一两件好事便可掩袭②此浩然之气，便可当大任而不动心也。盖义积得一分，其气亦长得一分，义集到十分，气亦足到十分。苟事已九分九厘九毫合义，而有一毫未合，此理有一毫之缺损，此心即有一毫之愧怍，此心有一毫之愧怍，此气即有一毫之亏欠，亦不得谓浩然之气矣。事虽在外，而裁制之以合乎义者，则在乎心。告子不知义为吾心之固有，而以为外，则不能集义矣。不能集义而欲其生浩然之气，岂可得哉？（卷一，二百八十五页）

① 道德之儒：罗泽南将士人分为富贵之士、功名之士、道德之士三种，道德之士即道德之儒，代表人物是禹皋伊旦、孔颜曾孟。素裕：一向深厚。皇初：最初的帝皇，借指理想的三代。沛仁义：使仁义之道沛然盛大而流行无阻。

② 掩袭：袭取、冒袭。

问："人性皆善，此天命之本然也。惟气禀有清浊，故人有善恶之异。凡人胸中每有许多物欲夹杂在内，是气之污浊者为之耶?"曰：非也。如子所言，善是性中固有的，恶是气禀上带来的，是私欲亦人之所固有者矣。不知人之私欲，原傍这天理上生出。人性本善，缘为气禀所拘，此理遂不甚明，又不肯做存养省察工夫，是以流于私欲上去了，非气禀上带得许多私欲在胸中也。人欲之最切者，莫如饮食男女、宫室土地、货财爵位，然此数者，亦皆天理上之所有，为圣人所不能无者。圣人气禀清明，此理具足于中，无不洞澈，一心纯在义理上行，无太过，亦无不及。常人气禀既昏，发来遂不中节，非大过即是不及。稍过、不及，恶之萌芽；太过、不及，恶之究竟也。甚则为寇、为盗、弑君与父，亦由其蔽锢日深，去理愈远，本心梏没，至于此极。虽气禀有以蔽之，亦其心之放肆，自暴自弃而然耳。深养性之功者，祛其物欲，化其气质，则本然之善可复矣。（卷一，二百八十九页至二百九十页）

……理无定在者也，随其势之所存，莫不为理之所寓。昧乎势者，即昧乎理者也。……（卷二，二百九十四页）

古今之理一也，时殊势毕，则其事有不可行者，不能不随时而损益。故夏之制有不可行于商，商之制有不可行于周，周公于其事之不合者，则必斟酌尽善，无拂乎人情之宜，亦无悖乎天理之正，事虽不能与三王尽同，其道则未尝或异。后世去三代已远，制度礼乐无复有存，即生周公于今日，当日制作亦有不能尽行者。然亦必酌古今之宜，以尽法制之善，使天下生民得以遂其生、复其性。苟以有所不合，遂尽从后世苟且之政，举先王之法而尽废之，可乎哉?（卷二，二百九十九页）

格致是《大学》第一着紧要工夫。人必知无不尽，而后德无不全。未有其知偏，而其德能全者，亦未有其知不偏，而其德之成就止在一边去者。……其知有所未尽，故其德有所不全。孟子论群圣之德，终以智与圣并

言之，欲世之学圣人者，不可不先用力于格致耳。（卷二，三百零二页至三百零三页）

出、处、辞、受，各有其义在矣。是必深以精义之学，而后行之不差。……圣贤之道，至中至正，各有一定之则。惟平日物无不格，知无不致，事到面前，悉为分别将去，则酬酢万变，不至于乱。如此等处，经圣贤之所已言，可以考而知也。而事有为古圣贤之所未言者，是又在乎临时之裁制。天地间只此一个道理，看得熟时，亦可量度以取中也。（卷二，三百零五页）

理在天地间，初无偏全之分，有是气即有是理。气之清者，此理固无不存；气之浊者，此理亦无不在。惟其气有清浊之殊，故其理有明蔽之异。非必人得理之全，物只得理之偏也。……圣与愚，分明暗；人与物，分通塞。暗者犹可使之明，塞者不可强之通也。因其塞，而遂谓其所禀之理不全，则谬矣。（卷二，三百零六页）

程、张言气质之性，以禀受之初言也。孟子言夜气、言养气，以既生以后言也。人禀气有清浊，赋质有昏明，此殆天授，不可以人力致。及其既生，则气之清浊又能由我作主。盖人惟心静则气清，气清则理明；心纷则气浊，气浊则理昧。苟能加以省察克治之功，消其物欲，全其天理，虽始生禀受之气未甚清纯，亦可以自治而复其初。此人所以贵变化气质也。夜气、养气，正变化气质上工夫。……（卷二，三百零八页至三百零九页）

（罗泽南撰，符静点校：《罗泽南集》，岳麓书社2010年版。）

评析

《读孟子札记》是罗泽南继《姚江学辨》之后的又一力作，成于道光二十五年（1845），主要阐发“大道之行，天下为公”的王道论。

罗泽南与张栻一样认为，“义利二字，王伯所由辨，亦千古治乱所由分”，也像湖湘哲学前辈一样特别重视制度建设。他认为，真正秉持仁心公心治理天下的君王，就是在各个方面都为老百姓考虑，故其“治民之政”必在“养”与“教”两大方面“至纤至悉”。王道之所以不行于世，主要在于“在上者”心不正，只讲私利不讲公义，对于百姓之事“全不为之经理，惟严其法禁，密其文网，以把持之而已”（《读孟子札记》卷一）。他甚至认为，庸主和暴主一样乱天下、害天下，因为庸主虽然从表面看来无甚恶行，实则才德不足而导致“天下之纪纲法度尽堕坏于冥冥之中”，遂使天下所受之害不可胜言。这些言论归根到底是强调治国平天下当以“义”“理”而非以“利”“欲”为原则，即所谓“严理欲之防，而明义利之辨”。因此，罗泽南的王道论，同样是修养论的扩展。其修养论又来源于其人性论与天道论。对此我们已经有过不少分析，此处只着重讨论罗泽南对“气”的看法及相关问题。

罗泽南由“理气不杂不离”出发强调“理主宰气”或“以理御气”，又由此出发赞同天命之性（或“义理之性”）与气质之性（或“气禀之性”）的区分。这是他与朱熹相同之处。他与朱熹的不同之处是，不将“气”与“私欲”及“恶”直接等同起来。朱子学派认为，“惟气禀有清浊，故人有善恶之异。凡人胸中每有许多物欲夹杂在内，是气之污浊者为之”。但罗泽南认为，此种观点将导致一个严重的理论后果，即承认恶与私欲是人所固有，这便与性善论矛盾。罗泽南承认，有气禀就有清浊之殊，气禀之浊确会掩蔽此性而使“此理遂不甚明”；同时有气禀也就有欲望，无理以御之便会“发来遂不中节”而“流于私欲”乃至产生恶——“稍过、不及，恶之萌芽；太过、不及，恶之究竟也”。然而，气禀本有的欲望“亦皆天理上之所有，为圣人所不能无者”，而并不必然流于私欲；最初的气禀昏浊对于性理的遮蔽也并非一成不变。罗泽南坚信，只要肯做存养省察“养心”的工夫，“穷理以扩其识，戒惧慎独以定其性，一事一物必求其义理之所在”（《送左生孟香、仲立省亲徐州序》)，任何人都能明理循理并变化其气质，都能“复其本然之善”而“不失此太极”。也就是说，这一切都可由“心”做主而加以变化：“人禀气有清浊，赋质有昏明，此殆天授，不可以人力致。及其既生，则气之清浊又能由我作主。盖人惟心静则气清，气清则理明；心纷则气浊，气浊则理昧”，“气质之性，君子终不为所囿者，变化之道是在乎人为也。尽性则人事皆天，好学则气质无权”。因此私欲与恶并不是“气禀上带来的”和“人之所固有者”，而是源于“心之放肆”，源于不能“养心”，从而不能以理御气。

朱熹讲“变化气质”是为了“去恶”，因为他认为气质或气禀正是恶的根源，他到晚年甚至认为“气禀偏，则理亦欠阙了”(《朱子语类》卷四)。罗泽南讲“变化气质”，则是为了使之“为善”。他从“理气不离”出发，认为气虽有清浊之别，但其所具之理并无偏全之分。他说：“理在天地间，初无偏全之分，有是气即有是理。气之清者，此理固无不存；气之浊者，此理亦无不在。惟其气有清浊之殊，故其理有明蔽之异。非必人得理之全，物只得理之偏也。……圣与愚，分明暗；人与物，分通塞。暗者犹可使之明，塞者不可强之通也。因其塞，而遂谓其所禀之理不全，则谬矣。”意谓气只有“清浊之殊”，理只有“明蔽之异”，而皆无偏全之分。因此，朱熹所谓气有偏全以致理有偏全的观点实不能成立。在罗泽南看来，只有坚持这一点，才能从根本上坚持“万物一太极”且“物物一太极”的思想——这是他在《人极衍义》中首先就加以阐明并始终坚持的观点。这一辨正意味着气虽分殊不齐、清浊各异，却都禀有“理之全”，因此即使“气之浊者”也有其存在的正当性和自我提升的可能性，而并不是罪恶之源。这就从根本上维护了气的地位。

只有维护了气的正当地位，才能从根本上正视气。正视气并不是说凡气皆清皆善(不恶不等于善)，而是能够真正接受气之浊与蔽，并坚信它能通过“心”的努力而由浊至清，其所禀之“理”亦能由蔽而明。这种正视、接受和坚信，归根到底是源自对作为主体的“心”的信心，“心”也是气，且是“气之灵”。比较而言，朱子的思路是贱视气，阳明的思路是忽视气，罗泽南以及整个湖湘哲学传统则是正视气。贱视气源于过分强调理而忽视了心，忽视气则源于过分强调心并将其上升为理，正视气则源于同时考虑了它与理及心的关系。湖湘哲学传统的一个重要特点就是，坚持理—心—气是一个既相区别又相统一的整体结构，以此来论心论气，也以此来论理论道。

贱视气，则对它没有信心、不能接受而欲克之；忽视气，则对它不加重视，既不克也不养；正视气则重视它，一方面接受它而不克之，另一方面又相信它而养之。罗泽南对于气，总是说“养”而不说“克”。他也讲“克”，但所克者不是气而是私欲。其养气论有如下三个要点。其一，气如不养不以理御之，便只能流于躁气、暴气、乖气、戾气、惰慢之气、嚣张之气、邪靡之气、噍杀之气，“如无羁之马，无楅之牛，奔放触斗，而不可以复制”（《与蒋瀛海书》）。其二，养气的起点与关键是养心。心是“气之灵”者，只有它才具有自觉性而能明理，也才能统帅耳、目、鼻、口之气。因此只有通过“穷理”“居敬”来养心才能养气。其三，养气的最高境界是养成孟子所谓“浩然之气”。浩然之气必由“集义”而生，是“此事求合乎义，彼事求合乎义，义渐集而渐多，斯气渐生而渐长”；只有“义集到十分，气亦足到十分”，才能叫浩然之气，否则“此理有一毫之缺损，此心即有一毫之愧怍，此心有一毫之愧怍，此气即有一毫之亏欠”。

正因罗泽南正视气、重视气，故也重视由气形成的“势”。他所谓势，主要是指时势和地势。在他看来，理与势的关系也是“不相杂亦不相离”。气与势千差万别、千变万化，所以他也重视“变”，强调因时制宜，并说“虽以孔子之德盛化神，犹必因时行事”（《读孟子札记》卷二）。尤其在王道论上，他特别强调制度应当随时而变，“即生周公于今日，当日制作亦有不能尽行者”，“亦必酌古今之宜，以尽法制之善，使天下生民得以遂其生、复其性”（《读孟子札记》卷一）。同时，他也像张栻、王船山、魏源一样，虽重视变却反对唯变是从，反对“苟以有所不合，遂尽从后世苟且之政，举先王之法而尽废之”（《读孟子札记》卷一）。

罗泽南的上述思路，与胡宏及船山颇为相通，都是通过将私欲与恶视为后天之事并归咎于“心”（与“道心”相对的“人心”）来维护“气”的正当性，从而不仅能够正视和重视“气”，更有一种根本的信任。正视“气”就是正视整个现实世界，对“气”的重视和信任，也就是对现实世界的重视和信任。

曾国藩

曾国藩（1811—1872），字伯涵，号涤生，湖南湘乡荷叶塘（今属双峰县荷叶镇）人。他出生于较为殷实的耕读家庭，资质平平却勤奋好学，5岁时开始识字读书，一年后进入父亲执教的家塾学习。道光十三年（1833）中秀才，翌年就读于岳麓书院并中举人。道光十八年（1838）会试中第38名贡士，殿试后赐同进士出身，朝考后授翰林院庶吉士。至道光二十七年（1847）已官至二品。咸丰三年（1853），奉旨帮办湖南团练，旋即自募湘军，以儒家思想治军，讲仁守义，重礼慎法，知人善任，量才器使。咸丰十年（1860），任两江总督，并以钦差大臣身份督办江南军务，后又统辖苏、皖、赣、浙四省军务。次年冬，创办安庆内军械所，专造枪弹和火药。同治三年（1864）指挥湘军攻克为太平军占领的金陵（今南京），赏加太子太保，封一等侯爵。次年与李鸿章共同创办江南制造总局，其成为洋务运动的标志性成就。江南制造总局是当时东亚规模最大的综合性军事工厂，且内设翻译馆、广方言馆（外语学校）及工艺学堂，为中国发展近代工业和学习科学技术培养了大批人才。此后为进一步学习西方科技并为建立新式海军做准备，又与李鸿章共同促成了官派留学生一事。同治十一年（1872）病逝，谥“文正”。曾国藩是晚清著名的军事家、政治家，洋务运动的积极倡导者及前期主要领导者，又是著名的古文家（“湘乡派”的创立者），更是颇重修养与践履的理学家。他实现了古人所谓立德、立功、立言“三不朽”，以其实际成就表明了儒家思想在中国现代化进程中仍可发挥巨大力量。其现存文字以岳麓书社出版的《曾国藩全集》（修订版）最为常见。

致刘蓉①
（节选）

……古之知道者，未有不明文字者也。能文而不能知道者或有矣，乌有知道而不明文字者乎？古圣观天地之文、兽远鸟迹而作书契②，于是乎有文；文与文相生而为字，字与字相续而成句，句与句相续而成篇，口所不能达者，文字能曲传之。故文字者，所以代口，而传之千百世也。伏羲既深知经纬三才之道而画卦以著之，文王、周公恐人之不能明也，于是立文字以彰之，孔子又作《十翼》、定诸经以阐显之，而道之散列于万事万物者，亦略尽于文字中矣。所贵乎圣人者，谓其立行与万事万物相交错而曲当乎道，其文字可以教后世也。吾儒所赖以学圣贤者，亦借此文字以考古圣之行，以究其用心之所在。然则此句与句续、字与字续者，古圣之精神语笑胥寓于此，差若毫厘，谬以千里。词气之缓急，韵味之厚薄，属文者一不慎，则规模立变；读书者一不慎，则卤莽无知。故国藩窃谓，今日欲明先王之道，不得不以精研文字为要务。……仲尼既没，徒人分布，转相流衍。厥后聪明魁桀之士，或有识解撰著，大抵孔氏之苗裔。其文之醇驳，一视乎见道之多寡以为差③。见道尤多者，文尤醇焉，孟轲是也；次多者，醇次焉；见少者，文驳焉；尤少者，尤驳焉。自荀、扬、庄、列、屈、贾而下，次第等差，略可指数。夫所谓见道多寡之分数④何也？曰：深也，博也。昔者孔子赞《易》以明天道，作《春秋》以衷人事之至当，可谓深矣；孔子之门有四科，子路知兵，冉求富国，问礼于柱史，论乐于鲁伶，九流之说皆悉其源，可谓博矣。深则能研万事微芒之几，博则能究万事之情状而不穷于用。后之见道不及孔氏者，其

① 刘蓉（1816—1873）：字孟容，号霞仙，湖南湘乡人，是罗泽南、曾国藩、郭嵩焘等人的好友。晚年曾任陕西巡抚，著有《养晦堂诗文集》《思辨录疑义》等。

② 远（háng）：（鸟兽的）脚印。书契：最初的文字。

③ 差：等差，等级。

④ 分数：判断标准。

深有差焉，其博有差焉。能深且博，而属文复不失古圣之谊者，孟氏而下，惟周子之《通书》、张子之《正蒙》，醇厚正大，邈焉寡俦。许、郑①亦能深博，而训诂之文或失则碎。程、朱亦且深博，而指示之语或失则隘。其他若杜佑、郑樵、马贵与、王应麟之徒，能博而不能深，则文流于蔓矣；游、杨、金、许、薛、胡之俦，能深而不能博，则文伤于易矣。② 由是有汉学、宋学之分，龂龂③相角，非一朝矣。仆窃不自揆，谬欲兼取二者之长，见道既深且博，而为文复臻于无累。……孟子曰："君子所性，虽大行不加焉，虽穷居不损焉。"仆则谓君子所性，虽破万卷不加焉，虽一字不识无损焉。离书籍而言道，则仁义忠信反躬皆备，尧舜孔孟非有余，愚夫愚妇非不足，初不关乎文字也。即书籍而言道，则道犹人心所载之理也，文字犹人身之血气也。血气诚不可以名理矣，然舍血气则性理亦胡以附丽乎？今世雕虫小夫，既溺于声律绘藻之末；而稍知道者，又谓读圣贤书，当明其道，不当究其文字，是犹论观人者，当观其心所载之理，不当观其耳目言动血气之末也，不亦诬乎？知舍血气无以见心理，则知舍文字无以窥圣人之道矣。

周濂溪氏称文以载道，而以"虚车"讥俗儒。夫"虚车"诚不可，无车又何以行远乎？孔、孟没而道至今存者，赖有此行远之车也。吾辈今日苟有所见，而欲为行远之计，又可不早具坚车乎哉？故凡仆之鄙愿，苟于道有所见，不特见之，必实体行之，不特身行之，必求以文字传之后世。虽曰不逮，志则如斯。其于百家之著述，皆就其文字以校其见道之多寡，剖其铢两而殿

① 许、郑：东汉经学家许慎和郑玄。

② 杜佑：字君卿，唐代学者，所著《通典》是我国现存最早的典章制度通史。郑樵：字渔仲，南宋学者，著有《通志》等著作。马贵与：名端临，南宋末年人，著有《文献通考》。王应麟：字伯厚，宋末元初学者，著有《困学纪闻》等著作。游、杨、金、许、薛、胡：前二者指宋代理学家游酢、杨时，次二者指元代理学家金履祥、许衡，后二者指明代理学家薛瑄、胡居仁，前二人是程门高弟，后四人都信奉程朱思想。

③ 龂（yín）龂：争辩不休状。

最焉。① 于汉、宋两家构讼之端，皆不能左袒，以附一哄；于诸儒崇道贬文之说，尤不敢雷同而苟随。……

［曾国藩著，唐浩明主编：《曾国藩全集·书信》（修订版），岳麓书社2012年版，第7–9页。］

评析

此信作于道光二十三年（1843）。服膺理学而又如此强调文字，实为前所少有。其哲学依据就是“理气相丽”，道文不离：“道犹人心所载之理也，文字犹人身之血气也。血气诚不可以名理矣，然舍血气则性理亦胡以附丽乎？……知舍血气无以见心理，则知舍文字无以窥圣人之道矣。”曾国藩甚至提出了圣人与常人的区别不在于其心性之理，而在于“其立行与万事万物相交错而曲当乎道，其文字可以教后世”，即其践履之“文”与著述之“文”。他又认为，只有见道“既深且博”，方能为文“醇而不驳”。“能博而不能深，则文流于蔓”，“能深而不能博，则文伤于易”。因此“文之醇驳”正是“见道之多寡”的表现。他由此驳斥了许多理学家“崇道贬文”的陋见。他还一反流俗之见，特别强调文字相对于言语的优越性：“口所不能达者，文字能曲传之。故文字者，所以代口，而传之千百世也。”

曾国藩日后强调四科之学缺一不可时，着重论述义理与考据的关系，对于文学方面未加特别突出，由此文则可见其主张之全体。曾国藩之所以特别看重古文的写作，就是希望能够达到道与文“兼尽交至”（1858年正月《致刘蓉》语）。这种主张，不仅是为了反对“诸儒崇道贬文之说”，更是为了反对清代盛行的汉学、宋学之争。根据他的见解，注重义理的宋学与注重考据的汉学，同为孔门所需而不可偏废；正如道与文不可分离，宋学与汉学也本

① 剖其铢两：剖析其细微区别。铢与两是极小的重量单位。殿最：品评其高下。上等称最，下等称殿。

来一体而不可截然分开、是此非彼。曾国藩提出重“文”的主张，同时也是为了强调包括各种典章制度在内的“礼”的重要性，因为儒家一向强调的“礼”也属于“文”，即今天所谓制度文明和礼仪文明。

将“文”明确纳入“器”或“用”的范畴加以突出强调，是曾国藩对湖湘哲学乃至整个宋明理学的一大贡献。原始儒学本就主张“文质彬彬”，只是宋以来的儒者往往因为重道而轻文，曾国藩的主张复活了儒家的崇文精神。这种主张的提出，源于他在体用论上坚持一种整体结构观，即体用一源、理气相丽、道器不二、道文不二等等，肯定“气”“用”“器”“文”的重要性是这种整体结构观的必然结论。坚持这种整体结构观是湖湘哲学的一贯传统。

答刘蓉

（节选）

……学者何？复性而已矣。所以学者何？格物、诚意而已矣。格物则剖仁义之差等而缕晰之，诚意则举好恶之当于仁义者而力卒①之，兹其所以难也。吾之身与万物之生，其理本同一源，乃若其分，则纷然而殊矣。亲亲与民殊，仁民与物殊，乡邻与同室殊，亲有杀②，贤有等，或相倍蓰，或相什佰，或相千万，如此其不齐也。不知其分而妄施焉，过乎仁，其流为墨；过乎义，其流为杨。生于心，害于政，其极皆可以乱天下，不至率兽食人不止。故凡格物之事，所为委曲繁重者，剖判其不齐之分焉尔。

朱子曰：“人心之灵，莫不有知。”此言好恶之良知也。曰：“天下之物，莫不有理。惟于理有未穷，故其知有不尽。”此言吾心之知有限，万物之分

① 力卒：尽力完成。
② 杀（shài）：等差。

无穷，不究乎至殊之分，无以洞乎至一之理也。今王氏之说，曰致良知而已，则是任心之明而遂曲当乎万物之分，果可信乎？冠履不同位，凤凰鸱鸮不同栖，物所自具之分殊也。瞽瞍杀人，皋陶执之，舜负之；鲧堙洪水，舜殛之，禹郊之，物与我相际之分殊也。① 仁义之异施，即物而区之也。今乃以即物穷理为支离，则是吾心虚悬一成之知于此，与凡物了不相涉，而谓皆当乎物之分，又可信乎？朱子曰："知为善以去恶，则当实用其力，务决去而求必得之。"此言仁义之分既明，则当毕吾好恶以既②其事也。今王氏之说，曰"即知即行"，"格致即诚意功夫"，则是任心之明，别无所谓实行；心苟明矣，不必屑屑于外之迹，而迹虽不仁不义，亦无损于心之明。是何其简捷而易从也！循是说而不辨，几何不胥天下而浮屠之趋哉？③ 尧、舜、禹、汤、文、武、周公、孔子之学岂有他与？即物求道而已。物无穷，则分殊者无极，则格焉者无已时；一息而不格，则仁有所不熟，而义有所不精。彼数圣人者，惟息息格物，而又以好色恶臭者竟之④，乃其所以圣也。不如是，吾未见其圣也。自大贤以下，知有精粗，行有实不实，而贤否以次区焉。⑤ ……

［曾国藩著，唐浩明主编：《曾国藩全集·书信》（修订版），岳麓书社 2012 年版，第 17-18 页。］

评析

此信写于道光二十五年（1845），其主要内容是根据儒家仁义不二和"理一分殊"的思想来发挥朱熹的格物穷理说，驳斥王阳明的"致良知"论。

① 瞽瞍：舜帝的父亲。据说他的眼睛并不瞎，是因为好恶不分，故人谓之"瞽"。皋陶：舜帝的大臣，掌管刑狱。舜负之：舜帝背着瞽瞍远逃。殛：诛杀。郊：郊祭。禹郊其父鲧，典出《礼记·祭法》"夏后氏亦禘黄帝而郊鲧"。

② 既：尽，完成。

③ 胥：全。浮屠：此指佛教。

④ 以好色恶臭者竟之：像喜欢美色、厌恶臭气那样实现它。《大学》说"所谓诚其意者，毋自欺也。如恶恶臭，如好好色"。

⑤ 贤否：贤与不贤。次：等次。区：区分。

尊朱辟王是当时的主流思潮，也是曾国藩与唐鉴、罗泽南、刘蓉等人的共识（曾国藩后来逐渐改变了这种看法）。曾国藩的格物论除了接受朱熹所说的“即物穷理”之外，还因受清初理学家陆世仪、张履祥及他的老师唐鉴的影响而在两个方面有了重要突破。

其一，根据仁义不二和“理一分殊”思想，将格物的目的明确定为把握万事万物“分殊”之理（“剖仁义之差等而缕晰之”“剖判其不齐之分”）的“精义”工夫。也就是说，格物不是追求“理一”而是辨别“分殊”，不是只求“心之明”，更是为了随时合义以实行仁道。所以对于曾国藩来说，“即物穷理”实即“即物求道”，“道”字比“理”字更凸显实行、更强调分殊。这种说法，与朱熹颇不相同。后者所谓格物，是指通过对“分殊”之理的把握达到对“理一”的贯通，其重点在“理一”不在“分殊”。但对曾国藩来说，格物的重点恰恰在于“分殊”而不是“理一”。

其二，强调格物之功永不能止息，“物无穷，则分殊者无极，则格焉者无已时；一息而不格，则仁有所不熟，而义有所不精”。这也与朱熹的格物论大异。程颐和朱熹都认为，当格物工夫用力既久、积习既多之后会有“豁然贯通”的一天，因此格物工夫不会是“无已时”。但曾国藩不接受这种说法。他后来于咸丰九年（1859）所作的《笔记二十七则》中特别考证了“格”字的各种义项，指出“格物”是指“吾心之知必与事物相丽相交，不可离物以求知”；因此朱子训格为“至”虽是正确的，但“穷至事物之理，欲其极处无不到”的说法“则于格字求之太深，反多一障耳”。对于朱子的这种非议，其实就是反对格物工夫有止息之时。曾国藩之所以有这种突破，从根本上看是因为他坚持天命“於穆不已”，人心“时出不穷”，“万物之分无穷”，即坚持本体的非现成性和现实世界的分殊性，坚持“分殊”永不可能为“理一”所吞没和取代。

曾国藩的格物论与罗泽南所说颇为相近，都非常注重“分殊”，这就为强调务实、健进、开放的精神提供了理论依据。

原才

风俗之厚薄奚自乎？自乎一二人之心之所向而已。民之生，庸弱者戢戢皆是也。① 有一二贤且智者，则众人君之而受命焉。尤智者，所君尤众焉。此一二人者之心向义，则众人与之赴义；一二人者之心向利，则众人与之赴利。众人所趋，势之所归，虽有大力，莫之敢逆。故曰："挠万物者莫疾乎风。"② 风俗之于人之心，始乎微，而终乎不可御者也。

先王之治天下，使贤者皆当路在势，其风民也皆以义，故道一而俗同。③ 世教既衰，所谓一二人者，不尽在位，彼其心之所向，势不能不腾为口说而播为声气；④ 而众人者，势不能不听命，而蒸为习尚。于是乎徒党蔚起，而一时之人才出焉。有以仁义倡者，其徒党亦死仁义而不顾；有以功利倡者，其徒党亦死功利而不返。水流湿，火就燥，无感不雠⑤，所从来久矣。今之君子之在势者，辄曰天下无才。彼自尸于高明之地，不克以己之所向转移习俗，而陶铸一世之人，而翻谢曰无才，谓之不诬可乎？⑥ 否也。十室之邑，有好义之士，其智足以移十人者，必能拔十人中之尤者而材之⑦；其智足以移百人者，必能拔百人中之尤者而材之。然则转移习俗而陶铸一世之人，非特处高明之地者然也。凡一命⑧以上，皆与有责焉者也。有国家者得吾说而存之，则将慎择与共天位⑨之人；士大夫得吾说而存之，则将惴惴乎谨其心之所向，恐一不当，而坏风俗，而贼人才。循是为之，数十年之后，万有一收其效者乎？非所逆

① 戢戢：聚集状。皆是：到处都是。
② 语出《易传·说卦》。挠：摇动。
③ 当路在势：占据重要位置，掌握权力。风民：感化民众。
④ 腾：传播。声气：舆论。
⑤ 雠：相应。
⑥ 尸：占据。高明：显贵。翻：反而。谢：推辞。
⑦ 材之：使之成材。
⑧ 一命：官阶之最低者。周朝官制自一命至九命，一命最低。
⑨ 天位：上天赋予的职位，意指各种职位非天子所得垄断。语出《孟子·万章下》。

睹已。①

[曾国藩著，唐浩明主编：《曾国藩全集·诗文》（修订版），岳麓书社2012年版，第137–138页。]

评析

此文作于道光二十六年（1846）。自鸦片战争以来，我国颇多内忧外患，急需人才而又紧缺人才，于是人才问题成为整个时代的核心问题之一。龚自珍所谓“我劝天公重抖擞，不拘一格降人才”正表达了那个时代的共同心声。魏源提倡“经世实学”，强调“昌言”等，就是为了解决这一问题。曾国藩在前人的基础之上，特别强调通过提拔人才来形成风气、通过转移风气来造就人才。正如他在咸丰九年（1859）的日记中所说：“树人之道有二：一曰知人善任，一曰陶镕造就。”

曾国藩受船山思想的启发，充分注意到社会风气对民众的巨大影响力。他认为，社会风气实际上是一种习尚潮流，芸芸众生“虽有大力，莫之敢逆”，所以直接决定了人才的趋向与盛衰。正如其《箴言书院记》中所说：“扰扰万众，大率皆中材耳。中材者，导之东而东，导之西而西，习于善而善，习于恶而恶。”一个时代的人才之多寡及其成才趋向并非天生、现成的，而是由这个时代的习尚所决定的。因此，要想造就人才，必先“转移习俗”。从前也有学者不断提过这种主张，不过一般认为转移习俗是皇帝重臣或圣贤的任务。曾国藩的独特之处是，认为转移习俗不仅仅是地位显赫者的职责，也是各级官吏的职责，“凡一命以上，皆与有责焉者”。那么要怎样才能转移习俗呢？曾国藩认为，关键就在于“使贤者皆当路在势”，使真正的人才得到任用和提拔。他在同治八年（1869）的《直隶清讼事宜十条》中明确指

① 万有：绝对会有。逆睹：预见，预知。

出，只有“奖借人才”才能“变易风俗”。这其实就是孔子所谓的“举直错诸枉，能使枉者直”（《论语·颜渊》）或《礼记·礼运》所谓“选贤与能”。总之，在曾国藩看来，只有知人善任才能从根本上转移风气，只有转移风气才能从根本上造就人才。

这种主张意味着人才的造就与兴盛绝不可能一蹴而就，因为风气只能“始乎微”而逐渐形成；更意味着，一个时代若是风气败坏、人才缺乏，其根源实在于包括“有国家者”在内的各级官员多非贤者，乃至整个政权都非完全合理，因为“其智足以移十人者，必能拔十人中之尤者而材之；其智足以移百人者，必能拔百人中之尤者而材之”。所以曾国藩的言下之意实如后来郭嵩焘所说，“自古世道之乱，原本人心风俗，而其患皆起于士大夫”，“天下治乱之原，全在吏治，而其根本则在朝廷”。依据这种认识，其结论必然要引向整个政治体制的变革。如果整个政治体制不能“使贤者皆当路在势”，如果各级官员都不以提拔真正的人才为己任、以压抑真正的人才为大耻，一个社会便不可能形成健康合理的风气，也不可能真正产生大量的人才。曾国藩虽然对于政治体制的变革无能为力，但他提出，各级官员可在其主管范围内加以局部变革。这样的官吏多了，整个社会的风气自然会转移，人才也自然会兴盛，政体问题终有可以解决之一日。假如在政体问题不能根本解决的情况下只是怨天尤人，则不仅于事无补，反而会使国家更加混乱，人才更加缺乏，政体问题的解决也更加无望。曾国藩的上述主张，就其思路而言，实是典型的“升高自下，陟遐自迩”，即从局部到全体、从“分殊”到“理一”，与湖湘哲学在修养论上的一贯主张完全一致。

曾国藩自己就是这样做的。正如黎庶昌《庸庵文编序》所说，道光末年，风气颓放至极，“湘乡曾文正公始起而正之，以躬行为天下先，以讲求有用之学为僚友劝。士从而与之游，稍稍得闻往圣昔贤修己治人平天下之大旨。而其幕府辟召，皆极一时英隽，朝夕论思，久之窥其本末，推阐智虑，各自发摅，风气至为一变”。咸同以来之所以涌现那么多人才并出现所谓“中兴”局面，与曾国藩及其友僚在上述思路之下的切实努力密不可分。从这个角度来看，此文虽短，却不能不说是一篇鸿文。

孙芝房[①]侍讲《刍论》序

咸丰八年九月，善化孙芝房侍讲鼎臣，以书抵余建昌军中，寄所为《刍论》，属为裁定。[②] 凡二十五篇，曰：论治者六，论盐者三，论漕者三，论币者二，论兵者三，通论唐以来大政者七，论明赋饷者一。其首章追溯今日之乱源，深咎近世汉学家言，用私意分别门户，其语绝痛。明年四月，复得芝房书，则疾革[③]告别之词，而芝房以三月死矣！既为位而哭，且以书告仁和邵君懿辰。[④] 于是为叙诸简首，而归诸其孤。

盖古之学者，无所谓经世之术也，学礼焉而已。《周礼》一经，自体国经野以至酒浆廛市，巫卜缮稿，夭鸟蛊虫，各有专官，察及纤悉。[⑤] 吾读杜元凯《春秋释例》，叹丘明之发凡仲尼之权衡万变，大率秉周之旧典。[⑥] 故曰："周礼尽在鲁矣！"[⑦] 自司马氏作史，猥以《礼书》与《封禅》《平准》并列；班、范而下，相沿不察。[⑧] 唐杜佑纂《通典》，言礼者居其泰半，始得

① 孙芝房（1819—1859）：字子徐，名鼎臣，湖南长沙人，道光二十五年（1845）进士，官至翰林院侍读，为曾国藩京中密友，有《苍筤集》《畚塘刍论》等著作。

② 建昌：旧江西府名。属：同"嘱"。裁定：决定其去取可否。

③ 疾革：病情危重。

④ 为位：设立灵位。邵懿辰（1811—1861）：字位西，浙江仁和（今杭州市）人，官至刑部员外郎，学宗朱子，文归桐城，究心版本目录之学，著有《礼经通论》等著作。

⑤ 体国经野：此处泛指治理国家。体指划分，国指都城，国之四周称郊，郊外称野或遂，经指丈量。廛市：市场。各有专官：指设立酒正、酒人、浆人、廛人、大卜、司巫、缮人、稿人、哲蔟氏（掌覆夭鸟之巢）、翦氏（掌除庶虫）、壶涿氏（掌除水虫）等专门官职。

⑥《春秋释例》：西晋杜预（222—284，字元凯）撰，与其所著《春秋集解》一经一纬，相为表里，大旨谓经之条贯必出于传，传之义例总归于凡。丘明：左丘明，春秋时鲁国人，相传据《春秋》纪年集各国史料撰《左氏春秋》。杜预认为左丘明受经于仲尼，其发凡言例"皆经国之常制，周公之垂法，史书之旧章"。

⑦ 语出《左传·昭公二年》。

⑧ 司马氏：司马迁。猥：猥杂。班、范：班固、范晔。

先王经世之遗意。有宋张子①、朱子，益崇阐之。圣清膺命②，巨儒辈出：顾亭林氏著书，以扶植礼教为己任；江慎修氏纂《礼书纲目》，洪纤毕举；而秦树澧氏遂修《五礼通考》，自天文、地理、军政、官制，都萃其中，旁综九流，细破无内。③ 国藩私独宗之，惜其食货稍缺，尝欲集盐漕、赋税国用之经，别为一编，傅于秦书之次；非徒广己于不可畔岸之域，先圣制礼之体之无所不赅，固如是也。④ 以世之多故，握椠⑤之不可以苟，未及事事，而齿发固已衰矣！

往者汉阳刘传莹茮云，实究心汉学者之说，而疾其单辞碎义，轻笮宋贤。⑥ 间尝语余："学以反求诸心而已，泛博胡为？至有事于身与家与国，则当一一详核焉而求其是，考诸室而市可行⑦，验诸独而众可从。"又曰："礼非考据不明，学非心得不成。"国藩则大韪⑧之，以为知言者徒也。未几，茮云即世，临绝为遗令处分后事，壹秉古礼。⑨ 国藩既铭其墓，又为家传，粗道汉学得失、主客之宜，藏诸刘氏之祏。⑩

君子之言也，平则致和，激则召争；辞气之轻重，积久则移易世风，党仇讼争⑪而不知所止。曩者良知之说诚非无蔽，必谓其酿晚明之祸，则少过矣；近者汉学之说诚非无蔽，必谓其致粤贼⑫之乱，则少过矣。《刍论》所考诸大政，盖与顾氏、江氏、秦氏之指为近。彼数子者，固汉学家所奉以为归

① 张子：张载。
② 膺命：受命（获得天下）。
③ 江慎修（1681—1762）：名永，博古通今，长于考据，深究"三礼"。秦树澧（1702—1764）：名蕙田，累官礼部侍郎，工部、刑部尚书，治经深于礼。细破无内：琐碎的议论不收纳。内通"纳"。
④ 盐漕：盐政和漕运。不可畔岸：不着边际。
⑤ 握椠（qiàn）：著述。古代削木为牍，未经书写的素版称椠。
⑥ 刘传莹（1818—1848）：字茮（同"椒"）云，究心舆地，推崇理学。笮（zé）：排挤。
⑦ 考诸室而市可行：在室内经过考核后可推行到闹市。
⑧ 韪：是，赞成。
⑨ 即世：去世。临绝：临终。遗令：遗言。处分：吩咐。
⑩ 家传：叙述家人事迹以传示子孙的传记。祏（shí）：宗庙里藏神主的石匣。
⑪ 党仇：此指党同伐异。讼争：争辩。
⑫ 粤贼：此指太平军。

者也。而芝房首篇，讥之已甚，其果有剖及毫厘千里者耶？抑将愤夫一二巨人长德①曲学阿世，激极而一鸣耶？芝房之志大而锐进也，与茮云同；其卒也，寄书抵余以告永诀，亦与茮云同；其自《刍论》外，别有诗十卷、文十一卷、《河防纪略》四卷，著书之多与茮云异，而其博观而慎取则同；其嫉夫以汉学标揭也亦同，而立言少异。余故稍附诤论，以明不忍死友之义，亦以见二子者之不竟其志，非仅余之私痛也。②

［曾国藩著，唐浩明主编：《曾国藩全集·诗文》（修订版），岳麓书社2012年版，第206-207页。］

评析

此文是曾国藩于咸丰九年（1859）六月为亡友孙鼎臣遗著《畚塘刍论》所作的序言，文中提出了两个重要观点。

其一，主张礼学乃儒家之实学。曾国藩继承前人以理归礼的思路，特别重视礼学。他在咸丰九年（1859）元月所作《圣哲画像记》中明确地说："先王之道，所谓修己治人、经纬万汇者，何归乎？亦曰礼而已矣。"同年所作的《笔记二十七则》中也说："古之君子之所以尽其心、养其性者，不可得而见；其修身、齐家、治国、平天下，则一秉乎礼。自内焉者言之，舍礼无所谓道德；自外焉者言之，舍礼无所谓政事。"又在头年（1858）五月的家书中说，唐宋以来的几部礼学大著（如杜佑的《通典》、马端临的《文献通考》、徐乾学的《读礼通考》、秦蕙田的《五礼通考》等）"皆萃六经诸史之精，该内圣外王之要"，"熟其一二，即为有本有末之学"。他所谓的礼是广义之礼，指修齐治平各个方面的典章制度与规范。曾国藩对于礼学的重视，就是对于"经世之术"尤其是各项规章制度的重视，这与魏源提倡"经世实

① 巨人长德：德高望重者。
② 诤论：直言规劝的言论。不忍死友：不忍辜负交情笃厚、至死不负的朋友。

学”同一旨趣。他一再强调“即物穷理”，也是出于这一目的。

其二，反对门户之争，主张以礼学统一各种思想派别与学术潮流。他在1843年致刘蓉的书信中曾以道文统一而不可分离为依据来论证汉学与宋学的统一。现在他再次阐述此一主张。他赞同好友刘传莹的主张“礼非考据不明，学非心得不成”，经世实学既需汉学“博学于文”的考据工夫，又需宋学“反求诸己”的义理工夫，因此对于作为经世实学的礼学而言，汉学与宋学实当统一而不可偏废。他又从造就宽容和谐的社会风气角度来论证这一主张，认为过激的门户之见、派别之争“积久则移易世风，党仇讼争而不知所止”。所以他不赞同亡友孙鼎臣在“追溯今日之乱源”时将责任完全归咎于汉学家“用私意分别门户”。与此相应，尽管他早年曾激烈反对过陆王心学，其好友罗泽南更是批驳王学的健将，但他现在不再赞成这种取向，认为“良知之说诚非无蔽，必谓其酿晚明之祸，则少过矣”。他于数年后更说，“陆子主尊德性，何尝不实征践履”，“大率明代论学，每尚空谈，惟阳明能发为事功，乃为后儒掊击，不遗余力”。不仅如此，他还更进一步，试图在儒、墨、法、道诸家之间实现沟通。他在咸丰十一年（1861）八月十六日的日记中说：“念周末诸子各有极至之诣，其所以不及仲尼者，此有所偏至，即彼有所独缺，亦犹夷、惠之不及孔子耳。若游心能如老、庄之虚静，治身能如墨翟之勤俭，齐民能以管、商之严整，而又持之以不自是之心，偏者裁之，缺者补之，则诸子皆可师也，不可弃也。”这样，曾国藩就完全接受了魏源的思路——以经世实学来统一各种学术，主张天下学术都是“道之所形”，都可统一而不应偏废拘泥。

曾国藩重视礼学是其务实精神的表现，强调学术上的“和而不同”则是其包容开放精神的表现。在他看来，只要真正务实，就必能包容开放，“和而不同”。他在同治元年（1862）曾明确说自己“一宗宋儒，不废汉学”。其实也可说他是“一宗程朱，不废陆王”，“一宗儒学，不废诸子”。这种思想一转，就可引出“一宗中学，不废西学”。果然，后来郭嵩焘明确地说“西洋立国自有本末”，谭嗣同更提出了“道非圣人所独有也，尤非中国所私有也”。从魏源到曾国藩、郭嵩焘再到谭嗣同，湖湘哲学的发展有一条非常明显的新线索，这就是从“公天下”（或道通天下）和“利天下”的总原则出发逐渐引出了思想文化上“和而不同”的包容开放精神。可惜到了20世纪之后，这种精神未能为人们充分重视，以致产生了那样激烈的中西古今之争，对于中国传统和西方文明都不能以平和从容的态度去认真学习、虚心领会。

劝学篇示直隶①士子

人才随士风②为转移，信乎？曰：是不尽然，然大较③莫能外也。前史称燕赵慷慨悲歌，敢于急人之难，盖有豪侠之风。余观直隶先正，若杨忠愍、赵忠毅、鹿忠节、孙征君诸贤，其后所诣各殊，其初皆于豪侠为近。④ 即今日士林，亦多刚而不摇，质而好义，犹有豪侠之遗。才质⑤本于士风，殆不诬与？

豪侠之质，可与入圣人之道者，约有数端。侠者薄视财利，弃万金而不眄；而圣贤则富贵不处、贫贱不去，痛恶夫墦间之食、龙断之登。⑥ 虽精粗不同，而轻财好义之迹则略近矣。侠者忘己济物，不惜苦志脱人于厄；而圣

① 直隶：旧省名，大致相当于现在的河北省。

② 士风：士大夫的风气。

③ 大较：大致。

④ 先正：先贤。杨忠愍：杨继盛（1516—1555），明代人，官至兵部员外郎，因弹劾严嵩被杀。赵忠毅：赵南星（1550—1627），明代人，东林党著名代表，官至吏部尚书，因与权臣魏忠贤等人斗争而被削籍为民。鹿忠节：鹿善继（1575—1636），官至太常少卿，清兵攻打定兴时，参与守城，城陷身死。孙征君：孙奇逢（1584—1675），明清之际著名学者，明亡后隐居不仕，与黄宗羲、李颙并称三大儒；征君指被朝廷征聘的隐士。

⑤ 才质：气禀或气质。

⑥ 富贵不处、贫贱不去：《论语·里仁》所谓“富与贵，是人之所欲也；不以其道，得之不处也。贫与贱，是人之所恶也；不以其道，得之不去也”。墦（fán）间之食：坟前的祭品，喻指不光彩的财物，典出《孟子·离娄下》。龙断之登：通过垄断集市牟取的暴利。龙断即垄断，语出《孟子·公孙丑下》。

贤以博济为怀，邹、鲁之汲汲皇皇，与夫禹之犹己溺，稷之犹己饥，伊尹之犹己推之沟中，曾无少异。① 彼其能力救穷交者，即其可以进援天下者也。侠者轻死重气，圣贤罕言及此。然孔曰成仁，孟曰取义，坚确不移之操，亦未尝不与之相类。昔人讥太史公好称任侠，以余观此数者，乃不悖于圣贤之道。然则豪侠之徒，未可深贬。而直隶之士，其为学当较易于他省，乌可以不致力乎哉？

致力如何？为学之术有四：曰义理，曰考据，曰辞章，曰经济。义理者，在孔门为德行之科，今世目为宋学者也；考据者，在孔门为文学之科，今世目为汉学者也；辞章者，在孔门为言语之科，从古艺文及今世制义诗赋皆是也；经济者，在孔门为政事之科，前代典礼、政书及当世掌故皆是也。② 人之才智上哲少而中下多，有生又不过数十寒暑，势不能求此四术遍观而尽取之，是以君子贵慎其所择，而先其所急。择其切于吾身心不可造次离者，则莫急于义理之学。凡人身所自具者，有耳、目、口、体、心、思；日接于吾前者，有父子、兄弟、夫妇；稍远者，有君臣，有朋友。为义理之学者，盖将使耳、目、口、体、心、思各敬其职，而五伦各尽其分，又将推以及物，使凡民皆有以善其身，而无憾于伦纪。夫使举世皆无憾于伦纪，虽唐虞之盛有不能逮。苟通义理之学，而经济该乎其中矣。程朱诸子遗书具在，曷尝舍末而言本，遗“新民”而专事“明德”？观其雅言推阐③，反复而不厌者，大抵不外立志以植基，居敬以养德，穷理以致知，克己以力行，成物以致用，义理与经济初无两术之可分，特其施功之序详于体而略于用耳。

今与直隶多士④约：以义理之学为先，以立志为本，取乡先达杨、赵、

---

① 邹、鲁：此指孔、孟。汲汲皇皇：急切不安（以求用世）。此处所述禹、稷、伊尹事，典出《孟子·离娄下》及《孟子·万章上》。

② 德行之科：《论语·先进》将孔门弟子分为德行、言语、政事、文学等四科。艺文：文艺作品。制义诗赋：科举考试中采用的诗体和赋体。典礼：制度礼仪。政书：记载典章制度源流与文献的书籍。

③ 雅言：常言，经常讲论。推阐：推究阐明。

④ 多士：众多的贤士，此指全体士大夫。

鹿、孙数君子者为之表。[①] 彼能艰苦困饿，坚忍以成业，而吾何为不能？彼能置穷通、荣辱、祸福、死生于度外，而吾何为不能？彼能以功绩称当时、教泽牖后世[②]，而吾何为不能？洗除旧日晻昧卑污之见，矫然直趋广大光明之域；视人世之浮荣微利，若蝇蚋之触于目而不留；不忧所如不耦，而忧节概之少贬；不耻冻馁在室，而耻德不被于生民。[③] 志之所向，金石为开，谁能御之？志既定矣，然后取程朱所谓居敬穷理、力行成物云者，精研而实体之。然后求先儒所谓考据者，使吾之所见，证诸古制而不谬。然后求所谓辞章者，使吾之所获，达诸笔札而不差。择一术以坚持，而他术固未敢竟废也。其或多士之中，质性所近，师友所渐，有偏于考据之学，有偏于辞章之学，亦不必遽易前辙，即二途皆可入圣人之道。其文经史百家，其业学问思辨，其事始于修身、终于济世，百川异派[④]，何必同哉？同达于海而已矣。

若夫风气无常，随人事而变迁。有一二人好学，则数辈皆思力追先哲；有一二人好仁，则数辈皆思康济斯民。倡者启其绪，和者衍其波；倡者可传诸同志，和者又可禮诸无穷；倡者如有本之泉放乎川渎，和者如支河、沟浍交汇旁流。[⑤] 先觉后觉，互相劝诱[⑥]，譬之大水小水，互相灌注。以直隶之士风，诚得有志者导夫先路，不过数年，必有体用兼备之才彬蔚而四出，泉涌而云兴。

余忝官斯土，自愧学无本原，不足仪型[⑦]多士。嘉此邦有刚方质实之资，乡贤多坚苦卓绝之行，粗述旧闻，以勖群士；亦冀通才硕彦，告我昌言，上下交相劝勉，仰希古昔与人为善、取人为善之轨，于化民成俗之道或不无小

① 先达：先贤，德高望重、学问精深的先辈。表：表率，榜样。
② 教泽：教化之恩。牖：启发。
③ 晻昧：阴暗。矫然：坚劲状。蚋：小蚊子。所如不耦：所求所趋不满意。
④ 百川异派：众多的江河及其各异的支流。
⑤ 放乎：至于。川渎：泛指河流。支河：支流。沟浍：水沟和田间水渠。
⑥ 劝诱：鼓励与诱导。
⑦ 仪型：作楷模，作典范。

补云。①

［曾国藩著，唐浩明主编：《曾国藩全集·诗文》（修订版），岳麓书社2012年版，第486–488页。］

评析

此文作于同治八年（1869）七月，时曾国藩于直隶总督任上。文中除了强调转移风气以培育人才外，还系统阐发了另一思想，即中国学术实当分为“义理”“考据”“辞章”“经济”等四科。

关于四科之学，曾国藩主要讲了四个要点。第一，学术分四科的依据是《论语·先进》曾将孔门弟子分为“德行”“言语”“政事”“文学”等四科。曾国藩认为，义理之学即孔门“德行”科，考据之学即孔门“文学”科，辞章之学即孔门“言语”科，经济之学即孔门“政事”科。第二，四科之学的关系是既各自独立又互相统一。义理之学与经济之学是体用关系，是内圣与外王的关系，本就一体而不可分，“苟通义理之学，而经济该乎其中矣”，故“义理与经济初无两术之可分”。考据之学是对义理之学与经济之学的历史考证，辞章之学则是对前三科所获心得的文字表现，它们相辅相成而不可截然对立。第三，四科之学的用功之序，最理想的是以义理之学为先而以经济之学为其用，然后再以考据之学验证“所见”，以辞章之学表达“所获”。如因“质性所近，师友所渐”，偏于考据或辞章，也不必遽为改变，只要不自拘自限而心存学问全体，同样可以“入圣人之道”。第四，四科之学的目的是，造就“体用兼备”“文质彬彬”的人才。

曾国藩这种学分四科的思想，源于魏源等人强调的“经世实学”。他就读于岳麓书院时，山长欧阳厚均（1766—1846）也提倡“有体有用之学”

① 嘉：叹美。勖（xù）：勉励。昌言：善言，美言。取人为善：学习别人以成就自己的品行。

"义理经济之学"，号召学生在致力于心性修养的同时，研讨礼、乐、兵、农等实学。曾国藩中进士后又颇受理学家唐鉴的影响，他在道光二十一年（1841）的日记中就提到唐鉴对他说的，"为学只有三门，曰义理，曰考核，曰文章。考核之学，多求粗而遗精，管窥而蠡测；文章之学，非精于义理者不能至；经济之学，即在义理内"。曾国藩的创意在于，明确将"经济之学"从之前流行的由姚鼐提出的"义理，考据，辞章"三分模式中独立出来，并系统阐明了四科之学的相互关系。

曾国藩提出四科之学的目的有二：一是更全面地强调"体用兼备"的实学并更鲜明地提倡"经济之学"，从而既纠正一般宋学家的"详于体而略于用"，又超越一般汉学家的拘泥于训诂考据而既不问义理也不问经济；二是打通各学科之间的壁垒与纷争（义理与考据之争、义理与辞章之争），强调学术全体的统一性。从他的这个主张中，我们同样可以很清楚地看到其务实重用而又包容开放的精神。

从基本的哲学观念来看，曾国藩的上述看法其实是坚持"实事"乃是一个"相倚互成、偏而可全"的大全结构。正如本书附录所说，只有坚持这种"实事"观，才能从根本上具有整体意识和开放意识，而不以一个方面来绝对控制和主宰整体结构，从而取消其他方面相对独立的功能与价值。这种观念正是湖湘哲学最为核心的基本观念之一。曾国藩的格物论和四科论，就是对这一传统的继承和发挥。由此也可看出哲学观念在理论上的巨大生发功能和在现实上的重大引导功能。

拟选聪颖子弟赴泰西各国肄业折
（节选）

奏为拟选聪颖子弟，前赴泰西各国肄习技艺以培人才，恭折仰祈圣鉴事。

窃臣国藩上年在天津办理洋务，前任江苏巡抚丁日昌奉旨来津会办，屡与臣商榷，拟选聪颖幼童，送赴泰西各国书院学习军政、船政、步算、制造诸书，约计十余年业成而归，使西人擅长之技，中国皆能谙悉，然后可以渐图自强；且谓携带幼童前赴外国者，如四品衔刑部主事陈兰彬，江苏候补同知容闳，皆可胜任等语。① 臣国藩深韪其言，曾于上年九月、本年正月两次附奏②在案。臣鸿章复往返函商。窃谓自斌椿及志刚、孙家谷两次奉命游历各国，③ 于海外情形亦已窥其要领。如舆图、算法、步天、测海、造船、制器等事，无一不与用兵相表里；凡游学他国，得有长技者，归即延入书院，分科传授，精益求精；其于军政、船政，直视为身心性命之学。今中国欲效其意而精通其法，当此风气既开，似宜亟选聪颖子弟携往外国肄业，实力讲求，以仰副我皇上徐图自强之至意。

……或谓：天津、上海、福州等处已设局仿造轮船、枪炮、军火，京师设同文馆，选满汉子弟，延西人教授；又上海开广方言馆，选文童肄业；似中国已有基绪，无须远涉重洋。不知设局制造，开馆教习，所以图振奋之基也；远适肄业，集思广益，所以收远大之效也。西人学求实济，无论为士、为工、为兵，无不入塾读书，共明其理，习见其器，躬亲其事，各致其心思巧力，递相师授，期于月异而岁不同。中国欲取其长，一旦遽图尽购其器，不惟力有不逮，且此中奥密，苟非遍览久习，则本源无由洞澈，而曲折无以自明。古人谓学齐语者须引而置之庄岳之间，又曰百闻不如一见，比物此志

① 窃：自指谦词。丁日昌（1823—1882）：字禹生（又作雨生），广东人，洋务运动的重要成员。会办：会同办理。书院：此指大学。步算：测算技术。陈兰彬（1816—1895）：字荔秋，广东人，后为首任驻美公使。容闳（1828—1912）：广东人，最早就读于耶鲁大学的中国学生，被誉为“中国留学生之父”。

② 附奏：附带上奏。

③ 同治五年（1866），清政府命斌椿（1804—1871）为首席代表，率团考察法、英、荷、丹、瑞（典）、芬、俄、德、比等国，历时十个月。次年，清廷又派总理衙门的志刚与孙家谷为钦差大臣，组成外交使团访问美、英、法、瑞（典）、丹、荷、德、俄、比、意、西等国，历时两年零八个月。斌椿将其出国见闻写成《乘槎笔记》，志刚则著有《初使泰西记》。

也。[1] 况诚得其法，归而触类引伸，视今日所为孜孜以求者，不更扩充于无穷耶？

惟是试办之难有二：一曰选材，一曰筹费。盖聪颖子弟不可多得，必其志趣远大，品质朴实，不牵于家累，不役于纷华者，方能远游异国，安心学习，则选材难。国家帑项[2]，岁有常额，增此派人出洋肄习之款更须措办，则筹费又难。凡此二者，臣等亦深知其难。第以成山始于一篑，蓄艾期以三年。及今以图，庶他日继长增高，稍易为力。爰饬陈兰彬、容闳等悉心酌议，加以覆核。拟派员在沪设局，访选沿海各省聪颖幼童，每年以三十名为率，四年计一百二十名，分年搭船赴洋，在外国肄习。十五年后，按年分起，挨次回华。计回华之日，各幼童不过三十岁上下，年力方强，正可及时报效。闻前此闽、粤、宁波子弟，亦时有赴洋学习者。但只图识粗浅洋文洋话，以便与洋人交易，为衣食计。此则入选之初，慎之又慎；至带赴外国，悉归委员管束，分门别类，务求学术精到。又有翻译教习，随时课以中国文义，俾识立身大节，可冀成有用之材。虽未必皆为伟器，而人材既众，当有瑰异者出乎其中。此拔十得五[3]之说也。至于通计费用，首尾二十年，需银百二十万两，诚属巨款。然此款不必一时凑拨，分析计之，每年接济六万，尚不觉其过难。除初年盘川发给委员携带外，其余指有定款，按年预拨，交与银号，陆续汇寄，事亦易办。总之，图事之始，固不能予之甚吝，而遽望之甚奢。[4] 况远适异国，储才备用，更不可以经费偶乏，浅尝中辍。

近年来，设局制造，开馆教习，凡西人擅长之技，中国颇知究心。所需经费，均蒙谕旨[5]准拨。亦以志在必成，虽难不惮，虽费不惜。日积月累，成效渐有可观。兹拟选带聪颖子弟赴外国肄业，事虽稍异，意实相

① 庄岳：春秋时齐国都城临淄城内两处街里名称，语出《孟子·滕文公下》。比物此志：以类似的事物或行为来表达心意。

② 帑（tǎng）项：款项。

③ 拔十得五：想选拔十人却只选中五人。

④ 予之甚吝：付出很吝啬。望之甚奢：期望很高。

⑤ 谕旨：皇帝诏令。

同。……

［曾国藩著，唐浩明主编：《曾国藩全集·奏稿》（修订版），岳麓书社 2012 年版，第 402-404 页。］

评析

此文是曾国藩为派遣幼童留学美国于同治十年（1871）七月与李鸿章联衔合奏之折。之前清政府已分别于同治五年（1866）、六年（1867）两次派团考察西方发达国家。正式派遣留学生出国深造，是洋务运动走向深入的表现之一。此事首由容闳建议，通过江苏巡抚丁日昌转致曾国藩、李鸿章，曾、李二人都非常赞同，遂联名上奏，月余即获批准。次年由陈兰彬、容闳带领第一批幼童三十人抵达美国，揭开了中国官派留学生历史的第一页。

曾国藩是一个典型的传统儒者，对于西方的了解极其有限，却成为洋务运动的积极倡导者与前期的主要领导者。他之所以能有这样的胸襟与识度，从根本上来说乃是基于其务实、开放、变通的精神。他于同治八年（1869）七月所作的《金陵楚军水师昭忠祠记》中明确地说，真正的君子始终不泥于小成、自高自大，因此不致自我封闭而拘故守常；“凡可得而变革者”都应因时适变，不仅对“器械财用”当如此，“礼、俗、政、教”即政治制度与习俗观念也同样当如此，前一层面属“末”，后一层面属“本”。曾国藩和魏源一样，不仅提倡“师夷”，而且其所“师”于“夷”者从来就不局限在技术器用层面。同时，曾国藩和所有湖湘哲学前辈一样，提倡变通与变革完全是基于利国利民的仁心和公心，变通就是为了务实，为了“相时制宜”，使有关国计民生的大业“日新而月盛”。若无仁心与公心，则无论提倡变革还是主张守成，都不可能是务实，只是出于一己私心或一时意气。上述精神和观念，便是他积极提倡洋务运动的思想基础。

由上选奏折可以看出，曾国藩在提倡洋务运动时特别强调如下三点。

其一，培养人才比简单引进器械技术及制度更为重要。他认为，中国要想自立自强，不能仅得其器，“遽图尽购其器，不惟力有不逮，且此中奥密，苟非遍览久习，则本源无由洞澈，而曲折无以自明”；只有培养人才，才能“效其意而精通其法”，“触类引伸”而“扩充于无穷”，从而“收远大之效”，最终达到自立自强的目的。甲午海战的大败表明，洋务运动最终未能实现其使中国自立自强的初衷，此役之败正是败在政治体制之落后与海防人才之缺乏，而并不是因为器械不良不多。其中的人才问题便与李鸿章在曾国藩逝世后更热衷于购器密切相关。所谓“器”，不仅指机器，也可以指制度。20世纪的中国历史同样表明，简单照搬西方制度而没有充分理解此种制度精髓的人才，仍然不能使中国自强自立。孟子所谓“徒法不能以自行”（《孟子·离娄上》），即此之谓。

其二，学习西方应当专精深入，“效其意而精通其法”。所谓“精通其法”是指学习西方的科技应该精益求精，洞彻原理而明察详情。所谓“效其意”则包括两个方面：第一，在学习方式上应像西方那样“分科传授”，且遍览久习，集思广益，“共明其理，习见其器，躬亲其事，各致其心思巧力”；第二，在学习内容上应当像西方那样将军政、船政等“直视为身心性命之学”，即将科学原理与科学技术视为与义理之学同等重要的学问。在曾国藩看来，只有从观念上加以重视，才能真正深入而专精；只有掌握了基本原理和精湛技术（“学术精到”），才能“触类引伸”，“扩充于无穷”。强调“精通其法”是务实的表现，主张“效其意”则是开放的表现。务实而又开放，就是曾国藩的基本精神，也是湖湘哲学的基本精神。

其三，不能急功近利，遽求功效。人才培养不易，学习西方难速，只能徐图自强，而不能急于求成。曾国藩明确说，图事之始不能“予之甚吝，而遽望之甚奢”，因为“成山始于一篑，蓄艾期以三年”，只有“虽难不惮，虽费不惜”，“日积月累”才能“成效渐有可观”。这是曾国藩的一贯主张。早在咸丰九年（1859），其《笔记二十七则》中就明确说“有真积力久之功，而后有高厚悠远之效”，“不俟功候之至，而遽期速效，反以害之也”。这是湖湘哲学的一贯传统，胡宏、张栻、船山、魏源等人特别强调此意。其思想根源则是孔子所谓“欲速则不达，见小利则大事不成”。中国近现代史已无数次证明了孔子此言颠扑不破。

我们透过此文可以看到，作为一个传统儒者的曾国藩，在中国现代化进程中具有一种令今人难以想象的务实、深入而又宏远、开放的精神。这种精神，正是湖湘哲学所极力阐扬的儒家精神。曾国藩群体以其巨大成就与影响表明了，在中国现代化进程中，儒家思想尤其是湖湘哲学传统完全可以发挥巨大的推动作用。人们常常悬想：假如在后曾国藩时代，主导潮流的风云人物都能坚持这种精神和传统，20 世纪的中国历史又当是怎样一番景象？虽然历史不可预演也不可重来，但已有的历史经验与历史教训可总结和吸取。若是遗忘传统、否定历史，很难不会一错而再错。

郭嵩焘

郭嵩焘（1818—1891），湖南湘阴人，字伯琛，号筠仙，又号玉池山农、玉池老人，因在长沙有养知书屋，也常被称为“养知先生”。他出生于一个既富且仁的商人家庭，从小在中过秀才的父亲指导下读书。后就读于湘阴仰高书院，结交同邑左宗棠。道光十五年（1835）中秀才，次年就读于岳麓书院，又次年中举，道光二十七年（1847）中进士。在此期间，他先后与刘蓉、曾国藩、江忠源（1812—1854，湖南新宁人，湘军名将）、罗泽南等成为至交。太平军兴起后，他力促左宗棠出任湖南巡抚张亮基的幕僚，又力劝曾国藩帮办团练、筹募湘军，自己也帮助规划水师、负责筹饷。自咸丰七年（1857）底至同治五年（1866），先后担任过大大小小的官职。后在广东巡抚任上为左宗棠参劾去职，回湘闲居八年。光绪元年（1875）七月，被任命为驻英大臣，成为中国首位外派常驻使臣，光绪四年（1878）又兼任驻法大臣。光绪五年（1879）归国后不再出仕，但对外交事务和洋务运动仍极关心并积极建议，又成立禁烟公社，创办思贤讲舍，以期转移风俗，培养人才。光绪十七年（1891）六月辞世。郭嵩焘是自觉弘扬湖湘哲学传统的儒家学者，更是19世纪下半叶最了解也最能接受西方文明的朝廷大员之一。虽然其言论常遭物议以至“谤毁遍天下”，但他自信“流传百代千龄后，定识人间有此人”（《戏书小像》）。《郭嵩焘全集》已经由岳麓书社出版。

郭嵩焘日记节选（一）：重势贵几之识

吾谓：天下事无论大小，只是一个几。得几则势如破竹，不得几则寸寸抵牾，事劳而功不能半。……周子曰：“诚、神、几，谓之圣人。”诚者本体，神者作用，几者作用微妙之发端也。……岂惟兵事之大哉？虽治一邑，处一事，莫不有几焉。一失其几，则能者束手，而事端丛出，末路①终无可观。然几之失，大抵由于一念之私。或蔽而不及见，或见及之而不能决，皆此一私之萦绕也。故审几者，尤以诚为本。（咸丰十年三月廿八，三百一十一页）

自盛周以来，世有边患。一时所不能违者，势也。万世所不能越者，理也。南宋诸君子，理伸而势诎。明以后言边事者，理与势俱穷焉。（咸丰十年十月初十，三百六十四页）

天下有大几焉，一事有一事之几焉。愚者昧之，相与持其成毁得失之迹，以议其后，君子弗尚也。（咸丰十年十月十四，三百六十七页）

士人特识，在先脱除流俗气习。其见之施行以立功名者，皆其后也。……君子之拘于见闻、染于气习者，皆谓之流俗。俗人之所趋而流焉，君子之所恶也。往在京师，见一事之得失，一人之用舍，俄而毁，俄而誉，俄而喜，俄而怒，万口附会，众目睢盱，不移时而议论又变；举国呶呶然互相辨论，问以事情之原委，漠然不知；袭古人之一说以为准则，问以古人之事势得失奚若，今日之时会因革奚若，茫然无以为应。② 凡此者，皆所谓流俗之是非也。三代以下，事之得失，人之贤否，蔽于流俗之议论，不得其实者多矣。论天下事，以识为主。识力透出人一层，自能剖晰是非得失，不随众附会。故欲脱除流俗气习，以读书广识为本。隐，非义也；人皆鹜于富贵，而独介然不屈，所以为贤。死谏，非正也；人皆习于避就，而独毅然不顾，所以为贤。是二者，流俗之所惊叹，亦必有超去流俗之心，乃能及之。若夫观理道之精微，揽天人之奥秘，审事于几先，创论于独见，言之而人以为忤，行之而众以为疑，君子人与！流俗乌能测之？庄生云："大浸稽天而不溺，

① 末路：此指结局。

② 睢（suī）盱（xū）：张目仰视状，此指注目、注意。呶呶：喋喋不休状。奚若：何如。

大旱金石流、土山焦而不热。”超出流俗者，入流俗波靡之中而不失其守者也。（咸丰十一年四月初四，三百九十九页至四百页）

年来他无所得，惟于周子之言几，深悟其旨。圣贤处事，只重在一几字，所谓“几者，动之微”① 也。虽处一人，治一事，莫不有几焉。一失其几，而遂无以善其后。庸人之为祸天下，倍于权奸。权奸犹可指事以摘之，故不难于反其道以图功；庸人为祸天下无形无迹，愈久而愈不可挽。（咸丰十一年四月初七，四百零一页）

处事要大端看得到，持得定，而发之轻重适宜。大端是义，轻重适宜是圣人精义之学。（咸丰十一年七月十八，四百一十九页）

天下一理而已。理为势屈，则姑自贬损焉，而无与势抗，使吾理积之益厚；理为情隐，则益引情而达之于理，而后足以自立。无论所处境地何如，而皆不能外此者也。（咸丰十一年七月廿一，四百二十三页）

朱子谓：“天理人欲之分，只争些子，故周子言几。然辨之不可不早也，故横渠言豫。”② 圣人之治天下，几而已矣。“黎民于变时雍”，几也；“俾予从欲以治，四方风动”，几也。③ 周子之言曰：“寂然不动者诚，感而遂通者神，动而未形、有无之间者几。诚精故明，神应故妙，几微故幽。诚、神、几，曰圣人。”诚、神，至矣；而言几者，非几则诚弗形，非几则神弗显也。

① 语出《易传·系辞下》：“知几其神乎！……几者，动之微，吉之先见者也。君子见几而作，不俟终日。”

② 语出《朱子语类》卷十三，原文为“天理人欲之分，只争些子，故周先生只管说几字；然辨之又不可不早，故横渠每说豫字”。些子：些许，一点点。张载（横渠）《正蒙·神化》说：“‘精义入神’，豫之至也。”

③ 黎民于变时雍：黎民百姓不断变化而友好和睦。语出《尚书·尧典》。俾予从欲以治，四方风动：使我依从民意来治理，四方人民就像被风鼓动一样（莫不顺从）。语出《伪古文尚书·大禹谟》。

诚，体也；神，用也。几者，动之微，体用之交，妙而通焉者也。圣人研几以成天下之务，豪杰审几以赴事机之会。“知几其神乎！”不知此者难矣。惟圣人能通之以诚，诚而几，故神也。“天下，势而已矣。势，轻重也。极重不可反，识其重而亟反之，可也。反之，力也。……力而不竞，天也。不识不力，人也。”知天下之势者，可与审几矣。知天下之几者，乃以销天下之险阻。而势之轻重，斟酌焉而得其平。圣人之大用，不能违势而意行，存乎研几之精而已矣。（咸丰十一年八月廿三，四百四十八页）

处天下事，以识为本。识有二，有大局之远识，有一事之深识。大局之远识，周子之所谓几也；一事之深识无他，明乎理与势而已。是故天下之患，莫大乎敌人之所不欲①，而其动也无以应，日引月长，以生其悖。自明以来，能辨此者鲜矣。此人才所以不古若也。（咸丰十一年九月初九，四百五十四页）

与南老②论几字之义。南老言：君子用之为几，小人用之为术。予谓非也。术者，非事与理之所宜，而假术以运之。几者，动之微，圣人知之以神其用，贤人审之以妙其施者也，事与理之所不能越也。几岂可以术论哉？（咸丰十一年九月十七，四百五十七页）

君子守理而不能通权达变以协物情之宜，持论高，守己正，而物望归之，遇事多所抵牾，以触朝廷之忌，而甘以其权畀之小人以恣其欲，而贻误无穷。从古天下之祸，小人尸之，而其实君子亦当分任其咎也。通权达变，非有他也，要于明理而已。理之万殊，精微明晰、各适其宜者，义也。明理者，精

① 敌人之所不欲：抵抗人家不关心的东西。

② 南老：黄冕（1795—1870），字服周，号南坡，湖南长沙人。受知于陶澍，当过常州知府、镇江知府，与林则徐同在浙江镇海抗英，失守后谪戍西域，遇赦后不再过问官场事，一心经商，成为长沙首富。

义之学也。守理而不化，庄生所谓诵一先生之言，不知变通者也。汉宋以来，祸之成于君子者多矣，可叹也。君子不介①不足以律身，不通不足以集义。（咸丰十一年十月廿八，四百七十三页）

《周易》取象各别，而雷风之为恒②，独以义言。……三复卦辞，而知圣人消息乎天地之用以成恒，其义隐而难知也。乾坤者，天地也，天以气化，地以形感，气交形合，而生六子③。一索而得雷、风，乾坤始交而气行；再索而得水、火，气丽乎形，而性情具焉；三索而得山、泽，而形乃成。④ 水火山泽有形，故有成毁。雷风无形，故无成毁。雷动而上升，阳之情也；风感而善入，阴之情也；雷上风下，刚柔各遂其情，以贞天地之大用。故恒者，非可执一以为恒者也。天道有常，而无一成之功化。圣人之道，日新以为功，而无固守。圣人观雷风之用，而知天地所以为恒者，惟其变而不可穷也。如是而施之人事，其德危矣——柔则有固情而无定性，刚则有躁动而无贞守。故《恒》之六爻无吉占。雷风之以变而为恒也，非人所能几也。九二刚中，不急用其恒而自能不移其守，足为“悔亡”而已矣。⑤（咸丰十一年十二月廿四，四百九十九页）

天下之事，揆情度理，皆有一定之准则。随事体察，以求尽事理之平而断行之，是即君子精义之学也。理天下之剧⑥，应人事之变，莫先于审几。

---

① 介：卓然独立，不随流俗。

② 雷风之为恒：恒卦是巽卦在下、震卦在上，巽卦代表风，震卦代表雷。

③ 六子：由乾、坤二卦所生的震、巽、坎、离、艮、兑等六卦，分别代表雷、风、水、火、山、泽。

④《易传·说卦》认为八卦是以乾、坤二卦为基础变化而成：坤卦是三阴爻，第一爻变为阳爻便是震卦，是为长男；第二爻变为阳爻便是坎卦，是为中男；第三爻变为阳爻便为艮卦，是为少男。乾卦是三阳爻，第一爻变为阴爻便是巽卦，是为长女；第二爻变为阴爻便是离卦，是为中女；第三爻变为阴爻便是兑卦，是为少女。求诸乾、坤二卦第一爻的变化叫一索，求诸第二爻的变化叫再索，求诸第三爻的变化叫三索。

⑤ 九二刚中：指恒卦的第二爻为阳爻（刚），阳爻本以居于第一、三、五爻为中，此居第二爻为中则表示它“不急用其恒而自能不移其守”。悔亡：恒卦九二爻辞，表示无悔。

⑥ 剧：繁多。

几者，动之微，而理势之自然者也。知微之显，知远之近，知风之自，几而已矣。悠悠之民，乌知君子之懿美哉？一动之几，而忻然以起。君子处事，不屑屑毁誉之间，而人自服焉。无他，道胜故也。乾乾夕惕，内以自毖，而临事无所疑于其心，君子之道也。君子之道，必准人情，未有非人情而行之无忤者也。（同治元年五月初二，五百三十二页）

吾谓：道理须是面面俱到，凡只得一面者，皆私见也，不可谓之道理。南宋以来，边患日深，而言边事者峭急褊迫，至无以自容，不独汉唐以上规模不一讨论，直举国势之孤弱、事机之得失，皆无足关其意，惟一意矜张，以攘夷狄为义，而置君父于不顾，必使覆国亡家。以自快其议论而为名高，数百年竟无有能省悟者。则宋儒之乐持虚论而不务求实际，有以阶之厉①也。铲除此等议论，而后人心风俗可几于古。其去道理固远矣。所谓道理无他，以之处己，以之处人，行焉而宜，施焉而当，推而放之而心理得②，举而措之而天下安。未有若南宋以来之议论，蠲弃③天下国家而取快纷纷之口，若是之烈者也。宋之所以弱，明之所以亡，诸君子贸④焉无所得于其心，乌足与言道理哉？（光绪二年十一月十三，七十四页）

圣人作用固自绝人，要其大致，不越知几而已。吾辈学圣人，岂能依仿圣人事迹为之？于此亦自当有审几之知。（光绪九年二月十一，五百五十七页）

（郭嵩焘撰，梁小进主编：《郭嵩焘全集》，岳麓书社 2012 年版。）

① 有以阶之厉：所导致的祸害。
② 心理得：合于人心大公之理。
③ 蠲（juān）弃：捐弃，放弃。
④ 贸：蒙昧、不明。

评析

郭嵩焘是很有思想的儒者。不过他的文章很少专论思想，更多的是运用其思想来讨论实际事务。所以仅读其单篇文字，往往不易看出其思想全貌。这个缺憾可以通过其日记弥补。他从咸丰五年（1855）到去世前一日的日记被保存了下来，中间只缺39个月，其中简要记载了其思想发展的来龙去脉。

郭嵩焘像其他湖湘哲学家一样，也以务实为其思想基调。其思想特色是，强调只有具备重“势”贵“几”的务实之“识”，才能真正有“实用”即务实之行。这种思想大约从咸丰十年（1860）开始，是在周敦颐思想的启发之下逐渐形成的，包含了如下四个要点。

其一，要务实而有“实用”，必先务求实际之“识”而不能囿于流俗之见。故说“论天下事，以识为主”，“处天下事，以识为本”。“识”有“大局之远识”和“一事之深识”两个方面，类似于曾国藩所谓“高明”与“精明”。郭嵩焘认为，流俗之见从来就不切合实际，总是人云亦云、随声附和、忽左忽右，从不切实地去了解事情本身的原委。他所谓“识”，就是不为流俗之见所囿而从“实事”本身出发来“求是”的远见卓识和洞见深识。

其二，“识”的核心内容是“知几”。“天下有大几焉，一事有一事之几焉”，“天下事无论大小，只是一个几字”。郭嵩焘所谓的“几”，是指解决问题时既合理又顺势、牵一发而动全身（“几一转而全局皆活”）的关键点或突破点（“作用微妙之发端”）以及由此而来的“轻重缓急”和“条理次序”。他说，“几”虽细微，却是决定全局成败的关键，得几则势如破竹，不得几则寸寸抵牾，事端丛出，事倍而功不能半。他认为，周敦颐所谓“诚、神、几，曰圣人”，就是说圣人体诚而用神，其具体表现之发端就是知“几”，“非几则诚弗形，非几则神弗显”，或者说“道非诚不立，非几不行”（《复罗小溪》）。一句话，“几”就是“圣人之大用”。因此，要有务求实际之“识”从而有“实用”“大用”“妙用”，就必须“审几”“知几”“研几”。《易传·系辞下》说“精义入神，以致用也”，知几就是“精义之学”。

其三，“知几”的途径是统论“理、势、情”，而非教条主义地拘执某种一成不变的道理或者根本不讲理。他所谓“理”是指所有人与所有时代都不能超越和违背的基本原则，具有普遍性、公共性、大全性。故说“所谓道理无他，以之处己，以之处人，行焉而宜，施焉而当，推而放之而心理得，举而措之而天下安”，又说“宜于己，弗宜于人，非道也”（《送李申甫方伯西归序》）。他认为，“道理”之所以具有普遍性、公共性和大全性，是由于它的非现成性或分殊性，因为人各不同、时各不同，只有与事势、人情结合而随时变易的道理才真正具有普遍性、公共性与大全性。所以要“知几”，就要“明理”，“明理”不是“守理而不化”，而是知“得失之故”、察“因应之宜”（《拟销假论洋务疏》），充分考虑“事势”与“人情”。“情”是就对立双方中的个体而言，指其强弱情况与真实要求；“势”是就总体而言（“人与我共之者”），指由对立双方之“情”所共同形成的可否可泰的客观趋势。“情”与“势”可统称为“情势”，“情”也可归于“势”。“知几”就是斟酌“情势”“以求尽事理之平”，即发现合理、顺势、“协物情之宜”的突破点和轻重适宜的条理次序。

其四，“知几”必以“诚”为本。故说“道非诚不立”，“审几者，尤以诚为本”。“知几”是既要合理又要顺势，理是面面俱到的理，势是人我相共的势，只有超越一己之私而旷观极览，才能“知几”而深究其机宜。所以他常说，只有“识力透出人一层”，不畏世俗议论与毁誉（“不屑屑毁誉之间”），才能知“几”而有真正符合实际的卓识深识。凡有私念私意者，皆不足以“审几”“知几”。流俗之见表面看来似具有公共性，实则既不明理也不知势，只是出于私意或意气，只是从“一方”“一面”“一时”来讲，而不能见其全、求其公、计其远。因此，君子之“几”并非小人之“术”，前者是基于“理”，后者则“非事与理之所宜”。将“几”建立在“诚”上，这是典型的儒家立场。这与罗泽南的观念颇为相近，后者曾说：“世俗之见，动谓儒术迂疏，不能切时势以立论。予谓善用时势者，莫如真儒之经济也。

盖急小利，图近功，逐时逞势，以遂一己之私，每至坐失机会，不能成王业于天下，此甚暗于时势者也。”（《读孟子札记》卷一）

郭嵩焘这种重“势”贵“几”的思想，就其渊源而言，是由周敦颐的思想悟入，远接《易传》所谓“研几”“精义”和《大学》所谓“知所先后则近道”，而近契船山、魏源、罗山的理势论。就其作为一种实践智慧而言，乃是强调只有尚通才能务实，而尚通就是重殊、贵全（重视分殊和整体）。所以只有“随事体察”“即事明理”而综观“理、势、情”，才能真正做到“务求实际”“实事求是”。就其作为一种哲学观念而言，则是坚持这样一种真理观，即“道理”具有普遍性、公共性、大全性、非现成性和分殊性，只有与特殊的“势”和“情”不离的“理”，即只有“通权达变以协物情之宜”的通理与公理，没有“可执一以为恒”的理即一成不变而可由一方、一面、一时垄断独霸、完全掌握的私理。道理之所以具有普遍性、公共性、大全性，并不是因为它已现成地包含了所有方面，也不是因为它可被“空降”与“外铄”、可被强制推行到所有方面，而是因为所有方面都可参与其生成，是共成之从而共有之。这种共有乃是“分有”——不是各得片断，而是各以属己的方式理解与应用。因此凡被垄断、恩赐、无须自我参与就必接受的道理，皆“不可谓之道理”，而只可谓之“私理”或“死理”。所以郭嵩焘说：“道理须是面面俱到，凡只得一面者，皆私见也，不可谓之道理。”正如本书附录所指出的，这种真理观，归根到底源于湖湘哲学一贯坚持的非现成性大全“实事”观，尤其是其中所包含的“相倚互成”观。郭嵩焘只是将其明确运用到道理本身。后来谭嗣同提出“道非圣人所独有也，尤非中国所私有也”，同样是基于这一观念。总之，郭嵩焘重“势”贵“几”的思想，正是湖湘哲学传统这棵生机勃勃的大树所长出的新枝。

郭嵩焘日记节选（二）：西方文明与中西异同

西洋以智、力相胜，垂二千年。麦西、罗马、麦加迭为盛衰，而建国如故。①近年英、法、俄、美、德诸大国角立称雄，创为万国公法，以信义相先，尤重邦交之谊，致情尽礼，质有其文，视春秋列国殆远胜之。②而俄罗斯尽北漠之地，由兴安岭出黑龙江，悉括其东北地以达松花江，与日本相接；英吉利起极西，通地中海以收印度诸部，尽有南洋之利，而建藩部③香港，设重兵驻之；比地度力，足称二霸，而环中国，逼处以相窥伺，高掌远跖④，鹰扬虎视，以日廓其富强之基，而绝不一逞兵纵暴，以掠夺为心。其构兵中国，犹展转据理争辨，持重而后发。此岂中国高谈阔论、虚骄以自张大时哉？使其为五胡之乱晋、辽金之构宋，则亦终为其啮噬⑤而已？轻重缓急，无足深论。而西洋立国自有本末，诚得其道，则相辅以致富强，由此而保国千年可也。不得其道，其祸亦反是。（光绪二年十二月初六，一百二十八页至一百二十九页）

英国行政务求便民，而因取民之有余以济国用，故其所设各官，皆以为民治事也，而委曲繁密，所以利国者即寓于便民之中。如信票⑥，远至数万里，近至同居一城，但粘信票其上，信局即为递送。每岁所入，千数百万磅，可云利国矣，而民实便之。顷见制造信票，每纸印票百余，四周空处，一童子量其分杪⑦，截齐其边幅，送至一机器处，每票不逾八分，四周凿成小孔，五纸一连，不失毫杪。为取用信票，必须剪截，得此四周小孔，随手即下，

① 麦西：埃及古称。麦加：本指伊斯兰教最神圣的城市，此处喻指阿拉伯帝国。
② 万国公法：通行于当时西方诸国的国际公法。致情尽礼：既充分表达情感又竭尽礼仪。
③ 藩部：本指清代由理藩院管理而有一定自治权的部族，此指殖民地。
④ 高掌远跖：比喻规模巨大、气魄雄伟的开拓经营。
⑤ 啮噬：咬嚼，吞食。
⑥ 信票：邮票。
⑦ 量其分杪（miǎo）：精密测量。

不恃刀剪之力。相传数十百年前，一人想得此法，献之朝廷，即时赏给二千磅，依其法行之。此专为便民也，而其实国家之利即具于是。此西洋之所以日致富强也。（光绪三年四月初二，一百九十七页）

西洋一切情事，皆著之新报①。议论得失，互相驳辨，皆资新报传布。执政亦稍据其所言之得失以资考证，而行止一由所隶衙门处分，不以人言为进退也。所行或有违忤，议院群起攻之，则亦无以自立。故无敢有恣意妄为者。当事任其成败，而议论是非则一付之公论。《周礼》之“讯群臣”“讯万民”②，亦此意也。（光绪三年十一月十六，三百五十二页）

计英国之强，始自国朝；考求学问以为富强之基，亦在明季，后于法兰西、日耳曼诸国；创立机器，备物制用，实在乾隆以后；其初国政亦甚乖乱。推原其立国本末，所以持久而国势益张者，则在巴力门议政院，有维持国是之义；设买阿尔治民，有顺从民愿之情。③ 二者相持，是以君与民交相维系，迭盛迭衰，而立国千余年终以不敝，人才学问相承以起，而皆有以自效，此其立国之本也。而巴力门君民争政，互相残杀，数百年久而后定，买阿尔独相安无事，亦可知为君者之欲易逞而难戢，而小民之情难拂而易安也。④ 中国秦汉以来二千余年适得其反。能辨此者鲜矣！（光绪三年十一月十八，三百五十六页至三百五十七页）

西洋尊事教主，委国以听之，人心之所趋向，有不可以理解者。推求其故，知其固有自来也。天降下民，作之君，作之师，二者并尊。无君则人伦

① 新报：新闻报纸。
② 《周礼·秋官司寇·小司寇》：“以三刺断庶民狱讼之中：一曰讯群臣，二曰讯群吏，三曰讯万民，听民之所刺宥，以施上服下服之刑。”
③ 巴力门：“议院”（Parliament）的音译。买阿尔：“市长”（Mayor）的音译。郭嵩焘知道英国的市长是由“衙门令民自选”产生。
④ 戢：约束，制止。拂：违背。

无所统属，无师则聪明智慧者无所诱启。（光绪三年十一月十九，三百五十七页）

盖西洋言政教修明之国曰色维来意斯得［civilized，文明的］，欧洲诸国皆名之。其余中国及土耳其及波斯，曰哈甫色维来意斯得［half-civilized，半开化的］。哈甫者，译言得半也，意谓一半有教化，一半无之。其名阿非利加[①]诸回国曰巴尔比里安［barbarian，野蛮的］，犹中国夷狄之称也，西洋谓之无教化。三代以前，独中国有教化耳，故有“要服”“荒服”之名[②]，一皆远之于中国而名曰夷狄。自汉以来，中国教化日益微灭，而政教风俗，欧洲各国乃独擅其胜。其视中国，亦犹三代盛时之视夷狄也。中国士大夫知此义者尚无其人，伤哉！（光绪四年二月初二，四百二十页）

西洋制国用[③]，岁一校量出入各款，因其盈绌之数，以制轻重之宜，一交议院诸绅通议，而后下所司行之。三代制用之经[④]，量入以为出，西洋则量出以为入。而后知其君民上下，并心一力，以求制治保邦之义。所以立国数千年而日臻强盛者，此也。（光绪四年三月初三，四百四十六页）

西洋议院之有异党相与驳难，以求一是，用意至美。而如格兰斯登[⑤]之助俄倾土，阻挠国计，亦云过矣。而其分党有同有异，则亦始终不变其说。惟有大议，缓急轻重关系稍巨，则亦常于集议之先更自分党。凡持异议者，先起自陈，愿附众议；既毕，校其人数多寡以定行止。而其著名为首者，不乐变易其说以相附会，又念此事之不可以更持异议，则往往托故先行，若自示未经与议者。其负气而不相下，又可笑也。（光绪四年三月初四，四百四

① 阿非利加：英语“非洲”一词的音译。
② 古代将王畿以外按距离分为五服，相传一千五百里至两千里为要服，两千到二千五百里为荒服。
③ 制国用：确定国家的税赋征收与财政支出。
④ 经：常法。
⑤ 格兰斯登：当时英国议会的反对党领袖。

十九页）

西洋政教以民为重，故一切取顺民意。即诸君主之国，大政一出自议绅①，民权常重于君。去年美国火轮车工匠毁坏铁路，情形与此正同，盖皆以工匠把持工价，动辄称乱以劫持之，亦西洋之一敝俗也。然用人行政一与民同，而议绅得制其柄，则又有可为程式者。……其君民上下相与考求如此，是以所用必当其才，而无敢以私意援引，此西洋各国之所以日趋强盛也。（光绪四年四月十八，四百八十四页至四百八十五页）

晚赴柏金宫殿②跳舞会。男女杂沓，连臂跳舞，而皆着朝服临之。西洋风俗，有万不可解者。自外宫门以达内厅，卫士植立，皆有常度，无搀越③者。跳舞会动至达旦，嬉游之中，规矩仍自秩然。其诸太子及德国太子，皆与跳舞之列。以中国礼法论之，近于荒④矣。而其风教实远胜中国，从未闻越礼犯常，正坐猜嫌计较之私实较少也。（光绪四年四月廿一，四百八十八页）

栗温浦⑤商会约集多人至伦敦会议。本会所陈，事理而已。其由各国议行，本会亦不与闻也。其言多可听者。西洋考求政务，辄通各国言之，不分畛域。而其规模气象之阔大，尤务胥天下而示之平。近年创立各会，孜孜考论，如所知者：会议刑罚监牢，本年聚会于瑞典国斯德哥尔摩；会议信局章程，本年聚议于葡国立斯本。其会并创自近数年，岁一集议，数千里争往赴之。其议论并准刊刻，呈之各国政府与议绅会议。此西洋风气所以蒸蒸日上也。（光绪四年四月三十，四百九十六页）

① 议绅：议员。
② 柏金宫殿：英国王宫，今译为白金汉宫。
③ 搀越：越位，越职。
④ 荒：放纵。
⑤ 栗温浦：利物浦。

三代以前，皆以中国之有道制夷狄之无道。秦汉而后，专以强弱相制，中国强则兼并夷狄，夷狄强则侵陵中国，相与为无道而已。自西洋通商三十余年，乃似以其有道攻中国之无道，故可危矣。三代有道之圣人，非西洋所能及也。即我朝圣祖①之仁圣，求之西洋一千八百七十八年中，无有能庶几者。圣人以其一身为天下任劳，而西洋以公之臣庶②。一身之圣德不能常也，文、武、成、康四圣③，相承不及百年；而臣庶之推衍无穷，愈久而人文愈盛。颇疑三代圣人之公天下，于此犹有歉者。秦汉之世，竭天下以奉一人。李斯之言曰“有天下而不恣睢，命之曰以天下为桎梏”。恣睢之欲逞，而三代所以治天下之道于是乎穷。圣人之治民以德。德有盛衰，天下随之以治乱。德者，专于己者也，故其责天下常宽。西洋治民以法。法者，人己兼治者也，故推其法以绳之诸国，其责望常迫。其法日修，即中国之受患亦日棘④，殆将有穷于自立之势矣。中国圣人之教，道足于己而无责于人。即尼山诲人不倦，不过曰“往者不追，来者不拒”而已。佛氏之法，则舍身以度济天下，下及鸟兽，皆所不遗。西洋基督之教，佛氏之遗也。孟子之攻杨墨，以杨墨者，佛老之先声也。孟子独知其为害之烈，所以为圣人也。而其言曰：“逃墨则归于杨，逃杨则归于儒。”以杨氏之为己，尤近于儒也。《中庸》之言曰：“成己，仁也。成物，知也。性之德也，合内外之道也。”必如此而后足以尽圣人之能事。圣贤不欲以兼爱乱人道之本，其道专于自守。而佛氏之流遗，至西洋而后畅其绪，其教且遍于天下，此又孔、孟之圣所不能测之今日者也。“天降下民，作之君，作之师”，三代圣人所以不可及，兼君、师任之。周之衰而后孔、孟兴焉，师道与君道固并立也。自六国争雄以讫于秦，而君道废。自汉武帝广厉学官，而师道亦废。程、朱崛起一时，几近之矣。承风而起者，自宋至明数十人，而其教未能溉之天下，则以君道既废，师道

① 我朝圣祖：康熙帝。
② 臣庶：臣民。
③ 文、武、成、康四圣：周文王、武王、成王、康王。
④ 日棘：日益急迫。

亦无独立之势也。西洋创始由于教士，至今尤分主朝权，不足为师道也，而较之中国固差胜矣。（光绪四年五月二十，五百二十三页至五百二十四页）

《国语》言“司空以时平易道路”，《月令》亦有“循行国邑，周视原野，道达沟渎，开通道路”之文，是三代盛时尤修此政，而未一详其法。① 罗马初兴，兼并诸国，所至必开通道路，言凡道路一遵罗马之式修治，方得为罗马属地。西洋道路之平广，由罗马开之基也。迨今千余年，火轮车行，而通山越涧，穷极工力。城村道路，岁一修治，规模阔大。而犹设立公会，相与考求其实，期于利国便民，而益以弥缝其缺。天下之大宝三：天时也，地利也，人情也。西洋于此穷极推求，而国家不敢擅其威福，百官有司亦不敢求便其身家。即平治道途一节观之，而知天维地络、纵横疆理。中国任其坏乱者，由周以来二千余年无知讨论，此亦天地之无如何者也。（光绪四年六月初九，五百三十九页）

实事求是，西洋之本也。（光绪四年十二月十六，六百九十七页）

西人格致之学，所以牢笼天地，驱役万物，皆实事求是之效也。（光绪五年正月廿一，十九页至二十页）

大抵基督教门，原本摩西而西方佛氏之流传，以慈悲为宗，以生死祸福为说。其教流遍西土，虽各自立宗主，而宣播推衍不离此旨。其诸神异之迹亦多祖佛氏之说，倚托幻相，命之曰神通。而援天以立教，犹近吾儒本天之意，视佛氏之广己造大，受天人供养者，亦有间焉。传曰“天降下民，作之君，作之师”②，三代以前为君者，皆兼师道而为之，名曰天子，继天以统理下民者也。西方榛蒙始辟，无君师之统，而为民信从者，民辄归之。摩西因

① 第一句引语出自《左传·襄公三十一年》。《月令》是《礼记》中的一篇。
② 此处所谓“传”指《孟子·梁惠王下》。其语又为《伪古文尚书》编入《泰誓》篇。

以色列一族，而王有西土。耶苏继之，以代天阐教为言，而终以自毙，亦当时情势之必然者也：天子者，承天以统理百姓，而固不敢私天以为之父，为夫万有之生皆天主之；私天而名之父以行教，而擅作君之权，且欲尽四方万国而统治之。赖有一死，其徒一附之耶苏，无敢更自托为天之子者，其名乃至今不废。自来行教者被祸之惨无若耶苏，而西方服其教，千八百余年君人效其职，百姓亦以遂其生。其精深博大，于中国圣人之教曾不逮其毫厘，而流弊固亦少焉，乃相与竞奉耶苏以为天之子，而君人皆退听，其教亦以大昌。诚哉，无以易也！（光绪五年正月三十，二十六页）

秦汉以后之中国，失其道久矣。天固旁皇审顾，求所以奠定之。苟得其道，则固天心之所属也。茫茫四海含识之人民，此心此理，所以上契于天者，岂有异哉？而猥①曰东方一隅为中国、余皆夷狄也，吾所弗敢知矣。（光绪五年二月廿六，六十四页）

西洋政教、制造，无一不出于学。中国收召虚浮不根之子弟，习为诗文无实之言，高者顽犷，下者倾邪，悉取天下之人才败坏灭裂之，而学校遂至不堪闻问。稍使知有实学，以挽回一世之人心，允为当今之急务矣。（光绪五年三月初八，七十二页）

（罗）小垣属见人不谈洋务。吾谓并不见人，然固不可不谈洋务。所以谈者，欲使人稍知其节要，以保国有余。苟坐听其昏顽而已，不动兵则坐削，一旦用兵，必折而为印度。此何等关系！而可不言乎？世俗之说，但谓不知言之人不可与言。此为无关系言之。苟有关系，忍坐视乎？彼于中国强且逼，然其意犹然尊视中国，略无猜忌之意。诸公乃视言及洋务为忌讳，然则将听其终古昏顽而莫之省也？果可以昏顽终古，则自洞庭以南，蠢蠢之三苗②至

① 猥：鄙陋。
② 三苗：黄帝至尧舜时代的古族名，主要分布于洞庭湖和鄱阳湖之间。

今存可也，而其势固必不能。传曰：铸鼎象物，使民知神奸，以能使魑魅魍魉莫能逢之。① 夫惟其知之也，以先知觉后知，以先觉觉后觉，予于此亦有所不敢辞，于区区世俗之毁誉奚校哉！（光绪五年四月初二，一百零六页至一百零七页）

……治民之道无他，导民之善气而使之达，遏抑民之恶气以无使之昌而已。自顷十余年，专意导扬民之恶气而崇奖之。中国自秦汉以来二千余年，所以制国之大经，惟恃一法以劫制天下，使俯而就吾之范围，悉天下亿万生民皆受约束而无敢逞。而一二奸民之狂逞者，不惟宽假之而已，又从而阿附之，使之一无顾忌而后已。人心浮动思逞，而乱机之发，至不可测。……此关国家治乱盛衰之大端，固知其非偶然也。（光绪五年六月十六，一百四十二页）

宋儒疑孟子者李盱江、司马涑水；而余隐之皆为之辨，朱子又更申论之，然于二先生所以致疑处，皆未有以发明也。② 孟子言政曰："民为贵，社稷次之，君为轻。"天生民而立之君，所以为民也。三代圣人所汲汲者，安民以安天下而已。自战国游士创为尊君卑臣之说，而君之势日尊。至秦，乃竭天下之力，以奉一人而不足，又为之刑赏劝惩，以整齐天下之人心。历千余年而人心所同拱戴者，一君而已，因是以推及三代，因是而并衰周之世，责以大一统之义，且以是苛及孟子。其大旨反覆归宿，惟在于此。虽余隐之之辨，亦不敢直讦其不然也。此宋以来论古者之一大蔽也。（光绪六年七月初八，二百八十三页）

（郭嵩焘撰，梁小进主编：《郭嵩焘全集》，岳麓书社 2012 年版。）

① 出自《左传·宣公三年》。
② 李盱江：李觏（1009—1059）。司马涑水：司马光。余隐之：余允文，著有《尊孟辩》。

评析

作为中国第一任驻外大使，郭嵩焘于光绪二年（1876）十二月初八抵达英国伦敦，至光绪五年（1879）正月初十才离开伦敦，取道法国回国。他对洋务一向关心，对夜郎自大的士习深恶痛绝。所以他出使英国，从一开始就抱着“专务考求其制度规模可以取法者”这一明确目的。两三年的身临其境让他对西方文明有了切身感受和深入考察。他对西方文明的总体把握、中西文明的比较以及由此提出的相关主张，充分体现了一位儒者在面对现代西方文明时所具有的开放思想和反思能力。

郭嵩焘主要从政、学、礼、教等四个方面来把握西方现代文明的根本精神。

其一，西方政治最根本的观念是“公天下”而“以民为重”，“一切取顺民意”。这种观念体现在政治体制上便是“君民兼主国政”的民主制。因为有议院制，即使是君主立宪国家，其“大政”亦“一与民同，而议绅得制其柄”；因为有民选市长制，各地皆能自治而“顺从民愿之情”；又因为有新闻舆论监督制，所以政治上的成败是非“一付之公论”，无论君主还是百官小吏，都不敢“恣意妄为”。郭嵩焘和魏源一样，看到这种政体可从根本上解决人才问题，因为当一切政务都公开公正公平时，所用必当其才而不敢“以私意援引”。他更切身地感受到，只有这种“公天下”的政体才能真正“利天下”，因为各项制度的设置都体现“务求便民”的原则，即使国家利益也只能通过“便民”来实现（“所以利国者即寓于便民之中”）。所以各项制度不仅规模宏大，而且条理细密、极为周到，而人民也能自觉遵守。总之，在郭嵩焘看来，西方的政治观念、政治体制和各项制度可以真正使君民上下齐心协力、治国保邦。他多次指出，西方列强之所以日趋强盛，其根本原因就在于此。

其二，西方学术最根本的精神是“实事求是”，“实事求是，西洋之本也”。西方科学就是真正的“实学”——“实学，洋语曰赛英斯

(science)”(光绪三年二月二十日日记),它之所以取得“牢笼天地,驱役万物”的伟大成就,就是因为它从根本上坚持实事求是的精神(“皆实事求是之效也”)。郭嵩焘注意到,西方人对于各种学问都是穷极推求,反复推考,一丝不苟,所以“穷极微妙”“愈出愈奇”。他们不仅对科学技术如此,对各种社会科学同样如此;还成立了各种国际协会,心存天下,不分畛域,共同考求,气象阔大。更重要的是,西方各国又高度重视教育的普及,所有领域、所有职业“无一不出于学”而得学问之益,并且“通国士民一出于学”,人才之录用、提拔也完全根据其所学专业及其水平。这就使“实事求是”成为整个社会的基本精神。

其三,西方礼俗虽与中国不同,但“其风教实远胜中国”。郭嵩焘曾到一所教会大学参观晚餐仪式,深感“三代礼乐,无加于此”;参加“老儒会”时,又认为他们“以文辞周旋相尚,颇有春秋列国之风”;参加宫廷舞会时,发现他们虽无男女、上下之别,甚至动辄通宵达旦,但“嬉游之中,规矩仍自秩然”,“从未闻越礼犯常”。尤其让他感叹的是,西洋各国所创立的万国公法,以信义相先而文质彬彬,远远超过了中国春秋时期的列国邦交之道。

其四,西方各国所信奉的基督教有三大优点:一是强调博爱,故能尽“成物”之能事;二是强调所有人都是“天父之子”,所以君民上下一律平等;三是举国尊事教主,“师道与君道并立”,故“师道”能独立于“君道”而普化民众。

郭嵩焘又从这四个方面对中西文明进行了初步比较。其一,政治方面,中国三代(夏、商、周)圣人本来强调“公天下”“利天下”,但因主张“以其一身为天下任劳”,实不如西方将天下完全公之于臣民大众(“公之臣庶”)。因为光靠一个人的“圣德”来治理天下,既不能持久也极为有限;依靠人民大众则可“推衍无穷”,“愈久而人文愈盛”。三代圣人又强调“治民以德”,实不如西洋主张“治民以法”,因为“德有盛衰,天下随之以治乱”,治之以法则“其法日修”。所以郭嵩焘非常大胆地说:“颇疑三代圣人之公天下,于此犹有歉者。”意谓西方的“公天下”比中国三代都要更胜一筹。他又认为，秦汉以后的中国更是“失其道”以至于无道，因为秦汉以来的基本政治观念就是尊君卑臣，“竭天下以奉一人”，各项制度主要不是为了“利天下”，而是为了“劫制天下”，使亿万生民皆受约束而不敢乱动。中国正是因此民气不畅，人才不兴，国势日益衰弱。其二，学术方面，西方一意崇实尚用，中国三代学问本来也颇精深，但自秦汉以后却不知讲论推求，教育上更是“收召虚浮不根之子弟，习为诗文无实之言”，不仅不能培养人才，反而“悉取天下之人才败坏灭裂之”。其三，礼俗方面，秦汉以后的中国，“礼义之教日衰，人心风俗偷敝滋甚”，实不能与今日西方相提并论。其四，教化方面，中国儒教（“圣人之教”）的精深博大固为基督教所不能企及，但其流弊也为后者所不能比拟。更重要的是，中国自汉以后，教化日益式微，西方却日臻其盛，教传天下。因此综合来看，西方之“教”虽不同于中国之“教”，但并不比中国之“教”差。

郭嵩焘据此认为，西方列强之所以比中国富强，实是因为比中国“政教修明”。也就是说，西方的富强乃是以其文明为根本，不只是“智、力”胜于中国、技艺器械精于中国。所以郭嵩焘提出了一个非常著名的判断——“西洋立国自有本末”。这个说法相当于说“西洋立国自有体用”。所谓“本”与“体”，就是指政、学、礼、教等四个方面。除了在教上中西各有千秋外，在政、学、礼上西方都远胜于中国。这就从根本上颠覆了当时国内的流行观念：西方有“用”而无“体”，有“器”而无“道”。郭嵩焘由此指出，中国不能再以文明帝国自居而视西方为“夷狄”，不能再以“有道”自居而视西方为“无道”。恰恰相反，秦汉以后的中国早已“失道”，如今西方列强反是“得道”，属于“夷狄”的倒是我们自己，而当今西方看待中国也确实如“三代盛时之视夷狄”。因此西方国家对于中国的欺侮，从根本上看就是因为其文明程度远胜中国，是“以其有道攻中国之无道”。

郭嵩焘据此预言中国的前途：要么认真学习现代西方文明，得其“道”与“本”而不只是“器”与“末”，并最终融入现代文明而自立自强；要么昏顽固闭到底，如古代的“三苗”一样终趋灭亡。所以他说：“诚得其道，则相辅以致富强，由此而保国千年可也。不得其道，其祸亦反是。”又说，“西洋之入中国，诚为天地一大变，其气机甚远，得其道而顺用之，亦足为中国之利”，否则便只能“其局愈蹙，其势亦愈穷”（《复李次青》）。一句话，只有认真研究西方、学习西方，自我改革，并最终落实到包括政治体制与各种制度在内的“道”上，中国才能自立自强。

郭嵩焘的上述言论一出，便在当时的中国掀起轩然大波，引起了“满朝士大夫的公愤”（梁启超语），甚至被斥为“汉奸”，连朝廷都下诏申斥他，并将其公开发行的日记节录《使西纪程》毁板，禁止流布，还差一点将他查办治罪。但对于崇“理”贵“势”的郭嵩焘而言，以上所述实是他对当时整个国际大“势”的判断，也是对人类文明之“理”或“道”的重新认识。所以他为当时中国的状况尤其是士大夫的虚骄无识深感忧虑。他甚至已预感到，就连旁边的日本也会因“大小取法泰西，月异而岁不同”，不久就要超过中国、祸害中国。然而中国却“寝处积薪，自以为安，玩视邻封之日致富强，供其讪笑”。所以他明知自己一谈洋务便会招致国人非议，且已“骂名穷极九州四海”，但仍无所畏惧。他不能“见死不救”，不能坐视国家衰亡，故说：“以先知觉后知，以先觉觉后觉，予于此亦有所不敢辞，于区区世俗之毁誉奚校哉！”

郭嵩焘关于中西文明异同的上述言论并不完全准确，因为他所见到的西方文明已是现代文明，当时的中国文明尚属古典文明，这是两种不同性质的文明。但郭嵩焘的确试图由末及本，从根本上把握西方现代文明，并深感西方文明因为合“理”而有弥漫全球之“势”。不过，他虽推崇西方文明，却非一味赞同而也有反思，对于自己的文化传统也不抱虚无主义态度。所以他说，中国只是“失其道”，中国之“教”从根本上讲并不比西方之“教”差，“公天下”与“利天下”的圣人之教完全可以兼容、接受西方文明。郭嵩焘明确区分了文化（“道”或“教”）与文明：文化是基本理念与终极追求，文明是基本理念的实现，文明的落后只是“失其道”“失教化”，并不意味着文化本身的低劣。

郭嵩焘日记节选（三）：兴学以正人心端风俗

欲治天下，必自明学术以正人心始。明学术者，非能尽天下之人使知务学也，明学术以进退人才，而人自知向学矣。正人心者，非能尽天下之人格其非心也，使夫在位任职者知有是非得失之辨、义利之分，无邪僻之生于其心，以正天下无难矣。（咸丰十一年十一月初十，四百七十七页）

吾谓朝廷于李、左二公①尚不肯有牵掣。巴兰德②曰："不然。吾见李中堂云，所欲办者甚多，往往为朝议所持。"吾曰："良然。朝廷议论太杂，所以李、左二公，开办大事乃一奏闻，其小处直自为之，不敢招人议论。"巴问："此何故？"吾谓："中国幅员太广，地大民殷，一切须有成法，遵行已三千余年，本不易言变通。而自天津定约至今二十年，并值圣躬幼弱，大臣无敢主事者。③ 此须候至十余年亲政后，能考求变通，始可望有前进之机。"曰："郭大人此时亦有办法否？"吾曰："有之。中国律例不能违也，军机大臣主持朝政，尽容变通，一切不拘以成法，但责成督抚了事而已。朝廷以责督抚，督抚以责地方官。而尤以通民气为先，一切新政，皆鼓舞百姓为之。其源尤在学校，学校章程必应变通。"巴言："吾在中国久，粗谙其情状，如郭大人所言，直是一字不能加，一字不能减。"吾谓："旧岁函致总署④，中国二三千年皆与外国争强弱，西洋局面却是不同，其国势皆极强，而无争强之心，一意推行其长处，使天下皆知仿效。一切可以取益，而不必存猜嫌。所以与巴大人谈论一切，坦直言之，亦无所庸其嫌疑。愿巴大人深谅此等情形，稍俟之。皇上亲政之后，从容劝导，勿遽以逼迫为之，反致无益

① 李、左二公：李鸿章、左宗棠。
② 巴兰德：当时的德国驻华公使。
③ 天津定约：1858 年，中国与英、法、俄、美在天津分别签订条约，开放通商口岸并设领事馆。圣躬：此指光绪帝（1871—1908），当时只有 7 岁。
④ 总署：1861 年成立的总理各国事务衙门的简称，也简称为总理衙门。

有损。”（光绪四年八月廿七，六百零九页至六百一十页）

故尝论泰西勤求武事，万难及其百一，然有贤者起，竭三十年之力为之，亦可望有成效。制造之精，竭五十年之力为之，亦庶几什一望见其涯略。①若此者，其源皆在学校。学校之起，必百年而后有成。用其百年之力，以涤荡旧染；又用其百年之力，尽一世之人才而磨砻②之；又用其百年之力，培养渐积以使之成。以今日人心风俗言之，必有圣人接踵而起③，垂三百年而始有振兴之望。为自秦汉以来，四千年流极④，败坏之久、累积之深，非是不能有成也。若如圣祖以至乾隆之季一百三十余年间，重之以精求学校之实，鼓舞人才，以使之务实求精，其庶几可望也。俯仰今昔，慨然伤怀，能知此义者谁哉？（光绪六年二月十三，二百三十六页至二百三十七页）

吾谓吏治不修，不在州县而在大吏，其源尤在当国⑤之大臣。以此时天子幼冲，政在枢府，举措刑赏所自出，惟当国者好尚喜怒所系为尤重也。⑥今言者动曰：取法西洋制造，乃能致富强。人心风俗，政治法令，阘冗⑦如此，从何取法西洋乎？于是益见中国求治之难也。（光绪六年四月十八，二百六十一页）

人心风俗之坏，近时士大夫皆能言之，而不知所以坏，全在士大夫，不在蠢蠢之愚民也。如今士大夫口是心非，一切作伪，日怀猜忌之心，隐善扬恶，幸灾乐祸，人人优为之。人心风俗之坏，殆无甚于此者矣。（光绪六年七月十四，二百八十五页）

① 什一：十分之一。涯略：大概、大体。
② 磨砻：磨炼。
③ 接踵而起：前后相继。
④ 流极：远离原有方向的运行走向。
⑤ 当国：主持国政。
⑥ 幼冲：幼小。枢府：主管军政大权的中枢机构，清雍正以后指军机处。
⑦ 阘冗：庸碌低劣。

盖中国人心风俗之敝极矣，其势岌岌不可终日，而能与持久乎？可为痛哭！（光绪六年七月十九，二百八十七页）

天下治乱之原，全在吏治，而其根本则在朝廷。有一分实用，即有一分效验，非可以文饰为也。（光绪六年八月初二，二百九十一页）

国家治经之儒旷越汉唐以上，而前代讲学之风至是而尽废，遂使天下之民一无所系属。奸民之雄者，乃假会堂①为名，私立名目，以相勾结。《书》曰："天降下民，作之君，作之师。"君、师二者，一不足以联属其民，乃相奖以急入于邪，亦势之所必趋也。乾隆以后，各县皆立书院，学校为最盛，而一以利诱之，于学问源流本末，全失所以为教，直使败坏人心风俗，有损无益。所以创立校经堂、思贤讲舍，求一挽学校之陋，而此禁烟公社亦遂相附以行。期使贤士大夫及后进聪明之士共相讲习，以窥知圣人立学之旨，因以系属人心，使骛于学。不敢希儒者以道得民之盛，亦庶几齐合人心，使不至于涣散，略存古人以文会友之义。……处今之世而言知几，人亦无重之者。时之所趋，以成乎风尚。时所不尚，人心忽焉，无所取重，固不足以为名高。大抵天下人心风俗，成乎学校，而必归本于吏治。吏治之敝，吾辈不当其位，不能议也。由学校以端求人心风俗，吾辈固亦有应尽之职与可以自为之功用，岂能尽逃而去之！（光绪九年二月十一，五百五十七页）

自古世道之乱，原本人心风俗，而其患皆起于士大夫。（光绪九年九月初一，六百零三页）

尝窃论圣人修《春秋》，期以斡旋世运，而自《春秋》成，一变而为战

① 会堂：此指一般的民间组织。

国，三代礼乐政教荡然无存。然独赖孔氏之言，稍存文武之大法，使后人有所考览。值昏浊之世，必将有善气之一动而留贻人心，此亦天地自然之机。圣人之道德功用，收束三代以前之局，实关天地之大运，未易窥量其用心，要其义无以逾此。诚果得数人维持其间，斡旋补救，使其道施显于世，而天下以治；否则存其说天地之间，俟后人之修明之。斯道之显晦，虽圣人亦莫能自主也。大抵人心随世俗为趋尚，王纲不立，学校不修，此理不明于世，而世俗相沿之议论从风而靡，莫有能辨知其得失者。……故吾人读书论世，首在明理。理明，自然随事可以理处，消患未萌。今纷纷无识之议论，盈堂盈室，朝廷为之茫然，封疆大吏及当事者亦皆茫然，其原皆发于读书。纵横之言，则学校不修之故也。（光绪十年九月初一，五十二页至五十三页）

（郭嵩焘撰，梁小进主编：《郭嵩焘全集》，岳麓书社 2012 年版。）

评析

郭嵩焘认为，要想像西方那样富强，就当像西方那样文明。文明包括政治、学术、礼俗、教化等四个方面，只有致力于这四个方面才是务本之计。他提出的具体主张就是兴学以正人心端风俗。这种主张既是不得已之举，也是高瞻远瞩、循序渐进的长远之计。

之所以说不得已，是因为郭嵩焘非常清醒地看到，文明之本虽有政、学、礼、教等四个方面，其核心却在第一方面，政治上的清明与混乱决定了其余三个方面的兴盛与衰败，但在当时尚无政治改革之“势”。他与德国驻华公使巴兰德（M. von Brandt）私下讨论时明确指出，“（中国）一切须有成法，遵行已三千余年，本不易言变通。而自天津定约至今二十年，并值圣躬幼弱，大臣无敢主事者”；又说“吏治之敝，吾辈不当其位，不能议也”。在此情势之下，便只能在学、礼、教等三个方面寻找突破口。

之所以说是长远大计，是因为政、学、礼、教等四个方面都包括制度与观念即“纪纲法度”和“人心风俗”两大层面，前者固然影响后者，后者亦可影响前者。如果“人心风俗”坏乱，“纪纲法度”纵能改革也将徒具其表。所谓人心之坏，就是“邪僻之生于其心”，不再有“是非得失之辨、义利之分”，既不能明理亦不能践理，既无道德理性亦无工具理性，自私自利而不能公，主观意气而不能实。由此形成风俗，便是举国“从风而靡”，“莫有能辨知其得失者”。所以只有在政、学、礼、教等四个方面端正“人心和风俗”，才能从根本上建立合理的政治制度，并在其他三个方面也建立合理的“纪纲法度”。

郭嵩焘认为，一个国家、一个社会的人心风俗之所以坏，“全在士大夫，不在蠢蠢之愚民”，故说“自古世道之乱，原本人心风俗，而其患皆起于士大夫”。此所谓“士大夫”主要是指政府官吏，尤其是中央“枢府”（掌握军政大权的军机处）的那些当国大臣，其实也是指整个朝廷。人心风俗坏乱的最终根源，就在于整个政府观念错误。错误的观念下自然不可能产生合理的体制与制度，体制与制度的无道必然导致“吏治不修”，吏治不修又必然带坏整个国家的人心和风俗，所以说“天下治乱之原，全在吏治，而其根本则在朝廷”。因此郭嵩焘所谓端正人心，首先是针对“在位任职者”而言。

但在当时，不可能直接改变整个政府的观念，只能通过“明学术”来“正人心”，即通过学术来阐明观念、造就人才以形成风气，自下而上地影响政府。要“明学术以正人心”，首先只能从兴办学校、造就人才开始。郭嵩焘认为，人心和风俗虽然根于朝廷，但“成乎学校”。他不胜感叹地说，整个清朝虽然“治经”旷越汉唐，但“前代讲学之风”却“至是而尽废”；尤其乾隆以后，虽然学校颇多，却“一以利诱之，于学问源流本末，全失所以为教，直使败坏人心风俗，有损无益”；假如清朝从一开始就能“精求学校之实，鼓舞人才，以使之务实求精”，中国绝不会落到今天这个地步。

所以他认为，“学校章程必应变通”，即改革教育体制，兴办以“务实求精”为根本精神的新式学校。他在光绪四年（1878）写给沈葆桢的信中明确说，“嵩焘读书涉世垂四十年，实见人才、国势、关系本原大计，莫急于学”，可惜自秦汉以来的学校制度极不健全，两千余年流极败坏以至于今；中国教育应上承“三代学校之制”，而下法西洋学校精神与办学经验，“规模整肃，讨论精详，而一皆致之实用，不为虚文”。他主张，所开学馆应从四个方面来改革其章程，“一曰分堂以立为学之程，二曰计时以示用功之准，三曰明定规则以使有依循，四曰分别去留以使知劝戒”——“分堂”是分专业，“计时”是定年限。改革的步骤是，先在得风气之先的通商口岸创办学馆，行之有效后渐次推广到各省以至县乡，“广益学校之制，通其变而济其穷”。他在晚年恢复湘水校经堂（1831 年由湖南巡抚吴荣光创立，附属岳麓书院）、创办思贤讲舍，就是在这方面的探索与尝试。

结合其哲学思想来看，郭嵩焘提出上述主张，正是在充分考虑文明发展之“理”及国际国内大“势”的基础上，试图抓住既合理又顺势、虽然细微却能带动全局的关键点与突破点，即所谓“大几”。“由学校以端求人心风俗”就是当时所能致力而又可使中国逐渐走向文明富强的“大几”。“几者，动之微”，兴学办教育既然只是“几”，自然不可能在短期内遽责其效。郭嵩焘预言说，中国即使从当时就开始重视办学与教育，又有英明的领导者代代相承（“圣人接踵而起”），也至少需要三百年左右才能全面赶上西方发达国家（现在看来，这个估计当然过于保守）。因此其兴学以正人心、端风俗的主张，表面看来似乎卑之无甚高论，其实却是以极其深远而又极其切实的眼光，为中国逐步走上现代文明大道提出的根本对策与长远大计。这一主张充分体现了曾国藩所谓“规画全局，必有可大可久之图”，“志欲坚而势欲远”的精神，也充分体现了郭嵩焘自己素来强调的重“势”贵“几”的智慧。这种精神与智慧，在百余年之后的今天依旧没有过时，也永不会过时。

论仿行西法三文
（节选）

铁路议（节选）

泰西汽轮车①起于乾隆之季，初犹未敢行远也，各择所便为之，得利焉，则纳税于官。其驰走数百里赴利，乃集会为公司以董其事。久之，纵横交互，建造日繁，始合并而纳之官，连为一总公司。又久之，而通各国为一公司。是以泰西形势，互相入亦互相维；② 国大兵强，遂以称雄天下；国小者，亦皆有所凭恃以自立。盖铁路之兴不及数十年，而泰西之富强乃益盛。浸寻③而至印度，浸寻而至兴安岭以南。日本亦通行之国中，其势且日相逼。虽使尧舜生于今日，必急取泰西之法推而行之，不能一日缓也。

虽然，为是者有本有末。知其本，而后可以论事之当否；知其末，而后可以计利之盈绌。本者何？人心风俗而已矣。末者何？通工商之业，立富强之基，凡皆以为利也。人心厚、风俗纯，则本治；公私两得其利，则末治。请言其本。中国商贾，夙称山、陕。山、陕人之智术不能望江浙，其榷算④不能及江西、湖广，而世守商贾之业，惟其性朴而心实也。性不朴则浮伪百出，心不实则侵盗滋多。浮伪侵盗盈于天下，朋友不相顾，父子兄弟不相保，而欲以揽天下之计，权四方之利，谁可与持久者？彼其长驾远御之略，又非较量尺寸者所能任也。才愈大则术愈工，术愈工则只以营私而不足以溥公利、任大谋。比俗之人，踵而行焉，莫之省也。此本之失也。又请言其末。泰西人计利远，每举一事，倾资百万不顾，而期之数年数十年之后，愈久而其利愈博，而终未有举无名之费，为苟且之计而不计利者。中土计利则忘其害，

① 汽轮车：火车。
② 互相入：互相渗透。互相维：互相维系。
③ 浸寻：逐渐。
④ 榷算：此指对利润的筹划与核算。

计害则遗其利；较利之多少而起应焉，课利之迟速而争趋焉；朝为其事，而夕责其功，无远计也。而假之公者，又辄以为国家不言财利、不问有无，资人之取求而干没①之。急其私不顾其公，图其始不究其终，苟得一身之利而止矣，苟得一日之利而止矣，是以百为而百无成。此末之失也。本失则凡所与谋者，为诈为虞而无固心；末失则凡所为计者，傥得傥失②而无恒守。本末俱失，而可与为国家久远之计乎？

凡利之所在，国家与民共之，而又相与忘之，斯所以为大公也。民与民争则扰，上与民相匿③则溃。扰者，势有不能行；溃者，情有所不能交达也。……尽国家之利，囊括以举之，委输以縻之，相与以兴修铁路，为名而已。百姓无奔走效事之忧，官民无乐利与同之愿。正恐铁路之兴，非可旦夕期也。

（郭嵩焘撰，梁小进主编：《郭嵩焘全集》第十五册，岳麓书社 2012 年版，第 690-691 页。）

铁路后议

泰西遍国皆机器也，中国无能效之。其必宜效者二，一曰电报，一曰汽轮车。盖中国幅员万里，驿路远者经月乃达，骤有水旱之灾、盗贼窃发之事，利病缓急在须臾之间，而所以应之常在数月之后。有电报则信息通，有汽轮车则转运速，可以处堂户而坐制万里之外。是二者之宜行也，无待再议决也。

虽然，泰西立国之势，与百姓共之。国家有所举废，百姓皆与其议；百姓有所利害，国家皆与赞其成而防其患。汽轮车之起，皆百姓之自为利也。自数十里、数百里以达数千万里者，通及泰西十余国，其国家与其人民交相比倚④，合而同之。民有利则归之国家，国家有利则任之人民。是以事举而

① 干没：侵吞。
② 傥得傥失：得失皆出于偶然。
③ 相匿：相互隐瞒。
④ 交相比倚：相互连接和依赖。

力常有继，费烦而用常有余。夫权天下之势，非一都一邑之能取资也；转百货之利，非一舟一车之能任载也。今殚国家之利兴修铁路，所治不过一路，所经营不过一二千里，而计所核销之数，视所用数常相百也。是其意将以为利也，而但见其费，未睹其利。又一切行以官法，有所费则国家承之，得利则归中饱。积久，无所为利焉而费滋烦，于是乎心倦而气益馁。泰西通一国之利以为利，日推日广，行之久，遂以为富强之基。中国竭府库之储以为利，利未兴而害先见焉，将并所已有之成功而弃之。何则？力有所不能济，势有所不能周，是其为利终无几也。

电报者，通所治行省之气，有事则急先知之，可以国家之力任之者也。汽轮车者，有事则征兵转饷莫之或阻，无事以通商贾之有无，非能专以国家之力任之者也。汽轮车之起当乾隆之季，电报之起在道光之季，用此以横行天下，战必胜，攻必取，诚有以致之，尽泰西十余国比合以尽其利者也。土尔机①、波斯附近泰西，而制法②各别。电报才起三四十年，皆能行之；汽轮车在电报之前，至今土尔机、波斯诸国未之能行也。此亦理势之数也。

（郭嵩焘撰，梁小进主编：《郭嵩焘全集》第十五册，岳麓书社 2012 年版，第 692-693 页。）

致李鸿章（节选）

……鄂中新政③，稍闻其略。于湘事，专主开采煤矿，购置机器，而急行轮船，凿通宝庆滩河，以资转运。又欲为两湖总建书院，依仿广雅规模。④其发扬蹈厉，为能有豪杰之风，而所行亦实切要便民。独其为富强之计，则

① 土尔机：土耳其。

② 制法：器械、技巧、方式、法度的总称。

③ 鄂中新政：指新任湖广总督张之洞自 1889 年底开始在湖北实行的洋务运动，主要是设立矿务局、筹建枪炮厂和织布局等。

④ 张之洞任两广总督时于 1887 年在广州创办了广雅书院，改署湖广总督后便在武昌依仿广雅书院的规模筹建两湖书院，1890 年建成，1891 年正式开办。

固未尝就中外情势参稽互证，以辨其轻重缓急之宜也。

泰西富强之业，资之民商；而其治国之经，务用其技巧，通致数万里，货物遍及南洋诸岛屿，权衡出入之数，期使国家所出之产，销路多而及远。其人民趋事兴工，日增富实，无有穷困不自存者；国家用其全力护持之，岁计其所需以为取民之制。① 大兵大役，皆百姓任之，而取裁于议政院。其国家与其人民交相维系，并心一力，以利为程②。所以为富强者，民商厚积其势以拱卫国家。国大者数千里，小者一二百里，莫不皆然。中国官民之气隔阂太甚。言富强者，视以为国家之本计，与百姓无涉；百姓又各怀挟私意，觑其利而侵冒之。③ 其持议论者，又各讼言其不利而阻挠之，一闻集股开办，远近闻风，皆得挟一说以起而与为难矣。数十年来举行矿务讫无成效，盖由此也。要之，国家大计，必先立其本。其见为富强之效者，末也。本者何？纪纲法度、人心风俗是也。无其本而言富强，只益其侵耗而已。贤者于此固当慎之。

湖南山地本无官业④，尺寸皆有主者。果为利所在，百姓尽能经营，无待官与开采。其开采而复得佳矿，兼须吸水，则必用机器。凡用机器，必西人为之，中人多不能尽其法。此时宜广开西学馆，使稍服习⑤其业，知其所以为利，庶冀人心所趋，自求之而自通之，日久必能生其效。盖所用机器，亦须各就地势利用何等机器，层累⑥以求。贸焉而以机器往，愚者惊扰；即有知者，亦莫辨其所以为用。即此末中之一事，亦自有本末存焉。而百姓之为利，与所以求利国家，又自有本末次第。今将尽天下矿产而开通之，如明万历时遣使四出，其利病得失诚有不同，而为扰民一也。自公为之，徒资烦费；自商人集股为之，则亦商人之利而已。富强之说，果何赖乎？且以西法

① 岁计其所需：每年预算政府开支。取民：向人民征收赋税。
② 以利为程：以获利为原则。
③ 本计：根本之计。侵冒：侵吞冒占。
④ 官业：政府产业。
⑤ 服习：熟悉。
⑥ 层累：逐层积累。

为名，一切务为泰侈，士民失业者亦皆引领以望，环集以求薪食。为利多少不能计，而所用常数倍，又不能如泰西人之持久也。山薮自然之利，皆王政所先，汉唐盛时，亦尝究心于此，其后听民为之。如泰西制法之新奇，国家用以兴修水利，创置器械，推行之各省，俟民之择而从焉可也，不足烦大府之经画①。

抑又有甚异者，轮船之为便利，天下所共知也；愚劣如湘人，亦习焉而知其利。是以十年以前，阻难在士绅，十年以来，阻难专在官。……五十年办理洋务，在官所见如此，而谓西法可行，富强可期，殆非所敢知也。内湖轮船终须开办，固亦不待阻禁矣。独惜嵩焘之力不能任此耳。

（郭嵩焘撰，梁小进主编：《郭嵩焘全集》第十三册，岳麓书社 2012 年版，第 472–473 页。）

评析

《铁路议》与《铁路后议》作于光绪十五年（1889），《致李鸿章》作于次年。

光绪十四年（1888）九月，天津至唐山的铁路修成，李鸿章建议续修天津至通州段铁路，但余联沅、恩承、翁同龢等大臣力言其害，争执不决。光绪十五年（1889）三月，湖广总督张之洞奏请缓造津通铁路，改筑卢沟桥至汉口段铁路，以八年为期，京中士大夫却“折而服之，无敢议及”。郭嵩焘认为，张之洞此疏实为“乱天下之本”，虽“大言炎炎”却“无一语可为据依”。同年十一月，张之洞到任后，于湖北、湖南实行仿效西法的“新政”。郭嵩焘赞赏张之洞的出发点，但反对其具体举措，认为他根本不懂仿行西法的轻重缓急，其后果必将“本末俱失”。由上选三文，不仅可见郭嵩焘的认识水平已远远超越一般洋务派，更可看出他如何运用重“势”贵“几”的思

① 大府：明清时对总督、巡抚的称呼，或泛指上级官府，此指张之洞。经画：经营筹划。

想来探索中华民族的文明富强之路。

郭嵩焘非常希望中国通过仿行西法走向文明富强，所以他说："虽使尧舜生于今日，必急取泰西之法推而行之，不能一日缓也。"但他特别强调，仿行西法应当"就中外情势参稽互证，以辨其轻重缓急之宜"，也就是说，既当充分了解西法之本末体用，知其然且知其所以然，又应根据中国国情来确定其"轻重缓急"，即改革的重点、次序、力度和速度，使整个改革事业既"行之甚易"又"历久无弊"。若贸然仿行而不问条理次序，齐其末而不揣其本、图其始而不计其终，则于国于民无益而反有害，徒为扰民、徒益侵耗，根本不可能达到富强的目的；时间一长，便将心倦气馁，连已有的一点成就也将放弃（"并所已有之成功而弃之"）。

郭嵩焘反复指出，技艺、器械、通商等都是西法之末，"纪纲法度、人心风俗"才是西法之本。因此中国要仿行西法，应当坚持两个基本原则。第一，应当"先立其本"而致力于"纪纲法度、人心风俗"的建设，即政治体制、各项制度和基本观念的改革。比如政治体制方面，政府与民众应"交相比倚"而共治互成，"国家有所举废，百姓皆与其议；百姓有所利害，国家皆与赞其成而防其患"；各项制度方面，应体现"通一国之利以为利""民有利则归之国家，国家有利则任之人民"的精神；基本观念方面，应提倡"公私两得其利"，既不能"急其私不顾其公"，将为国家谋"公利"看成非义之举因而根本不计其利，又不能政府与民争利而"相侵""相匿"；等等。纪纲法度的建设与改革一时固然不能致力，但在人心风俗的转变上却可大有作为。第二，应当贵"几"重"序"，根据实际情况确定改革的"轻重缓急"，"日推日广"，"渐积以成"，不能好大喜功，操之过急，遽求其效。他在写给李鸿章的另一封书信中说："富强者，秦汉以来治平之盛轨也，行之固有本也，渐而积之固有基矣。振厉朝纲，勤求吏治，其本也；和辑人民，需以岁月，汲汲求得贤人用之，其基也。未闻处衰敝之俗，行操切之政，而可以致富强者。"

郭嵩焘的这种主张，固然与他对西方的深入了解有关，但也是其重

"势"贵"几"的哲学思想的运用。主张"先立其本"，正是重视富强之"理"；注重"轻重缓急"，则是强调富强之"势"与"几"。"几"的确定，既是突破口与重点的确定，也是次序、力度与速度的确定。他认为，在当时中国宜先普及电报、轮船而不是铁路，这是"缓急"之争；即使要修铁路，也"宜小试而决不可大举"，这是"轻重"之辨。根据这种思想，郭嵩焘认为张之洞修筑卢汉铁路的主张和在两湖实行的"新政"，既非务本之举，又不识"轻重缓急"，其后果必将是扰民、耗国，且将导致整个改革事业半途而废，缺乏可持续性发展。

强调循序渐进本是湖湘哲学的一贯传统。郭嵩焘的贡献是，阐明了重"序"其实就是《易传》所谓"知几"乃"神"和"见几而作"，从而既拓展了重"序"的理论内涵（先后之序、本末之辨、主次之分、力度与速度之别），也提升了重"序"的理论品格——只有"极深研几"，高瞻远瞩，才能循序渐进，无"序"即无"识"。识"几"是尚通，重"序"是务实，二者的不可分离表明，务实必尚通，尚通必务实。

这种"先立其本"而贵"几"重"序"的思想，在之后的中国历史进程中未得到充分重视。其中"先立其本"一面确实备受重视，无论"纪纲法度"还是"人心风俗"都被高度关注，只是人们似乎忘记了郭嵩焘所说的，"人心风俗"的转变远难于"纪纲法度"的变革，仅靠知识分子的宣传固难完成，采取破旧立新的"操切之政"更难奏效。因此，须真正建立"天下为公"的"纪纲法度"，从整个政府自上而下地做起，鼓励并接受广大民众的监督，"上下交相劝勉"，长期"培养渐积"，始可望其有成。至于他所强调的贵"几"重"序"思想，尤为后来者所逐渐遗忘。甲午海战后的严峻局势导致了时代主潮的变化，急躁激进之风逐渐取代了循序渐进之道。中国现代化进程要想持续而深入，这种贵"几"重"序"的实践智慧就须臾不可或缺；否则，便将如郭嵩焘所预言的"本末俱失"。

谭嗣同

谭嗣同（1865—1898），字复生，号壮飞，湖南浏阳人。谭嗣同12岁丧母，其父谭继洵官至湖北巡抚。他自幼接受了良好的传统教育，老师欧阳中鹄、刘人熙、涂启先都是当时浏阳很有学问的学者。1894年中日甲午战争的失败深深刺激了他，使他深感国家民族危亡在即。他既有哲学天才又有实干能力，于是一方面从思想上深入探索西方何以如此文明富强而中国又何以如此贫弱落后，写有《仁学》等著作；一方面积极投身于当时在全国逐渐兴起的维新运动。他首先与同学好友唐才常、刘淞芙等人鼓动欧阳中鹄、涂启先一起创办以传授西学为主的浏阳算学社；接着与梁启超等人在湖南组织南学会，创办《湘报》，大力宣扬维新变法；又为湖南兴办矿务、轮船、铁路等实业来往奔波。湖南的维新运动在当时全国各省中最为出色，此中便有他的一份功劳。1898年，谭嗣同奉诏入京，参与戊戌变法。变法失败后，在北京从容就义。他本有机会外逃，但他说："各国变法，无不从流血而成。今中国未闻有因变法而流血者，此国之所以不昌也。有之，请自嗣同始！"（梁启超《谭嗣同传》）他自愿选择通过流血牺牲的方式来鼓动国人，真正做到了杀身成仁。其激进的言论与行动，在晚清与民国初期产生了非常重要的影响。其现存著作以中华书局出版的《谭嗣同全集》（增订本）和岳麓书社出版的《谭嗣同集》较为常见。

报贝元征
（节选）

……来语①："将讲洋务之术尚未精，必变法以图治欤？抑中国圣人之道固有未可尽弃者欤？"嗣同以为，圣人之道，无可疑也；方欲少弃之而不能，何况于尽？特所谓道，非空言而已，必有所丽而后见②。《易》曰："形而上

① 来语：（您）来信中说。
② 丽：附丽，附着。见（xiàn）：表现。

者谓之道，形而下者谓之器。”曰上曰下，明道器之相为一也。衡阳王子①申其义曰：“人或昧于其道者，其器不成，不成非无器也。无其器则无其道，人鲜能言之，而固其诚然者也。洪荒无揖让之道，唐虞无吊伐之道，汉唐无今日之道，则今日无他年之道者多矣。未有弓矢而无射道，未有车马而无御道，未有牢醴璧币、钟磬管弦而无礼乐之道。则未有子而无父道，未有弟而无兄道，道之可有而且无者多矣。故无其器则无其道，诚然之言也，而人特未之察耳。故古之圣人，能治器而不能治道。治器者则谓之道，道得则谓之德，器成则谓之行，器用之广则谓之变通，器效之著则谓之事业。故《易》有象，象者像器者也；卦有爻，爻者效器者也；爻有辞，辞者辨器者也。故圣人者善治器而已矣。”又曰：“君子之道，尽夫器而已矣。辞所以显器，而鼓天下之动，使勉于治器也。”由此观之，圣人之道，果非空言而已，必有所丽而后见。丽于耳目，有视听之道；丽于心思，有仁义智信之道；丽于伦纪，有忠孝友恭之道；丽于礼乐征伐，有治国平天下之道。故道，用也；器，体也。体立而用行，器存而道不亡。自学者不审，误以道为体，道始迷离徜恍，若一幻物，虚悬于空漠无朕之际，而果何物也耶？于人何补，于世何济，得之何益，失之何损耶？将非所谓惑世诬民异端者耶？夫苟辨道之不离乎器，则天下之为器亦大矣。器既变，道安得独不变？变而仍为器，亦仍不离乎道，人自不能弃器，又何以弃道乎哉？

且道非圣人所独有也，尤非中国所私有也。惟圣人能尽之于器，故以归诸圣人。以归诸圣人，犹之可也，彼外洋莫不有之；以私诸中国，则大不可。以彼处乎数万里之海外，隔绝不相往来，初未尝互为谋而迭为教②。及证以相见，则所食者谷与肉，不闻其或异也；所饮者酒与浆，不闻其或异也；所衣者布帛裘褐，所宝者金玉珠玑，不闻以冠代履，以贵贸贱也；所需之百工器用，商贾输贩，与夫体国经野③、法度政令，不闻有一不备也；与中国通

① 衡阳王子：王夫之。

② 互为谋而迭为教：相互请教和启发。

③ 体国经野：泛指治理国家。

商互市，易器物而用之，又未尝不各相宜也。独于伦常，窃窃然疑其偏绝①。夫伦常者，天道之所以生生，人道之所以存存，上下四旁亲疏远迩之所以相维相系，俾不至瓦解而土崩，无一息之或离，无一人之不然，其有节文②之小异，或立法之相去甚远，要皆不妨各因其风俗，使捷于知而便于行，未有一举伦常而无之者。即如君臣一伦，人人知其有，不待言矣。而有所谓民主者，尤为大公至正，彬彬唐虞揖让之风，③ 视中国秦以后尊君卑臣，以隔绝不通气为握固④之愚计，相去奚止霄壤？……

尝笑儒生妄意尊圣人，秘其道为中国所独有，外此皆不容窥吾之藩篱，一若圣人之道仅足行于中国者。尊圣人乎？小圣人也。盖圣人之道，莫不顺天之阴骘，率人之自然，初非有意增损于其间，强万物以所本无而涂附之也。⑤ 则凡同生覆载⑥之中，能别味、辨声、被⑦色，顶上而踵下，抱阴而负阳，以口鼻食息，以手足持行，其形气同，其性情固不容少异。子思子曰，“舟车所至，人力所通”，推之“天之所覆，地之所载，日月所照，霜露所坠，凡有血气者，莫不尊亲”。⑧ 不必即尊亲，其人自由其道而莫之知也。在人言之，类聚群分，各因其厚薄以为等差，则有中外之辨，所谓分殊也。若自天视之，则固皆其子也，皆具秉彝而全畀之者也，⑨ 所谓理一也。夫岂天独别予一性，别立一道，与中国悬绝，而能自理其国者哉？而又何以处乎数万里之海外，隔绝不相往来，初未尝互为谋而迭为教，及证以相见，莫不从

① 偏绝：偏废。

② 节文：礼节仪式。

③ 彬彬：高度文明貌。唐虞：唐尧与虞舜的并称，此指尧舜时代。揖让：互相尊重礼让，此指禅让。

④ 握固：牢牢把持（政权）。

⑤ 阴骘：本指默默安定百姓，此处引申为默默生息万物的德行即“阴德”，语出《尚书·洪范》。率：遵循。自然：本性。涂附：用泥涂抹，喻指从外强加，相当于孟子所谓“外铄”，语出《诗经》。

⑥ 覆载：天覆地载。

⑦ 被：同“披”，分开，此指辨别。

⑧ 语见《中庸》。相传《中庸》的作者是孔子之孙孔伋（字子思）。

⑨ 秉彝：本指秉持常道，此指全善之性，语出《诗经》。畀：给予。

同，同如所云云也？惟性无不同，即性无不善，故性善之说，最为至精而无可疑。而圣人之道，果为尽性至命，贯彻天人，直可弥纶罔外①，放之四海而准。乃论者犹曰："彼禽兽耳，乌足与计是非、较得失？"呜呼！安所得此大不仁之言而称之也哉！其自小而小圣人也，抑又甚矣。故中国所以不振者，士大夫徒抱虚憍无当之愤激，而不察夫至极之理也。苟明此理，则彼既同乎我，我又何不可酌取乎彼？酌取乎同乎我者，是不啻自取乎我。由此而法之当变不当变，始可进言之矣。

夫法也者，道之淆赜而蕃变者也。② 三代儒者，言道必兼言治法，在汉儒犹守之谊，故老、庄与申、韩同传，而《盐铁论》列于儒家。③ 自言道者不依于法，且以法为粗迹，别求所谓精焉者，道无所寓之器，而道非道矣。至于法之与时为变也，所谓"汉唐无今日之道，今日无他年之道"，"道之可有而且无者"也。且无则不能终无，可有尤必应亟有。然以语乎今日，又不徒可有而且无，实今无而古不必不有者也。

忆往年共足下谈时事，疾世之薄儒也，④ 嗣同奋起作色曰："奈何诋儒术无用乎？今日所用，特非儒术耳。"足下便叹绝，说是知言。故夫法之当变，非谓变古法，直变去今之以非乱是、以伪乱真之法，蕲渐复于古耳。古法可考者，《六经》尚矣，而其至实之法，要莫详于《周礼》。《周礼》，周公以之致太平而宾服四夷者也。朱子谓《周官》如一桶水，点滴不漏。⑤ 盖几经历代圣君贤相创述因革，衷诸至善，而后有此郁郁乎文之治。⑥ ……

然则今日所用，不但非儒术而已，直积乱二千余年暴秦之弊法，且几于

---

① 弥纶罔外：统摄无遗，此指圣人之道具有普遍性。

② 淆赜：复杂而深奥。蕃变：多变。蕃，通"番"。此句意思是，法就是深奥复杂而又表现多变的道。

③ 司马迁的《史记》有《老子韩非列传》，将道家代表与法家代表并为一传。汉代的《盐铁论》是讨论治法的著作，班固的《汉书·艺文志》将其列为儒家著作。

④ 疾：疾恶，痛恨。薄：轻视。

⑤ 《朱子语类》卷八六："《周礼》一书，也是做得缜密，真个盛水不漏。"《周礼》又称为《周官》。

⑥ 衷诸至善：以至善为标准。郁郁乎文：非常发达的文明，语出《论语·八佾》。

无法。而犹谓不当变者，抑尝深思而审处上下古今一综计之乎？然以积乱二千余年暴秦之弊法，且几于无法，而欲尽取周公之法之几经历代圣君贤相创述因革，衷诸至善，而后有此郁郁乎文之治，为两汉所可复而不复，而使一旦复于积重难返之时，则势亦有万万不能者。井田可复乎？封建可复乎？世禄可复乎？宗法可复乎？一切典章制度，声明文物，又泯然无传，非后世所能凭虚摹拟。此数者，周公借以立法之质地也。数者不可复，其余无所依附，自阂窒而难施。故曰："无其器则无其道。"……岂皆学之不至，与所从学者之不至哉？"为高必因丘陵，为下必因川泽"，古法废绝，无以为因也。无以为因，则虽周、孔复作，亦必不能用今日之法，邈在昔之效明矣。贯七札者非空拳，伐大木者无徒手，无他，无其器则无其道而已。于此不忍坐视，而幡然改图，势不得不酌取西法，以补吾中国古法之亡。正使西法不类于古，犹自远胜积乱二千余年暴秦之弊法且几于无法。又况西法之博大精深，周密微至，按之《周礼》，往往而合；盖不徒工艺一端，足补《考工》① 而已。斯非圣人之道中国亡之，独赖西人以存者耶？

说者谓周衰，畴人子弟相率而西，故西人得窃中国之绪余而精之，反以陵驾中国之上。② 此犹粗浅之论，未达夫性善之旨与圣人之道之所以大也。同生于覆载之中，性无不同，即性无不善。彼即无中国之圣人，固不乏才士也。积千百年才士之思与力，其创制显庸③，卒能及夫中国之圣人，非性善而能然欤？又见圣人之道，果顺天之阴骘，率人之自然，初非有意增损于其间，强万物以所本无而涂附之，故暗合而悬同欤？就令如说者之言，西法皆原于中国，则中国尤亟宜效法之，以收回吾所固有而复于古矣。见飞蓬而作车，见蜘蛛而结网，一草一虫，圣人犹制器尚象，师之以利用，况穷变通久

① 《考工》：指《考工记》，是记载先秦手工制造业的著作。《周官》即《周礼》，分天官、地官、春官、夏官、秋官、冬官等六大部分，汉代发现此书时冬官篇已亡佚，故用《考工记》补足。

② 畴人：古代精通天文历算的学者。《史记·历书》记载："幽厉之后，周室微，陪臣执政，史不记时，君不告朔，故畴人子弟分散。"后人据此认为西方的天文算学是畴人子弟所传。

③ 创制显庸：创立制度以彰显功用，语出《国语·周语中》。

如西法之为圣人之道乎？① 不然，且日贫日弱，长为人役，圣人之道乃终亡矣。故嗣同以为变法图治，正所以不忍尽弃圣人之道，思以卫而存之也。

来语："数十年来士大夫争讲洋务，绝无成效，反驱天下人才尽入于顽钝贪诈。"嗣同以为足下非惟不识洋务之谓，兼不识何者为讲矣。中国数十年来，何尝有洋务哉？抑岂有一士大夫能讲者？能讲洋务，即又无今日之事。足下所谓洋务，第就所见之轮船已耳，电线已耳，火车已耳，枪炮、水雷及织布、炼铁诸机器已耳。于其法度政令之美备，曾未梦见，固宜足下之云尔。凡此皆洋务之枝叶，非其根本。执枝叶而责根本之成效，何为不绝无哉？况枝叶尚无有能讲者。……

或难曰："不先正天下之人心，变犹不变也。"曰：是固根本之根本，而亦第正在上位之人之心可矣。"有《雎》《麟》之意，而后可行官礼之法"②，亦就在上位者言之，何便溥罪③天下之人心乎？必谓天下人心皆不正，又何其过尊西人而自诬之甚也！西国之治平，岂皆人心正于中国乎？彼独操何术以致此？然则彼性善而我性恶乎？亦彼之法良意美，我无法而已。法良则中人以下犹可自勉，无法即中人以上难于孤存。法良则操、莽无从觊觎，无法即尧、舜终于犹病。④ 且即欲正天下之人心，又岂空言能正之乎？极知今日之祸乱有为人心所召，彼甘心误国者，所谓不待教而诛⑤，虽圣人不能正此已死之人心，然有后来未死之人心焉。无法又从何处正起？则亦寓于变法之中已耳。衣食足然后礼让兴，圣人言教必在富之之后⑥。孟子谓："救死而恐不赡，奚暇治礼义？"言王道，则以耕桑树畜为先。无所器则无其道。圣人

① 《晋书·舆服志》："圣人见秋蓬孤转，杓觿旁建，乃作舆轮，而方圆异则。"《抱朴子·对俗》："太昊师蜘蛛而结网。"太昊即庖羲氏。穷变通久：此指因不断变化而能长久通行，语出《易传·系辞》。

② 程颢语，见《二程外书》卷十二。《雎》《麟》即《诗经》中《关雎》《麟趾》二诗，《毛诗序》认为二诗皆咏后妃之德，官礼即《周官》。

③ 溥罪：普遍责备。

④ 操：曹操。莽：王莽。尧、舜终于犹病：《论语·雍也》所谓"尧舜其犹病诸"，病指感到为难。

⑤ 不待教而诛：不必教育就可杀掉，语出《孟子·万章下》。

⑥ 圣人言教必在富之之后：典出《论语·子路》。

言道，未有不依于器者。岂能遍执四百兆颠连无告之民，① 一一责以空言，强令正心乎？所谓垂空文以教后世，亦望后之人能举其法以行其教，而空者不空耳。若但空文而已足，则前人之垂亦既夥矣，今之于教何如哉？孔子作《春秋》而乱臣贼子惧。并孔子之世，不乏乱臣贼子矣；后孔子之世，不乏乱臣贼子矣。孟子距杨、墨，而异端不绝于后世；韩昌黎辟佛、老，宋儒又辟佛、老，卒与昌黎、宋儒并存。无他，孔、孟、昌黎、宋儒不幸不得位行权，以施其正人心之法。徒恃口诛笔伐，以为千里金堤而不忧横决，固不免为奸雄所窃笑。然则不变法，虽圣人不能行其教以正人心。此变学校尤为正人心之始基，根本之根本矣。学校何以变？亦犹科举依于实事而已。

夫人心既不可抉取以考察正否，故非借证于实事，尤无从以得其心。中国之经、史、性理，诵习如故，尊崇如故，抑坐定为人人应有而进观其他，不当别翘为一科而外视之也。即考据、词章、八股、试律，亦听其自为之，不以入课程，不以差高下，皆取文理明通而已，以其可伪为也。② 余不可伪为，自必皆实事。皆实事，则科举之取士也有据，而乡举里选亦无计以遂其私。善夫，西法学校科举之合为一也！有择官选士之意焉。有初学院、中学院、上学院，学者依次递升，其材者升于大书院，犹“成均”也；各守专门之学以待录用，学弗精进，或他过失，依次降之，犹“郊遂”也。③ 其投考也，即由各专门院长考之，不拘人数，求考即考，一二人可也，百十人可也。不拘时日，随到随考，今日可也，明日可也。所考又皆实事，皆可实验。……愚谓凡不依于实事，即不得为儒术，即为坑儒之坑。惟变学校变科举，因之以变官制，下以实献，上以实求，使贤才登庸而在位之人心以正。且由此进变养民、卫民、教民一切根本之法，而天下之人心亦以正。根本既

① 四百兆：四亿。颠连无告：极度困苦又无处可以倾诉求助。

② 试律：应试诗。差：分别等级。

③ 初学院：小学。中学院：中学。上学院：专门学校或学院。大书院：大学。成均：此指国立大学，语出《周礼》。郊遂：邑外为郊，郊外为遂。《礼记·王制》说，不遵教化者要迁到郊遂重新接受教育。

立，枝叶乃得附之。夫何忧顽钝贪诈，夫何忧洋务之无效？……

（谭嗣同撰，何执编：《谭嗣同集》，岳麓书社 2012 年版，第 208－223 页。）

评析

谭嗣同自谓："三十之年，适在甲午，地球全势忽变，嗣同学术更大变。"此文所论就是他在中日甲午战争后思想大变的第一步，这是于 1895 年秋天写给其好友贝允昕（1865—1927，字元征，刘人熙之婿）的两万多字长信，集中阐明了其变法图强的思想与具体主张。此处所选，主要是从哲学上阐明维新变法的理据。

当时不少人固执"天不变，道亦不变"的观念拒绝变法，谭嗣同主要依据王夫之的道器论予以驳斥。在他看来，上述观念其实是"误以道为体"，将"道"看成了脱离具体现实（"器"）的抽象物；实则道不离器，作为"体"的并不是道而是器（"道，用也；器，体也。体立而用行，器存而道不亡"）。道总是具体的器之道，不能离开器而自为道，必有其器而后有其道，"无其器则无其道"；器总是在具体的时空环境之中"蕃变"，"器既变，道安得独不变？"所以道不可能固定不变。

谭嗣同所谓"变法"，主要是指效法西方的制度文明。抵制变法者根据古代"夷狄"观提出，只有中国才有圣人之道，西方人无道。其主要原因就是他们根本不懂中国圣人所特别强调的伦常，所以认为根本没有必要学习西方而维新变法。谭嗣同指出，这种说法实是视中国圣人为"道"的垄断者、独霸者，貌似尊中国、崇圣人，实则使中国自外于"道"，并且小看了圣人之道，"一若圣人之道仅足行于中国者"。殊不知，圣人之道并非圣人的主观规定，而是顺于天理，合乎人性，放之四海而皆准，西方人同样不能不遵循，也不可能不懂得。即使西方没有像中国这样的圣人，但人性本善，其间绝不会缺乏“才士”，“积千百年才士之思与力”所探索出来的西法也一定相通于中国圣人之道。就拿所谓伦常来说，西方人既然也有人性之善，自然同样讲究伦常，否则根本不可能维系其家国。如果说西方人不讲伦常，那么现代西方的文明富强就只能说明伦常本来无关于治乱得丧而可有可无，“圣人以伦常设教，反虚而多事”。实则“西人最讲究伦常，且更精而更实”，特别是其讲究民主，“尤为大公至正”，大有尧舜禅让之风而远远胜过秦汉以后的君臣之纲。可以说，西方国家之所以能够如此文明与富强，正是因为其种种法度创制合于圣人之道。既然如此，则“酌取”西法，就是捍卫圣人之道。

谭嗣同由此提出了一个非常著名也极有价值的观点：“道非圣人所独有也，尤非中国所私有也。”这个说法意味着他的中西文化观可称为“中西同道”说，这与鸦片战争后流行的“西学中源”说有着本质不同。“西学中源”说认为“西学”“西法”源于中国，是“西人得窃中国之绪余而精之，反以陵驾中国之上”。当时，不少有识之士在主张学习西方时盛倡此说，据此论证向西方学习并不丢人，不过是把中国本有的东西拿回来而已。其实这个说法，不仅缺乏依据，也体现了垄断圣人之道的独霸心态与自大心态。根据这个说法，同样可以反驳说，既然“西学中源”，那么只需固守圣人之道就行，没有必要向西方学习。谭嗣同之前也曾相信“西学中源”说，但后来认为此说是粗浅之论，“未达夫性善之旨与圣人之道之所以大也”。其“中西同道”说则有了两个方面的推进。其一，超越了垄断圣人之道的独霸心态与自大心态。尽管他仍然将“道”称为“圣人之道”，但圣人也可指西方圣人。一年之后，他在《北游访学记》中就明确这一观点。道非一人一国所得私有的观点，同时也意味着，道不为西方国家所私有。坚信“中西同道”的谭嗣同虽然主张学习西方，但并不怀疑中国的圣人之道，对于中国传统文化也并不抱一种自卑自谴甚至虚无主义的态度。其二，可以更好地驳斥拒绝学习西方的观点。诚然是“中西同道”，但中国今日所行并非“儒术”，实为“积乱二千余年暴秦之弊法，且几于无法”，古法虽然备载于《周礼》，但已时移世易，势难复兴。“无其器则无其道”，既然圣人之道在今日中国已失，“独赖西人以存”，那么要遵循圣人之道，就只有向西方学习。这样，谭嗣同依据“中西同道”与“道不离器”两种观点，不仅驳斥了拒绝向西方学习的观点，还得出了“变法”正是捍卫“圣人之道”的观点：“变法图治，正所以不忍尽弃圣人之道，思以卫而存之也。”

当时还有一种观点，认为中国固然需要变法图强，然而人心为万事之本，所以当务之急不是“变法”而是“正人心”，“不先正天下之人心，变犹不变也”。谭嗣同认为，“正人心”诚然是“根本之根本”，不过这种说法有两个错误。其一，完全将“治平”归于“人心”之正，好像中国积贫积弱就是因为“人心皆不正”，西方文明富强则是因为“人心正于中国”，如此实不啻说“彼性善而我性恶”。其实人心不正的只是当权者，要“正人心”也只是“正在上位之人之心”，何必“溥罪天下之人心”？所以在坚信性善论的谭嗣同看来，这种说法其实是“过尊西人而自诬之甚”，轻视了人民大众的“人心之正”。民国时期许多知识精英都讲改造国民性，正是犯了谭嗣同所指出的这种错误。其实“人心”不正，不等于人性不善。其二，即使要“正人心”，也只有通过变法才能达到目的。“法良则中人以下犹可自勉，无法即中人以上难于孤存。法良则操、莽无从觊觎，无法即尧、舜终于犹病。”因此，只空言道德、感化而不变法，即使圣人都无法来正人心。这个道理的哲学依据就是“无其器则无其道”。

由此可见，谭嗣同主要是根据船山的“道不离器”论（他在晚清给人的印象就是精于船山学）来论证维新变法的必要性。湖湘哲学传统一向强调制度建设与改革，尤其郭嵩焘，已反复指出要仿行西法就必须“先立其本”，在“纪纲法度”与“人心风俗”两个方面致力。谭嗣同继承了这一传统，并在新形势下进一步指出，只有通过“变法”才能从根本上“正人心”，而改变学校教育制度与人才选拔制度更是“正人心之始基，根本之根本”。

最值得重视的是谭嗣同提出的“道非圣人所独有也，尤非中国所私有也”，以及据此提出的“中西同道”说，即道非一人、一家、一学、一教、一时所得私有，也非一国、一族所得私有。这种主张来源于船山“天理广大”的主张以及郭嵩焘所谓“道理须是面面俱到，凡只得一面者，皆私见也，不可谓之道理”，但比他们讲得更明确。谭嗣同在一年半之后的《仁学》中对此有进一步发挥。可惜在20世纪中国哲学的进一步探索中，不用说全盘西化派，即使是主张通过圣人之道来讲中国现代化的现代新儒家，也未能充分认识和继承这种思想。

仁学·自叙
（节选）

“仁”，从二从人，相偶之义也；“元”，从二从儿，儿，古人字，是亦仁也；“无”，许说通“元”为“无”，是“无”亦从二从人，亦仁也。① 故言“仁”者不可不知“元”，而其功用可极于“无”②。能为仁之“元”而神于“无”者有三：曰佛，曰孔，曰耶。佛能统孔、耶；而孔与耶，仁同，所以仁不同。

能调燮联融③于孔与耶之间，则曰墨。周秦学者必曰孔、墨，孔、墨诚仁之一宗也，惟其尚俭非乐，似未足进于大同。然既标兼爱之旨，则其病亦自足相消，盖兼爱则人我如一，初非如世之专以尚俭非乐苦人也。故墨之尚俭非乐，自足与其兼爱相消，犹天元④、代数之以正负相消，无所于爱焉。墨有两派：一曰任侠，吾所谓仁也，在汉有党锢，在宋有永嘉，略得其一体；一曰格致，吾所谓学也，在秦有《吕览》，在汉有《淮南》，各识其偏端。⑤

① 相偶：共存相亲。许说：许慎《说文解字》。
② 无：无别，无人我分别从而无一切分别。
③ 调燮：调和。联融：联通一体。
④ 天元：天元术。中国古代以天元代替未知数进行一元方程的运算，是最初的代数学。
⑤ 党锢：此指反对宦官专权的东汉大臣陈蕃、李膺与太学生。他们被太监诬告为结党诽谤朝廷，或被杀害，或被禁锢而终身不得录用。永嘉：南宋永嘉学派。这个学派重视事功、注重功利而反对空谈心性，主要代表是陈傅良和叶适，他们都是浙江永嘉（今属温州）人。《吕览》：《吕氏春秋》。偏端：一偏一端，一个方面。

仁而学，学而仁，今之士其勿为高远哉！盖即墨之两派以近合孔、耶，远探佛法，亦云汰①矣。吾自少至壮，遍遭纲伦之厄，涵泳其苦，殆非生人所能任受。濒死累矣，而卒不死。由是益轻其生命，以为块然躯壳，除利人之外，复何足惜！深念高望，私怀墨子摩顶放踵之志矣。

二三豪俊，亦时切亡教之忧，吾则窃不谓然。何者？教无可亡也。教而亡，必其教之本不足存，亡亦何恨？教之至者，极其量不过亡其名耳，其实固莫能亡矣。名非圣人之所争。圣人亦名也，圣人之名若②姓皆名也。即吾之言“仁”言“学”，皆名也，名则无与于存亡。呼马，马应之可也；呼牛，牛应之可也；道在屎溺，佛法是干屎橛，无不可也。③ 何者？皆名也，其实固莫能亡矣。惟有其实而不克既其实，使人反瞀于名实之为苦。④

以吾之遭，置之婆娑世界⑤中，犹海之一涓滴耳，其苦何可胜道？窃揣历劫之下，度尽诸苦厄，或更语以今日此土之愚、之弱、之贫、之一切苦，将笑为诳语而不复信，则何可不千一述之，为流涕哀号，强聒不舍，以速其冲决网罗，留作券剂耶？⑥ 网罗重重，与虚空而无极⑦。初当冲决利禄之网罗，次冲决俗学若考据、若词章之网罗，次冲决全球群学⑧之网罗，次冲决君主之网罗，次冲决伦常之网罗，次冲决天之网罗，次冲决全球群教之网罗，终将冲决佛法之网罗。然真能冲决，亦自无网罗；真无网罗，乃可言冲决。故冲决网罗者，即是未尝冲决网罗。循环无端，道通为一。凡诵吾书，皆可于斯二语领之矣。

所惧智悲未圆，语多有漏。⑨ ……夫既已著为篇章，即堕粗迹，而知解不易犹至如此，何哉？良以一切格致新理，悉未萌芽，益复无由悟入，是以

① 汰：精粹实在。

② 若：和。

③ 呼马、呼牛和道在屎溺（尿）的说法都出自《庄子》。佛法是干屎橛的说法出自佛教典籍《五灯会元》。干屎橛指拭粪的小竹片或小木片。

④ 克：能。既：尽。瞀：迷乱，昏惑。

⑤ 婆娑世界：佛教所谓需要忍受种种烦恼的世界。婆娑是梵语的音译，意为忍土、忍界。

⑥ 千一述之：叙述其千分之一。券剂：契据，凭证。

⑦ 与虚空而无极：和太空一样无限。

⑧ 群学：此指所有学问（自然科学与社会科学），非指社会学。

⑨ 智悲未圆：智慧和慈悲都未圆满，即修养还有欠缺。佛教称诸佛悲智双具。有漏：此指有缺点。

若彼其难焉。今则新学竞兴，民智渐辟，吾知地球之运，自苦向甘，吾惭吾书未餍①观听，则将来之知解为谁，或有无洞抉幽隐之人，非所敢患矣。成书凡五十篇，分为二卷，首界说二十七条。……

（谭嗣同撰，何执编：《谭嗣同集》，岳麓书社 2012 年版，第 311－312 页。）

评析

《仁学》是谭嗣同最著名的哲学著作，酝酿于1896年冬，写成于1897年春。写成后未立即公开，只给梁启超、唐才常、宋恕等友人看过。直到谭嗣同殉难后数月，才由梁启超、唐才常分别刊登于《清议报》和《亚东时报》。

谭嗣同撰作《仁学》，其实是想创立一种阐明“心学”的新教以救国救世。他所谓的“教”是广义的，是将科学、哲学、宗教冶为一炉。这篇自叙从三个方面来说明他要创立的新教。

其一，主要的思想来源是佛、儒、耶、墨等四教，且是以佛“统孔、耶”，以墨“调燮联融于孔与耶之间”。四者不是同一层次，佛教居于最高层，儒、耶并列为次级，墨家只起连接儒、耶的作用而为最低层。谭嗣同之所以重视墨家，既与晚清墨学的复兴有关，也因他向来崇尚任侠，非常欣赏墨家为利他人可以不惜生命的思想。所以他说墨家的任侠也是“仁”的一种表现。他日后殉难与此有着密切关系。

其二，主要内容包括“仁”与“学”两个层面。其中“仁”是最高原理，“学”指“群学”（各种自然科学与社会科学）的基本原理；后者是前者的具体表现，也是悟入、理解前者的基础。所以他一方面讲“教则总括政与学而精言其理”，“教能包括各专门之学”（《致汪康年》）；另一方面说，如果一切科学新理尚未萌芽，便无法理解作为最高原理的仁。由此可见，谭

① 餍：满足。

嗣同所谓“仁学”，非指“论仁之学”，乃指“仁与学”或“仁—学”，二者是体用关系，兼讲二者表示体用赅备。

其三，主要目的是呼吁国人“冲决网罗”，奋起革命。这就决定此书一方面要写出中国数千年之祸象与苦难，另一方面要讲明“今日宜扫荡桎梏、冲决网罗之故”（1897 年正月《致汪康年》语）。所以此叙明确地说，《仁学》要尽量描写“今日此土之愚、之弱、之贫、之一切苦”，“以速其冲决网罗”。所要冲决的网罗不仅包括名利和伦常，更包括“群学”“群教”乃至“天”。认为人世“网罗重重”，这种观念不来自儒学而来自佛教。单讲“网罗”则人世只是一苦难的“火坑”，必将敌视而出离之。所以讲“冲决网罗”，其实是一种宗教性思路，即通过讲述现实世界的种种苦难和重重网罗，来接引信众走入一个完全不同于现实而绝对自由的理想世界。但将“冲决网罗”视为现代意义上的社会革命与观念革命，这又是一种典型的现代性思路。西方现代性本就包含了浓厚的宗教意味，虽然不再以“神”的名义而以启蒙理性的名义来宣扬其价值观，但同样在苦难和自由、黑暗和光明、愚昧和文明、束缚和解放之间坚持一种截然对立的二分模式，也同样以一种断裂式革命而非连续性生成的思维模式来看待现实和理想、旧社会与新时代的关系。现代性与宗教性的这种深层关联，在《仁学》中也表现得非常突出。从这个角度来看，《仁学》确实如梁启超《清代学术概论》所说，“尽脱旧思想之束缚”而“戛戛独造”。

仁学界说
（节选）

一、仁以通为第一义。以太也，电也，心力也，皆指出所以通之具。

二、以太也，电也，粗浅之具也，借其名以质心力。①

① 具：相当于佛教所谓随顺世俗而说的假名，看似有相却非实相。质：表现或验证。

三、通之义，以“道通为一”为最浑括。①

四、通有四义：中外通，多取其义于《春秋》，以太平世“远近大小若一”故也。② 上下通，男女、内外通，多取其义于《易》，以阳下阴吉、阴下阳吝、《泰》《否》之类故也。③ 人我通，多取其义于佛经，以“无人相，无我相”④ 故也。

五、“仁”亦名也，然不可以名名也。恶名名者，故恶名；知恶名，几无“仁学”。⑤

六、不识仁，故为名乱；乱于名，故不通。

七、通之象为平等。

八、通则必尊灵魂，平等则体魄可为灵魂。⑥

九、灵魂，智慧之属也；体魄，业识之属也。⑦

十、智慧生于仁。

十一、仁为天地万物之源，故唯心，故唯识。⑧

十二、仁者，“寂然不动，感而遂通天下之故”。

十三、不生不灭，仁之体。

十四、不生与不灭平等，则生与灭平等，生灭与不生不灭亦平等。

十五、生近于新，灭近于逝；新与逝平等，故过去与未来平等。

---

① 道通为一：此指据道而言万物都可以且应当通为一体，语出《庄子·齐物论》。浑括：概括。

② 《春秋》公羊学派认为，人类历史可分为据乱世、升平世、太平世等三个阶段，到了太平世就会“天下远近大小若一”（何休《春秋公羊传解诂》语）。

③ 泰卦是乾下坤上，否卦是坤下乾上，乾表示阳、天、男，坤表示阴、地、女。《彖传》说泰卦表示“天地交而万物通也，上下交而其志同也。内阳而外阴，内健而外顺”，否卦表示“天地不交而万物不通也，上下不交而天下无邦也；内阴而外阳，内柔而外刚”。一般认为男主外、女主内，但泰、否二卦却表明男（阳）也可以主内，女（阴）也可以主外。

④ 无人相，无我相：不执着于人我表相之别。

⑤ 不可以名名：不可因名（称谓）而执着于名（以名为实）。恶名名：痛恨因名生执。几无“仁学”：几乎没有“仁学”之名，意指“仁学”之名只是方便称谓，不必执着。

⑥ 通则必尊灵魂：灵魂不同于体魄之处就在于通而不隔，故必尊。体魄可为灵魂：《仁学二》说人类发展到最高阶段将“纯有灵魂，不有体魄”。

⑦ 此所谓“智慧”和“业识”都是佛教概念，前者指无相的真实存在，后者指八识及其造作。

⑧ 佛教思想认为，真正的实相是无相无别、不生不灭的仁；天地万物则并非实相，就其变现之缘而言可谓万法唯识（皆由八识变现而成），就其实相而言则可谓万法唯心。此所谓“心”，指“仁”。

十六、有过去，有未来，无现在；过去、未来皆现在。

十七、仁一而已；凡对待之词，皆当破之。

十八、破对待，当参伍错综其对待。①

十九、参伍错综其对待，故迷而不知平等。

二十、参伍错综其对待，然后平等。

二一、无对待，然后平等。

二二、无无②，然后平等。

二三、平等生万化，代数之方程式是也。其“为物不贰”，故“生物不测”。③“不贰”则无对待，“不测”则参伍错综其对待。代数如权衡然，参伍错综之不已，必平等，则无无。……

二四、平等者，致一④之谓也。一则通矣，通则仁矣。

二五、凡为仁学者，于佛书当通《华严》及心宗、相宗之书，于西书当通《新约》及算学、格致、社会学之书，于中国书当通《易》《春秋公羊传》《论语》《礼记》《孟子》《庄子》《墨子》《史记》及陶渊明、周茂叔、张横渠、陆子静、王阳明、王船山、黄梨洲之书。⑤

二六、算学即不深，而不可不习几何学，盖论事、办事之条段⑥在是矣。

二七、格致即不精，而不可不知天文、地舆、全体、心灵四学⑦，盖群学群教之门径在是矣。

（谭嗣同撰，何执编：《谭嗣同集》，岳麓书社2012年版，第313-315页。）

---

① 参伍错综：交错安排。对待：对立，分别。

② 无无：连“无对待”之心都要最终破除，即佛教所谓“空空”。

③ 语出《中庸》“其为物不贰，则其生物不测”。

④ 致一：达到一，归于一，即无对待、无分别。

⑤ 心宗：禅宗。相宗：唯识宗。格致：自然科学。社会学：此指社会科学。周茂叔：周敦颐。张横渠：张载。陆子静：陆九渊。黄梨洲：黄宗羲。注意：此处提到陆、王却未提到程、朱。

⑥ 条段：本指地段、界线，此指条理、逻辑。

⑦ 地舆：指地理学。全体：指生理学。心灵：指心理学。

评析

《仁学界说》是谭嗣同仁学思想的大纲，主要说明其基本原理（“仁”）和领会这些原理的基础与门径（“群学”之理）。此所谓“界说”，是西方术语，指一个公理系统得以逻辑推导出来的不加定义的基本概念和不加证明的原始命题，谭嗣同也称之为不证自明的“自理”。“必有自理，而后有公理”。他首先提出“仁学界说”，意在表明此处所说是“自理”，《仁学》正文所说是“公理”，整个“仁学”就是一个像几何学那样完全由逻辑推导出来的公理系统。他虽然在事实上并不能做到这一步，因为这需要极强的逻辑分析和演绎能力，但这种思路表明，中国哲学在逐渐了解西方现代性之后，其建构方式也开始接受后者的影响。谭嗣同的这种做法，为后来者开创了基本的范式。所以冯友兰说谭嗣同是“有哲学的天才”，李泽厚也说他“大概是中国近代最富哲学气质的思想家之一”。

“仁学”最核心的观点就是《仁学界说》中提出的两句话：“仁为天地万物之源”，“仁以通为第一义”。意思是说，天地万物的本体就是“仁”，所谓“仁”是指超越一切对立、区分而将天地万物贯通为一体（“道通为一”）的能力。因此，讲“仁为天地万物之源”也就等于说“通”是天地万物的根本之“道”——最高原理、最高原则。

谭嗣同试图通过西方科学的“以太”概念来论证上述核心观点。“以太”是 ether 的音译（有时也译作“伊太”），此词早在古希腊时就已产生。自 17 世纪以来，西方科学为解决光、热、磁、引力以及其他各种能量的传播介质问题，设想有一种不同于实物粒子的物质充塞于空间甚至整个太空，此种物质便是“以太”。直到 20 世纪初，随着爱因斯坦狭义相对论的创立和对场的进一步研究，以太假说才被否定。19 世纪末到 20 世纪初，许多中国学者如严复、康有为、章炳麟等人都相信这一假说。谭嗣同也不例外，他极推崇的当时美国人所著的《治心免病法》就提到了这个概念并以之解释“心力”。

著名的来华传教士傅兰雅将此书译成中文时对之有过详细解释。谭嗣同基于传统的“气”概念，将以太理解为比已知的六十四种化学元素（“原质”）还要更为基本的物质形态（“原质之原”），它不生不灭并具有一种无所不“通”（吸引、“胶粘”、“凝结”、无阻碍地流通）的能力——宗教家称之为“心力”、科学家称之为“电”。因此，不生不灭的以太就是宇宙万物最基本的物质形态，它固有的“电”或“心力”亦即“道通为一”的能力则是万事万物运动变化之“源”。这就不仅论证了“仁为天地万物之源”，亦即“仁”是天地万物之本体、“通”是宇宙的最高原理，而且以“仁”与“通”这两个概念打通了群教、群学，从而使所谓“仁学”包括了群教和群学的基本原理。正如其《仁学一》所说：“孔谓之仁，谓之元，谓之性；墨谓之兼爱；佛谓之性海，谓之慈悲；耶谓之灵魂，谓之爱人如己，视敌如友；格致家谓之爱力、吸力，咸是物也。法界由是生，虚空由是立，众生由是出。”

谭嗣同指出，要真正理解“仁为天地万物之源”或者说“通”是天地万物的最高原理，不仅需要通群教，还需要通群学，尤其是算学与科学。因为群学之理既是最高原理的具体表现，也是了解和验证最高原理的基础与门径。故其《仁学·自叙》中说，不通“格致新理”便无由悟入“仁”。这种思想，既是为了统一“仁”与“学”，也是试图与体用兼备的传统相呼应。

谭嗣同认为，将上述核心观点运用到人类社会，则所谓“仁”或“通”便具体表现为中外通、上下通、男女内外通、人我通，此即“通有四义”或如《仁学二》中所谓“仁之为道也凡四”。这四个方面归根到底是说，所有人都具有一种冲破一切网罗束缚、平等对待一切事物而与天地万物为一体的先天自由能力；无论个体还是整个社会，只有将这种“仁”而“通”的先天能力充分发挥出来、表现出来，才是合理的、理想的。

以“通”释“仁”或认为“仁为天地万物之源”，这在中国哲学史上不算新鲜。谭嗣同的创见表现在如下三个方面。第一，不再局限于从伦理道德意义上来讲“仁”与“通”，一切认识活动、实践活动甚至包括谭嗣同没有涉及的审美活动，只要具有感通、打通、沟通、联通等特点，都可谓“通”

与“仁”。所以《仁学》与其说以“仁”为本体，毋宁说以“通”“心力”为本体。第二，不再局限于从儒家、中国、人文的角度来讲“仁”与“通”，古今中外的“群教”“群学”，无论自然科学还是社会科学，其最核心、最根本的原理都可统称为“仁”与“通”。第三，将整个现代性精神视为“仁”与“通”的具体表现。在《仁学》正文中，谭嗣同正是据此来批判中国传统思想与社会的种种不通之处，也正是据此来反思西方现代文明的尚欠通达、发达之处。这就说明，在谭嗣同心目中，现代性精神并不为西方所独有，也并不为“现代”所独有，通过现代化过程来追求现代性乃是整个人类文明的合理趋向和高度实现。

上述三个方面的创见，从基本观念上看，正是谭嗣同对之前所谓“道非圣人所独有也，尤非中国所私有也”这一卓越思想的进一步生发。从《北游访学记》到《仁学》，谭嗣同重要的思想进展之一，就在于将“心力”的巨大作用由最初称为“诚”到最后确定为“仁”与“通”，于是“道非圣人所独有也，尤非中国所私有也”这一思想可简要地概括为庄子所谓“道通为一”。由此可见，尽管谭嗣同在《仁学》中的思维方式主要是以断裂、对立、革命为特点的现代性思维，但在其思想最深处依然是这种传统的“道通为一”精神。更为重要的是，尽管《仁学》所谓“道通为一”或“仁”的实际内涵已与儒家思想颇不相同，而更多地含有佛、道、耶的意味，但谭嗣同的上述探索仍可为儒家思想的进一步发展提供极大的启示：即使严格遵循儒家思想的固有思路，重“通”贵“仁”的精神也可由通体用、贯有无、赅同异的本体论原则转化为沟通中学与西学、贯通“群教”与“群学”、打通传统与现代的本体论依据，从而可据以理解和反思西方现代性，探索和筹划中国现代性。事实上，后来现代新儒家正是朝着这个方向进行探索的。

仁学一
（节选）

遍法界、虚空界、众生界，有至大、至精微，无所不胶粘、不贯洽、不管络而充满之一物焉，目不得而色，耳不得而声，口鼻不得而臭味，无以名之，名之曰以太。① 其显于用也，孔谓之仁，谓之元，谓之性；墨谓之兼爱；佛谓之性海，谓之慈悲；耶谓之灵魂，谓之爱人如己，视敌如友；格致家谓之爱力、吸力，咸是物也。② 法界由是生，虚空由是立，众生由是出。夫人之至切近者莫如身，身之骨二百有奇，其筋肉血脉脏腑又若干有奇，所以成是而粘砌是，不使散去者，曰惟以太。由一身而有夫妇、有父子、有兄弟、有君臣朋友，由一身而有家、有国、有天下，而相维系不散去者，曰惟以太。身之分为眼耳鼻舌身，眼何以能视，耳何以能闻，鼻何以能嗅，舌何以能尝，身何以能触？曰惟以太。与身至相切近莫如地，地则众质点③粘砌而成，何以能粘砌？曰惟以太。剖其质点一小分，以至于无，察其为何物所凝结，曰惟以太。……学者第一当认明以太之体与用，始可与言仁。（三百一十五页至三百一十六页）

以太之用之至灵而可征者，于人身为脑。……其分布于四肢及周身之皮肤曰脑气筋。于虚空则为电，而电不止寄于虚空，盖无物不弥纶贯彻。脑其一端，电之有形质者也。脑为有形质之电，是电必为无形质之脑。人知脑气筋通五官百骸为一身，即当知电气通天地万物人我为一身也。……学者又当认明电气即脑，无往非电，即无往非我。妄有彼我之辨，时④乃不仁。虽然，

① 法界：有人和物的世界。虚空界：星球以外的世界。众生界：有生命的世界。贯洽：贯通。管络：联通。

② 性海：佛教术语，指广大如海的真如法性，它是真实如常的本体。爱力：引力，亲和力。

③ 质点：此指最小的物质粒子。

④ 时：是，此。

电与脑犹以太之表著①于一端者也；至于以太，尤不容有差别，而电与脑之名亦不立。（三百一十六页至三百一十七页）

是故仁不仁之辨，于其通与塞；通塞之本，惟其仁不仁。通者如电线四达，无远弗届，异域如一身也。故《易》首言元，即继言亨。② 元，仁也；亨，通也。苟仁，自无不通。亦惟通，而仁之量乃可完。由是自利利他，而永以贞固。……夫仁，以太之用，而天地万物由之以生，由之以通。星辰之远，鬼神之冥漠，犹将以仁通之；况同生此地球而同为人，岂一二人之私意所能塞之？亦自塞其仁而已。彼治于我，我将师之；彼忽于我，我将拯之。可以通学，可以通政，可以通教，又况于通商之常常者乎！譬如一身然，必妄立一法曰："左手毋得至乎右，右手毋得至乎左，三焦百脉毋得相贯注。"③又有是理乎？而猥曰闭之绝之禁之，不通矣。夫惟不仁之故。（三百一十七页至三百一十八页）

吾悲夫世之妄生分别也，犁然不可以缔合。寐者蘧蘧④，乍见一我，对我者皆为人；其机始于一人我，究于所见无不人我者。见愈小者，见我亦愈切。……此之分别，由于人我而人我之也，甚至一身而有人我。何则？仁而已矣，而忽有智勇之名，而忽有义信礼之名，而忽有忠孝廉节之名。仁亦名矣，不可立而犹可立者也；傅⑤以智、勇、义、信、礼云云，胡为者？故凡教主如佛，如孔，如耶，则专言仁，间有旁及，第就世俗所已立之名，借以显仁之用，使众易晓耳，夫岂更有与仁并者哉？学人不察，妄生分别，就彼则失此，此得又彼丧，徘徊首鼠，卒以一无成而两俱败。……（三百一十九

① 表著：表现。
② 《周易》第一卦乾卦的卦辞是"元、亨、利、贞"。
③ 三焦：中医学术语，指上焦、中焦、下焦的合称。贯注：贯通。
④ 寐者蘧蘧：睡觉的人突然惊醒。
⑤ 傅：附会，强加。

页至三百二十页）

仁之乱也，则于其名。名忽彼而忽此，视权势之所积；名时重而时轻，视习俗之所尚。甲亦一名也，乙亦一名也，则相持；名，名也，不名亦名也，则相诡。[①] 名本无实体，故易乱。名乱焉，而仁从之。是非名罪也，主张名者之罪也。俗学陋污[②]，动言名教，敬若天命而不敢渝，畏若国宪而不敢议。嗟乎！以名为教，则其教已为实之宾，而决非实也。又况名者，由人创造，上以制其下，而不能不奉之。则数千年来，三纲五伦之惨祸烈毒，由是酷焉矣。君以名桎臣，官以名轭民，父以名压子，夫以名困妻，兄弟朋友各挟一名以相抗拒，而仁尚有少存焉者得乎？然而仁之乱于名也，亦其势自然也。中国积以威刑钳制天下，则不得不广立名为钳制之器。如曰“仁”，则共名也，君父以责臣子，臣子亦可反之君父，于钳制之术不便，故不能不有忠、孝、廉、节等一切分别等衰之名，乃得以责臣子曰：“尔胡不忠？尔胡不孝？是当放逐也！是当诛戮也！”忠孝既为臣子之专名，则终必不能以此反之。虽或他有所摭[③]，意欲诘诉，而终不敌忠孝之名为名教之所出，反更益其罪曰“怨望”，曰“觖望”，曰“怏怏”，曰“腹诽”，曰“讪谤”，曰“亡等”，曰“大逆不道”。[④] ……此其黑暗，岂非名教之为之蔀[⑤]耶？然名教也者，名犹依倚乎教也。降而弥甚，变本加厉，乃亡其教而虚牵于名，抑惮乎名而竟不敢言教，一若西人乃有教，吾一言教即陷于夷狄异端也者。……嗟乎！因卫教而立名，不谓名之弊乃累教如此也！（三百二十页至三百二十一页）

仁乱而以太亡乎？曰，无亡也。匪惟以太也，仁固无亡；无能亡之者也，

① 相持：相对立。相诡：相矛盾。
② 陋污：卑贱，鄙陋。
③ 摭：取。
④ 觖望：因不满而生怨恨。亡等：无视礼法规定的等级。亡：通“无”。
⑤ 蔀：障蔽，掩盖。

亦无能亡也。乱云者，即其既有条理而不循其条理之谓，孰能于其既有也而强无之哉？夫是故亦不能强无而有。不能强有，虽仁至如天，仁乎何增？不能强无，虽不仁至如禽兽，仁乎何减？不增，惟不生故；不减，惟不灭故。知乎不生不灭，乃今可与谈性。“生之谓性”，性也；“形色天性”，性也；“性善”，性也；“性无”，亦性也。无性何以善？无善所以善也。有无善，然后有无性；有无性，斯可谓之善也；善则性之名固可以立。就性名之已立而论之，性一以太之用，以太有相成相爱之能力，故曰性善也。性善，何以情有恶？曰：情岂有恶哉？从而为之名耳。……故曰：天地间仁而已矣，无所谓恶也。恶者，即其不循善之条理而名之。用善者之过也，而岂善外别有所谓恶哉？……沿于习而后有恶之名。恶既为名，名又生于习，可知断断乎无有恶矣。假使诚有恶也，有恶之时，善即当灭；善灭之时，恶又当生；不生不灭之以太乃如此哉？……有善，故无恶；无恶，故善之名可以不立。……（三百二十一页至三百二十三页）

或难曰：“草木金石至冥也，而寒热之性异；鸟兽鱼鳖至愚也，而水陆之性异。谓人无性，毋乃不可乎？”曰：就其本原言之，固然其无性，明矣。彼动植之异性，为自性尔乎？抑质点之位置与分剂有不同耳。质点不出乎六十四种之原质，某原质与某原质化合则成一某物之性；析而与他原质化合，或增某原质，减某原质，则又成一某物之性；即同数原质化合，而多寡主佐之少殊，又别成一某物之性。纷纭蕃变，不可纪极，虽聚千万人之毕生精力治化学，不能竟其绪而宣其蕴，然而原质则初无增损之故也。香之与臭，似判然各有性矣，乃考其成此香臭之所以然，亦质点布列微有差池，致触动人鼻中之脑气筋，有顺逆迎拒之异，故觉其为香为臭。苟以法改其质点之聚，香臭可互易也。此化学家之浅者皆优为之，乌睹所谓一成不改之性耶？……故论其原质，必不容有寒热云云诸性，明矣。然原质犹有六十四之异，至于原质之原，则一以太而已矣。一故不生不灭；不生，故不得言有；不灭，故不得言无。谓以太即性可也，无性可言也。（三百二十七页至三百二十八页）

好生而恶死也，可谓大惑不解者矣！盖于不生不灭瞢焉。瞢而惑，故明知是义，特不胜其死亡之惧，缩朒而不敢为；方更于人祸所不及，益以纵肆于恶，而顾景汲汲，而四方蹙蹙，惟取自快慰焉已尔，天下岂复有可治也！[①] ……孔曰：“未知生，焉知死。”欲明乎死，试与论生。生何自？而生能记忆前生者，往往有之。借曰生无自也，则无往而不生矣。知不生，亦当知不灭。匪直其精灵然也，即体魄之至粗，为筋骨血肉之属……皆用天地固有之质点粘合而成人。及其既敝而散，仍各还其质点之故，复他有所粘合而成新人新物。生固非生，灭亦非灭。又况体魄中之精灵，固无从睹其生灭乎？……其在耶，则曰“灵魂”，曰“永生”。在佛则曰“轮回”，曰“死此生彼”。……今使灵魂之说明，虽至暗者，犹知死后有莫大之事及无穷之苦乐，必不于生前之暂苦暂乐而生贪著厌离之想；知天堂地狱森列于心目，必不敢欺饰放纵，将日迁善以自兢惕；知身为不死之物，虽杀之亦不死，则成仁取义，必无怛怖于其衷。且此生未及竟者，来生固可以补之，复何惮而不亹亹？……若夫道力不足任世之险阻，为一时愤怒所激，妄欲早自引决，孱弱诡避，转若恶生好死者，岂不以死则可以幸免矣？不知业力所缠，愈死且愈生，强脱此生之苦，而彼生忽然又加甚矣，虽百死复何济？《礼》于畏、压、溺谓之三不吊，孟曰“知命者不立乎岩墙之下”，此修身俟命之学所以不可不讲，而轮回、因果、报应诸说所以穷古今无可诎焉。[②]（三百二十九页至三百三十一页）

虽然，西人言灵魂，亦有不尽然也。同一大圆性海，各得一小分，禀之以为人，为动物，为植物，为金石，为沙砾水土，为屎溺。[③] 乃谓惟人有灵

① 瞢：迷糊。缩朒（nǜ）：退缩不前。顾景：顾影。汲汲：忙迫状。蹙蹙：局缩状。

② 《礼记·檀弓上》：“死而不吊者三：畏，厌，溺。”畏指因害怕而自杀；厌同“压”，即在危墙下被压死；溺指淹死。“孟曰”一句出自《孟子·尽心上》。岩墙：高墙。诎：屈，此指否定。

③ 大圆性海：指性海，大圆言其广大周遍。此处所谓植物、金石等都有灵魂，与佛家所说不同。

魂，物皆无之，此固不然矣。……知则出于以太，不生不灭同焉；灵魂者，即其不生不灭之知也。而谓物无灵魂，是物无以太矣，可乎哉？……且彼所重者灵魂，而原罪于前人，是又专重体魄矣。……乃中国之谈因果，亦辄推本前人，皆泥于体魄，转使灵魂之义晦昧而不彰，过矣！失盖与西人同耳。泥于体魄，而中国一切诬妄惑溺，殆由是起矣。……呜呼，墨子何尝乱亲疏哉！亲疏者，体魄乃有之。从而有之，则从而乱之。若夫不生不灭之以太，通天地万物人我为一身，复何亲疏之有？亲疏且无，何况于乱？不达乎此，反诋墨学，彼乌知惟兼爱一语为能超出体魄之上而独任灵魂，墨学中之最合以太者也。不能超体魄而生亲疏，亲疏生分别。分别亲疏，则有礼之名。自礼明亲疏，而亲疏于是乎大乱。……夫礼，依仁而著，仁则自然有礼，不待别为标识而刻绳之，亦犹伦常亲疏自然而有，不必严立等威而苛持之也。① 礼与伦常皆原于仁，而其究也，可以至于大不仁，则泥于体魄之为害大矣哉！（三百三十一页至三百三十三页）

不生不灭乌乎出？曰：出于微生灭②。此非佛说菩萨地位之微生灭也，乃以太中自有之微生灭焉。……一刹那顷，已有无量佛生灭，已有无量众生生灭，已有无量世界法界生灭。求之过去，生灭无始；求之未来，生灭无终；求之现在，生灭息息过乎前而未尝或住。是故轮回者，不于生死而始有也，彼特大轮回耳。无时不生死，即无时非轮回。……由念念相续而造之使成也。例乎此，则大轮回亦必念念所造成，佛故说三界惟心，又说一切惟心所造。人之能出大轮回与否，则于其细轮回而知之矣；细轮回不已，则生死终不得息，以太之微生灭亦不得息。……不息故久，久而不息，则暂者绵之永，短者引之长，涣者统之萃，绝者续之亘，有数者浑之而无数，有迹者沟之而无迹，有间者强之而无间，有等级者通之而无等级，人是故皆为所瞒而自以为

① 刻绳：苛刻地矫正。等威：与等级相应的威仪。
② 微生灭：佛教术语，即微细生灭，又叫刹那生灭，指生灭等持续无间而不止不息。

有生矣。[1] ……非一非二，非断非常，旋生旋灭，即灭即生。生与灭相授之际，微之又微，至于无可微；密之又密，至于无可密。夫是以融化为一，而成乎不生不灭。成乎不生不灭，而所以成之之微生灭固不容掩焉矣。（三百三十四页至三百三十五页）

……真理之不知，乃缘历劫之业力障翳深厚，执妄为真，认贼为子，自扰自乱，自愚自惑，遂为对待所瞒耳。对待生于彼此，彼此生于有我。我为一，对我者为人，则生二；人我之交，则生三。参之伍之，错之综之，朝三而暮四，朝四而暮三，名实未亏，而爱恶因之。由是大小、多寡、长短、久暂，一切对待之名，一切对待之分别，淆然哄然。……何以有大？比例于我小而得之；何以有小？比例于我大而得之。然则但有我见，世间果无大小矣。多寡长短久暂，亦复如是。疑以为幻，虽我亦幻也。何幻非真？何真非幻？真幻亦对待之词，不足疑对待也。……声、光、化、电、气、重之说盛[2]，对待或几几乎破矣。欲破对待，必先明格致；欲明格致，又必先辨对待。……辨对待者，西人所谓辨学[3]也。公孙龙、惠施之徒时术之，"坚白""异同"之辨曲达之，学者之始基也。[4] 由辨学而算学，算学实辨学之衍于形者也；由算学而格致，格致实辨学算学同致于用者也，学者之中成也。[5] 格致明而对待破，学者之极诣也。孔子曰："下学而上达。"未有可以躐等而蹴几，亦何可以中止而自画也。[6] 故尝谓西学皆源于佛学，亦惟有西学而佛学乃复明于世。……（三百三十七页至三百三十八页）

① 涣者统之萃：涣散的统为一体。绝者续之亘：断绝的连接成不断的。
② 气：此指大气学。重：此指重学，今称力学。
③ 辨学：逻辑学。
④ 公孙龙、惠施：战国时期的名家代表。公孙龙（前320年—前250年）主张"离坚白"论，认为石头的白色与坚质不可能被同时感觉。惠施（前390年—前317年）主张"合同异"论，认为万事万物的差异是相对的，相同才是绝对的。晚清以来，他们被视为中国古代逻辑学的代表。时术：时时探索和实践。曲达：迂曲、婉转地得到结论，此指通过复杂的逻辑推理得到结论。
⑤ 衍于形：有形的推衍。致于用：实际运用。
⑥ 蹴几：走一步就可接近。自画：自划，自限。

反乎逝而观①，则名之曰日新。孔曰“革，去故；鼎，取新”，又曰“日新之谓盛德”。② 夫善至于日新而止矣，夫恶亦至于不日新而止矣。天不新，何以生？地不新，何以运行？日月不新，何以光明？四时不新，何以寒燠、发敛之迭更？草木不新，丰缛者歇矣；血气不新，经络者绝矣；以太不新，三界万法皆灭矣。③ 孔曰“改过”，佛曰“忏悔”，耶曰“认罪”，新之谓也；孔曰“不已”，佛曰“精进”，耶曰“上帝国近尔矣”，新而又新之谓也。则新也者，夫亦群教之公理也。德之宜新也，世容知之；独何以居今之世，犹有守旧之鄙生，龂龂然曰不当变法，何哉？是将挟其苶敝、惰怯之私，而窒天之生，而尼地之运行，而蔽日月之光明，而乱四时之迭更，而一狝百产万灵之芸芸，不恤亡学亡政亡教，以拗戾乎不生不灭者也。④ 虽然，彼之力又何足以云尔哉？毋亦自断其方生之化机而与于不仁之甚，则终成为极旧极敝一残朽不灵之废物而已矣！乃彼方诩于人曰好古者，是又大惑也已。古而可好，又何必为今之人哉？……夫孔子则不然，删《书》则断自唐虞，存《诗》则止乎三百，然犹早岁从周之制作也。晚而道不行，掩涕于获麟，⑤ 默知非变法不可，于是发愤作《春秋》，悉废古学而改今制，复何尝有好古之云云也？……欧美二洲，以好新而兴；日本效之，至变其衣食嗜好；亚非澳三洲，以好古而亡。中国动辄援古制，死亡之在眉睫，犹栖心于榛狉⑥未化之世，若于今熟视无睹也者。……（三百三十九页至三百四十一页）

日新乌乎本？曰：以太之动机⑦而已矣。……天行健，自动也；天鼓万

---

① 反乎逝而观：从反面来看不断流逝的现象。
② 此两句都出自《易传》。
③ 寒燠（yù）：冷热。发敛：（气之）散发与积聚。丰缛：丰盛繁茂。
④ 苶（ěr）敝：疲敝，衰败。尼：阻止。狝（xiǎn）：致死。拗戾：违反。
⑤ 《公羊传·哀公十四年》：“春，西狩获麟。……孔子曰：‘孰为来哉！孰为来哉！’反袂拭面，涕沾袍。……孔子曰：‘吾道穷矣！’”
⑥ 榛狉（pī）：形容尚未开化，语出柳宗元《封建论》。
⑦ 动机：相当于王夫之常说的“动机”或“动几”，指内在的运动变化趋势。

物，鼓其动也；辅相裁成，奉天动也；君子之学，恒其动也；吉凶悔吝，贞夫动也。谓地不动，昧于历算者也。《易》抑阴而扶阳，则柔静之与刚动异也。夫善治天下者，亦岂不由斯道矣！夫鼎之革之，先之劳之①，作之兴之，废者举之，敝者易之；饱食暖衣而逸居，则惧其沦于禽兽。乌知乎有李耳者出，言静而戒动，言柔而毁刚！乡曲之士，给馑粥，察鸡豚，而长养子孙，以之自遁而苟视息焉，固亦术之工者矣；乌知乎学子术焉，士大夫术焉，诸侯王术焉，浸淫而天子亦术焉，卒使数千年来成乎似忠信似廉洁、一无刺无非之乡愿天下！② 言学术则曰"宁静"，言治术则曰"安静"，处事不计是非，而首禁更张。"躁妄""喜事"之名立，百端由是废弛矣。……西人以喜动而霸五大洲，驯至文士亦尚体操，妇女亦侈游历，此其崛兴为何如矣。……西人之喜动，其坚忍不挠、以救世为心之耶教使然也。又岂惟耶教，孔教固然矣，佛教尤甚。曰"威力"，曰"奋迅"，曰"勇猛"，曰"大无畏"，曰"大雄"，括此数义，至取象于狮子。……以太之动机，以成乎日新之变化，夫固未有能遏之者也！论者暗于佛老之辨，混而同之，以谓山林习静而已，此正佛所诋，为顽空，为断灭，为九十六种外道，而佛岂其然哉！③ 乃若佛之静也，则将以善其动，而遍度一切众生。更精而言之，动即静，静即动，尤不必有此对待之名，故夫善学佛者，未有不震动奋厉而雄强刚猛者也。（三百四十一页至三百四十三页）

李耳之术之乱中国也，柔静其易知矣。若夫力足以杀尽地球含生之类，胥天地鬼神之沦陷于不仁，而卒无一人能少知其非者，则曰俭。俭，从人，佥声，凡俭皆佥人也。④ ……本无所谓奢俭，而妄生分别以为之名，又为之教曰黜奢崇俭，虽唐虞三代之盛，不能辨去此惑，是何异搏虚空以为质，扪

① 先之劳之：以身先民，以身任劳，语出《论语·子路》。

② 给馑（zhān）粥：满足于有稀饭可吃。苟视息：苟且偷生。术焉：以之为本领。乡愿：没有原则的好好先生。

③ 顽空：执空为无或认为法性顽然无知。断灭：否定诸法因果相续之理。外道：邪说。

④ 佥人：小人。此处说"卒无一人能少知其非者"，不确，船山、魏源等人早就说过这一点。

飘风而不释者矣。……不惟中国，彼非洲、澳洲及中亚之回族，美洲之土番，印度、巫来由①之杂色人，越南、缅甸、高丽、琉球之藩邦，其败亡之由，咸此而已矣。……（三百四十三页至三百四十五页）

……吾闻□□之讲《大学》，《大学》盖唯识之宗也。……夫惟好学深思，六经未有不与佛经合者也，即未有能外佛经者也。（三百五十三页至三百五十五页）

□□□曰："三教其犹行星之轨道乎？佛生最先，孔次之，耶又次之。乃今耶教则既昌明矣，孔教亦将引厥绪焉，而佛教仍晦盲如故。先生之教主，教反后行；后生之教主，教反先行，此何故欤？岂不以轨道有大小，程途有远近；故运行有久暂，而出见有迟速哉！"佛教大矣，孔次大，耶为小。小者先行，次宜及孔，卒乃及佛，此其序矣。□□□曰："佛其大哉！列天于六道，而层累于其上。② 孔其大哉！立元以统天。③ 耶自命为天已耳，小之，其自为也。"虽然其差如此，而其变不平等教为平等则同。……（三百五十五页）

由前之说，佛其至矣；由后之说，孔、佛皆至矣。然而举不足以定其等级也。何也？凡教主之生也，要皆际其时，因其势，量众生之根器，而为之现身说法。故教主之不同，非教主之有等级也。众生所见者，教主之化身也，其法身实一矣。④ ……乃夫本一而卒不一，则众生之为之，而教主亦会有不幸也。以《公羊传》三世之说衡之，孔最为不幸。……耶次不幸。……惟佛独幸。……而佛遂以独高于群教之上。时然也，势不得不然也，要非可以揣

① 巫来由：马来亚。

② 此谓佛教认为六道高下如层累，佛居于六道之上，因此也居于天之上。

③ 此谓《易经》首卦乾卦首说"元"，《易传·彖传》明说"大哉乾元！万物资始，乃统天"；《春秋》首句亦说"（隐公）元年春，王正月"，用"元"来统率天时（春夏秋冬）。

④ 化身：佛为化度众生而变现的种种形象。法身：不生不灭、无形而随处现形的清净自性之身。

测教主之法身也。教主之法身，一而已矣。……（三百五十六页至三百五十七页）

……二千年来之政，秦政也，皆大盗也；二千年来之学，荀学也，皆乡愿也。惟大盗利用乡愿；惟乡愿工媚大盗。二者交相资，而罔不托之于孔。……（三百五十八页）

方孔之初立教也，黜古学，改今制，废君统，倡民主，变不平等为平等，亦汲汲然动矣。岂谓为荀学者，乃尽亡其精意，而泥其粗迹，反授君主以莫大无限之权，使得挟持一孔教以制天下！彼为荀学者，必以伦常二字，诬为孔教之精诣，不悟其为据乱世之法也。且即以据乱之世而论，言伦常而不临之以天，已为偏而不全，其积重之弊，将不可计矣。况又妄益之以三纲，明创不平等之法，轩轾凿枘，以苦父天母地之人。无惑乎西人辄诋中国君权太重，父权太重，而亟劝其称天以挽救之，至目孔教为偏畸不行之教也。由是二千年来君臣一伦，尤为黑暗否塞，无复人理，沿及今兹，方愈剧矣。夫彼君主犹是耳目手足，非有两头四目而智力出于人也，亦果何所恃以虐四万万之众哉？则赖乎早有三纲五伦字样，能制人之身者，兼能制人之心，如庄所谓“窃钩者诛，窃国者侯”，田成子窃齐国，举仁义礼智之法而并窃之也。窃之而同为中国之人，同为孔教之人，不可言而犹可言也；奈何使素不知中国，素不识孔教之奇渥温、爱新觉罗①诸贱类异种，亦得凭陵乎蛮野凶杀之性气以窃中国。及既窃之，即以所从窃之法还制其主人，亦得从容腼颜②，挟持素所不识之孔教，以压制素所不知之中国矣。而中国犹奉之如天，而不知其罪！焚《诗》《书》以愚黔首，不如即以《诗》《书》愚黔首，嬴政犹

① 奇渥温：元代皇族的姓。爱新觉罗：清代皇族的姓。
② 腼颜：厚颜。

钝汉矣乎！……故耶教之亡，教皇亡之也；其复之也，路德①之力也。孔教之亡，君主及言君统之伪学亡之也；复之者尚无其人也，吾甚祝②孔教之有路德也。（三百五十九页至三百六十页）

（谭嗣同撰，何执编：《谭嗣同集》，岳麓书社 2012 年版。）

评析

《仁学》分为两卷。此处节选的是卷一，主要从六个方面阐明“仁学”的基本原理。

其一，天地万物最基本的构成要素是“以太”，故作为“以太之用”的“仁”就是天地万物的本体（“仁为天地万物之源”），“通”就是宇宙的最高原理。（参见《仁学界说》评析）

其二，只有破“名”、破“对待”，才是“仁”与“通”，故当去除分别、反对名教。万事万物就其实质而言都是“仁”的表现与结果，并不需要在“仁”外另立其名。人们因“习气”“颠倒”而妄生分别，造出种种名号，执其名而不究其实，遂使本来统一相通的世界被弄得“对待”（因被区分而相对）丛生，统治者更利用“分别等衰之名”实行钳制天下之术。故“仁”为“名”所造成的种种“对待”所乱。中国社会之所以黑暗，就是因为以名为教，甚至还“惮乎名而竟不敢言教”。所以只有从根本上反对名教传统，才是真正的“仁”与“通”。破名破对待的实质是，破除由各种名号与概念所导致的区分与对立，一视同仁地看待一切事物，而无实质上的对立、无价值上的区分。

谭嗣同认为，破名、破对待须从“仁”与“学”两个方面努力。第一，

① 路德：马丁·路德（Martin Luther，1483—1546），欧洲宗教改革的倡导者，基督教新教路德宗创始人。

② 祝：祈祷，祈盼。

由识“仁体”而破除作为一切对待根源的“彼我之辨”。一切对待之名与分别，从根源上讲都是因为“妄有彼我之辨”，即有一个与“他”相对的“我”。故说“对待生于彼此，彼此生于有我”。因此破名、破对待，首先就应破除“彼我之辨”。但这只有深切认识到作为天地万物之源的“仁体”才有可能。“仁体”就是“电”，“电气即脑”，脑不过是“有形质之电”，电则是“无形质之脑”。由以太构成的世界无往非电、无往非脑，所以也“无往非我”——“电气通天地万物人我为一身”，正如“脑气筋通五官百骸为一身”。既然“无往非我”，自然不应有“彼我之辨”。第二，由通科学而破名、破对待。谭嗣同认为，自然科学颇能说明由各种名号和概念所造成的“对待”都无自性，都可相互转化而非一成不变。所以“欲破对待，必先明格致”。学习科学的最高境界就是破除各种对待观念。要通晓科学，则必先通逻辑和数学。

其三，物无特性，“以太即性”，故当一切平等视之。所有具体事物均无固定不变、一成不改的特性，只有“以太”之“通”性。世人所谓具体事物的特性（如寒热香臭诸性），实由“质点之位置与分剂有不同”所致，也随质点位置与分剂（搭配）的变化而变化。只有以太不生不灭、无增无减，其性质就是“通”，即“有相成相爱之能力”。故具体事物均无固定特性，正如佛教所谓“无性”或“性无”。当然，就一切具体事物都具有以太之“通”性而言，也可像儒家那样说“性善”，亦即“天地间仁而已矣，无所谓恶也”。显然，谭嗣同所谓“性”乃通性而非特性，其实质就是要否定具体事物各有固定特性，以论证其“平等”观。

其四，以太不生不灭，故有“灵魂”与“轮回”，不可执着于“体魄”的差异与久暂。由以太凝结、“胶粘”而成的质点构成了万物的“体魄”，由以太之“通”性所导致的“不生不灭之知”则构成了万物的“灵魂”。万物消亡，只是其特定的体魄解散而已，构成其体魄的质点却依然如故，构成其灵魂的“不生不灭之知”也仍然存在。所以应该承认轮回、因果、报应诸说。谭嗣同之所以坚持有“灵魂”与“轮回”，反对执着于个体“体魄”，乃是因为讲“灵魂”是“群教之公理”，据此可以论证既不必贪生也不可乐死。他认为，只要接受了这种思想，就不会执着于生前的暂苦暂乐，必能杀身成仁而无畏无惧。相反，如果“泥于体魄”“专重体魄”，则必至有“我”而“大不仁”。无论耶教还是儒教，在这方面都不够彻底。

其五，以太的不生不灭其实是“微生灭”，故变革日新为“群教之公理”。讲以太不生不灭是就整体而言，若细观之则是“微生灭”。“微生灭”又叫“刹那生灭”，是佛教的重要理论，指生灭相续无间而不止不息。生灭相续无间，故生灭同时，以至分不出何为生、何为灭；生灭不止不息，故有万事万物的存在假相，人们“皆为所瞒而自以为有生”。其实，万事万物是时时在生也时时在灭，生即灭、灭即生，也可说生即不生、灭即不灭。正因生灭融化为一而又不止不息，所以才不生不灭。以太既是“微生灭”，也就既可说是灭灭无已，也可以说是生生不息，生生不息就是“日新”。因此，变革“日新”就是“群教之公理”，耶教如此，孔教如此，佛教尤甚，“善学佛者，未有不震动奋厉而雄强刚猛者也”。而老子主“静”尚“俭”之论，实是“自断其方生之化机而与于不仁之甚”，中国之所以落后，就是因为受此种思想影响太深。谭嗣同之所以要将佛教的“微生灭”说成是以太的“动机”，正是想从本体论上论证“日新”的合法性，所谓“仁”与“通”也必包含“日新”之义。这就为反对好古守旧、主张维新变法提供了哲学依据。这种思想来自佛教思想，也改造了佛教思想。

其六，佛、孔、耶等三教虽有等差但可贯通为一，然孔教要恢复其本来面目就必须“孔教之有路德”。受当时佛教学者的影响，谭嗣同认为，就教义而言，“佛教大矣，孔次大，耶为小”；“小者先行”，故耶教最先昌明而普行于世，“次宜及孔，卒乃及佛”。三教虽然都是“变不平等教为平等”，但佛教的平等之义最为彻底。不过，三教教义虽有等差，教主则并无等级之别，“其法身实一”。三教教义之所以有别，完全是因为教主所处时势不同。言下之意是，孔子与耶稣若是处在佛所处之世，则儒教、耶教必与佛教相同。谭嗣同特别指出，三教教主中数孔子最不幸，不仅所处时势最差以致不能畅说其教，即其所说也尽为维护君统的“荀学”所乱并为历代统治者所利用，“使得挟持一孔教以制天下”。因此，他认为中国应当出现新的孔教教主，以恢复孔教的本有精义与应有精神，一如路德重新恢复耶教精神，故说“吾甚祝孔教之有路德也”。他心目中的“孔教之路德”，可能指康有为，也可能指他自己。

上述六点，除第一点是借助西方科学的“以太”假说之外，其余五点都深受佛教思想的影响。由此可见，谭嗣同的“仁学”在基础理论的建构方面，确实如其《自叙》所讲，是以佛“统孔、耶”。不过其中所谓“耶”应理解为整个西方思想，它既包括基督教思想，也包括由其生发的科学思想（特别是其中的以太概念）和政治经济思想。尽管谭嗣同认为佛教独高于群教，但他要强调的价值观念大抵来自西方现代性，如平等、自由以及变革日新、重商、重流通等观念。他实际上是试图从东方思想中开出一种既来自西方又高于西方的东方现代性，这在《仁学二》中表现得更突出。20世纪的现代新儒家就是沿着这一思路继续探索的。

谭嗣同“仁学”最突出的思想是主张平等，但他主要是通过取消一切差别的实在性来论证平等，故说“异同泯，则平等出”。在这方面，他的思想来源有二：一是佛教的现象虚幻观，二是西方科学的抽象物质观（即将所有的实物归结为物质元素）。谭嗣同对于儒家重视差异与“分殊”的传统特别反感，故他对于儒家所强调的礼教也特别厌恶。他认为，一切“分殊”都是“名”而非“实”，取消名上的差别就是“务实”。但从儒家思想尤其是湖湘哲学传统来看，“分殊”不只是“名”也是“实”，一切都混同为“一”恰恰不是“实”，要“务实”就必须重视“分殊”。根据20世纪中西哲学家的深入研究，取消现实差别而将一切都摄归于抽象的“一”的思想，极易流为政治上的专制独裁思想；即使不为专制独裁所利用，也只能达到一种从外俯视的无内容的抽象平等即形式上的平等，并不能达到现代意义上的充分尊重个体差异的实质平等，因为现实世界的所有人，都是活生生的特殊个体，并不是抽象的数字或编号。倒是既强调“理一”又重视“分殊”的儒家思想可以导出现代意义上的平等观念。

仁学二
（节选）

君统盛而唐虞后无可观之政矣，孔教亡而三代下无可读之书矣！乃若区玉检于尘编，拾火齐于瓦砾，以冀万一有当于孔教者，则黄梨洲《明夷待访录》其庶几乎？① 其次为王船山之《遗书》，皆于君民之际有隐恫焉。② ……生民之初，本无所谓君臣，则皆民也。民不能相治，亦不暇治，于是共举一民为君。夫曰共举之，则非君择民，而民择君也。夫曰共举之，则其分际又非甚远于民，而不下侪于民也。③ 夫曰共举之，则因有民而后有君，君末也，民本也。天下无有因末而累及本者，亦岂可因君而累及民哉？夫曰共举之，则且必可共废之。君也者，为民办事者也；臣也者，助办民事者也。赋税之取于民，所以为办民事之资也。如此而事犹不办，事不办而易其人，亦天下之通义也。观夫乡社赛会，必择举一长，使治会事，用人理财之权咸隶焉；长不足以长则易之，虽愚夫愿农犹知其然矣。④ 何独于君而不然？岂谓举之戴之，乃以竭天下之身命膏血，供其盘乐、怠傲、骄奢而淫杀乎？供一身之不足，又滥纵其百官，又欲传之世世万代子孙，一切酷毒不可思议之法，由此其繁兴矣。民之俯首帖耳，恬然坐受其鼎镬刀锯，不以为怪，固已大可怪矣，而君之亡犹欲为之死节。故夫死节之说，未有如是之大悖者矣。君亦一民也，且较之寻常之民而更为末也。民之于民，无相为死之理；本之与末，更无相为死之理。然则古之死节者，乃皆不然乎？请为一大言断之曰："止有死事的道理，决无死君的道理。"……（三百六十页至三百六十一页）

① 玉检：皇帝在泰山封禅祭天时所用的刻在玉上的文字，喻指宝书。尘编：布满灰尘的古旧书籍。火齐：火齐珠，一种宝珠。黄梨洲：黄宗羲（1610—1695），明末清初的大学者，其《明夷待访录》大胆抨击了君主专制制度。

② 《遗书》：《船山遗书》的简称。隐恫（dòng）：深痛，难言之痛。

③ 分际：界限、距离。下侪于民：与民众同等。

④ 乡社赛会：以仪仗、鼓乐、杂戏迎神像出庙而周游街巷村庄的酬神活动。愿农：老实恭谨的农民。

……古之所谓忠，以实之谓忠①也。下之事上当以实，上之待下乃不当以实乎？则忠者，共辞也，交尽之道也，岂可专责之臣下乎？孔子曰：“君君臣臣。”又曰：“父父子子，兄兄弟弟，夫夫妇妇。”教主言未有不平等者。古之所谓忠，中心之谓忠也。“抚我则后，虐我则仇”，应物平施，心无偏袒，可谓中矣，亦可谓忠矣。② 君为独夫民贼，而犹以忠事之，是辅桀也，是助纣也。其心中乎？不中乎？呜呼！三代以下之忠臣，其不为辅桀助纣者几希！……（三百六十二页）

天下为君主囊橐③中之私产，不始今日，固数千年以来矣。然而有如辽、金、元之罪浮于前此之君主者乎？其土则秽壤也，其人则膻种也，其心则禽心也，其俗则毳俗也。④ ……夫古之暴君，以天下为其私产止矣；彼起于游牧部落，直以中国为其牧场耳。……虽然，成吉思之乱也，西国犹能言之；忽必烈之虐也，郑所南《心史》纪之；有茹痛数百年，不敢言、不敢纪者，不愈益悲乎！⑤《明季稗史》中之《扬州十日记》《嘉定屠城纪略》，不过略举一二事，当时既纵焚掠之军，又严剃发之令，所至屠杀虏掠，莫不如是。⑥ ……吾愿华人，勿复梦梦⑦谬引以为同类也。……（三百六十二页至三百六十三页）

法人之改民主也，其言曰：“誓杀尽天下君主，使流血满地球，以泄万

① 以实之谓忠：将诚实称为忠。
② “抚我则后，虐我则仇”：《伪古文尚书·泰誓下》语，后指君王，仇指仇敌。应物平施：一视同仁。
③ 囊橐：袋子。
④ 膻种：身上有羊膻气的民族。毳（cuì）俗：旧指游牧民族用鸟兽皮毛做衣服的习俗。
⑤ 郑所南（1241—1318）：名思肖，所著《心史》多记南宋灭亡之痛。茹痛：衔痛抱恨。
⑥《扬州十日记》：清代王秀楚撰，记载清兵南下攻陷扬州时大屠杀十天的惨状。《嘉定屠城纪略》：清代朱子素撰。清下剃发令，嘉定死守不降，被攻陷后遭屠城。严剃发之令：清军平定江南后下剃发（头皮上剃去一些头发后打辫子）易服令，限在十日内剃发，否则杀无赦。
⑦ 梦梦：昏头昏脑。

民之恨。”朝鲜人亦有言曰：“地球上不论何国，但读宋明腐儒之书而自命为礼义之邦者，即是人间地狱。”夫法人之学问，冠绝地球，故能唱民主之义，未为奇也。朝鲜乃地球上最愚暗之国，而亦为是言，岂非君主之祸至于无可复加，非生人所能任受耶？……国与教与种将偕亡矣！唯变法可以救之，而卒坚持不变。岂不以方将愚民，变法则民智；方将贫民，变法则民富；方将弱民，变法则民强；方将死民，变法则民生；方将私其智、其富、其强、其生于一己，而以愚、贫、弱、死归诸民，变法则与己争智、争富、争强、争生，故坚持不变也。究之智与富与强与生，决非独夫之所任为。彼岂不知之？则又以华人比牧场之水草，宁与之同为齑粉而贻其利于人，终不令我所咀嚼者还抗乎我。① ……以时考之，华人固可以奋矣。且举一事而必其事之有大利②，非能利其事者也。故华人慎毋言华盛顿、拿破仑矣，志士仁人求为陈涉、杨玄感，以供圣人之驱除，死无憾焉。③ 若其机无可乘，则莫若为任侠，亦足以伸民气，倡勇敢之风，是亦拨乱之具也。……与中国至近而亟当效法者，莫如日本。其变法自强之效，亦由其俗好带剑行游，悲歌叱咤，挟其杀人报仇之气概，出而鼓更化④之机也。儒者轻诋游侠，比之匪人，乌知困于君权之世，非此益无以自振拔，民乃益愚弱而窳败⑤！言治者不可不察也。（三百六十四页至三百六十五页）

君臣之祸亟，而父子、夫妇之伦遂各以名势相制为当然矣。此皆三纲之名之为害也。名之所在，不惟关其口，使不敢昌言，乃并锢其心，使不敢涉想。愚黔首⑥之术，故莫以繁其名为尚焉。君臣之名，或尚以人合⑦而破之；

---

① 齑粉：粉末。我所咀嚼者：此指被清廷视为牧场水草的华人。还抗：反抗。
② 必其事之有大利：非要其事有最大的好处。此处指反对这种望之甚奢的心态。
③ 杨玄感（？—613）：隋炀帝的礼部尚书，最先起兵反叛隋炀帝，兵败后自杀。驱除：排除患难的先驱。
④ 更化：变革。
⑤ 窳（yǔ）败：衰敝，萎靡。
⑥ 黔首：平民百姓。
⑦ 人合：人为的关系。

至于父子之名，则真以为天之所合，卷舌而不敢议。不知天合①者，泥于体魄之言也，不见灵魂者也。子为天之子，父亦为天之子，父非人所得而袭取也，平等也；且天又以元统之，人亦非天所得而陵压也，平等也。② ……独夫民贼，固甚乐三纲之名，一切刑律制度皆依此为率，取便己故也。（三百六十九页至三百七十页）

五伦中于人生最无弊而有益，无纤毫之苦，有淡水之乐，其惟朋友乎？顾择交何如耳。所以者何？一曰平等，二曰自由，三曰节宣惟意③。总括其义，曰不失自主之权而已矣。兄弟于朋友之道差近，可为其次。余皆为三纲所蒙蔀④，如地狱矣。上观天文，下察地理，远取诸物，近取之身，能自主者兴，不能者败。公理昭然，罔不率此。伦有五，而全具自主之权者一，夫安得不矜重⑤之乎！且夫朋友者，固统住世、出世所不得废也。自孔、耶以来，先儒、牧师所以为教、所以为学，莫不倡学会，联大群，动辄合数千万人以为朋友。盖匪是即不有教，不有学，亦即不有国，不有人。凡吾所谓仁，要不能不恃乎此。……然此犹世法也。若夫释迦文佛，诚超出矣，君臣、父子、夫妇、兄弟之伦，皆空诸所有，弃之如无，而独于朋友，则出定入定，无须臾离。⑥ ……世俗泥于体魄，妄生分别，为亲疏远近之名，而末视朋友。夫朋友岂直贵于余四伦而已，将为四伦之圭臬⑦。而四伦咸以朋友之道贯之，是四伦可废也。……夫惟朋友之伦独尊，然后彼四伦不废自废。亦惟明四伦之当废，然后朋友之权力始大。今中外皆侈谈变法，而五伦不变，则举凡至理要道，悉无从起点，又况于三纲哉！（三百七十页至三百七十二页）

① 天合：天然的关系。父子、兄弟为天合，夫妇、朋友、君臣为人合。
② 前一分句是基督教观念，后一分句是儒家观念。
③ 节宣惟意：节制与舒张都出于自己的意愿。
④ 蒙蔀：蒙蔽。
⑤ 矜重：坚持与重视。
⑥ 释迦文佛：释迦牟尼佛。出定入定：佛家称息虑凝思为入禅定，离开禅定为出定。
⑦ 圭臬：准则，法度。

……故言政言学，苟不言教，则等于无用，其政术学术亦或反为杀人之具。然而求保国之急效，又莫捷于学矣①。法之败于普也，师熸君禽，已无存理；普之力非不能径灭之，然卒与言和者，毕士马克稔知德民之学远不逮法，各有疆域，犹可拒守，若灭之，则浑然一国，形见势绌，莫可遁逃，普其终为法奴役。② 若安以一女子复其国，夫固法之已事矣。③ 故破其国而不敢有，法人之学为之也。故曰保国莫捷于学也。……且朝廷无论如何横暴，终不能禁民使不学。中国之民，惟此权尚能自主，则由此充之，凡已失之权，无不可因此而胥复也。锢水于锅炉，勿谓水弱也，烈火燔其下，虽针铁④百重，而锅炉必为汽裂，涨力之谓也。豫章之木，勾萌于石罅，勿虑无所容也，日以长大，将渐据石所据之地，石且为之崩离，挤力之谓也。⑤ 惟学亦具此二力。才智日聪，谋虑日宏，声气日通，生计日丰，进无求于人，退无困于己，上而在朝，下而在野，济济盈廷，穆穆布列，皆同于学，即皆为学之所摄。发政施令，直举而措之可也。某某所谓“变亦变，不变亦变”，某某所谓“通亦通，不通亦通”。⑥ 犹意大利之取罗马城也，初不烦兵刃，直置教皇于不闻不睹，任其自生自死焉耳。⑦ 闵焉则存之，否则去之，无不在我，彼何能为哉！涨力以除旧，挤力以布新，猗欤休哉，⑧ 而有学也！是以揖让为征诛，易揭竿斩木为受箓膺图也；而睊睊思逞，期一泄怨毒于其上者，复何为乎！⑨ 且民而有学，国虽虽亡亦可也。无论易何人为之君，必无敢虐之，

① 莫捷于学矣：（见效）没有比学术更快的了。

② 普：普鲁士。师熸（jiān）君禽：此指在1870年普法战争中，法国军队溃败，国君拿破仑三世被俘。毕士马克：今译为俾斯麦（O.V. Bismarck，1815—1898），普鲁士宰相兼外交大臣。

③ 若安：圣女贞德（Jeanne d'Arc，1412—1431），法国民族英雄，自幼信奉天主教，于1429—1430年带领法国军队抵抗入侵的英军，创造了一系列令人称奇的胜利。死后被封为圣女。已事：往事。

④ 针铁：锅炉上的针形阀。

⑤ 豫章：一种大树名。勾萌：发芽生长。

⑥ 前一“某某”指梁启超，其语出自《变法通议》；后一“某某”不详何人。

⑦ 此指1870年意大利国王维克多·伊曼纽尔二世攻取罗马城后，任由教皇避居梵蒂冈。

⑧ 猗欤：表示赞美的叹词。休：美好。

⑨ 揖让：礼让。征诛：以武力讨伐。揭竿斩木：武装暴动。受箓膺图：接受天命。睊（juàn）睊：怒视状。

直君亡耳。视君亡犹易臧获①，于民宁有害焉？……国无权，权奚属？学也者，权之尾闾而归墟也。②（三百七十五页至三百七十六页）

……世乱不极，亦末由拨乱反之正。故审其国之终不治也，则莫若速使其乱，犹冀万一能治之者也。且其间亦有劫运焉，虽独夫民贼之罪，要由众生无量生中之业力所感召而纠结。吾观于中国，知大劫行至矣，不然，何人心之多机械也？西人以在外之机械制造货物，中国以在内之机械制造劫运。今之人莫不尚机心，其根皆由于疑忌。……无术以救之，亦惟以心解之。缘劫运既由心造，自可以心解之。（三百七十六页至三百七十七页）

夫心力最大者，无不可为。惟其大也，又适以召阻险。格致盛而愈多难穷之理，化电盛而愈多难分之质，医学盛而愈多难治之症，算学盛而愈多难取之题，治理③盛而愈多难防之弊。道高一尺，魔高一丈，愈进愈阻，永无止息。然反而观之，向使不进，乃并此阻而不可得。是阻者进之验，弊者治之效也。同消同长，道通为一，惟在不以此自阻焉耳。苟畏难而偷安，防害而不敢兴利，动援西国民党之不靖，④ 而谓不当学西法，不知正其治化日进之凭据也。即有小乱，当统千万年之全局观之。徒童窥⑤于一孔，谓头痛当医头，腹痛当医腹，遂弃置全局于不顾，此其心力，诚不足道矣！然而知心力之不可恃，不审心力之所由发，直情径遂，壮趾横行，则持以平机心之心力转而化为机心。⑥ 以机愈机，轴轮双转，助劫而已，焉能挽劫哉？……盖心力之实体，莫大于慈悲。慈悲则我视人平等，而我以无畏；人视我平等，而人亦以无畏；无畏则无所用机矣。……故慈悲为心力之实体。……（三百

① 臧获：奴婢。
② 尾闾：传说海水宣泄处。归墟：传说海中的无底之谷，为众水汇聚处。
③ 治理：此指治国之道。
④ 民党：民众和各党派。不靖：不安宁，骚乱。
⑤ 童窥：像儿童一样偷窥。
⑥ 直情径遂：任着性情直率行动。壮趾：勇于前进。

七十七页至三百七十八页）

以心挽劫者，不惟发愿救本国，并彼极强盛之西国与夫含生之类，一切皆度之。心不公，则道力不进也。……今夫西国，岂非所谓极盛强者哉？然以衡诸地球万万年之全运，为人言思拟议所不能及之盛，则犹堆积盈野之茧，特微引其绪耳，乌足为极！且致衰之道亦不一矣。中国、土耳其、阿富汗、波斯、朝鲜，海内所号为病夫者也。英、美、德、法诸国，不并力强革其弊政以疗其病，则其病将传染于无病之人。而俄罗斯则故曲徇①其守旧之意，虚为保护之貌，惟恐他国革其弊政，所以阴弱之；又以自固其君主国之势，又使守旧者感其惠。而守旧之国亦竟深相倚寄，中国则订密约矣，朝鲜寄居其使馆且授兵柄矣。乘渴而饮以鸩酒，乘饥而饱以漏脯②。愚公之愚，固折入于俄而不足惜，彼旁观者，独不虑孙策坐大③乎？……呜呼！吾将见可杀克④之马兵蹂躏欧、亚两洲，而各国宁能无恙耶？……地球战祸，殆于不可纪极⑤矣。顾此犹其显而易见者也。若夫各国致衰之由，则不宁惟是。吾敢明断之曰：各国欺陵远、近东病夫之道，即其所以致衰之道。何也？“国于天地，必有与立”，则信与义，其内治外交之胶粘物也。各国之强盛，罔不由于信义，天下既共闻而共见之矣。不幸独遇所谓病夫者，以信义待之，彼反冥然罔觉，悍然不顾，于是不得已而胁之以威，诈之以术；又不幸胁与诈而果得所欲，且逾其初志焉，将以为是果外交之妙用也已；相习成风，转视信义为迂缓，则以之待病夫者，旋不觉以施诸无病之人。无病之人，不能忍受，别求所以相报，由是相诡相遁，外交之信义亡矣。又相习愈深，以待与国⑥者，旋不觉以施诸国中之人。上下同列，相诡相遁，内治之信义又亡矣。

① 曲徇：曲从。
② 漏脯：已腐臭的干肉。
③ 孙策坐大：扩张势力、逐渐强大。典出诸葛亮《出师表》“使孙策坐大，遂并江东”。
④ 可杀克：哥萨克人，以骑兵著名。
⑤ 不可纪极：无穷。
⑥ 与国：有外交关系的国家。

信义不立，其不同为病者与有几？故夫人与己，本非二致；而人心者，又可固不可撄①者也。撄之以信义，在有道者观之，犹以为其效必极于不信不义，况撄之以不信不义，其祸胡可言哉！今将挽救之，而病夫者非是则莫肯率从。甚矣病夫之累人，而各国遭遇之苦诚有不幸也！然为各国计，莫若明目张胆，代其革政，废其所谓君主，而择其国之贤明者，为之民主，如墨子所谓“选天下之贤者立为天子”②，俾人人自主，有以固存，斯信义可复也。若虑俄国之扰也，则先修欧、亚两洲东西大铁路，东起朝鲜，贯中国、阿富汗、波斯、东土耳其，梁③君士但丁峡，达西土耳其，作为万国公路，皆不得侵犯之。按诸地图，此诸病夫者，在北纬三十度至四十度之间，天若豫为位置，令其土壤成一直线。苟因天之巧，济以人力，以三万余里之铁轨穿为一贯，如牛鼻之有雉，鱼腮之有柳，诸病夫戢戢相依，托余生于铁路，不致为大力者负之而走，其病亦自向苏。④ 而各国所获铁路之利，抑孔厚矣。……（三百七十八页至三百八十页）

天下皆善其心力也，治化之盛当至何等地步？曰：此未易一二言，吾试言其粗浅，则地球之治，必视农学为进退。孟子曰：“天下之生久矣，一治一乱。”夫治而有乱，其必有大不得已之故，而保治之道未善也。大不得已之故，无过人满。地球之面积，无可展拓，而人类之蕃衍，代必倍增，所产不敷所用，此固必乱之道也。……斯农之所以贵有学也。……使地球之力竭尽无余，而犹不足以供人之食用，则必别有他法。考食用之物，为某原质配成，将用各原质化合为物，而不全恃乎农。使原质又不足以供，必将取于空气，配成质料，而不全恃乎实物。且将精其医学，详考人之脏腑肢体所以必需食用之故，而渐改其性，求与空气合宜，如道家辟谷服气之法，直可不用

① 撄：扰乱，纠缠。
② 语出《墨子·尚同上》。
③ 梁：架设桥梁。
④ 雉：穿牛鼻的绳索。柳：穿鱼鳃的柳条。戢戢：聚集状。向苏：复苏，好转。

世间之物，而无不给矣。又使人满至于极尽，即不用一物，而地球上骈肩重足犹不足以容，又必进思一法，如今之电学，能无线传力传热，能照见筋骨肝肺，又能测验脑气体用，久之必能去其重质，留其轻质，损其体魄，益其灵魂；兼讲进种之学，使一代胜于一代，万化而不已；必别生种人，纯用智，不用力，纯有灵魂，不有体魄。……可以住水，可以住火，可以住风，可以住空气，可以飞行往来于诸星诸日，虽地球全毁，无所损害，复何不能容之有！……众生之业力消，地球之业力亦消；众生之体魄去，地球之体魄亦去。……（三百八十六页至三百八十八页）

地球之治也，以有天下而无国也。……人人能自由，是必为无国之民。无国则畛域化，战争息，猜忌绝，权谋弃，彼我亡，平等出；且虽有天下，若无天下矣。君主废，则贵贱平；公理明，则贫富均。千里万里，一家一人。视其家，逆旅①也；视其人，同胞也。父无所用其慈，子无所用其孝，兄弟忘其友恭，夫妇忘其倡随。若西书中《百年一觉》者，殆彷佛《礼运》大同之象焉。② 盖国治如此，而家始可言齐矣。……（三百八十八页）

难者曰："子陈义高矣，既已不能行，而滔滔然为空言，复奚益乎？"曰：吾贵知不贵行也。知者，灵魂之事也；行者，体魄之事也。……是行有限而知无限，行有穷而知无穷也。且行之不能及知，又无可如何之势也。手足之所接，必不及耳目之远。记性之所至，必不及悟性之广。权尺之所量，必不及测量之确。实事之所肇，必不及空理之精。夫孰能强易之哉？僻儒所患：能知而不能行者非真知也，真知则无不能行矣。教也者，求知之方也。故凡教主教徒，皆以空言垂世，而不克及身行之，且为后世诟詈戮辱而不顾

① 逆旅：旅舍。

② 《百年一觉》：原名 *Looking Backward*，2000—1887。今译为《回顾：公元 2000—1887 年》，美国作家爱德华·贝拉米（Edward Bellamy，1850—1898）于 1888 年创作的长篇小说。曾轰动一时。1894 年由在华传教士李提摩太以中文节译此书并题为《百年一觉》。《礼运》大同之象：《礼记·礼运》所描述的大同世界。

也。耶杀身，其弟子十二人皆不得其死。孔仅免于杀身，其弟子七十人达者盖寡。佛与弟子，皆饥困乞食，以苦行终。此其亡躯命，以先知觉后知，以先觉觉后觉，岂暇问其行不行哉！……盖教能包政、学，而政、学不能包教。教能包无教，而无教不能包教。彼诋教者，不知教之大为天下所不能逃，而刻意欲居于教外，实深入乎教中，则何其不知量之甚也！……且吾言地球之变，非吾之言，而《易》之言也。……“九五，飞龙在天，利见大人”，升平世也，天统也。地球群教将同奉一教主，地球群国将同奉一君主。于时为大一统，于人为知天命。“上九，亢龙有悔”，太平世也，元统也。合地球而一教主、一君主，势又孤矣。孤故亢，亢故悔。悔则人人可有教主之德，而教主废；人人可有君主之权，而君主废。于时为遍地民主，于人为功夫纯熟，所谓“从心所欲不逾矩”也。……然而犹有迹象也。至于“用九，见群龙无首，吉”，天德不可为首也；又曰“天下治也”，则一切众生，普遍成佛。不惟无教主，乃至无教；不惟无君主，乃至无民主；不惟浑一地球，乃至无地球；不惟统天，乃至无天。夫然后至矣，尽矣，蔑以加矣！呜呼！尊教主者，宁教主之愿也哉？有恶劣之众生，而后有神圣之教主；不愿众生之终于恶劣，故亦不愿教主之长为神圣。此推穷治理，必以无教为极致矣。……夫教主之出现，诚不幸而遇于不得已焉耳。悲夫，悲夫！（三百八十九页至三百九十一页）

（谭嗣同撰，何执编：《谭嗣同集》，岳麓书社 2012 年版。）

评析

《仁学二》主要讨论政治、礼俗、学术、“教务”的具体原理和主张，并展望人类社会的美好未来。

其一，在政治方面，猛烈抨击“君为臣纲”，主张民主和革命。他主张民为本而君为末，君既为民“共举”，便可为民“共废”。因此他反对为君死节，认为“止有死事的道理，决无死君的道理”；也反对忠君，认为忠于“独夫民贼”实是助纣为虐。他明确宣扬种族革命，说清政权完全是“以中国为其牧场”，屠杀掳掠，无所不至，因此志士仁人应当像陈涉、杨玄感那样起来造反，实在无机可乘也当像墨家游侠那样实行暗杀，以“伸民气，倡勇敢之风”。

其二，在礼俗方面，批判三纲五伦，独尊朋友之义。他认为，在传统的五伦中只有朋友一伦“最无弊而有益”，推行变法的起点就是以朋友之道作为其余四伦的圭臬，即作为处理所有人际关系的基本原则，如此则其余四伦自废、三纲也自废。谭嗣同之所以特重朋友之义，是因为朋友关系就是平等、自由、“全具自主之权”的关系，最合于“自主”（包括平等、自由）、“公理”；只有独尊朋友之义，才能从根本上确定平等、自由、独立等现代价值，也才能建立现代意义上的公共团体乃至公民社会。一年之后，其《壮飞楼治事十篇》主要就是根据这种认识，畅论以朋友之义“倡学会，联大群”的重要意义——“无变法之名而有变法之实”，更详细地阐明朋友之义当为变法的起点。在佛教与耶教的影响之下空前强调朋友之义并将其作为现代性的一个基本特征来认识，这是谭嗣同的一大卓识。

其三，在学术方面，宣扬“保国莫捷于学”。此所谓学指“群学”，“政治、法律、农、矿、工、商、医、兵、声、光、化、电、图、算皆是也”（《论学者不当骄人》）。他认为，学术具有“涨力”与“挤力”，“涨力以除旧，挤力以布新”；若能“兴学”，人们就会才智日聪、谋虑日宏、声气日通、生计日丰。如此，举国之人“皆同于学”，举国之事“皆为学之所摄”，最终必使人们被剥夺的所有权利“无不可因此而胥复”，无须流血革命就能达到变法兴权的目的，所以说“学也者，权之尾闾而归墟”。后来，他在《壮飞楼治事十篇》以及南学会的讲演《论学者不当骄人》中进一步阐发此意。据此，他似是主张兴学更胜于革命或刺杀。这与他在政治上宣扬革命、鼓励暗杀的激进主张相矛盾。这一主张直接受到了外国人的影响。

其四，在“教务”方面，宣扬“心”可造劫也可挽劫，并展望人类社会的理想境界。他认为，不仅落后的中国，就连极强盛的西方也将大劫将至，其根源就是人们的“机心”。好在“劫运既由心造，自可以心解之”。但要“以心挽劫”，首先须信仰佛教而了解“慈悲为心力之实体”，以慈悲之心平等待人而无畏，才能从根本上断绝机心。其次，只有世界各国齐心协力，在政治、经济、文化等各方面互爱互助，才能真正解免劫运，最终达到人类社会的理想状态。他认为，人类社会将发展到“有天下而无国”的状态，那时“畛域化，战争息，猜忌绝，权谋弃，彼我亡”，“贵贱平”，“公理明”，“贫富均”，“千里万里，一家一人”。最后还将发展到“纯有灵魂，不有体魄”的状态，“可以住水，可以住火，可以住风，可以住空气，可以飞行往来于诸星诸日”，不仅“众生之体魄去”，甚至连“地球之体魄亦去”。这当然是一种宗教性想象。

谭嗣同在“教务”方面的论述，有两点值得特别注意。

他认为，教主、教徒的责任是“以先知觉后知，以先觉觉后觉”，故“贵知不贵行”，贵在尽情想象与推理，“以空言垂世”，不必“问其行不行”。因为行有限而知无限，“实事之所肇，必不及空理之精”。这是一种基于宗教想象和纯粹抽象的逻辑推理而提出来的观点，一反儒家即用求体的传统，任凭精神的穷高极远而完全不顾现实因素的限制。所以他曾自称“志在超出此地球，视地球如掌上”的“纵人”（《上欧阳中鹄》）。这就等于主张“不怕做不到，只怕想不到”。以此来宣扬某种信仰或仅作抽象的理论研究固无不可，但若以此来规划民族国家乃至整个人类的发展道路，却极易导致灾难性后果，20 世纪的人类历史已经证明了这一点。这种观念其实也是西方现代性的一大痼疾，当代西方哲学界对此已有深刻反思。

他又认为，世界各国的命运紧密相连，若非齐心协力，即使西方发达国家也不能避免劫运。这不仅是因为强国间的竞争将导致“不可纪极”的战祸（后来发生的两次世界大战证明了这种断言），更因为强国对于弱国的欺凌将使强国内部及强国之间也渐丧信义之道而全以机诈之心相待，如此则其祸必将不可胜言。因此，只有世界各国共同努力，才能真正避免人类的劫运。谭嗣同的这种说法不仅表明了他具有世界眼光，更表明了他开始以佛、儒思想为资源反思西方现代性，并试图开创一种既来自西方又超越西方的东方现代性模式，以便既能救中国又能救世界。他在1896年农历九月的《报唐才常书》中也曾指出，欧美虽然富强，但对自由与平等相辅相成的道理尚颇昧昧，因此虽已达到高度自由，但还不能真正实现平等，只有财力雄厚者"始能创事"，他由此益叹"教务之不可不考究"。可见，他考究"教务"的目的，就是要探索更好的现代性模式以解决西方现代性的内在矛盾与问题。

谭嗣同的这一卓识，不仅为二十余年后兴起的现代新儒家提供了基本思路，更为现代化进程日益加深的全人类指出了一项不可避免、必须承担的历史重任。在一百余年后的今天，这项任务不仅远未完成，反而更加突出也更加紧迫，整个世界已不能不"心忧天下"，所有人、所有民族、所有国家，都已卷入了令人日益担忧的现代性"天下"。如何取其长而去其弊，正需全人类来共同探索，其思想资源只能是全人类的历史经验与智慧，其中自然包括中国文化传统。当前，我国在国际上提出全球发展倡议、全球安全倡议和全球文明倡议，主张共建人类命运共同体，正是这个方面的卓越探索。

金岳霖

金岳霖（1895—1984），字龙荪，湖南长沙人，祖籍浙江诸暨。其父金聘之是张之洞手下的一员干将，担任过湖南省铁路总办和黑龙江漠河金矿总办。金岳霖从小记忆超群又勤奋好学，1901年进长沙明德学堂接受传统教育，1907年进长沙雅礼学校读中学，1911年考入清华学堂高等科。1914年官费留学美国，先在宾夕法尼亚大学读商业科，后入哥伦比亚大学学政治学并获博士学位。1921年起赴欧游学，先在英国伦敦大学、剑桥大学等校读书，兴趣彻底转向哲学；之后又去德、法、意等国访学游历。1925年底回国，从1926年起任教于清华大学，创办哲学系，任教授兼系主任，讲授逻辑学和西方哲学。1936年出版《逻辑》一书，是“中国有史以来的第一部纯粹逻辑著作”。抗日战争期间，写成会通中西的哲学名著《论道》，以及长达70万字的《知识论》，后者在中国哲学史上首次构建了一个系统完整的知识论体系。1948年当选为中央研究院第一届院士。中华人民共和国成立后，曾任清华大学哲学系主任和文学院院长、北京大学哲学系主任、中国科学院社会科学部委员等职务。“文革”期间被打成“反动学术权威”，“文革”结束后，担任中国社会科学院哲学研究所副所长，并任中国逻辑学会理事长。1984年辞世。金岳霖是20世纪声望极高的哲学家、逻辑学家、国际知名学者。早在20世纪30年代，著名学者张申府就说：“如果中国有一个哲学界，金岳霖先生当是哲学界的第一人。”他培养的许多学生成了著名学者。其主要著作有《金岳霖文集》四卷及《道、自然与人——金岳霖英文论著全译》等。

论道·绪论
（节选）

有好些书有那何为而作底问题①。我这本书底形式与内容似乎免不了使

① 底：相当于“的”，五四时期至20世纪30年代用此字表示领属关系。

读者发生许多很基本的疑问。知道我的人们也许会感觉到一个向来不大谈超现实的思想的人何以会忽然论起道来。从这本书底本身说，因为有形式方面底限制，有些应说的话没有说出来；如果在序文里把这些话说出来，这本书底内容或者因此清楚一点。此所以我要表示我何以慢慢地有这本书所表示的思想。

休谟底因果论有一时期使我非常为难。① 上面已经说过我受了时代底影响，注重归纳，注重科学。休谟底议论使我感觉到归纳说不通，因果靠不住，而科学在理论上的根基动摇。这在我现在的思想上也许不成一重大的问题，可是，在当时的确是重大的问题，思想上的困难有时差不多成为情感上的痛苦。但是，我对于科学的信仰颇坚，所以总觉得休谟底说法有毛病。以后我慢慢地发现休谟底缺点不在他底因果论本身，而在他底整个的哲学。……因果问题也是秩序问题，而秩序问题依然无法解决。

……秩序问题虽可以告一段落，而事物底理与逻辑底理底分别仍在，这分别并且非常之大。前者实而后者虚，前者杂而后者纯，前者总难免给我们以拖泥带水的感觉，而后者总似乎干干净净的，由纯理出发我们底概念是绝对的，从绝对的概念这一方面着想，我们免不了想到绝对的时空；可是，绝对的时空似乎为科学所打倒。这问题也给我很大的困难。……

上段曾说纯理虚而潜存于事物之理实。纯理果真虚吗？其实，说纯理虚是从历史、科学、知识论这一方面而说的话，是我们以我们这样的世界为根据求得对于事实的知识而说的话。从这一方面着想，纯理是虚的，因为它不表示事实；我们可以知道纯理，而我们所有的对于事实的知识不因此而增加。此所谓“虚”完全是对于事实而说的虚。可是，相对于事实的虚不见得就是

① 休谟（David Hume，1711—1776），英国著名哲学家。他认为因果关系只是一种心理习惯和本能，根本无法用演绎法或归纳法来证明自然界具有因果关系，所以因果关系理论其实是一种独断论。

虚无所有的虚。即以逻辑命题而论，我们可以说这样的命题不能假，因为它没有肯定任何事实之为事实。可是，逻辑命题不仅不能假，而且必然地真，它虽然不表示事实，然而它不能不有所表示。所谓事实，不过现实之如此如彼而已，现实虽不必如此如彼，而现实不能不有；① 逻辑命题虽不表示事实，然而它肯定现实之不能不有。现实之不能不有也许就是朱子所说的理不能无气，气不能无理，或亚里士多德所说的形不能无质，质不能无形。本书底式类似理与形，本书底能类似气与质，不过说法不同而已。无论如何，纯理底“虚”只是相对于事实或这样的世界而说的话，若相对于现实，纯理不虚，不仅不虚，而且表示最普遍的道，最根本的道，而这最普遍最根本的道同时也是本书所谓道一的道。

每一文化区有它底中坚思想，每一中坚思想有它底最崇高的概念，最基本的原动力。小文化区我们不必谈到。现在这世界底大文化区只有三个：一是印度，一是希腊，一是中国。它们各有它们底中坚思想，而在它们底中坚思想中有它们底最崇高的概念与最基本的原动力。欧美底中坚思想也就是希腊底中坚思想，我们现在所急于要介绍到中国来的，追根起来，也就是希腊精神。如果我们把这一点作详细的讨论，非长文不可。我们在这里只好说几句表面上看来似乎没有甚么根据的话。印度底中坚思想我不懂，当然也不敢说甚么。中国底中坚思想似乎儒道墨兼而有之。中国思想我也没有研究过，但生于中国，长于中国，于不知不觉之中，也许得到了一点子中国思想底意味与顺于此意味的情感。中国思想中最崇高的概念似乎是道。所谓行道、修道、得道，都是以道为最终的目标。思想与情感两方面的最基本的原动力似乎也是道。成仁赴义都是行道；凡非迫于势而又求心之所安而为之，或不得已而为之，或知其不可而为之的事，无论其直接的目的是仁是义，或是孝是忠，而间接的目标总是行道。我在这里当然不谈定义，谈定义则儒道墨彼此

① 在金岳霖的哲学体系中，“现实”不同于“事实”，其是指作为逻辑必然性的殊相，特殊个体的变动就是其殊相的生灭，比如一个人由“生”到“死”，一朵花由“白”变“红”。

之间就难免那“道其所道，非吾所谓道”的情形发生，而其结果就是此道非彼道。不道之道，各家所欲言而不能尽的道，国人对之油然而生景仰之心的道，万事万物之所不得不由，不得不依，不得不归的道才是中国思想中最崇高的概念，最基本的原动力。对于这样的道，我在哲学底立场上，用我这多少年所用的方法去研究它，我不见得能懂，也不见得能说得清楚，但在人事底立场上，我不能独立于我自己，情感难免以役于这样的道为安，我底思想也难免以达于这样的道为得。

关于道的思想我觉得它是元学①底题材。我现在要表示我对于元学的态度与对于知识论的态度不同。研究知识论我可以站在知识底对象范围之外，我可以暂时忘记我是人。凡问题之直接牵扯到人者我可以用冷静的态度去研究它，片面地忘记我是人适所以冷静我底态度。研究元学则不然，我虽可以忘记我是人，而我不能忘记“天地与我并生，万物与我为一”，我不仅在研究对象上求理智的了解，而且在研究底结果上求情感的满足。虽然从理智方面说我这里所谓道，我可以另立名目，而另立名目之后，这本书底思想不受影响；而从情感方面说，另立名目之后，此新名目之所谓也许就不能动我底心，怡我底情，养我底性。知识论底裁判者是理智，而元学底裁判者是整个的人。这里所谓道也许就是上段所说的中国思想中的道，也许相差很远。如果相差很远，则我在这本书里的用字方法就是普通所谓旧瓶装新酒的办法。我向来不赞成旧瓶装新酒。如果名目可以假借，则货不真，价不实，而思想底混乱是难免的结果。我深知道我这本书有旧瓶装新酒底毛病，尤其是所谓无极、太极、几、数、理、势、情、性、体、用。其所以明知而故犯之者就是因为我要把一部分对于这些名词的情感转移到这本书一部分的概念上去。我自己有这要求，读者也许也有这要求。虽然如此，我仍盼望没有思想混乱的结果。

最崇高概念的道，最基本的原动力的道决不是空的，决不会像式那样的

① 元学：metaphysics 的意译，也译为形而上学（不具否定意义）、形上学或玄学。

空。道一定是实的，可是它不只是呆板地实，像自然律与东西那样的实，也不只是流动地实，像情感与时间那样的实。道可以合起来说，也可以分开来说，它虽无所不包，然而它不像宇宙那样必得其全然后才能称之为宇宙。自万有之合而为道而言之，道一，自万有之各有其道而言之，道无量。“道二，仁与不仁而已矣”的道，照本书底说法，是分开来说的道。从知识这一方面说，分开来说的道非常之重要，分科治学，所研究底对象都是分开来说的道。从人事这一方面着想，分开来说的道也许更是重要，“得志与民由之，不得志独行其道”的道都是人道，照本书底说法，都是分开来说的道。可是，如果我们从元学底对象着想，则万物一齐，孰短孰长，超形脱相，无人无我，生有自来，死而不已，而所谓道就是合起来说的道，道一的道。

（金岳霖著：《论道》，商务印书馆 1987 年版，第 1–28 页。）

评析

1937 年全国性抗日战争开始后，金岳霖随清华大学师生南下加入长沙临时大学，他所在的文学院设在南岳衡山，《论道》就是此时开始写作的，出版于 1940 年。贺麟在《当代中国哲学》中称该书是“最有独创性的玄学著作”。金岳霖自己也说，在他所写的书中，花工夫最多的是《知识论》，“比较满意的是《论道》”。

由上选文字可见，金岳霖试图从哲学上解决的问题主要有三：一是科学理论何以能够成立，二是逻辑之理与科学之理如何统一，三是“理”与“势”“情”如何统一。第一个问题的产生，是因为“休谟问题”一直得不到令人信服的解决，“休谟底议论使我感觉到归纳说不通，因果靠不住，而科学在理论上的根基动摇”。金岳霖对于科学的信仰颇坚，主张中国应该大力发展科学，所以必须论证科学理论何以能够成立。第二个问题的产生，是因为当时国内外都流行科学主义的观点，认为凡不能为科学验证的都虚而不实，没有价值，从逻辑上推演出来的哲学道理即此文所谓“逻辑底理”或“纯理”便是如此。金岳霖认为，科学不承认并不意味着在哲学上也不能承认，哲学上的“纯理”如果不相对于“事实”而相对于“现实”，不仅不虚，而且是“最普遍最根本的道”。第三个问题的产生，则是因为随着科学主义的流行，又普遍存在一种片面的理性主义态度，即相信人生与社会的一切问题都可由“理”——科学的“实理”与逻辑的“纯理”来解决。但金岳霖认为，这些“理”可使人“安身”却不能使人“立命”，因为它们只是中性和冷性的东西，并不能完全决定“人事”，“它的分寸感太强，不能靠它来解决它的恰当范围以外的问题；它太外在，不能支持我们以信仰来行动”，它也太软弱，不能成为“情感和欲望的主宰者或伙伴”而倒常常成了它们的奴隶（《哲学与生活》）。“元学”或哲学的目的是，既要使人们对世界有“理智的了解”，也要使人们动心、怡情、养性，获得“情感的满足”和“思想与情感两方面的最基本的原动力”。

这就决定了金岳霖所要建立的哲学体系具有三个层次：首先是驳斥休谟因果论以论证科学“实理”成立的可能性，其次是驳斥科学主义以论证哲学“纯理”即逻辑命题也能成立并且可与科学“实理”统一而并行不悖，最后是驳斥理性主义以论证“理”（包括实理与纯理）与“势”及“情”的统一。因此金岳霖的哲学体系，无论对于科学“实理”还是对于逻辑“纯理”，都是一种既包含又超越的关系。

正因为金岳霖的哲学体系包含了“理”，所以他在论证方式上采取了极其严密的逻辑推理方式。他在这方面的造诣与成就，在整个中国哲学史上可谓前无古人，在当时的中国哲学界更是独步一时，即使放在世界哲学之林中，也毫不逊色于任何一位擅长逻辑分析与演绎的西方哲学家。他说：“欧美底中坚思想也就是希腊底中坚思想，我们现在所急于要介绍到中国来的，追根起来，也就是希腊精神。”他认为希腊精神的基本特点就是十足的理智化，擅长利用“数学模式”作为思维工具来发展逻辑和各种观念，既能发展出科学又能在哲学上达到使人羡慕不已的“惊人明确”（《中国哲学》）。《论道》

充分体现了这种希腊精神，完全实现了谭嗣同所向往的以几何学方法来构建哲学体系的理想（参见《仁学界说》评析）。

但金岳霖的哲学体系也超越了“理”。一方面，他在论“理”时特别强调非“式”（“纯理”）又“出入于式”的“能”这个概念（此概念虽然来自佛教学者的建议，但金岳霖明确说它大体相当于宋明理学中与“理”相对的“气”概念。与谭嗣同所谓“原质之原”也颇类似），由此强调“时”“几”“势”“数”等概念，并提出了“理有固然，势无必至”的命题，以表明“理”并不能完全决定个体与社会的“事实”。另一方面，他又将最能体现“中国底中坚思想”的“道”作为其哲学体系的最高概念并将全书命名为《论道》，同时也将宋明理学的无极、太极、几、数、理、势、情、性、体、用等概念改造为其哲学体系的基本概念。他说，这是为了让他的哲学体系具有“中国味”，因为这些概念体现了中国哲学的最高智慧。他在 1943 年用英文写的《中国哲学》一文中指出，哲学固然需要理智推动，但理智也往往“把我们引得远离阳关大道、一马平川”甚至“赶进死胡同”，因为它使哲学探索“成了一条迂回曲折的崎岖道路，布满技术性的问题，掌握它需要时间，需要训练，需要学究式的专一，在全部掌握之前往往会迷失方向，或者半途而废”。中国哲学的特点之一却是“那种可以称为逻辑和认识论的意识不发达”，不能“打扮出理智的款式”以致“在表达思想时显得芜杂不连贯”，但也因此避免了“这种款式的累赘和闷气”而在理智方面极为“通达”，“从来不被一些思维的手段推上系统思辨的眩目云霄，或者推入精心雕琢的迷宫深处”，而是紧扣主题和核心，“一语道破却不武断，生机勃勃而又顺理成章”。“道”与“太极”“势”等概念所体现的正是中国哲学最突出的精神——强调“天人合一”即“个人与宇宙不二的状态”，不像西方哲学总有一种征服自然的强烈愿望并由此产生“人类中心论”和“自然顺从论”思想。由此可见，金岳霖之所以要让其哲学体系具有“中国味”，不仅是因为当时正处在对日抗战中，“哪怕只是一点中国味，也是对抗战有利的”（冯友兰语），也不仅是因为他与读者是中国人须通过中国传统的概念方能获得

"情感的满足"和"最基本的原动力"，更是因为"道"与"太极""势"等概念都是既包含又超越"理"的概念，体现了中国哲学以其通达的理智所把握到的宇宙与人生的最高奥秘，由这些概念建构起来的哲学可从根本上使人"安身立命"。也就是说，这种"中国味"的哲学不仅为中国人所需要，也为整个人类所需要。

所以，金岳霖的哲学体系实欲融中国精神与希腊精神于一炉，打通"实理"与"纯理"，沟通理智与情感，贯通"天道"与"人道"。其分析论证是典型的西方风格，其精神旨趣则是中国哲学传统所强调的"天人合一""道通为一"的智慧。但这既非"新瓶装旧酒"或"旧瓶装新酒"，也非"新瓶装新酒"。金岳霖说"我深知道我这本书有旧瓶装新酒底毛病"，这只是自谦。他说"旧瓶装新酒"这个说法成立的前提条件除非是他所论之"道"与中国思想中的"道"相差很远，亦即完全误解和歪曲了体现中国哲学精神的"道"而只是"道其所道"。但他对中国哲学精神的论述，一向被公认为相当准确和精辟；他所论之"道"与中国古人所谓"道"虽然不尽相同，但也并非完全无关。他又明确说自己"向来不赞成旧瓶装新酒"，因为"如果名目可以假借，则货不真，价不实，而思想底混乱是难免的结果"，但他相信《论道》并"没有思想混乱底结果"。对于金岳霖来说，《论道》的逻辑分析方式与中国概念，都不是外在的"瓶"，而是其"道论"自具的形式，融合了希腊精神与中国精神；其所阐发的思想内容虽可说是"酒"，但既非专属西方的"新酒"，亦非专属中国的"旧酒"，其风味不是单一的也不是拼凑的，而是有着丰富的层次，其中的"中国味"和"希腊味"分明可感却又融为一体而密不可分。恰如他在晚年回忆录中所说，他喜欢的甜味，不是像糖那样"相当直截了当"的"傻甜"，而是"杂在别的东西里面的甜"，比如水果中那种"特别清香的甜"。金岳霖所向往的现代哲学，正是一种融合古今中外而风味不再单一的哲学。他实际上是沿着谭嗣同所开创的"道通为一"的方向来建构其哲学思想。

《论道》全书最核心的观点是首章开宗明义的第一句话"道是式—能"，

即道是“式”与“能”的综合，在这个命题下最重要的又是“能有出入”这个“至尊无上”的先验命题。全书主要就是由此出发，通过严密细致的逻辑分析与演绎，逐层展开、不断深入，构成了一个环环相扣的哲学体系。这种论道方式在中国哲学史上是全新的，是金岳霖试图将希腊精神引入中国文化的突出表现。

但金岳霖构造其哲学体系的主要概念来自中国哲学。从这些具有“中国味”的基本概念以及它们所表现的思想来看，金岳霖在探索最高层面的哲学智慧时，确实深受中国传统思想的影响。单就儒家思想而言，他受影响最深的，除朱熹的理气观之外，就是自周敦颐以来的湖湘哲学传统。特别是《论道》最后两章，通过“几”“势”“时”和由此而来的“数”“运”“命”等基本概念讨论“理”“势”关系，显然与湖湘哲学传统一脉相承。至于全书以“无极而太极”作结，更是明显地继承了周敦颐的思想。诚然，金岳霖总是非常谨慎地指出，他对这些概念与说法的运用未必与前人相同；但他恰恰选中上述概念与说法来展开自己的哲学思考、建构自己的哲学体系，显然是因为相当熟悉这些概念与说法并高度赞赏其中所蕴含的哲学智慧。更何况撰写《论道》之地，正是湖湘学派的创立者胡安国、胡宏父子最终定居、“玩心神明”之所，也是湖湘哲学大家王船山的故乡。所以，尽管金岳霖的具体阐述与湖湘先哲并不完全一致，但这不过是因为他面对新的思想资源和新的现实问题，而有了新的思考与探索。

他在论道时总是坚持道是“式”与“能”的综合。这个思想，固然是继承了“一阴一阳之谓道”的古老传统，但与周敦颐所谓动静“互为其根”，尤其王船山所谓“乾坤并建”等思想也有相当密切的关联。他正是在此基础之上提出了一系列著名的观点，如：“理有固然，势无必至”，“现实之如此如彼，均几所适然、数所当然”，“无体不能明用，无用也不能征体”，“情虽求尽性，用虽求得体，而情不尽性，用不得体”，“势无已时”故“变动不会打住”等。这些观点与既讲“体用一源”又讲体用有别因而一贯重“气”、重“变”、重“势”、重“几”的湖湘哲学的继承关系是如此明显，以至可以说，金岳霖的主要思想实可视为湖湘哲学的现代形态。

金岳霖的哲学探索表明，湖湘哲学传统并未因为现代哲学的兴起而过时。湖湘哲学虽有相对稳定的思路与传统，却非现成固定、一成不变。后继者所要深思的一个重要问题是，如何既开放地丰富和发展它，又保持其基本的思想内核而不变。

李达

李达（1890—1966），字永锡，号鹤鸣，湖南零陵（今永州）人，中国共产党创始人之一，我国传播马克思主义的先驱之一和影响力较大的马克思主义理论家之一。1917 年在日本留学时开始向国内介绍马克思列宁主义。1920 年夏回国后与陈独秀等人共同发起组建中国共产党，并于次年主持中国共产党第一次全国代表大会的筹备工作，会后担任党中央宣传部主任。1922 年 11 月应毛泽东邀请，回湖南任自修大学学长，并主编《新时代》月刊。一年后自修大学被军阀赵恒惕封闭，应聘至湖南公立法政学校、湖南大学、湖南第一师范学校继续讲授唯物史观，写成我国第一部“有系统地传播唯物史观”的著作《现代社会学》。1926 年至 1927 年，到武汉任国民革命军中央军事政治学校代理政治总教官，在该校和农民运动讲习所讲授唯物史观。1930 年起，分别在上海法政学院、暨南大学、北平大学、广西大学、中山大学、湖南大学等校任教，讲授马克思主义哲学和经济学、社会学、法学等，并翻译和撰写相关著作。中华人民共和国成立后，先后担任中央政法干校副校长、湖南大学校长、武汉大学校长，当选为第一、二、三届全国人大代表和第三届全国人大常委会委员，中国科学院哲学社会科学部委员，中国哲学学会会长，等；撰有《〈实践论〉解说》《〈矛盾论〉解说》《唯物辩证法大纲》等著作。《李达全集》（20 卷本，汪信砚主编）由人民出版社于 2016 年出版。

社会学大纲
（节选）

第一篇　唯物辩证法

第一章　当作人类认识史的综合看的唯物辩证法

第一节　唯物辩证法的前史

一、原始时代的人类的认识

（一）本书的根本论纲之提起

社会学的唯一的科学的方法，是唯物辩证法。这个科学的方法，是把社会当作不断地发展着的、生动的有机体解释的。这种有机体的研究，要求对于构成特定社会的生产诸关系，作客观的分析，并探它的作用及其发展，即由一种有机体进到别种高级有机体的特殊运动法则。这是意识作用对于历史过程的必然的前提条件。然而单只暴露了上述的法则，还不充分，必要的事情，是基于被暴露了的法则，指示实践的方法，以促成由一种社会有机体进到别种高级社会有机体的变革。

以上是本书首先提起的根本论纲，也就是本书的全部的骨干。

关于这一论纲的说明，应当分为下列五大篇：第一，说明唯物辩证法的一般的基本特征，描画出科学的现代世界观的一般轮廓；第二，说明唯物辩证法在社会——历史领域中的应用和扩张，指示出科学的社会学是科学的现代世界观的一个分支；第三，说明社会之经济的构成，指出特定社会有机体的特殊发展法则及其由一种有机体进到别种高级有机体特殊转变法则；第四，说明在社会的经济构造上面建立的社会之政治的构造，说明国家的发展过程及其对于下层基础的关系；第五，说明社会的意识形态及其对经济构造的正确关系，在论理①上再造出现实的各种社会的具体的轮廓。

基于上面的说明，本书应先研究社会学的科学的方法即唯物辩证法。

关于唯物辩证法的研究，本书拟分下列四章内容来说明：第一，当作人类认识史的综合看的唯物辩证法；第二，当作哲学的科学看的唯物辩证法；第三，说明唯物辩证法的各种法则；第四，说明认识过程的辩证法。

这里先说明当作人类认识史的综合看的唯物辩证法。

唯物辩证法，是唯一的科学的世界观。这个世界观，是摄取了人类认识的全部历史的成果而积极地创造出来的东西。所以我们在研究唯物辩证法的一般原理之时，必须站在历史主义的立场，说明唯物辩证法的孕育、诞生及其发展的过程，指出这个哲学实是人类认识史的总计、总和与结论。

……

第二节　唯物辩证法的生成及发展

……

三、唯物辩证法的生成

（一）唯物辩证法的历史观

辩证法的唯物论是费尔巴哈唯物论的克服。并不是费尔巴哈唯物论的原形；同样，唯物论的辩证法是黑格尔辩证法的改造，并不是黑格尔的辩证法的原形。崭新的科学的哲学——唯物辩证法，具有其新的质、新的生命、新的内容和新的历史使命。唯物辩证法，是科学的历史观与科学的自然观的统一，而两者统一的基础，是社会的——生产的实践。我们在前段的说明中，可以看出创始者们之哲学的实践的活动，首先是从社会的——历史的领域，即政治的——实践的领域中开始的。我们可以说，创始者们②首先阐明了历史领域中的辩证法，其次由历史的辩证法进到自然辩证法，而在社会的实践

① 论理：“逻辑”的早期中译。
② 创始者们：指唯物辩证法的创始者马克思和恩格斯。

上统一两者以创出科学的世界观的唯物辩证法。在这种处所，我们可以理解新哲学的新生命、新内容和新的历史使命。以下我们就创始者们初期的哲学的著作，来说明唯物辩证法的生成过程。

马克思从《莱因新闻》时代决定的成为唯物论者以后，就在唯物论的基础上应用辩证的方法研究政治问题、经济问题及各种历史事实，特别是关于当时法国的劳动者运动与英国劳动者的宪章运动。这些研究的结果，归着于下述的结论："法律关系与国家形态"，以社会的经济构造为基础。这是科学的历史观——历史唯物论的重要思想。这个重要思想之更深刻、更具体的开展，便是经济学的研究。

经济学的研究，大约是 1843 年 11 月间开始的。这种研究的成果，是 1844 年的《经济学的——哲学的草稿》。这部草稿中，阐明了劳动者与资本家、地主的阶级关系，提起了货币、资本、工资、地租等的分析的经济问题，并且批判了黑格尔的辩证法。其中最根本的契机，是黑格尔辩证法中实践的概念之批判的展开。黑格尔辩证法最伟大的特色，是人类的劳动、活动、实践的意义的重视。但黑格尔是观念论者，只把劳动当作抽象的精神的劳动去理解。马克思把黑格尔辩证法中这个生动的实践的概念，拿来放在唯物论的基础上展开出来，引入于唯物论之中，给唯物论以新的内容、新的性质。他从人类与自然的关系去说明劳动，这与从来的唯物论和观念论关于劳动的理解，是完全不同的。观念论把人类从自然分离出来，使人类转化为自我意识；旧唯物论把自然从人类分离出来，使人类转化为生物学的范畴。因此，这样的劳动、实践的概念，变为抽象的东西，不能正确地说明人类的社会。在马克思看来，劳动是人类与自然的结合。在劳动过程中，人类与自然相结合，自然对于人类发生具体的联系。因而劳动是当作社会的人类看的人类的本质。只有社会的人类的这种劳动——实践能够指导自然的认识，才是认识的基础。

马克思基于劳动——实践的意义之正确理解，所以超出旧唯物论的界限，建立了实践的唯物论。正因为劳动是人与自然相结合的媒介，所以由于劳动的概念之唯物论的把捉，就能够理解人类社会所依以树立的物质的基础，理解基础与上层建筑的关系，因而建立历史观之唯物论的根据。基于这种理解，唯物论就从自然的领域扩张子历史的领域，从下方完成到上方，建立彻底的唯物论、统一的世界观。

马克思的彻底的哲学唯物论，在《经济学的——哲学的草稿》中，已经完成了它的基础。在这部草稿之中，我们可以看出下列三大特征。

第一个特征，是历史，特别是法国革命史的研究。由于这种研究，阐明了社会的基础与上层建筑、“市民的社会”与“政治的国家”的关系，指出了阶级拮抗的作用与普罗列达里亚①的历史使命。并且，《经济学的——哲学的草稿》的著者已由急进的民主主义者变为社会主义者了。

第二个特征是经济学的研究。由于这种研究，准备了《资本论》的雏形，同时给予了把历史唯物论当作哲学唯物论的一构成部分确立的可能性。而历史唯物论的基础，是由劳动的概念所成就的。这劳动的概念，不是精神的劳动、自我意识的抽象的行为，而是物质的生产的劳动，是当作经济学的范畴看的劳动。

第三个特征，是法国劳动运动与法国社会主义的研究。这种研究的结果，在《经济学的——哲学的草稿》以后所写的《神圣家族》中，表现了积极的意义。

所以马克思的哲学的唯物论之形成，与历史学、经济学、社会主义等的研究，有不可分离的关系。由于这类的研究，暴露了历史的发展法则，预见了布尔乔亚②社会的发生发展及消灭的倾向，指示了否定这种社会的主体是普罗列达里亚。换句话说，历史唯物论——科学的历史观之树立，是唯物辩证法这种哲学的一个最重要的契机。

……

（三）当作实践的唯物论看的唯物辩证法

唯物辩证法是唯物辩证法的历史观与自然观的统一，两者统一的基础是

① 普罗列达里亚：无产阶级的音译。
② 布尔乔亚：资产阶级的音译。

社会的实践。如上面所见，辩证法的唯物论，以劳动的概念为媒介，由自然认识的领域扩张于历史认识的领域，使唯物论发生了本质的变化，变成了实践的唯物论。当作劳动、物质的生产和社会斗争看的实践，规定着表象、概念等等之精神的生产。在这种见解之下，实践不单是社会科学的范畴，并且是哲学的认识论的范畴。要懂得实践优于理论的见解，就必须理解实践是认识的出发点和源泉，是认识的真理性的规准。所以实践的唯物论，由于把实践的契机导入于唯物论，使从来的哲学的内容起了本质的变革。

从来形而上学唯物论的认识论，只知道认识是客观实在在我们头脑中的反映，却不能理解认识的发生发展过程中的实践的契机。因此，这种旧唯物论，不知道实践是认识的发展的原动力，所以不能说明认识的发展、认识的相对性与绝对的客观的真理的关系，即不能理解认识发展的辩证法。至于实践的唯物论，把实践作为认识的发展的杠杆，解释为历史上发展的物质的生产及社会斗争，并主张实践是认识的源泉、认识发展的契机和真理性的规准，阐明了认识过程的辩证法，因而克服了旧唯物论的缺陷。所以实践唯物论的认识论，实是辩证唯物论的认识论。

其次，实践唯物论，由于在唯物论的基础上展开了实践的契机，又克服了观念论的弱点。观念论展开了旧唯物论所忽视的实践的契机，很注重实践的概念。但观念论把实践解释为抽象的精神的东西，不知道实践原是社会的——历史的范畴。例如康德，虽提倡“实践理性的优位”，却分离“实践理性”与“理论理性”，不承认实践是认识的源泉和真理性的规准。黑格尔虽然主张实践是认识过程的契机和推动力，但他把实践解释为意识的劳动或活动，这纯粹是观念论的。至于实践唯物论，把实践当作历史的——社会的范畴，解释为感性的现实的人类的活动，并把它作为认识论的契机，所以能够在其与社会生活的关联上去理解人类认识的全部发展史，因而克服观念论哲学的抽象性与思辨性，而到达于唯物辩证法。

唯物辩证法，当作哲学的科学看，原是认识论，它的更进的具体化，是唯物辩证法的历史观与自然观。反起来说，当作认识论看的唯物辩证法的内容，又是唯物辩证法的历史观与自然观之普遍化的概括。所以唯物辩证法是关于发展的最深刻的学说。

……

（汪信砚主编：《李达全集》第十二卷，人民出版社 2016 年版，第 7-46 页。）

第二章　当作哲学的科学看的唯物辩证法

第一节　辩证唯物论的一般特征

一、哲学的根本问题之解决

（一）哲学上根本问题

前章我们考察了唯物辩证法的前史及其发生发展的历史过程，从本章起我们开始说明唯物辩证法的内容。当说明唯物辩证法的内容时，我们必须提起哲学上的根本问题。因为哲学上的根本问题之解决，是唯物辩证法的出发点。

一切哲学上的根本问题，是我们的意识与环境的关系如何的问题。这个问题，用别种术语来说，就是所谓延长与思维、自然与认识、客观与主体、物与我、外物与内心、物质世界与观念世界、存在与意识、存在与思维等的关系如何的问题。再用平易的术语来说，即是物质与精神的关系如何的问题。

随着对于这个根本问题的解答不同，一切流派的哲学，都被分裂为两大派别、两大方向——唯物论与观念论。

所以物质与精神的关系如何这个根本问题之解决，是规定各种哲学学说的本质的唯一标准，是划分一切哲学为两大派别的唯一标准。但现代的观念论的哲学家，为了粉饰自己的观念论，而中伤唯物论，故意回避这个根本问题的解答，主张这个问题，在哲学史上早已解决，不能成为划分哲学的派别的标准。还有一种折衷主义的哲学家，为了粉饰其二元论的立场，也故意回避这根本问题，另外提出别的标准来代替它。例如机械论者，主张用因果性的原理来鉴别哲学上的唯物论与观念论；即是说唯物论是主张因果论的，观念论是主张目的论的。这个标准也是不正确的。因果论与目的论的区别，是由上述那个根本问题的解答的不同而来的。并且观念论哲学，也主张所谓观念论的因果论。所以，因果性的问题，不但不能成为划分唯物论与观念论的标准，反而涂抹了两者的真实的界线。

现代唯物论哲学家，为要划分唯物论与观念论的界限，排斥一切妥协折衷的主张，为了表明自己的立场而与观念论相斗争，首先要提出哲学上的根本问题来说明，严正地分别自己和敌人的营垒。

（二）唯物论的根本论纲

唯物论与观念论究竟怎样解答上述根本问题呢？先就唯物论方面说。

唯物论主张世界先有物质，后有精神；物质是本源，精神从物质产生。

世界是物质的关联的统一体的发展过程，有精神有意识的人类只是整个物质世界的一小部分，并且物质世界，在有精神的人类出现以前，早已存在。在人类社会的历史中，也是先营物质生活而后营精神生活。

人类的精神，是物质世界的一极小部分，它附丽于人类的肉体，它是人体中最高物质的脑神经系统的作用和机能。所以物质生产精神，精神因物质而存在，而物质之存在却与精神无关。即是说，物质是客观的实在，是离开精神而独立存在的。

……

精神、意识，是客观的物质世界之映像。映像（意识）依存于被映像的东西（物质），而被映像的东西不依存于映像，这是很明白简易的事实。所以精神依存于物质，而物质不依存于精神。

这种原理，在社会现象的方面也是适合的。社会生活，也分为物质生活与精神生活两部分。精神生活是物质生活的反映。物质生活是本源，是基础，精神生活是从物质生活产生的，精神文明以物质文明为基础。物质文明发达了，然后精神文明才随着发达起来，并不是精神文明先发达了，然后物质文明才随着发达的。

所以唯物论的根本论纲，简括起来，就是：存在规定意识，意识不规定存在。这个根本论纲，在社会——历史的领域中应用起来，就是：社会的存在规定社会意识，社会意识不规定社会的存在。

全部唯物论哲学，都是说明这个根本论纲的。

……

第二节　唯物辩证法的对象

一、当作世界观与方法的统一看的唯物辩证法

（一）当作世界观看的唯物辩证法

唯物辩证法，首先是世界观，是研究整个世界的发展的一般法则的科学。哲学上所处理的原理、范畴及法则，不单适合于特殊现象的领域，并且适合于一切现象的领域，具有极普遍的性质。但这些一般法则，必须经过思维的媒介，才能在科学上、论理上去理解它们。

客观的世界，最初反映在我们的直接的直观上，出现为混沌流动的总画面。为要认识这个总画面内部各部分的各种相互联系及各种发展法则，而把它们统一为一般发展法则时，首先要认识构成这个总画面的各个部分，然后对于这个总画面才能有明了的观念。换句话说，我们先要认识这总画面的各部分的特殊发展法则，然后才能在论理上把它们综合为一般的发展法则。

世界分为自然与社会两部分，研究这两部分的特殊发展法则的科学，是各种自然科学与社会科学。各种自然科学与社会科学，各把特殊的自然现象或社会现象作为研究对象，而发见各种特殊发展法则。所以哲学为要认识最初在直观上给予着的世界总画面，而发见全体世界的一般发展法则，就必须利用个别的科学的结论，把那些特殊法则，拿来比较对照，舍弃那些法则的特殊性，把它们概括起来，才得到适合于一切特殊领域的一般法则。于是世界各部分现象之一般的联系及发展的法则，就从直接的直观转变为由思维所媒介的综合，即是在思维上再现出全体世界的形相，形成为统一的世界观。

因而哲学上所处理的一般的原理、范畴及法则，是各种个别科学所处理的特殊的原理、概念及法则的普遍化；而各种特殊的原理、概念及法则，是一般的原理、范畴及法则在各个特殊领域中所采取的特殊姿态（即个别化或具体化）。

概括个别科学的结论而形成的世界观，必然是理论与实践的统一。因为自然科学所发见的自然法则与社会科学所发见的社会法则，都是社会的实践的结果。所以在个别科学的研究上，认识只有实践地直接作用于客体，才能取得认识的材料，发见客体的法则；并且认识的真理性，也只有实践地直接作用于客体，才能证明。所以实践在个别科学的研究上，是认识的出发点，又是认识的终结点。因为科学的认识与人类的实践是统一的。至于哲学，是概括个别科学的结果，而在思维上再现出外部世界的全体形相的。在这种意义上，实践通过个别科学而间接地成为哲学的基础。哲学的真理性，也必须通过个别科学而由实践所证明。所以说，哲学不只是解释世界，而是变革世界。这样的哲学，是理论与实践统一的哲学。

其次，概括个别科学的结果而形成的世界观，必然是唯物辩证法的世界观。第一，这种世界观首先是唯物论的。因而个别科学的认识是客观的实在之反映，其认识的真理性已为实践所证明。所以哲学所概括的个别科学的范畴及法则，原是个别科学关于外部世界的长期的探求及考察的结果，原是过去人类由无数次的实践所证明的认识。哲学通过个别科学，与客观世界相联系，因而哲学上所处理的一般的范畴及法则，原是客观的世界之映像。即是说，哲学把在直观上给予着的世界的总画面，通过个别科学的认识，把这总画面转化为思维上构成的世界观。所以这种世界观，必然是唯物论的。即是说，这种世界观承认存在是本源，思维是存在的映像。至于观念论的哲学，却不知道个别科学的认识原是发展着的客观世界的映像，不知道个别科学反映客观世界的认识原是哲学上概括个别科学的前提；因此颠倒存在与思维的真实关系，并使认识从客观分离，使概念从对象分离，而片面地把思维夸张为绝对者；因此把范畴与范畴、法则与法则的组合，看作是客观世界。正因为这样，所以观念论把精神看作本源、把客观世界看作是精神的外化。这样的世界观，实是无世界的世界观。

第二，唯物论的世界观，必然是辩证法的。现代自然科学与社会科学，暴露了自然与社会的发展都是辩证法的发展。自然的辩证法与社会的辩证法，是客观的辩证法；客观的辩证法在思维上的反映，是主观的辩证法。唯物论的世界观，把现代的个别科学所反映的客观世界各部分的特殊的辩证法，综合起来、概括起来，形成全体世界的发展的一般辩证法。所以唯物论的世界观本身，即是唯物论的辩证法。

唯物辩证法，是总括的理论，它已站在最高的阶段，通过个别科学，分析地研究世界的各部分，再综合为一个全体。在社会实践的发展上，个别科学不断地反映世界的新方面，对于辩证法供给更丰富的材料，因而概括个别科学的成果的唯物辩证法的哲学，也更趋于丰富和发展。所以唯物辩证法，是一般与特殊、直观与思维、理论与实践、经验科学与理论科学之辩证法的综合。同时，这种哲学本身，也是辩证法的；它是一个流动的发展的世界观。

（二）当作方法看的唯物辩证法

如上所述，世界观是个别科学的诸结果的概括，它与个别科学的发展水准有极密切的关系。在个别科学还没有发展到高级水准之时，科学的世界观是不能成立的，例如 18 世纪机械的唯物论所以不能成为科学的世界观，是因当时的个别科学还在搜集材料的阶段，自然科学对于辩证法的证明，还不能供给充分的材料。在 18 世纪以前，自然科学诸部门中比较进步的东西，是力学和数学，机械唯物论主要地是依据力学的知识去说明世界的，所以这种世界观必然是机械论的。

但个别科学纵令发展到了高级的阶段，若在观念论的基础上概括个别科学的成果，也不能成为科学的世界观。例如黑格尔的哲学，虽然概括了当时已经发展的个别科学的结果，但他的哲学是观念辩证法。他认定客观世界是精神的产物，客观辩证法是主观辩证法的产物。这个哲学，虽然依据辩证的方法说明了自然界、历史界及精神界发展的过程，但对于世界的现实表象，却充满了观念论的内容。在其辩证法的方面，世界是当作不断地变化、运动、发展的过程去考察的，而在其观念论的体系上，世界的变化、运动及发展，却因黑格尔的绝对真理之发见而终结。并且黑格尔的体系，因为颠倒了事物的真实关系，所以在其世界观的构成上，“含有许多的补缀、文饰和虚构，即发生了谬误。黑格尔的体系，当作体系看，是大大的流产——并且是同种类的最后的流产”。

从来一切形而上学的观念论的哲学，无论是自然哲学、历史哲学或一般哲学，都是与现实相隔离的哲学，所以在其自然观、历史观或一般世界观的构成上，都用思辨的、幻想的、一般范畴和一般法则，代替实在的、现实的一般范畴和一般法则。虽然这些哲学，也有过不少天才的发见和预见，但对于客观世界之歪曲的反映，仍然充满了这样哲学体系的内容。同时，社会的实践之发展与现实的认识之发展，却日益暴露这类哲学的“补缀和虚构”。所以当着人类的认识一旦与现实世界相接触之时，当着发展着的个别科学表明自己所研究的客体（世界的各部分）在全体世界中所处的地位、表明对于全体世界的认识的关系之时，于是从来一切“补缀和虚构”的世界观，一切俗称为“科学的科学”的独立哲学，便失其存在的根据。于是唯物辩证法的新哲学，就代替从前的哲学而起；而从前的哲学就被唯物辩证法这种哲学所扬弃了。所谓扬弃，即是“被克服并被保存”。“由它的形式说，是被克服；由它的真实内容说，是被保存着。”

所以由从来的哲学遗留下来的东西，就是“从人类的历史的发展之考察抽象出来的最一般的诸结论的概括”，即是历史的诸科学的结论的概括，即是唯物论的辩证法。这个辩证法，是“关于发展的科学，是关于自然、社会与思维的运动及发展的一般法则”的科学。

唯物辩证法把存在规定思维、把反映存在的思维依从于与存在相同的同一法则而发展并与存在相一致的事实，作为思维的前提。因而认识所依以发展的思维法则，即是自然与社会的发展之正确的反映。主观辩证法即是客观辩证法的映像，是客观世界的发展在意识上的映像。在这里，唯物辩证法是世界观。但这个世界观之论理的构成，既是个别科学的结论的概括，它必然能够成为个别科学的方法。即是说，唯物辩证法是世界观，同时又是方法论。因为唯物辩证法，在其起源上，在其内容上，都是客观世界的一般映像，所以它能指导研究各个具体对象的方法，使我们能够容易地正确把握在感觉上给予着的对象之客观的真理。

在分析与综合的关系上说来，个别科学是相对的分析的科学，哲学是相对的综合的科学。分析是受综合所指导的，因而个别科学是受哲学所指导的。即是说，哲学必须是贯串于个别科学的一般的方法论。因为哲学上所处理的一般的原理、范畴与法则，是概括个别科学的结论而来的，所以能够适合于特殊现象的领域。在这种意义上，唯物辩证法可说是个别科学的代数。个别科学，必须适用辩证法的思维法则，才能正确地把握对象。

从来的个别科学，在其理论的思维上，往往感受形而上学的影响，而成为观念论产生的地盘。所以个别科学为要正确地把握对象的真理，必须接受辩证法的思维法则的指导，才能成就。辩证法原是论理学，个别科学没有论理学的指导，一步也不能前进。在这种意义上，辩证法是人类认识自然、社会及思维的一般方法论。

辩证法不单是认识的方法论，同时又是实践的方法论。认识由实践而生，为实践所证明，而又指导实践。所以辩证法不单是思维的方法，认识的方法，同时又是实践的方法，改造世界的方法。在理论与实践的统一上说来，唯物辩证法是以实践为基础的认识的方法论。

根据前面的研究，我们知道：当作世界观与方法的统一看的唯物辩证法的对象，是整个世界的一般的发展法则，即是自然、社会及人类思维一般发展法则。关于唯物辩证法的对象的这个规定，揭破了一切观念论诸流派关于哲学对象的神秘见解，纠正了机械唯物论关于哲学对象的错误解释。因为，第一，唯物辩证法认定他自身也和别的科学一样，有他自己的研究对象；并且这个对象，是物质的现实的世界（包括自然、社会与人类思维），并不是空想的神秘的王国。第二，唯物辩证法的对象是整个的现实的世界，与研究现实世界的特殊部分的个别科学的对象不相混同；前者研究整个世界的一般发展法则，后者研究一部分的世界的特殊发展法则。第三，唯物辩证法是“从人类的历史的发展之考察抽象出来的最一般的诸结论之概括”，是从世界认识的历史得来的总结论。

一切观念论的诸流派，都主张思维规定存在，因而否定物质的现实世界，另在头脑中创设空想的世界作为哲学的对象。例如，马哈主义，把感觉作为“世界要素”，把感觉所由发生的现实世界作为超经验的东西，因而主张把从感觉而生的经验世界作为哲学的对象。康德主义把超经验的世界解释为论理的东西，想依靠思维的反省去理解其内容。黑格尔主义，把现实世界以前的所谓“世界精神”作为哲学的对象，而只是思辨地去理解他。总之，这一切观念论的流派，都是在物质世界以外，虚构空想世界作为哲学的对象，使哲学化为神秘的东西。

至于唯物辩证法的阵营中，也有所谓机械论与形式论的两个流派，都曲解了唯物辩证法的对象。机械论者主张用自然科学代替哲学，说唯物辩证法应解消于科学之中，不能有其独立的研究对象。形式论者使哲学与具体的个别科学相分离，因而主张把一些从具体科学分离出来的概念作为科学哲学的对象，说哲学只是研究概念的科学。前者把自然科学的一般结论的总计作为世界观；后者把概念的总和看成与客观世界相一致的东西，并把唯物辩证法归着于方法论。前者干脆地否认哲学，后者接受黑格尔主义，事实上等于放弃唯物辩证法。这两派的错误，都是由于不理解上面所说唯物辩证法的对象的规定。

二、辩证法、认识论与论理学的同一性

……

（四）这一问题的概括

关于辩证法、论理学、认识论的同一性问题，在上面大致已经述说过了。现在，为使初学者容易了解起见，不避重复地再就这个问题作一个简括的说明。前节说过，唯物辩证法的对象，是整个世界（自然、社会与思维）发展的一般法则，即是外界（自然与社会）与思维的发展的一般法则。思维的发展的一般法则，是外界发展的一般法则的反映，两者在其内容上、本质上都是同一的。两者不同的地方，就是，外界发展的法则，由无数偶然性和盲目的作用错综着，而思维的发展法则，却随着认识的发展，排除了前者的偶然性及其盲目的作用。所以两者在表现形式上是不同的。辩证法是从认识的历史的见地考察外界发展法则及为其反映的思维发展法则之同一内容与相互关联。

其次，认识论的对象，是认识的发展过程及认识的发展法则。依据唯物辩证法的反映论，认识是外界在人类思维上的反映，因而认识的发展法则，即是外界发展法则的反映，即是思维发展法则。所以认识论也包括着外界发展法则的研究，也同样地从认识的历史的见地，研究外界与思维的发展法则之同一内容及其相互关联。所以辩证法和认识论的对象是同一的。

这样说来，辩证法与认识论，同是以当作外界发展法则之思维的反映看的思维发展法则为对象的。而以思维发展的一般法则为对象的科学，又是论理学。所以就对象相同这一点说，辩证法、认识论与论理学是同一的科学。

然则外界及思维的发展的一般法则是怎样构成的呢？如前段所述，这是从个别科学的成果的概括抽象出来的。人类在其数千年、数万年的社会的实践的过程中，不断地认识各种自然现象及社会现象的法则，应用于社会的实践之上，更由社会的实践所订正，所发展。在认识与实践的辩证法的发展过程中，人类造成了许多个别的科学，形成了认识的历史。至于哲学，就是从社会的实践及知识的水准，把一切个别科学的历史即认识的历史，作普遍化的概括，抽象出外界及思维的发展的一般法则，并发见其内部的关联。所以哲学家要把认识的历史作普遍化的概括，必须研究一切个别科学的历史。“哲学的历史、知识全体的历史、知识的领域、各个科学的历史、婴儿之智的发达史、动物发达史、言语加心理学加感官加生理学——这一切是认识论与辩证法所由构成的知识的领域。”

所谓认识的历史之普遍化的概括，就是从论理的见地去采取历史的东西。这样得来的论理的东西之展开，与其所反映的现实的历史，大略一致。论理的东西与历史的东西相并行。当作世界认识史的概括看的论理的东西之总体，同时是当作世界发展史的略图看的一般发展法则之映象。因而阐明论理的东西之相互关联的辩证法，就是认识历史的内的关联之阐明。所以辩证法与论理学是一致的。

所以辩证法、认识论与论理学是完全一致的，三者同是“从人类的历史发展之考察抽象出来的最一般的诸结论之概括”。

……

（汪信砚主编：《李达全集》第十二卷，人民出版社 2016 年版，第 53-79 页。）

第三章　唯物辩证法的诸法则

第一节　对立统一的法则

一、对立物的统一及斗争

根据前章的研究，我们已经知道，唯物辩证法是关于自然、社会及人类思维的一般发展法则的科学。但是说到发展的原理，在哲学的历史上，却有两个不同的观点：形而上学的发展观与辩证法的发展观。

（一）形而上学的发展观与辩证法的发展观

形而上学的发展观，否定自然和社会中的普遍的运动和变化，无视事物间的互相联系，并不承认运动形态的变化。就形而上学说来，在自然和社会之中观察到的事物和现象，正与这些事物和现象在人类头脑中的反映（即概念）一样，同是不变的、凝固的、一次给予了的、单纯的东西，事物及其概念，无论何时都与自己同一的、不变的。各个事物，互相独立，其间没有联系。一种事物即使与别的事物相接触，也只是表面上的接触，没有本质上的联系。18 世纪的机械唯物论或自然科学家，对于运动或发展的见解，都站在这样的立场。

形而上学的发展观的根本特征，就是承认万物的不变性、静止性。所以形而上学的世界观的中心，就是关于自然的绝对不变性的学说。……

所以形而上学的发展观，在本质上否定世界发展的原理。这种发展观，把发展解释为扩大或缩小，解释为同一事物之量的成长或反复；把任何事物的发展解释为在其极小的萌芽状态上存在了的属性或倾向之扩大与成长。这样的发展观，不能说明对象的复杂性的原因，不能说明新事物代替旧事物而发生的原因，不能说明运动和发展的原因。这样的发展观，不能理解运动之内在的源泉，它只能在运动的对象之外去探求运动的源泉，甚至把运动的源泉归着于超世界的精神。这样的发展观，不能理解认识辩证法的客观原理，不能结合发展的原理与世界的统一的唯物论的原理。

至于辩证法的发展观，却与形而上学的发展观不同。辩证法的发展观的特征，就是承认世界的运动性与可变性。辩证法承认：世界是永远运动的，永远变化的；一切运动形态都是转变的；一切存在物互相联系，世界各部分之间有极其复杂的相互作用。世界“任何事物，都不保持同一形状，不停止同一处所，不保存同一性质，常是运动着、变化着、消灭着，而各种相互关系及相互作用，都是无限地错杂着”。“所以关于全宇宙及其进化、人类的进化，以及那些进化在人类头脑中的严密的反映，只有依靠辩证法的方法，只有依靠于成长与消灭，进步的变化与退步的变化之普遍的相互关系作不断的考察，才能成就。”辩证法把任何事物或现象的发展，当作由其内的特殊性所规定的、从一种形态到他种形态的转变去考察的。换句话说，辩证法把事物的发展当作事物本身的自发的发展去考察，当作事物本身中所固有的必然的运动去考察，当作事物本身的自己运动去考察。

（二）当作自己运动的源泉看的对立物的统一及斗争

唯物辩证法认定：物质不但它全体有自己运动的能力，并且它的各个部分都有自己运动的能力。所以唯物辩证法，对于物质对象的全体，它的各个部分，都在其内的，独立的自发的运动上去认识。特定事物或现象的内在的自发的运动之发见，这是发展的唯物辩证法的证明的基础和前提。

但是事物的自己运动或自发的发展，究竟怎样构成的呢？换句话说，事物的自己运动源泉是什么？唯物辩证法主张自己运动的源泉，是一切存在物的内在的矛盾性。从原子起，到人类社会生活的最复杂的现象，到人类的思维为止，一切事物或现象，都各具有其内在的矛盾。世界任何事物，都没有不具有内在的矛盾的。任何事物的内部，都具有种种对立的要素；这些对立的要素，是创造事物的矛盾性的东西。统一物之被分解为对立物以及充满着矛盾的构成分之认识——这是辩证法的精髓。

一切事物或现象，都是包含着对立的部分、方面、倾向等的复杂的全体。一切都是对立物的统一；一切东西的自己运动的源泉，都是内的矛盾。

……

（三）对立物的同一或互相渗透

对立物的统一，即是对立物的互相渗透，是对立物的同一。世间一切事物，都包含着内的矛盾。“矛盾是一切运动及生活性的根源。任何事物，只要它自身当中有矛盾，它就有自动的动力和运动”。如果没有什么矛盾，没有什么对立物的斗争，如果对立物之间没有什么推移，那就会不能有什么运动、发展、生命和动力。所以一切事物、一切现象、一切观念，都形成为对立的统一，即同一。在事物的统一过程中，内在的对立物不但互相排斥，互相否定，并且互相融合；不但互相融合，并且矛盾的诸契机（如各种规定、性质、特征、方面、属性等），都各由一种形态转变为别种形态，转变为它的反对物。

对立物的同一性、对立物的互相渗透、对立物的转变之理解，是理解辩证法的核心的最根本条件。在这种意义上，辩证法是关于对立物的统一或同一的法则的学理。

客观世界，表现着无穷无尽的对立的统一，这是在前面说明了的。对立物的统一的法则，是客观世界发展的根本法则，同时又是人类认识发展的根本法则。人类的认识，能够把任何事物分解为对立物，认识其矛盾的各成分及其相互作用，认识其转变过程，同时又能把对立物结合于统一或同一，反映出任何事物的发展过程。所以对立物的统一的法则，是在于说明客观对象是对立物的统一，因其内在的矛盾即对立物的斗争而运动而发展，由一种形态转变为别种形态。

但是对立物的统一是有条件的，是相对的，而对立物的斗争却是无条件的，是绝对的，因为世界的运动是绝对的。这里先说明对立的统一的条件性。

所谓对立统一的条件性，是说对立物在一定条件之下才成为同一并互相转变。例如前面所说，生和死两个过程，是在一定条件之下成为同一并互相转变的。生物体中“细胞的死灭是细胞更新的必然条件，是生命过程的必然契机。但生仍是生，不是死；生的要素，在这过程中征服死的要素，并且支配它”。又如社会之中的阶级的对立的统一，也和这相似。现代社会中两个基本的对立的阶级是布尔乔亚与普罗列达里亚，这两个阶级，在资本主义的经济构造中，互相反目，互相对立，却又互相结合形成为不可分的统一。一方的存在，以他方的存在为前提。任何一方如被否定，资本主义经济构造就会消灭。换句话说，前者因缺乏生产手段，不能不出卖劳动力于后者而替他生产剩余价值；后者因握有生产手段，能够榨取劳动力——这是决定资本主义社会的存在的统一的过程。但在这统一过程中，双方因阶级利害的冲突而引起的斗争，却是无条件的，是绝对的。

对立物的统一、同一或互相渗透，是有条件的、暂时的、相对的矛盾；成为发展源泉的对立物的互相排斥及互相否定，是无条件的、永久的、绝对的矛盾。唯物辩证法要在相对的东西中认识绝对的东西，即是要在对立物的互相渗透之中，认识对立物的斗争，才能认识现象由一种形态到他种形态的转变。

……

二、当作辩证法的核心看的对立统一的法则

（一）对立统一的法则是辩证法的根本法则

对立统一的法则，是在自然，社会及思维的过程中认识其互相排斥、互相否定的矛盾与对立的诸倾向及其由一种形态转变为他种形态的法则。任何对象中内在的对立的矛盾的诸倾向诸方面的互相渗透及斗争，规定对象的生命，成为对象的自己运动和发展的源泉，“对立物包含在统一之中，由统一的分裂而生。所以在其自己运动上、在其自发的发展上、在其生动的实在上去把捉一切世界的进行的认识条件，就是把他们作为对立物的统一去认识”。只有“对立物的统一的理解，才能提供我们一个锁匙去理解一切存在物的自己运动，才能使我们理解‘飞跃’、‘连续性的断绝’、‘向反对物的转变’、‘旧物死灭与新物发生’等等的变化”。实在地说来，自然和社会一切存在物的变化，如飞跃、连续性的断绝、向反对物的转化、由量到质和由质到量的推移，只有由对立物的统一法则去说明。所以自然和社会的一切现象，只有当作自己运动，即是当作在同一和互相渗透的界限以内的对立物的暴露及斗争，才能理解。

所以对立统一的法则，是辩证法的根本法则，是它的核心。这个根本法则，包摄着辩证法的其余的法则——由质到量及由量到质的转变法则、否定之否定的法则、因果性的法则、形式与内容的法则等。这个根本法则，是理解其他一切法则的关键。因为在对立物的统一发展过程中，所谓“飞跃”“连续性的断绝”“向反对物的转变”“质量间的转变”“旧物死灭与新物发生”，都是必然的形态，都是对立物的斗争的发展，都是由对立物的转变而显现，都是由对立物的统一去说明。

辩证法的这个根本法则——对立统一的法则，原是黑格尔首先叙述出来的。但黑格尔是观念论者，他把认识客体看作是精神的发展阶段，看作是思想上的抽象的对象，并不把它看作是现实世界中存在着的现实对象。因此黑格尔把对立统一的法则，只看作是思维的法则，是离开现实的具体的发展的东西。在黑格尔看来，对立的互相渗透，只是思维上的对立的互相渗透。他虽然列举了许多自然现象的实例，但也只是用以证明自己的论理构造，即是辩明客观辩证法是依从于主观辩证法。至于矛盾在什么条件之下解决？一种现象依着怎样特殊的方法而转变为它的反对物？黑格尔对于这些问题，只从抽象的思维去说明，不能从现实运动的具体条件去说明。因此他把主观的恣意的概念的辩证法从外部嵌入于客观现实性之中。所以黑格尔虽然是首先叙述了对立统一的法则，但是在观念论的歪曲了的形态上去理解这个法则的。

唯物辩证法的创始者们，把黑格尔关于对立统一的那种观念论的学说，颠倒过来，用脚向下竖立，并在唯物论的基础上改造它，使它变为客观世界及其反映的思维之一般发展法则。这对立统一的法则，贯串于创始者们的一切著作之中。往后伊里奇①更力说对立统一法则的意义，在其典型的理论的形态上展开了这个问题，并确定了这个法则是辩证法的本质，至于其他一切辩证法的法则，都是这个根本法则的显现形态。

……

第四节　本质与现象、内容与形式

一、本质与现象

（一）从现象到本质的认识之推进

上面已经说明了，对立统一的法则、由质到量及由量到质的转变的法则与否定之否定的法则，是辩证法的三个根本法则。这三个法则之中，对立统一的法则是最根本的法则，是辩证法的核心，其他两个法则，可说是对立统一法则的不同的显现形态。所以对立统一的法则，实在是包摄着质量间互相转变的法则与否定之否定的法则。唯物辩证法，由于发见对立统一的法则，才能理解自然、社会及思维的矛盾的发展的根源。可是对立统一的法则，不仅包摄着质量间互相转变的法则与否定之否定的法则，并且还包摄着其余的许多法则。在唯物辩证法的哲学上，除了质与量、否定与再否定那样对立的范畴以外，还有许多组对立的范畴。例如：本质与现象、内容与形式、必然性与偶然性、现实性与可能性之类。像这类对立的范畴，都是对立统一法则的具体化的形态。这些对立的范畴，在其互相渗透上，显现着辩证法的一般

---

① 伊里奇：指伟大的无产阶级革命家、政治家和理论家列宁（1870—1924），他的全名是弗拉基米尔·伊里奇·列宁。

法则。

……

（汪信砚主编：《李达全集》第十二卷，人民出版社2016年版，第94-124页。）

第四章　当作认识论和论理学看的唯物辩证法

第一节　认识过程考察的根据、意识的生成

一、当作反映论看的认识论

（一）认识过程展开的论纲

我们已经知道：辩证法，论理学与唯物辩证法的认识论，是同一的哲学；三者所以同是一个哲学的最重要的特征，是因为它们都是“从人类的历史发展之考察抽象出来的最一般的诸结论之概括”。这一哲学，把外界及思维的发展的一般法则作为研究的对象。所以，这一哲学，把当作外界发展的一般法则之思维的反映看的论理的东西（法则、范畴），根据认识的历史的发展去考察它，并在其相互关系上去考察它。为要完成这种工作，就必须依照科学之现代的水准及人类之先进的实践，把认识的历史（哲学史，科学史一般知识的历史），作普遍化的概括。这样得来的论理的东西，与它所反映的客观世界的发展（即历史的东西）是相一致的。即是说，论理的东西与历史的东西相平行，论理的东西的总体反映历史的东西的总体；思维的一般发展法则即是外界一般法则之写真。

但是，唯物辩证法，不单是从认识历史的普遍化的概括的见地，去阐明反映外界发展法则的思维发展法则，并究明两者的内的关联，同时还要站在历史主义的立场，去研究外界发展法则在人类思维上反映的过程，并阐明这反映过程本身所固有的发展法则。即是说，唯物辩证法，不单要概括认识的历史，并且要研究认识的本身，研究认识过程的辩证法。

论理的东西之反映历史的东西，即是认识。人类的认识，是一个过程，

并且是一个辩证法的过程。认识的过程，由实践出发，而复归于实践，其中包括着由物质到感觉及由感觉到思维的认识的发展过程。这认识的发展过程，具有其本身所固有的特殊发展法则。唯物辩证法，必须阐明这认识本身所固有的特殊发展法则，才能正确地理解反映历史的东西的论理的东西之历史的发展及其内的关联。

认识论即是辩证法。认识运动的过程，是辩证法的过程。“不单由物质到意识的推移是辩证法，并且由感觉到思维的推移也是辩证法。”“认识是思维对客观的永远的无限的接近。在人类思维上的自然的反映，不可以当作‘死板的东西’、‘抽象的’、无运动的东西、无矛盾的东西去理解，而应该在永远的运动过程，矛盾的发生及解决的过程上去理解”。所以认识虽是人类对于客观事物的反映，但认识并不是单纯的、直接的、全体的反映，而是一列的抽象与概念、法则等的定式化及形成的过程，这概念、法则等（思维、科学—论理的理念），正是有条件地、近似地把捉永远运动、发展的自然之普遍的合法则性的东西。

认识过程的运动，是自己运动，是内的矛盾与对立物的斗争。认识过程的自己运动，反映着客观世界的自己运动。认识过程的诸契机（如感觉、表象、概念等），原是客观世界的诸契机在思维上的反映。所以认识的发展，反映着客观世界的发展。

论理的东西原是历史的东西的反映。“人类的实践，无数亿次地重复起来，当作论理学的定式固定于人类意识之中。这些定式，有先人之见的永续性，这样一来，就成为无数亿次重复的结果（并且只是它的结果），具有公理的性质”。这就是说，反映历史的东西的论理的东西本身，也是有其本身的历史。所以唯物辩证法当着分析论理的东西、认识的诸契机之时，也必贯彻其历史主义。

（二）认识主体与认识客体的统一之基础

依据上述的论纲，我们当分析认识过程时，第一要阐明由物质到意识的推移的辩证法，第二要阐明由感觉到思维的推移的辩证法。为要阐明由物质到意识的辩证法，就必须展开唯物辩证法的反映论。

人类的认识是物质世界在人类意识上的反映。但认识的人类，是社会——历史的人类。社会——历史的人类的认识，是物质世界发展的最高产物，是物质现实性的最高存在形态的属性。人类的认识过程，是物质世界的愈趋深化的运动的联系的反映过程。这种认识过程，只有在社会——历史发展的诸条件之下，才能发生，即是说，只有在社会——历史的物质的生产之下，才开始发生。随着社会——历史的物质的生产之发展，社会的认识就不断地反映出物质的现实性的新方面。正因为人类在其社会的历史的实践上不断地反映出物质现实性的一切新方面，所以为认识主体的人类绝不单是生物学上的有机体，而是在特定发展阶段中从事劳动与斗争的人类。

从前一切形而上学的唯物论，把为认识主体的人类当作人类学、生物学上的人类来考察，因此切离认识过程与社会历史的实践的联系，不能根据历史的辩证法去理解认识与存在，主体与客体的统一。反之，唯物辩证法，主张认识的人类是特定社会的人类，是阶级社会中的特定阶级的代表。唯物辩证法，在社会历史的实践的基础上考察认识过程，去理解主观与客观、认识与存在的统一。在物质的生产过程中，人类之主体的活动，与外界物质的对象相结合。即是说，“在劳动的过程中，劳动常由活动形态推移于存在形态”（《资本论》）。“在劳动过程中，主体的活动，被包括于对象之中，加工于对象，而在其与对象的统一中出现”（库捷诺夫）。所以就物质生产的对象，加以考察，我们就可以在它当中看出主体的活动形态推移于特定对象形态的、无数人类的世代绵延的社会的实践。但是，认识是实践的必然的契机。在物质的生产过程中，物质的生产的对象之认识，是对象的生产之必要的契机。所以，实践上自然之物质的对象，不但与人类的社会活动形成为统一，并且与人类的认识过程形成为统一。“在一切生产工具之中，体现出社会的实践与认识的特定历史阶段。近代的机械，不单是人类生产活动的现代的发展水准，并且也把与它有关联的二千年以上的科学的发展为前提”（库捷诺夫）。

这样说来，认识主体与认识客体的统一，是在社会历史的实践上实现的。所以，要理解人类的认识过程，必须在其与社会历史的实践的统一上去考察。

概括起来，唯物辩证法，是以反映论为基础的论理学。正因为以反映论为基础，所以唯物辩证法又是当作认识论看的辩证法。为要究明认识过程的辩证法，就不能不展开唯物辩证法的反映论。

……

第四节　判断与推理、分析与综合、归纳与演绎

……

三、分析与综合、归纳与演绎

……

（三）认识之圆运动的发展

人类的认识，从实践发生，并与实践相统一。人类是自然界的一部分，人与人、人与外部自然的联系，是自然界的无限复杂的联系中的一部分，人类在其与外部自然的斗争中，变化自然，同时又变化自身，建立他与自然之间的一定联系，知道自己与自然的区别，又知道自己与自然的联系，同时自然界的各种联系，不断地进到自己的感觉和表象之中。因此人类能够知道自然界的发展法则，而更加有效地，积极地改造自然界。同样，人类在其社会的实践中，也是这样的理解社会发展的法则，去积极地变化社会。所以人类的意识活动，是社会的实践的一个必要的契机。

在社会的实践的活动上，客观世界的联系的运动与发展，不断地作用于我们，我们的感觉和表象便积蓄起来，成为思维的材料，而我们的思维，也和实践一样积极地能动地与客观世界相联系。于是从直接的具体进到了抽象的思维的领域。在抽象的思维过程中，我们把这个直接的具体来分析它，同时又综合它，这分析的路线与综合的路线，形成为一个统一的认识的曲线。在这个曲线的进行过程中，我们所应用的概念之联系的运动，反映着客观世界的发展过程。概念运动的起动力，同样是它当中所包括的内的矛盾，如现象与本质的对立、个别与普遍的对立、偶然与必然的对立、形式与内容的对立、原因与结果的对立等等。但这些概念间的对立，是辩证法的对立，它们

互相渗透、互相融合。所以在思维过程中，由现象到本质、由偶然到必然、由形式到内容、由原因到结果等的转变，愈加反映出客观世界发展的真相而到达于综合的认识。于是客观世界就在思维上具体地再现出来。于是就从思维的领域更进到实践的领域。

实践，比较认识是高级的东西。关于客观世界及其过程的认识，虽然阐明客观世界的历史的发展的法则和倾向，而这种认识的正确与否，只有实践才能给以最后的证明，只有实践才能把握对象之历史的具体性。但实践与认识是不可分离地统一着。实践是认识的基础，认识是实践的动因。实践不但证明认识的真理性，并且依据认识的真理性，而积极地变革客观世界。

所以关于客观世界的认识，是采取如下的过程，即："实践直接的具体→抽象的思维→媒介的具体→实践"——这是采取圆形运动而发展的。由直接的具体到媒介的具体——这是出发点与到着点之间的辩证法的统一。媒介的具体，是在思维上正确地反映出来的直接的具体。所以这个统一，是思维与存在、主观与客观的统一。这个统一，是在实践的基础上完成的。换句话说，媒介的具体与直接的具体之结合点，就是实践。可以说，认识的运动是圆运动。

这个圆运动，不是形而上学的循环，而是辩证法的发展。认识随着客观世界的发展而发展，随着社会的实践的发展而发展。在社会的实践之历史的过程中，不断地暴露出客观世界的新矛盾、新关联、新属性和新侧面。这些新的矛盾、关联、属性和侧面，不断地闯进于人类的意识中，形成客观与主观的新矛盾，促进认识的新运动，使认识进到反映客观世界发展的新阶段，更深刻地、更完全地、更具体地把捉客观世界，因而社会的实践更进一步地、积极地、能动地变革客观世界。所以认识的这种圆运动是一个历史的发展过程，是由相对真理到绝对真理去的发展过程。

……

（汪信砚主编：《李达全集》第十二卷，人民出版社2016年版，第158-202页。）

第二篇　当作科学看的历史唯物论

第五章　历史唯物论序说

第一节　历史唯物论的对象

一、辩证唯物论与历史唯物论的关系

（一）辩证唯物论与历史唯物论的关系

唯物辩证法的大体的内容，在前篇之中已经说明了。从本章起，我们着手研究历史唯物论。但在研究历史唯物论的各种根本问题以前，我们先要解明下面三个问题。即：1. 辩证唯物论与历史唯物论的关系的问题；2. 历史唯物论的对象的问题；3. 关于形而上学及观念论的社会学说或历史理论的批判的问题。本节先说明辩证唯物论与历史唯物论的关系的问题。

根据前篇的研究，我们已经知道，辩证唯物论是世界观与方法的统一、理论与实践的统一。这个哲学的对象，是自然、社会及人类思维的一般发展法则；而在唯物论的认识论上，思维的一般发展法则是自然与社会的一般发展法则之反映，两者在其内容上是一致的。所以在认识论或论理学上研究的思维的一般发展法则，是自然诸科学与社会诸科学的成果之普遍化的概括。因而辩证唯物论，是“从人类的历史的发展之考察抽象出来的最一般的诸结论之概括”，是人类一切知识的历史之总计、总和与结论。

当作世界观看的唯物辩证法，当作自然科学与社会科学的成果之普遍化的概括看的唯物辩证法，其中包含着两个部分、两个领域，即唯物论的自然观（=自然辩证法）与唯物论的历史观（=历史辩证法）。唯物论的自然观，以自然现象的发展法则为对象，因而它是自然诸科学的成果的概括；唯物论的历史观，以社会现象的发展法则为对象，因而它是社会诸科学的成果的概括。在这种意义上，唯物论的自然观与唯物论的历史观，是唯物辩证法与自然诸科学及社会诸科学之间的媒介的环。所以唯物辩证法之与唯物论的自然

观及唯物论的社会观，具有密切的不可分离的关联。德波林说："如没有唯物论的自然观及唯物论的社会观，就没有辩证法；如没有辩证法就没有近代的科学的唯物论。"这句话是很正确的（这句话与他的哲学的偏向无关）。所以，历史唯物论，与自然辩证法，同是唯物辩证法之必然的构成部分。

当作认识方法看的唯物辩证法，其一般的法则、原理和范畴，都是从一切个别科学抽象出来的东西，都具有极普遍的性质，所以它不但适合于任何特殊现象的领域，并且适合于一切现象的领域。唯物辩证法在自然领域中具体地适用起来，就成为自然辩证法；在历史领域中具体地适用起来，就成为历史唯物论。所以唯物辩证法，是一切科学的方法论。一切科学只有依据唯物辩证法，才能正确地把握客观的真理。

基于上述的见解，辩证唯物论与历史唯物论之间，具有极密切的关联。历史唯物论，如没有辩证唯物论，它本身就不能成立；辩证唯物论，如没有历史唯物论，也不能成为统一的世界观。

所谓辩证唯物论与历史唯物论的关联，这句话的本来的意义，就是彻底地把辩证唯物论应用并扩张于历史的领域。只有彻底地把辩证唯物论扩张于人类社会或历史的领域，才能使辩证唯物论更趋于深化和发展；人们才能在世界变动的过程中去认识世界，改造世界。

"历史唯物论，是科学的思想之最大的收获。"它给予进步的阶级以正确的历史观=社会观，以理论斗争的武器，使他们能够积极地担负起改造社会的使命。

……

（五）历史唯物论的对象之规定

综合以上的说明，可以把历史唯物论的对象，作如次的极简括的规定：

第一，历史唯物论是把社会当作适应于生产力的特定发展阶段的生产关系总体去把捉，即是把社会当作特定的历史发展阶段上的社会的生产有机体去把捉，阐明其固有的机能与发展的法则；在敌对的社会条件之下，就说明这社会的各阶级间的关系；于是更进而探索那些与这生产关系总体相适应的政治上与意识形态上的上层建筑，说明其内的关联，以到达于基础与上层构造的统一，以形成一定的社会构成形态之生动的形象。

第二，历史唯物论把社会当作客观的、合法则的、自然史的发展过程去把捉，阐明各个特定阶段上的社会的特殊的发展法则，阐明社会由低级形态到高级形态的特殊发展法则。

第三，历史唯物论把社会全部历史列为先阶级社会、古代社会、封建社会、现代社会、未来社会的五个顺次发展的阶段，指出人类社会发展的一般的进行与特定发展阶段上的特殊形态之统一，指出历史过程的统一与联结，发现历史发展之一般的正确的法则。

就上述三项，再简约起来，历史唯物论的对象是：在最一般的大纲上说明人类社会之历史的客观的发展过程及其发展法则，阐明各种社会构成形态的特殊发展法则及由一种构成形态到他种高级构成形态的特殊转变法则。

第二节　当作历史观与方法、理论与实践的统一看的历史唯物论

一、历史唯物论是社会发展理论与社会认识方法之统一

……

（四）科学的理论与科学的方法之统一

基于前面的说明，历史唯物论不是“关于社会及其发展法则的一般的学说”，也不是“社会的方法论”，而是社会发展的理论与社会认识的方法之统一。

历史唯物论是社会之理论的研究。社会之理论的研究，当是社会史的反映，并且是社会史的普遍化的反映，是依从于指示社会发展的现实进行的法则的正确的反映。简明点说，历史唯物论是在最一般的大纲上，反映出统一的社会史的发展过程及其发展法则，反映出特殊的、异质的各种社会形态的发展及其转变的根本法则的理论。

在这种处所，一般与特殊之间，成立了正确的关系。因为历史唯物论是具体的社会发展过程的反映论，并不是抽象的、“超历史的”历史哲学的发

展之公式，不是解决一切历史上的问题的万应膏。具体的发展过程，在其本身中统一着一般的进行的路线和各个发展阶段的特殊性，即是统一着整个过程的一般发展法则与过程中各阶段的特殊发展法则。这是一般与特殊的正确关系。社会的历史，自有其一般的发展法则。例如说，当生产关系障碍生产力的发展时，必引起社会革命——这就是社会的一般发展法则。可是这一般的法则，在种种社会的构成形态中，却有种种不同的具体的表现。所以只有从特定构成形态（如封建的或现代的等等）的特定历史发展条件之具体的研究出发，才能理解特定构成形态之质的特殊性，才能理解社会的一般发展法则在它当中所表现的特殊相貌。所以历史唯物论当是研究"特定历史发展阶段上的社会"。

只有从科学的认识论出发，我们才能理解历史唯物论所以能成为社会现象的认识方法即社会科学方法论的理由。历史唯物论只有在它正确地反映了社会的构成形态之自然史的过程与社会史的这种最一般的发展法则时，才成为科学的理论。只有当作科学的理论看的历史唯物论，才能成为方法论的理论，我们才能得到"社会科学上的方法的理论"，才能得到"唯一的科学的历史说明方法"。

当作社会科学方法论看的历史唯物论，其主要之点如下：

第一，在社会的存在与社会意识的正确关系上，去理解各种历史的社会的现象。这就是说，要把特定构成形态的物质的生产关系，当作一切历史之现实的物质基础抽取出来。即是说，要把一切历史的社会的现象，当作与特定历史阶段上的生产关系相联系的现象去考察。

第二，在全体的关联上去理解各种社会的现象。如上所述，社会是包摄生产诸关系的总体、国家形态、法律制度以及一定意识形态的系统，而生产诸关系是这个系统的基础。同时，基础与上层建筑，上层建筑的内部，又有极复杂的相互作用。并且，敌对的社会是各个社会阶级之对立的统一，这种对立物的认识，是理解各种社会现象的关联性的基础。

第三，在发展过程上去理解各种社会现象。一切的社会现象都是发展的，一切社会现象的发展，都是内在的对立物的冲突，归根结底是生产力与生产关系的冲突。所以研究一切社会现象的发展时，必须深入地去暴露其发展的根本动力，由此以探寻其发生、发展及其没落的趋向。

所以历史唯物论的方法是具体的，是受研究对象的社会的规律的特殊性所限制的。它绝不是抽象的社会的方法论。在这种处所，历史唯物论是社会发展理论与社会认识方法的统一，它决不与具体的历史相分离，也决不与其他社会科学相隔绝。它是反映历史发展之具体过程的科学的历史观，它是这种历史观之哲学上、理论上及方法论上之本质的内容。

……

二、历史唯物论是社会的理论与社会的实践之统一

（一）理论与实践的统一

“理论不是教条，而是行动的指导。”这个原则是像一根红线一样，贯串于历史唯物论之中。社会发展的理论，是社会的客观发展过程及其发展法则之正确的认识。但这种认识，不是可以靠研究室的研究所能得到的，而是要在人类的活动的过程中，在社会的实践的过程中，才能得到的。社会发展的理论的命题，在单只停顿在学究的理论的范围中，它只是根据于一种或数种事实而成立的原则。反之，各种理论的命题，如果移到于现实生活方面，并且根据它来改造现实生活之时，我们就把这种命题，从特殊性或个别性移到普遍性。这样，在社会的实践中，社会的理论，就消失了那学究的性质，它不但有普遍性的价值，并且有直接的现实性。在另一方面，社会的实践，如果离开社会的理论，它是盲目的，是愚笨的。社会的实践，是人们要变更社会的客观现实性而使它适合于自己的目的的种种有计划的行动。人们如果不去研究社会的现实性的法则，不理解社会的理论与社会的实践之统一，就不能改造社会，这是很明白的事情。

社会的理论与社会的实践，是不可分离地结合着。社会的理论中，有社会的实践的成分；社会的实践中，有社会的理论的成分。社会的理论，由社会的实践而获得；社会的实践，由社会的理论而贯彻。没有社会的实践的那种社会的理论，只是空洞的理论；没有社会的理论的那种社会的实践，只是盲目的实践。但是社会的实践，比较社会的理论，占居优位。社会的实践所以比较社会的理论占居优位的理由，可以分为四点：第一，社会的实践，是人们对于社会的认识的出发点；第二，社会的实践，是一切社会的认识之规准，是社会的理论的真理性之规准；第三，社会的实践，是认识客体与认识主体两者间所必要的联结的规定者；第四，社会的实践，不但有普遍性的价值，并且有直接的现实性。

哲学的任务，不是各色各样地解释世界，而是变革世界；同样，历史唯物论的任务，不是各色各样地解释社会，而是变革社会。

……

（三）当作理论、方法及实践指导看的历史唯物论

综合以上的说明，历史唯物论的意义，可作如下的概括：

敌对社会的领域中的具体的历史的研究，是在于暴露特定历史的生产方法中的内在矛盾、阶级的对立。但如上所述，历史唯物论并不单是这种矛盾之“客观的”证明。历史唯物论在特定社会形态的机能及发展法则本身中，阐明这社会形态的必然没落的法则，指出新社会制度起而代替它的必然性的根据。历史唯物论指出超过这特定社会形态而前进的路线，预见它的将来，在社会的实践上，说明前进的社会阶级的任务。简单地说，历史唯物论又必须是社会实践的指导。

历史唯物论是上述诸契机的统一。即历史唯物论是社会发展的理论，是社会的研究方法，是社会的实践的南针。

（汪信砚主编：《李达全集》第十二卷，人民出版社 2016 年版，第 215-235 页。）

评析

李达是一位百科全书式的马克思主义理论学者，留下了近千万字的著译文字，在马克思主义的哲学、经济学、政治学、货币学、法学、社会学等领域都有开拓性贡献。据统计，他共有41部著作（其中专著、主编作品24部，译著17部）和数百篇论文。其中《现代社会学》《社会学大纲》以及《唯物辩证法大纲》3部论著，是我国三个不同时期马克思主义哲学的代表作。《现代社会学》于1926年出版，是“中国人自己写的最早的一部联系中国革命实际系统论述唯物史观的专著”，具有严密的理论体系和鲜明的中国特色，出版后轰动了思想界，在1927年大革命时期“差不多人手一册”。《社会学大纲》系统地论述了马克思主义哲学体系，于1937年正式出版，后在全国广为流传，三年中再版了三次。毛泽东收到李达寄来的该书后非常重视，认真阅读了多遍，作了详细摘要和批注，并向延安哲学研究会和抗日军政大学推荐该书，认为这是“中国人自己写的第一本马列主义的哲学教科书”，同时写信给李达，高度评价他的功绩，还称赞他是“真正的人”。1948年，中原新华书店根据毛泽东的意见重版了该书，作为干部学习的教材。1956年，毛泽东在武汉见李达时赞扬他在理论界的地位和作用跟鲁迅是一样的。1961年毛泽东又在庐山约见李达，认为中国人要有自己的哲学教科书，不能让苏联哲学教科书“一统天下”，为此他建议李达将《社会学大纲》修改出版。李达于是决定以《社会学大纲》为基础编写一本《马克思主义哲学大纲》，分为《唯物辩证法大纲》和《唯物史观大纲》两大部分。他在助手陶德麟的帮助下，于1965年完成了《唯物辩证法大纲》初稿，在保持《社会学大纲》优点的基础之上，着重总结当代自然科学的成就，概括中国革命的丰富经验，系统阐发毛泽东哲学思想对马克思主义哲学的发展。此后由于“文革”到来，他遭到迫害，无法继续编写《唯物史观大纲》，就连已经完成初稿的《唯物辩证法大纲》也直到1978年才得以正式出版。这方面的详细情况可参考《李达全集》的“总序”。

《社会学大纲》是李达在新中国成立之前最重要的哲学著作。此书所谓“社会学”，不是现在所指的具体研究社会现象和社会问题的作为一个独立学科的社会学，而是指研究社会历史问题的一般观点和方法的科学。因此，它所研究的实际上是以唯物辩证法为基础的历史唯物论。正因如此，全书对马克思主义哲学的基本概念、范畴、原理作了全面而系统的解说，在许多重要的理论问题上还对马克思、恩格斯、列宁的观点作了具体的发挥，表现了作者独到的见解。全书共分五篇，第一篇是唯物辩证法，第二篇至第五篇是历史唯物论，每篇、每章、每节都有概括其内容的、鲜明而精练的标题，纲目显得特别清楚，使这本书具有教科书的特色。该书于1935年由北平大学法商学院作为讲义首次印行，补充修改后于1937年由上海笔耕堂书店正式出版。作者在扉页上满怀激情地题了“献给英勇的抗日战士”九个大字。在第四版“序言”中说明了撰写该书的目的：“中国社会已经踏进了伟大的飞跃的时代，我无数同胞都正在壮烈地牺牲着，英勇地斗争着，用自己的血和肉，推动着这个大飞跃的实现，创造着这个大时代的历史。这真是有史以来空前的大奇迹！可是，战士们为要有效地进行斗争的工作，完成民族解放的大业，就必须用科学的宇宙观和历史观，把精神武装起来，用科学的方法去认识新生的社会现象，去解决实践中所遭遇的新问题，借以指导我们的实践。这一部《社会学大纲》是确能帮助我们建立科学的宇宙观和历史观，并锻炼知识的和行动的方法的。因此，我特把这书推荐于战士们之前。”可见他撰写此书的根本目的就是“用科学的宇宙观和历史观”以及“科学的方法”来武装精神、指导实践，从而“完成民族解放的大业”。

根据学者们的研究，《社会学大纲》至少有如下几个方面的突出贡献。

其一，准确构建了一个完整的马克思主义哲学诠释体系，并特别突出了唯物辩证法与历史唯物论的内在统一性。此书出版之前，马克思主义哲学在我国已有广泛的传播，翻译成中文出版的既有经典作家马克思、恩格斯、列宁的主要哲学著作，也有马克思主义哲学家狄慈根、普列汉诺夫、德波林、布哈林等人的主要哲学著作，还有苏联和日本的马克思主义学者所写的哲学著作和马克思主义哲学教材，但是在体系的完整性上它们都不如李达的《社会学大纲》。该书反复阐说唯物辩证法既是世界观与方法论的统一，也是辩证法、认识论与逻辑学的统一，自然观与社会观、理论与实践的统一。这就从根本上把唯物辩证法与历史唯物论有机统一了起来，而不像当时苏联哲学界那样将马克思主义哲学机械地分为辩证唯物论和历史唯物论“两大块”，只将后者视为前者在历史领域的具体运用而不是视为前者的有机组成部分。我国现行的马克思主义哲学教材体系，在很大程度上仍在沿用《社会学大纲》的哲学诠释体系。

其二，创造性地论述了马克思主义哲学的产生与人类认识史的关系。当时在中国流行的苏联哲学著作已经有了这种追溯，但是《社会学大纲》具有新的逻辑起点和着眼角度。该书围绕唯物论思想发展和辩证法思想发展这“两条主线”而展开，不仅追溯到了“原始思维”，还着眼于人类的全部认识史，包括一切唯心论的积极成分。这就把历史的考察和逻辑的论证紧密结合起来，不仅科学地说明了马克思主义哲学孕育、产生和发展的全过程，而且有力地论述了马克思主义哲学的产生同人类认识史尤其是同哲学史的内在联系，深刻地说明了马克思主义哲学的诞生是人类认识史上的空前的大革命，从而使对马克思主义哲学前史的阐述更加符合列宁关于马克思主义哲学是人类认识史的总计和总和的论断。正因如此，毛泽东在阅读该书时，对于“唯物辩证法的前史”这一节特别注意，批注的文字也最多（详情可参见中共中央文献研究室1988年编辑出版的《毛泽东哲学批注集》）。顺便指出，《社会学大纲》在阐述马克思主义哲学创立过程时，还敏锐地注意到了1932年才公开发表的马克思《经济学哲学手稿》，认为它“已经完成了马克思彻底的哲学唯物论之基础”，“其中最根本的契机，是黑格尔辩证法中实践的概念之批判的展开”，这就正确地说明了马克思主义哲学由历史辩证法到自然辩证法并在社会实践上统一为唯物辩证法的逻辑线索，从而更准确地再现了马克思主义哲学创立的历史过程。

其三，特别强调了列宁所谓对立统一规律是唯物辩证法的实质与核心的说法。全书也把这个根本法则展开和贯彻于唯物辩证法其他规律和范畴的阐述中。对于这一点，毛泽东也深表认同，并在1965年批阅李达送给他的《唯物辩证法大纲》初稿时进一步提出，应该改变过去把辩证法对立统一、质量互变、否定之否定三大规律平列的做法，而将对立统一列为唯物辩证法的核心法则，对其他法则和范畴，都要以事物的矛盾对立统一去说明和发挥。

其四，深入阐明了马克思主义哲学是“实践的唯物论”，是革命实践的科学指南。马克思指出，以往“哲学家们只是用不同的方式解释世界，而问题在于改变世界”（《马克思恩格斯选集》第1卷第19页）。然而，这一点在李达此书之前问世的马克思主义哲学研究著作中却很少得到重视。《社会学大纲》根据马克思这个思想，强调实践的重要地位和首要作用，论述了实践不仅是马克思主义认识论的基本范畴，而且是整个马克思主义哲学包括历史唯物论的基本范畴。此书指出，马克思之所以能够对以往旧哲学实现根本性的变革而建立起辩证唯物论的科学世界观，其关键就在于“把实践的契机导入唯物论”，而以往一切旧哲学的根本缺陷，正在于不懂得实践的意义和作用；马克思主义哲学的各部分，之所以能相互联合而构成一个有机整体，也正在于有实践作为它们的共同基础，正是由于有实践范畴为媒介，辩证法的唯物论才能“由自然认识的领域扩张于历史认识的领域”，形成了完整的马克思主义哲学；也正因如此，重视社会的实践就是马克思主义哲学最显著的标志，这一哲学的任务就在于指导人们通过实践来变革世界。该著作关于社会经济结构、经济结构的历史形态、社会政治结构和社会意识形态的论述，也以社会生产实践为逻辑起点，把实践观与历史观统一起来研究。这在当时的理论著述中罕见，至今都值得我们高度重视。

《社会学大纲》之所以有这样突出的贡献，固然是由于李达对于马克思主义哲学有长期而深入的研究，但与他对我国哲学包括湖湘哲学传统的了解也是密切相关的。以我国哲学传统的眼光来看，《社会学大纲》也可以说是突出强调“天人”（自然与社会）贯通、道赅体用并因此而特别注重社会实践。

综观李达的全部论著，我们还深感他实际上与其他老一辈无产阶级革命家和马克思主义理论家共同开启了一条马克思主义哲学中国化的创新之路。

这条创新之路的基本特点有四。一是系统而准确地把握马克思主义哲学的精髓而不走样。《社会学大纲》上述四个方面的贡献就是这一特点的突出表现。二是将马克思主义哲学作为科学的方法论运用到各个社会学科之中。三是将马克思主义哲学与中国社会实践的具体情况相结合。李达在《社会学大纲》第一版序言中特别指出："本书前五篇，是研讨世界社会的一般及特殊发展法则的。至于中国社会，却自有其特殊的形相和固有的特征，绝不是一般原理之单纯的例证……"四是运用通俗易懂的语言对马克思主义哲学进行深入浅出的解说。对此毛泽东给予了很高的评价。毛泽东、刘少奇等人的哲学著作也充分体现了上述四个特点。

正因李达有着上述成就与贡献，习近平总书记于 2016 年 5 月 17 日在哲学社会科学工作座谈会上的讲话中，称他是"为我国当代哲学社会科学发展进行了开拓性努力"的"名家大师"之一。

毛泽东

毛泽东（1893—1976），湖南湘潭人，伟大的马克思主义者，无产阶级革命家、战略家和理论家，中国共产党、中国人民解放军和中华人民共和国的主要缔造者与领导人。1914 至 1918 年在湖南第一师范学校求学，毕业前夕和蔡和森等组织革命团体新民学会。五四运动前后开始接触并接受马克思主义，1920 年在湖南创建共产主义组织。1921 年 7 月出席中国共产党建党的第一次全国代表大会，后任中共湘区委员会书记，领导长沙、安源等地工人运动。1923 年当选为中央执行委员。国共合作全面破裂后，1927 年 8 月于中共中央紧急会议上提出“政权是由枪杆子中取得的”这一著名论断，当选为中央临时政治局候补委员。会后到湖南、江西边界领导秋收起义，接着率起义部队上井冈山，创立第一个农村革命根据地。1931 年，当选为中华苏维埃共和国临时中央政府主席。1933 年补选为中共中央政治局委员。1935 年 1 月中共中央政治局召开扩大会议（即遵义会议），确立了毛泽东在中共中央和红军中的领导地位。在抗日战争时期，提出“马克思主义中国化”的指导原则，发表《实践论》《矛盾论》《论持久战》《〈共产党人〉发刊词》《新民主主义论》等重要著作，并领导全党开展整风运动。1943 年当选为中共中央政治局主席。1945 年 4 月主持召开中共七大，作《论联合政府》的政治报告，提出建设新民主主义新中国的路线、方针、政策。1946 年蒋介石发动全面内战后，毛泽东同朱德、周恩来领导中国人民解放军和广大人民推翻了国民党政府。1949 年 9 月在全国政协第一届全体会议上，当选为中华人民共和国中央人民政府主席。1954 年，当选为中华人民共和国主席。1966 年，发动“文化大革命”。1976 年逝世。主要著作收入人民出版社出版的《毛泽东选集》（四卷）和《毛泽东文集》（八卷）。

实践论

论认识和实践的关系——知和行的关系

马克思以前的唯物论，离开人的社会性，离开人的历史发展，去观察认识问题，因此不能了解认识对社会实践的依赖关系，即认识对生产和阶级斗争的依赖关系。

首先，马克思主义者认为人类的生产活动是最基本的实践活动，是决定其他一切活动的东西。人的认识，主要地依赖于物质的生产活动，逐渐地了解自然的现象、自然的性质、自然的规律性、人和自然的关系；而且经过生产活动，也在各种不同程度上逐渐地认识了人和人的一定的相互关系。一切这些知识，离开生产活动是不能得到的。在没有阶级的社会中，每个人以社会一员的资格，同其他社会成员协力，结成一定的生产关系，从事生产活动，以解决人类物质生活问题。在各种阶级的社会中，各阶级的社会成员，则又以各种不同的方式，结成一定的生产关系，从事生产活动，以解决人类物质生活问题。这是人的认识发展的基本来源。

人的社会实践，不限于生产活动一种形式，还有多种其他的形式，阶级斗争，政治生活，科学和艺术的活动，总之社会实际生活的一切领域都是社会的人所参加的。因此，人的认识，在物质生活以外，还从政治生活文化生活中（与物质生活密切联系），在各种不同程度上，知道人和人的各种关系。其中，尤以各种形式的阶级斗争，给予人的认识发展以深刻的影响。在阶级社会中，每一个人都在一定的阶级地位中生活，各种思想无不打上阶级的烙印。

马克思主义者认为人类社会的生产活动，是一步又一步地由低级向高级发展，因此，人们的认识，不论对于自然界方面，对于社会方面，也都是一步又一步地由低级向高级发展，即由浅入深，由片面到更多的方面。在很长的历史时期内，大家对于社会的历史只能限于片面的了解，这一方面是由于剥削阶级的偏见经常歪曲社会的历史，另一方面，则由于生产规模的狭小，限制了人们的眼界。人们能够对于社会历史的发展作全面的历史的了解，把对于社会的认识变成了科学，这只是到了伴随巨大生产力——大工业而出现近代无产阶级的时候，这就是马克思主义的科学。

马克思主义者认为，只有人们的社会实践，才是人们对于外界认识的真理性的标准。实际的情形是这样的，只有在社会实践过程中（物质生产过程中，阶级斗争过程中，科学实验过程中），人们达到了思想中所预想的结果时，人们的认识才被证实了。人们要想得到工作的胜利即得到预想的结果，一定要使自己的思想合于客观外界的规律性，如果不合，就会在实践中失败。人们经过失败之后，也就从失败取得教训，改正自己的思想使之适合于外界的规律性，人们就能变失败为胜利，所谓“失败者成功之母”，“吃一堑长一智”，就是这个道理。辩证唯物论的认识论把实践提到第一的地位，认为人的认识一点也不能离开实践，排斥一切否认实践重要性、使认识离开实践的错误理论。列宁这样说过：“实践高于（理论的）认识，因为它不但有普遍性的品格，而且还有直接现实性的品格。”① 马克思主义的哲学辩证唯物论有两个最显著的特点：一个是它的阶级性，公然申明辩证唯物论是为无产阶级服务的；再一个是它的实践性，强调理论对于实践的依赖关系，理论的基础是实践，又转过来为实践服务。判定认识或理论之是否真理，不是依主观上觉得如何而定，而是依客观上社会实践的结果如何而定。真理的标准只能是社会的实践。实践的观点是辩证唯物论的认识论之第一的和基本的观点②。

① 见列宁《黑格尔〈逻辑学〉一书摘要》。新的译文是：“实践高于（理论的）认识，因为它不仅具有普遍性的品格，而且还具有直接现实性的品格。”（《列宁全集》第55卷，人民出版社1990年版，第183页）

② 见马克思《关于费尔巴哈的提纲》（《马克思恩格斯选集》第1卷，人民出版社1972年版，第16-19页）和列宁《唯物主义和经验批判主义》第二章第六节（《列宁全集》第18卷，人民出版社1988年版，第144页）。

然而人的认识究竟怎样从实践发生，而又服务于实践呢？这只要看一看认识的发展过程就会明了的。

原来人在实践过程中，开始只是看到过程中各个事物的现象方面，看到各个事物的片面，看到各个事物之间的外部联系。例如有些外面的人们到延安来考察，头一二天，他们看到了延安的地形、街道、屋宇，接触了许多的人，参加了宴会、晚会和群众大会，听到了各种说话，看到了各种文件，这些就是事物的现象，事物的各个片面以及这些事物的外部联系。这叫做认识的感性阶段，就是感觉和印象的阶段。也就是延安这些各别的事物作用于考察团先生们的感官，引起了他们的感觉，在他们的脑子中生起了许多的印象，以及这些印象间的大概的外部的联系，这是认识的第一个阶段。在这个阶段中，人们还不能造成深刻的概念，作出合乎论理（即合乎逻辑）的结论。

社会实践的继续，使人们在实践中引起感觉和印象的东西反复了多次，于是在人们的脑子里生起了一个认识过程中的突变（即飞跃），产生了概念。概念这种东西已经不是事物的现象，不是事物的各个片面，不是它们的外部联系，而是抓着了事物的本质，事物的全体，事物的内部联系了。概念同感觉，不但是数量上的差别，而且有了性质上的差别。循此继进，使用判断和推理的方法，就可产生出合乎论理的结论来。《三国演义》上所谓“眉头一皱计上心来”，我们普通说话所谓“让我想一想”，就是人在脑子中运用概念以作判断和推理的工夫。这是认识的第二个阶段。外来的考察团先生们在他们集合了各种材料，加上他们“想了一想”之后，他们就能够作出“共产党的抗日民族统一战线的政策是彻底的、诚恳的和真实的”这样一个判断了。在他们作出这个判断之后，如果他们对于团结救国也是真实的的话，那末他们就能够进一步作出这样的结论：“抗日民族统一战线是能够成功的。”这个概念、判断和推理的阶段，在人们对于一个事物的整个认识过程中是更重要的阶段，也就是理性认识的阶段。认识的真正任务在于经过感觉而到达于思维，到达于逐步了解客观事物的内部矛盾，了解它的规律性，了解这一过程和那一过程间的内部联系，即到达于论理的认识。重复地说，论理的认识所以和感性的认识不同，是因为感性的认识是属于事物之片面的、现象的、外部联系的东西，论理的认识则推进了一大步，到达了事物的全体的、本质的、内部联系的东西，到达了暴露周围世界的内在的矛盾，因而能在周围世界的总体上，在周围世界一切方面的内部联系上去把握周围世界的发展。

这种基于实践的由浅入深的辩证唯物论的关于认识发展过程的理论，在马克思主义以前，是没有一个人这样解决过的。马克思主义的唯物论，第一次正确地解决了这个问题，唯物地而且辩证地指出了认识的深化的运动，指出了社会的人在他们的生产和阶级斗争的复杂的、经常反复的实践中，由感性认识到论理认识的推移的运动。列宁说过："物质的抽象，自然规律的抽象，价值的抽象以及其他等等，一句话，一切科学的（正确的、郑重的、非瞎说的）抽象，都更深刻、更正确、更完全地反映着自然。"① 马克思列宁主义认为：认识过程中两个阶段的特性，在低级阶段，认识表现为感性的，在高级阶段，认识表现为论理的，但任何阶段，都是统一的认识过程中的阶段。感性和理性二者的性质不同，但又不是互相分离的，它们在实践的基础上统一起来了。我们的实践证明：感觉到了的东西，我们不能立刻理解它，只有理解了的东西才更深刻地感觉它。感觉只解决现象问题，理论才解决本质问题。这些问题的解决，一点也不能离开实践。无论何人要认识什么事物，除了同那个事物接触，即生活于（实践于）那个事物的环境中，是没有法子解决的。不能在封建社会就预先认识资本主义社会的规律，因为资本主义还未出现，还无这种实践。马克思主义只能是资本主义社会的产物。马克思不能在自由资本主义时代就预先具体地认识帝国主义时代的某些特异的规律，因为帝国主义这个资本主义最后阶段还未到来，还无这种实践，只有列宁和斯大林才能担当此项任务。马克思、恩格斯、列宁、斯大林之所以能够作出他们的理论，除了他们的天才条件之外，主要地是他们亲自参加了当时的阶级斗争和科学实验的实践，没有这后一个条件，任何天才也是不能成功的。

① 见列宁《黑格尔〈逻辑学〉一书摘要》（《列宁全集》第55卷，人民出版社1990年版，第142页）。

“秀才不出门，全知天下事”，在技术不发达的古代只是一句空话，在技术发达的现代虽然可以实现这句话，然而真正亲知的是天下实践着的人，那些人在他们的实践中间取得了“知”，经过文字和技术的传达而到达于“秀才”之手，秀才乃能间接地“知天下事”。如果要直接地认识某种或某些事物，便只有亲身参加于变革现实、变革某种或某些事物的实践的斗争中，才能触到那种或那些事物的现象，也只有在亲身参加变革现实的实践的斗争中，才能暴露那种或那些事物的本质而理解它们。这是任何人实际上走着的认识路程，不过有些人故意歪曲地说些反对的话罢了。世上最可笑的是那些“知识里手①”，有了道听途说的一知半解，便自封为“天下第一”，适足见其不自量而已。知识的问题是一个科学问题，来不得半点的虚伪和骄傲，决定地需要的倒是其反面——诚实和谦逊的态度。你要有知识，你就得参加变革现实的实践。你要知道梨子的滋味，你就得变革梨子，亲口吃一吃。你要知道原子的组织同性质，你就得实行物理学和化学的实验，变革原子的情况。你要知道革命的理论和方法，你就得参加革命。一切真知都是从直接经验发源的。但人不能事事直接经验，事实上多数的知识都是间接经验的东西，这就是一切古代的和外域的知识。这些知识在古人在外人是直接经验的东西，如果在古人外人直接经验时是符合于列宁所说的条件“科学的抽象”，是科学地反映了客观的事物，那末这些知识是可靠的，否则就是不可靠的。所以，一个人的知识，不外直接经验的和间接经验的两部分。而且在我为间接经验者，在人则仍为直接经验。因此，就知识的总体说来，无论何种知识都是不能离开直接经验的。任何知识的来源，在于人的肉体感官对客观外界的感觉，否认了这个感觉，否认了直接经验，否认亲自参加变革现实的实践，他就不是唯物论者。“知识里手”之所以可笑，原因就是在这个地方。中国人有一句老话：“不入虎穴，焉得虎子。”这句话对于人们的实践是真理，对于认识论也是真理。离开实践的认识是不可能的。

① 里手：湖南方言，内行的意思。

为了明了基于变革现实的实践而产生的辩证唯物论的认识运动——认识的逐渐深化的运动，下面再举出几个具体的例子。

无产阶级对于资本主义社会的认识，在其实践的初期——破坏机器和自发斗争时期，他们还只在感性认识的阶段，只认识资本主义各个现象的片面及其外部的联系。这时，他们还是一个所谓“自在的阶级”。但是到了他们实践的第二个时期——有意识有组织的经济斗争和政治斗争的时期，由于实践，由于长期斗争的经验，经过马克思、恩格斯用科学的方法把这种种经验总结起来，产生了马克思主义的理论，用以教育无产阶级，这样就使无产阶级理解了资本主义社会的本质，理解了社会阶级的剥削关系，理解了无产阶级的历史任务，这时他们就变成了一个“自为的阶级”。

中国人民对于帝国主义的认识也是这样。第一阶段是表面的感性的认识阶段，表现在太平天国运动和义和团运动等笼统的排外主义的斗争上①。第二阶段才进到理性的认识阶段，看出了帝国主义内部和外部的各种矛盾，并看出了帝国主义联合中国买办阶级和封建阶级以压榨中国人民大众的实质，这种认识是从一九一九年五四运动②前后才开始的。

我们再来看战争。战争的领导者，如果他们是一些没有战争经验的人，对于一个具体的战争（例如我们过去十年的土地革命战争）的深刻的指导规律，在开始阶段是不了解的。他们在开始阶段只是身历了许多作战的经验，而且败仗是打得很多的。然而由于这些经验（胜仗，特别是败仗的经验），

---

① 1951年3月27日，毛泽东在致李达的信中说：“《实践论》中将太平天国放在排外主义一起说不妥，出选集时拟加修改，此处暂仍照原。”

② 五四运动是1919年5月4日发生的反帝反封建的爱国运动。当时，第一次世界大战刚刚结束，英、美、法、日、意等战胜国在巴黎召开对德和会，决定由日本继承德国在中国山东的特权。中国是参加对德宣战的战胜国之一，但北洋军阀政府却准备接受这个决定。5月4日，北京学生游行示威，反对帝国主义的这一无理决定和北洋军阀政府的妥协。这次运动迅速地获得了全国人民的响应，到6月3日以后，发展成为有工人阶级、城市小资产阶级和民族资产阶级参加的广大群众性的反帝反封建的爱国运动。五四运动也是反对封建文化的新文化运动。以1915年《青年杂志》（后改名《新青年》）创刊为起点的新文化运动，树起“民主”和“科学”的旗帜，反对旧道德，提倡新道德，反对旧文学，提倡新文学。五四运动中的先进分子接受了马克思主义，使新文化运动发展成为马克思主义思想运动，他们致力于马克思主义同中国工人运动相结合，在思想上和干部上为中国共产党的成立做了准备。

使他们能够理解贯串整个战争的内部的东西，即那个具体战争的规律性，懂得了战略和战术，因而能够有把握地去指导战争。此时，如果改换一个无经验的人去指导，又会要在吃了一些败仗之后（有了经验之后）才能理会战争的正确的规律。

常常听到一些同志在不能勇敢接受工作任务时说出来的一句话：没有把握。为什么没有把握呢？因为他对于这项工作的内容和环境没有规律性的了解，或者他从来就没有接触过这类工作，或者接触得不多，因而无从谈到这类工作的规律性。及至把工作的情况和环境给以详细分析之后，他就觉得比较地有了把握，愿意去做这项工作。如果这个人在这项工作中经过了一个时期，他有了这项工作的经验了，而他又是一个肯虚心体察情况的人，不是一个主观地、片面地、表面地看问题的人，他就能够自己做出应该怎样进行工作的结论，他的工作勇气也就可以大大地提高了。只有那些主观地、片面地和表面地看问题的人，跑到一个地方，不问环境的情况，不看事情的全体（事情的历史和全部现状），也不触到事情的本质（事情的性质及此一事情和其他事情的内部联系），就自以为是地发号施令起来，这样的人是没有不跌交子的。

由此看来，认识的过程，第一步，是开始接触外界事情，属于感觉的阶段。第二步，是综合感觉的材料加以整理和改造，属于概念、判断和推理的阶段。只有感觉的材料十分丰富（不是零碎不全）和合于实际（不是错觉），才能根据这样的材料造出正确的概念和论理来。

这里有两个要点必须着重指明。第一个，在前面已经说过的，这里再重复说一说，就是理性认识依赖于感性认识的问题。如果以为理性认识可以不从感性认识得来，他就是一个唯心论者。哲学史上有所谓“唯理论”一派，就是只承认理性的实在性，不承认经验的实在性，以为只有理性靠得住，而感觉的经验是靠不住的，这一派的错误在于颠倒了事实。理性的东西所以靠得住，正是由于它来源于感性，否则理性的东西就成了无源之水，无本之木，而只是主观自生的靠不住的东西了。从认识过程的秩序说来，感觉经验是第一的东西，我们强调社会实践在认识过程中的意义，就在于只有社会实践才能使人的认识开始发生，开始从客观外界得到感觉经验。一个闭目塞听、同客观外界根本绝缘的人，是无所谓认识的。认识开始于经验——这就是认识论的唯物论。

第二是认识有待于深化，认识的感性阶段有待于发展到理性阶段——这就是认识论的辩证法①。如果以为认识可以停顿在低级的感性阶段，以为只有感性认识可靠，而理性认识是靠不住的，这便是重复了历史上的“经验论”的错误。这种理论的错误，在于不知道感觉材料固然是客观外界某些真实性的反映（我这里不来说经验只是所谓内省体验的那种唯心的经验论），但它们仅是片面的和表面的东西，这种反映是不完全的，是没有反映事物本质的。要完全地反映整个的事物，反映事物的本质，反映事物的内部规律性，就必须经过思考作用，将丰富的感觉材料加以去粗取精、去伪存真、由此及彼、由表及里的改造制作工夫，造成概念和理论的系统，就必须从感性认识跃进到理性认识。这种改造过的认识，不是更空虚了更不可靠了的认识，相反，只要是在认识过程中根据于实践基础而科学地改造过的东西，正如列宁所说乃是更深刻、更正确、更完全地反映客观事物的东西。庸俗的事务主义家不是这样，他们尊重经验而看轻理论，因而不能通观客观过程的全体，缺乏明确的方针，没有远大的前途，沾沾自喜于一得之功和一孔之见。这种人如果指导革命，就会引导革命走上碰壁的地步。

理性认识依赖于感性认识，感性认识有待于发展到理性认识，这就是辩证唯物论的认识论。哲学上的“唯理论”和“经验论”都不懂得认识的历史性或辩证性，虽然各有片面的真理（对于唯物的唯理论和经验论而言，非指唯心的唯理论和经验论），但在认识论的全体上则都是错误的。由感性到理性之辩证唯物论的认识运动，对于一个小的认识过程（例如对于一个事物或一件工作的认识）是如此，对于一个大的认识过程（例如对于一个社会或一

① 见列宁《黑格尔〈逻辑学〉一书摘要》：“要理解，就必须从经验开始理解、研究，从经验上升到一般。”（《列宁全集》第55卷，人民出版社1990年版，第175页）

个革命的认识）也是如此。

然而认识运动至此还没有完结。辩证唯物论的认识运动，如果只到理性认识为止，那末还只说到问题的一半。而且对于马克思主义的哲学说来，还只说到非十分重要的那一半。马克思主义的哲学认为十分重要的问题，不在于懂得了客观世界的规律性，因而能够解释世界，而在于拿了这种对于客观规律性的认识去能动地改造世界。在马克思主义看来，理论是重要的，它的重要性充分地表现在列宁说过的一句话："没有革命的理论，就不会有革命的运动。"① 然而马克思主义看重理论，正是，也仅仅是，因为它能够指导行动。如果有了正确的理论，只是把它空谈一阵，束之高阁，并不实行，那末，这种理论再好也是没有意义的。认识从实践始，经过实践得到了理论的认识，还须再回到实践去。认识的能动作用，不但表现于从感性的认识到理性的认识之能动的飞跃，更重要的还须表现于从理性的认识到革命的实践这一个飞跃。抓着了世界的规律性的认识，必须把它再回到改造世界的实践中去，再用到生产的实践、革命的阶级斗争和民族斗争的实践以及科学实验的实践中去。这就是检验理论和发展理论的过程，是整个认识过程的继续。理论的东西之是否符合于客观真理性这个问题，在前面说的由感性到理性之认识运动中是没有完全解决的，也不能完全解决的。要完全地解决这个问题，只有把理性的认识再回到社会实践中去，应用理论于实践，看它是否能够达到预想的目的。许多自然科学理论之所以被称为真理，不但在于自然科学家们创立这些学说的时候，而且在于为尔后的科学实践所证实的时候。马克思列宁主义之所以被称为真理，也不但在于马克思、恩格斯、列宁、斯大林等人科学地构成这些学说的时候，而且在于为尔后革命的阶级斗争和民族斗争的实践所证实的时候。辩证唯物论之所以为普遍真理，在于经过无论什么人的实践都不能逃出它的范围。人类认识的历史告诉我们，许多理论的真理性是不完全的，经过实践的检验而纠正了它们的不完全性。许多理论是错误的，经过

① 见列宁《俄国社会民主党人的任务》（《列宁全集》第2卷，人民出版社1984年版，第443页），并见列宁《怎么办?》第一章第四节（《列宁全集》第6卷，人民出版社1986年版，第23页）。

实践的检验而纠正其错误。所谓实践是真理的标准，所谓“生活、实践底观点，应该是认识论底首先的和基本的观点”①，理由就在这个地方。斯大林说得好：“理论若不和革命实践联系起来，就会变成无对象的理论，同样，实践若不以革命理论为指南，就会变成盲目的实践。”②

说到这里，认识运动就算完成了吗？我们的答复是完成了，又没有完成。社会的人们投身于变革在某一发展阶段内的某一客观过程的实践中（不论是关于变革某一自然过程的实践，或变革某一社会过程的实践），由于客观过程的反映和主观能动性的作用，使得人们的认识由感性的推移到了理性的，造成了大体上相应于该客观过程的法则性的思想、理论、计划或方案，然后再应用这种思想、理论、计划或方案于该同一客观过程的实践，如果能够实现预想的目的，即将预定的思想、理论、计划、方案在该同一过程的实践中变为事实，或者大体上变为事实，那末，对于这一具体过程的认识运动算是完成了。例如，在变革自然的过程中，某一工程计划的实现，某一科学假想的证实，某一器物的制成，某一农产的收获，在变革社会过程中某一罢工的胜利，某一战争的胜利，某一教育计划的实现，都算实现了预想的目的。然而一般地说来，不论在变革自然或变革社会的实践中，人们原定的思想、理论、计划、方案，毫无改变地实现出来的事，是很少的。这是因为从事变革现实的人们，常常受着许多的限制，不但常常受着科学条件和技术条件的限制，而且也受着客观过程的发展及其表现程度的限制（客观过程的方面及本质尚未充分暴露）。在这种情形之下，由于实践中发现前所未料的情况，因而部分地改变思想、理论、计划、方案的事是常有的，全部地改变的事也是有的。即是说，原定的思想、理论、计划、方案，部分地或全部地不合于实际，部分错了或全部错了的事，都是有的。许多时候须反复失败过多次，才

① 见列宁《唯物主义和经验批判主义》第二章第六节（《列宁全集》第18卷，人民出版社1988年版，第144页）。

② 见斯大林《论列宁主义基础》第三部分“理论”。新的译文是：“离开革命实践的理论是空洞的理论，而不以革命理论为指南的实践是盲目的实践。”（《斯大林选集》上卷，人民出版社1979年版，第199-200页）

能纠正错误的认识，才能到达于和客观过程的规律性相符合，因而才能够变主观的东西为客观的东西，即在实践中得到预想的结果。但是不管怎样，到了这种时候，人们对于在某一发展阶段内的某一客观过程的认识运动，算是完成了。

然而对于过程的推移而言，人们的认识运动是没有完成的。任何过程，不论是属于自然界的和属于社会的，由于内部的矛盾和斗争，都是向前推移向前发展的，人们的认识运动也应跟着推移和发展。依社会运动来说，真正的革命的指导者，不但在于当自己的思想、理论、计划、方案有错误时须得善于改正，如同上面已经说到的，而且在于当某一客观过程已经从某一发展阶段向另一发展阶段推移转变的时候，须得善于使自己和参加革命的一切人员在主观认识上也跟着推移转变，即是要使新的革命任务和新的工作方案的提出，适合于新的情况的变化。革命时期情况的变化是很急速的，如果革命党人的认识不能随之而急速变化，就不能引导革命走向胜利。

然而思想落后于实际的事是常有的，这是因为人的认识受了许多社会条件的限制的缘故。我们反对革命队伍中的顽固派，他们的思想不能随变化了的客观情况而前进，在历史上表现为右倾机会主义。这些人看不出矛盾的斗争已将客观过程推向前进了，而他们的认识仍然停止在旧阶段。一切顽固党的思想都有这样的特征。他们的思想离开了社会的实践，他们不能站在社会车轮的前头充任向导的工作，他们只知跟在车子后面怨恨车子走得太快了，企图把它向后拉，开倒车。

我们也反对“左”翼空谈主义。他们的思想超过客观过程的一定发展阶段，有些把幻想看作真理，有些则把仅在将来有现实可能性的理想，勉强地放在现时来做，离开了当前大多数人的实践，离开了当前的现实性，在行动上表现为冒险主义。

唯心论和机械唯物论，机会主义和冒险主义，都是以主观和客观相分裂，以认识和实践相脱离为特征的。以科学的社会实践为特征的马克思列宁主义的认识论，不能不坚决反对这些错误思想。马克思主义者承认，在绝对的总的宇宙发展过程中，各个具体过程的发展都是相对的，因而在绝对真理的长河中，人们对于在各个一定发展阶段上的具体过程的认识只具有相对的真理性。无数相对的真理之总和，就是绝对的真理①。客观过程的发展是充满着矛盾和斗争的发展，人的认识运动的发展也是充满着矛盾和斗争的发展。一切客观世界的辩证法的运动，都或先或后地能够反映到人的认识中来。社会实践中的发生、发展和消灭的过程是无穷的，人的认识的发生、发展和消灭的过程也是无穷的。根据于一定的思想、理论、计划、方案以从事于变革客观现实的实践，一次又一次地向前，人们对于客观现实的认识也就一次又一次地深化。客观现实世界的变化运动永远没有完结，人们在实践中对于真理的认识也就永远没有完结。马克思列宁主义并没有结束真理，而是在实践中不断地开辟认识真理的道路。我们的结论是主观和客观、理论和实践、知和行的具体的历史的统一，反对一切离开具体历史的“左”的或右的错误思想。

社会的发展到了今天的时代，正确地认识世界和改造世界的责任，已经历史地落在无产阶级及其政党的肩上。这种根据科学认识而定下来的改造世界的实践过程，在世界、在中国均已到达了一个历史的时节——自有历史以来未曾有过的重大时节，这就是整个儿地推翻世界和中国的黑暗面，把它们转变过来成为前所未有的光明世界。无产阶级和革命人民改造世界的斗争，包括实现下述的任务：改造客观世界，也改造自己的主观世界——改造自己的认识能力，改造主观世界同客观世界的关系。地球上已经有一部分实行了这种改造，这就是苏联。他们还正在促进这种改造过程。中国人民和世界人民也都正在或将要通过这样的改造过程。所谓被改造的客观世界，其中包括了一切反对改造的人们，他们的被改造，须要通过强迫的阶段，然后才能进入自觉的阶段。世界到了全人类都自觉地改造自己和改造世界的时候，那就

① 见列宁《唯物主义和经验批判主义》第二章第五节。原文是：“人类思维按其本性是能够给我们提供并且正在提供由相对真理的总和所构成的绝对真理的。”（《列宁全集》第18卷，人民出版社1988年版，第135页）

是世界的共产主义时代。

通过实践而发现真理，又通过实践而证实真理和发展真理。从感性认识而能动地发展到理性认识，又从理性认识而能动地指导革命实践，改造主观世界和客观世界。实践、认识、再实践、再认识，这种形式，循环往复以至无穷，而实践和认识之每一循环的内容，都比较地进到了高一级的程度。这就是辩证唯物论的全部认识论，这就是辩证唯物论的知行统一观。

（毛泽东著：《毛泽东选集》第一卷，人民出版社 1991 年版，第 282-297 页。）

评析

毛泽东不仅是伟大的无产阶级革命家、战略家和军事家，而且是伟大的马克思主义哲学家，是马克思主义中国化的伟大开拓者。他从青年时代起就酷爱哲学，主张“普及哲学”以改造中国（1917 年 8 月 23 日《致黎锦熙信》），并在第二次国内革命战争前期就开始形成自己的哲学思想。《实践论》和《矛盾论》就是毛泽东哲学思想的重要代表作，是将马克思主义哲学与中国革命实践、中华优秀传统文化相结合的典范之作。“两论”系统地阐明了实践学说和矛盾理论，丰富和发展了马克思主义哲学的认识论和辩证法，不仅为中国共产党的“实事求是”思想路线奠定了理论基础，也在国际上产生了重大影响。

从 1937 年 4 月起，毛泽东应抗日军政大学邀请讲授辩证法唯物论，每周两次，每次半天，直到抗日战争全面爆发而中断。他在讲授前写有 6 万余字的提纲，分为“唯心论与唯物论”“辩证法唯物论”“唯物辩证法”三章，《实践论》和《矛盾论》是其中的两节，约有 3.5 万字，占整个讲授提纲一半多的篇幅，应是当年 7 月和 8 月根据讲课记录稿整理成文。此后在多次印行中不断有修改，收入人民出版社 1951 年版《毛泽东选集》时又经作者亲自修改、校订和审定，并将原来的副标题“认识与实践的关系，理论与实际的关系，知与行的关系”改为“论认识和实践的关系——知和行的关系”。人民出版社1991年出版《毛泽东选集》第二版时，又根据毛泽东生前的嘱托，修改了个别字、词和标点，完善了相关引文和部分注释。

关于《实践论》的写作目的，《毛泽东选集》的编者注介绍说：“在中国共产党内，曾经有一部分教条主义的同志长期拒绝中国革命的经验，否认‘马克思主义不是教条而是行动的指南’这个真理，而只生吞活剥马克思主义书籍中的只言片语，去吓唬人们。还有另一部分经验主义的同志长期拘守于自身的片断经验，不了解理论对于革命实践的重要性，看不见革命的全局，虽然也是辛苦地——但却是盲目地在工作。这两类同志的错误思想，特别是教条主义思想，曾经在一九三一年至一九三四年使得中国革命受了极大的损失，而教条主义者却是披着马克思主义的外衣迷惑了广大的同志。毛泽东的《实践论》，是为着用马克思主义的认识论观点去揭露党内的教条主义和经验主义——特别是教条主义这些主观主义的错误而写的。因为重点是揭露看轻实践的教条主义这种主观主义，故题为《实践论》。”由此可见，《实践论》的写作，乃是为了“用马克思主义的认识论观点去揭露党内的教条主义和经验主义——特别是教条主义这些主观主义的错误”，以更好地指导中国革命的实践。

为此，《实践论》力求从理论上讲清什么是真正的“马克思主义的认识论”，因为无论是教条主义还是经验主义，其错误的根源就在于“完全不懂得马克思主义的认识论”（见《矛盾论》）。文章首先指出，马克思主义认识论的核心要点是突出强调“认识对社会实践的依赖关系”。这种“依赖关系”主要表现在四个方面：第一，实践是认识的来源；第二，实践是认识的目的；第三，实践是认识发展的根本动力和制约因素；第四，实践是检验认识的真理性标准。

为了从根本上阐明“认识对社会实践的依赖关系”，《实践论》从第6段开始，着重通过考察“认识的发展过程”来加以说明。整个“认识的发展过程”可以概括为“三个阶段”和“两次飞跃”，即从感性的认识阶段飞跃到理性的认识阶段，再飞跃到实践阶段。这样的认识发展过程既表明“认识始于经验”，“理性认识依赖于感性认识”；也表明正是由于实践的需要“认识的感性阶段有待于发展到理性阶段”，否则就“不能通观客观过程的全体”，而只能“沾沾自喜于一得之功和一孔之见”，以致“缺乏明确的方针，没有远大的前途”；还表明正是通过从理性认识再回到实践中去，认识和理论才得到检验、证实和发展。总之，认识的发展过程清楚地揭示了“认识对社会实践的依赖关系”。需要注意的是，强调认识对于社会实践的依赖关系并不是否定认识的能动作用，而是更深刻地揭示了这种能动性的根源与动力，人们之所以在认识过程中有两次“飞跃”的能动性，并不是源于人们的主观性，而是源于人们的认识总是基于实践、面向实践、服务于实践。经过这样的论证，《实践论》自然就得出了一个基本的结论，即马克思主义认识论既是“唯物的”又是“辩证的”，因而是“辩证唯物论的认识论”，其根本特点就是“把实践提到第一的地位，认为人的认识一点也不能离开实践，排斥一切否认实践重要性、使认识离开实践的错误理论”。简言之，“实践的观点是辩证唯物论的认识论之第一的和基本的观点”。这就从根本上批驳了教条主义和经验主义，阐明了“认识与实践的关系，理论与实际的关系，知与行的关系”。所以，《实践论》在快结尾时说：“我们的结论是主观和客观、理论和实践、知和行的具体的历史的统一，反对一切离开具体历史的‘左’的或右的错误思想。”

《实践论》之所以“把实践提到第一的地位”从而强调“认识对社会实践的依赖关系”，实是基于这样一个核心观念：所谓认识总是指人的认识，而人总是在“实践”着的人——人们总是在与自然界及他人打交道，在不断改造客观世界和主观世界。人类的实践活动既包括物质生产活动也包括“阶级斗争，政治生活，科学和艺术的活动”等，因而从根本上具有社会性和历史性（包括历史局限性和不断发展两个方面）。正是由于“人”本质上是“实践”的，因而是社会的、历史的，因此不能“离开人的社会性，离开人的历史发展，去观察认识问题”；正是由于人的实践活动“决定其他一切活动”（当然也包括认识活动），因此要从根本上强调“认识对社会实践的依赖关系”。由此可见，《实践论》实际上是从生存实践论高度来讲认识论的，这是一种基于社会实践并面向社会实践的认识论，并且总是基于不断发展的实践来讲不断发展的认识，由于“社会实践中的发生、发展和消灭的过程是无穷的”，因此“人的认识的发生、发展和消灭的过程也是无穷的”。这种观点不仅超越了当时苏联的马克思主义哲学著作和教材，更是对马克思主义经典作家相关论述的创造性发展。尤其是文章最后一部分，把认识向实践的转化从一次性的认识环节提升到认识发展无限推移的理论层面，认为认识与实践不断“循环往复以至无穷，而实践和认识之每一循环的内容，都比较地进到了高一级的程度”，更是把马克思主义认识论的唯物性和辩证性或者说历史性发挥得淋漓尽致。

《实践论》不仅是对马克思主义认识论的发展，也是对中国传统哲学知行观的发展，同时更是这两个方面的创造性结合。文章对我国传统哲学知行观最根本的发展，就是根据马克思主义辩证唯物论，将传统哲学尤其是湖湘哲学传统中如王船山、魏源、曾国藩等人所谓“行”转换成具有社会性和历史性的“实践”。《实践论》通过吸收我国哲学传统中特别强调的“知行合一”观念以及“亲知”等概念更好地论证和发展了马克思主义认识论。所谓“亲知”就是来自亲身实践的认识，通过这个概念，不仅更好地论证了感性认识离不开实践，也说明了理性认识同样不能离开实践而仅靠主观的思维活动，“只有在亲身参加变革现实的实践的斗争中，才能暴露那种或那些事物的本质而理解它们”。另据学者们的研究，在毛泽东之前，未见有人把改造人的主观世界、改造人自身的认识能力列为改造世界的两大任务。这也是通过继承和发展我国哲学知行观特别重视“修身”的传统而对马克思主义认识论的补充和发展。毛泽东在 1921 年 1 月 3 日新民学会新年大会上就提出，学会的活动在重视主义研究的同时“须增‘修养’”（中国革命博物馆、湖南省博物馆编：《新民学会资料》，人民出版社 1980 年版，第 28 页）。

《实践论》在马克思主义中国化方面，不仅表现在理论上总是结合中国革命的具体实践来加以创造性思考和论证，还表现在语言上特别注意大众化，力求深入浅出，简洁明了，通俗易懂。毛泽东在1937年给抗日军政大学做辩证法唯物论系列讲座时明确指出，唯物辩证法虽是一种完备的深刻的科学，但它并非“深奥难懂”，“辩证法之所以使人觉得困难，是因为没有善于讲解的辩证法书”，“所谓善于讲解的书，在于以通俗的言语，讲亲切的经验”（《辩证法唯物论提纲》，天津人民出版社1958年版，第42–43页）。他在1938年10月写的《中国共产党在民族战争中的地位》一文中又指出，要“使马克思主义在中国具体化，使之在其每一表现中带着必须有的中国特性”，必须废止洋八股而“代之以新鲜活泼的、为中国老百姓所喜闻乐见的中国作风和中国气派”（《毛泽东选集》第2卷，人民出版社1991年版，第534页）。《实践论》正是实践这种主张的典范之作。所以习近平总书记在纪念毛泽东同志诞辰120周年座谈会上的讲话中特别指出，毛泽东不仅是“伟大的马克思主义者”，而且是“马克思主义中国化的伟大开拓者”。

毛泽东本人也对《实践论》很满意。他在1956年3月14日谈到自己“对已经发表过的东西，完全满意的很少”，但“《实践论》算是比较满意的”（《毛泽东文集》第7卷，人民出版社1999年版，第15页）。1964年8月24日又说：“关于从实践到感性认识，再从感性认识到理性认识的飞跃的道理，马克思和恩格斯都没有讲清楚，列宁也没有讲清楚。列宁写的《唯物主义和经验批判主义》，只讲清楚了唯物论，没有完全讲清楚认识论。……这个道理中国的古人也没有讲清楚。”（《毛泽东文集》第8卷，人民出版社1999年版，第389–390页）

矛盾论

事物的矛盾法则，即对立统一的法则，是唯物辩证法的最根本的法则。列宁说："就本来的意义讲，辩证法是研究对象的本质自身中的矛盾。"① 列宁常称这个法则为辩证法的本质，又称之为辩证法的核心。② 因此，我们在研究这个法则时，不得不涉及广泛的方面，不得不涉及许多的哲学问题。如果我们将这些问题都弄清楚了，我们就在根本上懂得了唯物辩证法。这些问题是：两种宇宙观；矛盾的普遍性；矛盾的特殊性；主要的矛盾和主要的矛盾方面；矛盾诸方面的同一性和斗争性；对抗在矛盾中的地位。

苏联哲学界在最近数年中批判了德波林学派③的唯心论，这件事引起了我们的极大的兴趣。德波林的唯心论在中国共产党内发生了极坏的影响，我们党内的教条主义思想不能说和这个学派的作风没有关系。因此，我们现在的哲学研究工作，应当以扫除教条主义思想为主要的目标。

一　两种宇宙观

在人类的认识史中，从来就有关于宇宙发展法则的两种见解，一种是形而上学的见解，一种是辩证法的见解，形成了互相对立的两种宇宙观。列宁说："对于发展（进化）所持的两种基本的（或两种可能的？或两种在历史上常见的？）观点是：（一）认为发展是减少和增加，是重复；（二）认为发

① 见列宁《黑格尔〈哲学史讲演录〉一书摘要》（《列宁全集》第55卷，人民出版社1990年版，第213页）。

② 见列宁《谈谈辩证法问题》："统一物之分为两个部分以及对它的矛盾着的部分的认识……，是辩证法的实质（是辩证法的'本质'之一，是它的基本的特点或特征之一，甚至可说是它的基本的特点或特征）。"并参见《黑格尔〈逻辑学〉一书摘要》中关于"辩证法的要素"部分："可以把辩证法简要地规定为关于对立面的统一的学说。这样就会抓住辩证法的核心，可是这需要说明和发挥。"（《列宁全集》第55卷，人民出版社1990年版，第305、192页）

③ 德波林（1881—1963）：苏联哲学家。1929年当选为苏联科学院院士。20世纪30年代初，苏联哲学界发动对德波林学派的批判，认为他们犯了理论脱离实践、哲学脱离政治等唯心主义性质的错误。

展是对立的统一（统一物分成为两个互相排斥的对立，而两个对立又互相关联着）。”① 列宁说的就是这两种不同的宇宙观。

形而上学，亦称玄学。这种思想，无论在中国，在欧洲，在一个很长的历史时间内，是属于唯心论的宇宙观，并在人们的思想中占了统治的地位。在欧洲，资产阶级初期的唯物论，也是形而上学的。由于欧洲许多国家的社会经济情况进到了资本主义高度发展的阶段，生产力、阶级斗争和科学均发展到了历史上未有过的水平，工业无产阶级成为历史发展的最伟大的动力，因而产生了马克思主义的唯物辩证法的宇宙观。于是，在资产阶级那里，除了公开的极端露骨的反动的唯心论之外，还出现了庸俗的进化论，出来对抗唯物辩证法。

所谓形而上学的或庸俗进化论的宇宙观，就是用孤立的、静止的和片面的观点去看世界。这种宇宙观把世界一切事物，一切事物的形态和种类，都看成是永远彼此孤立和永远不变化的。如果说有变化，也只是数量的增减和场所的变更。而这种增减和变更的原因，不在事物的内部而在事物的外部，即是由于外力的推动。形而上学家认为，世界上各种不同事物和事物的特性，从它们一开始存在的时候就是如此。后来的变化，不过是数量上的扩大或缩小。他们认为一种事物永远只能反复地产生为同样的事物，而不能变化为另一种不同的事物。在形而上学家看来，资本主义的剥削，资本主义的竞争，资本主义社会的个人主义思想等，就是在古代的奴隶社会里，甚至在原始社会里，都可以找得出来，而且会要永远不变地存在下去。说到社会发展的原因，他们就用社会外部的地理、气候等条件去说明。他们简单地从事物外部去找发展的原因，否认唯物辩证法所主张的事物因内部矛盾引起发展的学说。因此，他们不能解释事物的质的多样性，不能解释一种质变为他种质的现象。

① 见列宁《谈谈辩证法问题》。新的译文是：“有两种基本的（或两种可能的？或两种在历史上常见的？）发展（进化）观点：认为发展是减少和增加，是重复，以及认为发展是对立面的统一（统一物之分为两个互相排斥的对立面以及它们之间的相互关系）。”（《列宁全集》第55卷，人民出版社1990年版，第306页）

这种思想，在欧洲，在十七世纪和十八世纪是机械唯物论，在十九世纪末和二十世纪初则有庸俗进化论。在中国，则有所谓“天不变，道亦不变”① 的形而上学的思想，曾经长期地为腐朽了的封建统治阶级所拥护。近百年来输入了欧洲的机械唯物论和庸俗进化论，则为资产阶级所拥护。

和形而上学的宇宙观相反，唯物辩证法的宇宙观主张从事物的内部、从一事物对他事物的关系去研究事物的发展，即把事物的发展看做是事物内部的必然的自己的运动，而每一事物的运动都和它的周围其他事物互相联系着和互相影响着。事物发展的根本原因，不是在事物的外部而是在事物的内部，在于事物内部的矛盾性。任何事物内部都有这种矛盾性，因此引起了事物的运动和发展。事物内部的这种矛盾性是事物发展的根本原因，一事物和他事物的互相联系和互相影响则是事物发展的第二位的原因。这样，唯物辩证法就有力地反对了形而上学的机械唯物论和庸俗进化论的外因论或被动论。这是清楚的，单纯的外部原因只能引起事物的机械的运动，即范围的大小，数量的增减，不能说明事物何以有性质上的千差万别及其互相变化。事实上，即使是外力推动的机械运动，也要通过事物内部的矛盾性。植物和动物的单纯的增长，数量的发展，主要地也是由于内部矛盾所引起的。同样，社会的发展，主要地不是由于外因而是由于内因。许多国家在差不多一样的地理和气候的条件下，它们发展的差异性和不平衡性，非常之大。同一个国家吧，在地理和气候并没有变化的情形下，社会的变化却是很大的。帝国主义的俄国变为社会主义的苏联，封建的闭关锁国的日本变为帝国主义的日本，这些国家的地理和气候并没有变化。长期地被封建制度统治的中国，近百年来发生了很大的变化，现在正在变化到一个自由解放的新中国的方向去，中国的地理和气候并没有变化。整个地球及地球各部分的地理和气候也是变化着的，但以它们的变化和社会的变化相比较，则显得很微小，前者是以若干万年为单位而显现其变化的，后者则在几千年、几百年、几十年、甚至几年或几个

① 见《汉书·董仲舒传》。董仲舒（前179—前104）是孔子学派在西汉的主要代表，他曾经对汉武帝说：“道之大原出于天，天不变，道亦不变。”

月（在革命时期）内就显现其变化了。按照唯物辩证法的观点，自然界的变化，主要地是由于自然界内部矛盾的发展。社会的变化，主要地是由于社会内部矛盾的发展，即生产力和生产关系的矛盾，阶级之间的矛盾，新旧之间的矛盾，由于这些矛盾的发展，推动了社会的前进，推动了新旧社会的代谢。唯物辩证法是否排除外部的原因呢？并不排除。唯物辩证法认为外因是变化的条件，内因是变化的根据，外因通过内因而起作用。鸡蛋因得适当的温度而变化为鸡子，但温度不能使石头变为鸡子，因为二者的根据是不同的。各国人民之间的互相影响是时常存在的。在资本主义时代，特别是在帝国主义和无产阶级革命的时代，各国在政治上、经济上和文化上的互相影响和互相激动，是极其巨大的。十月社会主义革命不只是开创了俄国历史的新纪元，而且开创了世界历史的新纪元，影响到世界各国内部的变化，同样地而且还特别深刻地影响到中国内部的变化，但是这种变化是通过了各国内部和中国内部自己的规律性而起的。两军相争，一胜一败，所以胜败，皆决于内因。胜者或因其强，或因其指挥无误，败者或因其弱，或因其指挥失宜，外因通过内因而引起作用。一九二七年中国大资产阶级战败了无产阶级，是通过中国无产阶级内部的（中国共产党内部的）机会主义而起作用的。当着我们清算了这种机会主义的时候，中国革命就重新发展了。后来，中国革命又受了敌人的严重的打击，是因为我们党内产生了冒险主义。当着我们清算了这种冒险主义的时候，我们的事业就又重新发展了。由此看来，一个政党要引导革命到胜利，必须依靠自己政治路线的正确和组织上的巩固。

辩证法的宇宙观，不论在中国，在欧洲，在古代就产生了。但是古代的辩证法带着自发的朴素的性质，根据当时的社会历史条件，还不可能有完备的理论，因而不能完全解释宇宙，后来就被形而上学所代替。生活在十八世纪末和十九世纪初期的德国著名哲学家黑格尔，对于辩证法曾经给了很重要的贡献，但是他的辩证法却是唯心的辩证法。直到无产阶级运动的伟大的活动家马克思和恩格斯综合了人类认识史的积极的成果，特别是批判地吸取了黑格尔的辩证法的合理的部分，创造了辩证唯物论和历史唯物论这个伟大的理论，才在人类认识史上起了一个空前的大革命。后来，经过列宁和斯大林，又发展了这个伟大的理论。这个理论一经传到中国来，就在中国思想界引起了极大的变化。

这个辩证法的宇宙观，主要地就是教导人们要善于去观察和分析各种事物的矛盾的运动，并根据这种分析，指出解决矛盾的方法。因此，具体地了解事物矛盾这一个法则，对于我们是非常重要的。

二　矛盾的普遍性

为了叙述的便利起见，我在这里先说矛盾的普遍性，再说矛盾的特殊性。这是因为马克思主义的伟大的创造者和继承者马克思、恩格斯、列宁、斯大林他们发现了唯物辩证法的宇宙观，已经把唯物辩证法应用在人类历史的分析和自然历史的分析的许多方面，应用在社会的变革和自然的变革（例如在苏联）的许多方面，获得了极其伟大的成功，矛盾的普遍性已经被很多人所承认，因此，关于这个问题只需要很少的话就可以说明白；而关于矛盾的特殊性的问题，则还有很多的同志，特别是教条主义者，弄不清楚。他们不了解矛盾的普遍性即寓于矛盾的特殊性之中。他们也不了解研究当前具体事物的矛盾的特殊性，对于我们指导革命实践的发展有何等重要的意义。因此，关于矛盾的特殊性的问题应当着重地加以研究，并用足够的篇幅加以说明。为了这个缘故，当着我们分析事物矛盾的法则的时候，我们就先来分析矛盾的普遍性的问题，然后再着重地分析矛盾的特殊性的问题，最后仍归到矛盾的普遍性的问题。

矛盾的普遍性或绝对性这个问题有两方面的意义。其一是说，矛盾存在于一切事物的发展过程中；其二是说，每一事物的发展过程中存在着自始至终的矛盾运动。

恩格斯说："运动本身就是矛盾。"① 列宁对于对立统一法则所下的定义，

① 见恩格斯《反杜林论》第一编第十二节《辩证法。量和质》（《马克思恩格斯选集》第 3 卷，人民出版社 1972 年版，第 160 页）。

说它就是“承认（发现）自然界（精神和社会两者也在内）的一切现象和过程都含有互相矛盾、互相排斥、互相对立的趋向”①。这些意见是对的吗？是对的。一切事物中包含的矛盾方面的相互依赖和相互斗争，决定一切事物的生命，推动一切事物的发展。没有什么事物是不包含矛盾的，没有矛盾就没有世界。

矛盾是简单的运动形式（例如机械性的运动）的基础，更是复杂的运动形式的基础。

恩格斯这样说明过矛盾的普遍性：“如果简单的机械的移动本身包含着矛盾，那末，物质的更高的运动形式，特别是有机生命及其发展，就更加包含着矛盾。……生命首先就在于：生物在每一个瞬间是它自身，但却又是别的什么。所以，生命也是存在于物体和过程本身中的不断地自行产生并自行解决的矛盾；这一矛盾一停止，生命亦即停止，于是死就来到。同样，我们看到了，在思维的范围以内我们也不能避免矛盾，并且我们看到了，例如，人的内部无限的认识能力与此种认识能力仅在外部被局限的而且认识上也被局限的个别人们身上的实际的实现二者之间的矛盾，是在人类世代的无穷的——至少对于我们，实际上是无穷的——连续系列之中，是在无穷的前进运动之中解决的。”

“高等数学的主要基础之一，就是矛盾……”

“就是初等数学，也充满着矛盾。……”②

列宁也这样说明过矛盾的普遍性：“在数学中，正和负，微分和积分。

① 见列宁《谈谈辩证法问题》。新的译文是：“承认（发现）自然界的（也包括精神的和社会的）一切现象和过程具有矛盾着的、相互排斥的、对立的倾向。”（《列宁全集》第55卷，人民出版社1990年版，第306页）

② 以上所引恩格斯的三段话，均见恩格斯《反杜林论》第一编第十二节《辩证法。量和质》。其中第二段“高等数学的主要基础之一，就是矛盾……”，在《反杜林论》中的原文是：“我们已经提到，高等数学的主要基础之一是这样一个矛盾：在一定条件下直线和曲线应当是一回事。高等数学还有另一个矛盾：在我们眼前相交的线，只要离开交点五六厘米，就应当认为是平行的、即使无限延长也不会相交的线。可是，高等数学利用这些和其他一些更加尖锐的矛盾获得了不仅是正确的、而且是初等数学所完全不能达到的成果。”（《马克思恩格斯选集》第3卷，人民出版社1972年版，第160-161页）

在力学中，作用和反作用。

在物理学中，阳电和阴电。

在化学中，原子的化合和分解。

在社会科学中，阶级斗争。”①

战争中的攻守，进退，胜败，都是矛盾着的现象。失去一方，他方就不存在。双方斗争而又联结，组成了战争的总体，推动了战争的发展，解决了战争的问题。

人的概念的每一差异，都应把它看作是客观矛盾的反映。客观矛盾反映入主观的思想，组成了概念的矛盾运动，推动了思想的发展，不断地解决了人们的思想问题。

党内不同思想的对立和斗争是经常发生的，这是社会的阶级矛盾和新旧事物的矛盾在党内的反映。党内如果没有矛盾和解决矛盾的思想斗争，党的生命也就停止了。

由此看来，不论是简单的运动形式，或复杂的运动形式，不论是客观现象，或思想现象，矛盾是普遍地存在着，矛盾存在于一切过程中，这一点已经弄清楚了。但是每一过程的开始阶段，是否也有矛盾存在呢？是否每一事物的发展过程具有自始至终的矛盾运动呢？

从苏联哲学界批判德波林学派的文章中看出，德波林学派有这样一种见解，他们认为矛盾不是一开始就在过程中出现，须待过程发展到一定的阶段才出现。那末，在那一时间以前，过程发展的原因不是由于内部的原因，而是由于外部的原因了。这样，德波林回到形而上学的外因论和机械论去了。拿这种见解去分析具体的问题，他们就看见在苏联条件下富农和一般农民之间只有差异，并无矛盾，完全同意了布哈林的意见。在分析法国革命时，他们就认为在革命前，工农资产阶级合组的第三等级中，也只有差异，并无矛盾。德波林学派这类见解是反马克思主义的。他们不知道世界上的每一差异

① 见列宁《谈谈辩证法问题》（《列宁全集》第55卷，人民出版社1990年版，第305-306页）。

中就已经包含着矛盾，差异就是矛盾。劳资之间，从两阶级发生的时候起，就是互相矛盾的，仅仅还没有激化而已。工农之间，即使在苏联的社会条件下，也有差异，它们的差异就是矛盾，仅仅不会激化成为对抗，不取阶级斗争的形态，不同于劳资间的矛盾；它们在社会主义建设中形成巩固的联盟，并在由社会主义走向共产主义的发展过程中逐渐地解决这个矛盾。这是矛盾的差别性的问题，不是矛盾的有无的问题。矛盾是普遍的、绝对的，存在于事物发展的一切过程中，又贯串于一切过程的始终。

新过程的发生是什么呢？这是旧的统一和组成此统一的对立成分让位于新的统一和组成此统一的对立成分，于是新过程就代替旧过程而发生。旧过程完结了，新过程发生了。新过程又包含着新矛盾，开始它自己的矛盾发展史。

事物发展过程的自始至终的矛盾运动，列宁指出马克思在《资本论》中模范地作了这样的分析。这是研究任何事物发展过程所必须应用的方法。列宁自己也正确地应用了它，贯彻于他的全部著作中。

“马克思在《资本论》中，首先分析的是资产阶级社会（商品社会）里最简单的、最普通的、最基本的、最常见的、最平常的、碰到亿万次的关系——商品交换。这一分析在这个最简单的现象之中（资产阶级社会的这个‘细胞’之中）暴露了现代社会的一切矛盾（以及一切矛盾的胚芽）。往后的叙述又向我们表明了这些矛盾和这个社会各个部分总和的自始至终的发展（增长与运动两者）。”

列宁说了上面的话之后，接着说道：“这应该是一般辩证法的……叙述（以及研究）方法。”①

中国共产党人必须学会这个方法，才能正确地分析中国革命的历史和现状，并推断革命的将来。

① 见列宁《谈谈辩证法问题》（《列宁全集》第55卷，人民出版社1990年版，第307页）。

三　矛盾的特殊性

矛盾存在于一切事物发展的过程中，矛盾贯串于每一事物发展过程的始终，这是矛盾的普遍性和绝对性，前面已经说过了。现在来说矛盾的特殊性和相对性。

这个问题，应从几种情形中去研究。

首先是各种物质运动形式中的矛盾，都带特殊性。人的认识物质，就是认识物质的运动形式，因为除了运动的物质以外，世界上什么也没有，而物质的运动则必取一定的形式。对于物质的每一种运动形式，必须注意它和其他各种运动形式的共同点。但是，尤其重要的，成为我们认识事物的基础的东西，则是必须注意它的特殊点，就是说，注意它和其他运动形式的质的区别。只有注意了这一点，才有可能区别事物。任何运动形式，其内部都包含着本身特殊的矛盾。这种特殊的矛盾，就构成一事物区别于他事物的特殊的本质。这就是世界上诸种事物所以有千差万别的内在的原因，或者叫做根据。自然界存在着许多的运动形式，机械运动、发声、发光、发热、电流、化分、化合等等都是。所有这些物质的运动形式，都是互相依存的，又是本质上互相区别的。每一物质的运动形式所具有的特殊的本质，为它自己的特殊的矛盾所规定。这种情形，不但在自然界中存在着，在社会现象和思想现象中也是同样地存在着。每一种社会形式和思想形式，都有它的特殊的矛盾和特殊的本质。

科学研究的区分，就是根据科学对象所具有的特殊的矛盾性。因此，对于某一现象的领域所特有的某一种矛盾的研究，就构成某一门科学的对象。例如，数学中的正数和负数，机械学中的作用和反作用，物理学中的阴电和阳电，化学中的化分和化合，社会科学中的生产力和生产关系、阶级和阶级的互相斗争，军事学中的攻击和防御，哲学中的唯心论和唯物论、形而上学观和辩证法观等等，都是因为具有特殊的矛盾和特殊的本质，才构成了不同的科学研究的对象。固然，如果不认识矛盾的普遍性，就无从发现事物运动发展的普遍的原因或普遍的根据；但是，如果不研究矛盾的特殊性，就无从确定一事物不同于他事物的特殊的本质，就无从发现事物运动发展的特殊的原因，或特殊的根据，也就无从辨别事物，无从区分科学研究的领域。

就人类认识运动的秩序说来，总是由认识个别的和特殊的事物，逐步地扩大到认识一般的事物。人们总是首先认识了许多不同事物的特殊的本质，然后才有可能更进一步地进行概括工作，认识诸种事物的共同的本质。当着人们已经认识了这种共同的本质以后，就以这种共同的认识为指导，继续地向着尚未研究过的或者尚未深入地研究过的各种具体的事物进行研究，找出其特殊的本质，这样才可以补充、丰富和发展这种共同的本质的认识，而使这种共同的本质的认识不致变成枯槁的和僵死的东西。这是两个认识的过程：一个是由特殊到一般，一个是由一般到特殊。人类的认识总是这样循环往复地进行的，而每一次的循环（只要是严格地按照科学的方法）都可能使人类的认识提高一步，使人类的认识不断地深化。我们的教条主义者在这个问题上的错误，就是，一方面，不懂得必须研究矛盾的特殊性，认识各别事物的特殊的本质，才有可能充分地认识矛盾的普遍性，充分地认识诸种事物的共同的本质；另一方面，不懂得在我们认识了事物的共同的本质以后，还必须继续研究那些尚未深入地研究过的或者新冒出来的具体的事物。我们的教条主义者是懒汉，他们拒绝对于具体事物做任何艰苦的研究工作，他们把一般真理看成是凭空出现的东西，把它变成为人们所不能够捉摸的纯粹抽象的公式，完全否认了并且颠倒了这个人类认识真理的正常秩序。他们也不懂得人类认识的两个过程的互相联结——由特殊到一般，又由一般到特殊，他们完全不懂得马克思主义的认识论。

不但要研究每一个大系统的物质运动形式的特殊的矛盾性及其所规定的本质，而且要研究每一个物质运动形式在其发展长途中的每一个过程的特殊的矛盾及其本质。一切运动形式的每一个实在的非臆造的发展过程内，都是不同质的。我们的研究工作必须着重这一点，而且必须从这一点开始。

不同质的矛盾，只有用不同质的方法才能解决。例如，无产阶级和资产阶级的矛盾，用社会主义革命的方法去解决；人民大众和封建制度的矛盾，用民主革命的方法去解决；殖民地和帝国主义的矛盾，用民族革命战争的方法去解决；在社会主义社会中工人阶级和农民阶级的矛盾，用农业集体化和农业机械化的方法去解决；共产党内的矛盾，用批评和自我批评的方法去解决；社会和自然的矛盾，用发展生产力的方法去解决。过程变化，旧过程和旧矛盾消灭，新过程和新矛盾发生，解决矛盾的方法也因之而不同。俄国的二月革命和十月革命所解决的矛盾及其所用以解决矛盾的方法是根本上不相同的。用不同的方法去解决不同的矛盾，这是马克思列宁主义者必须严格地遵守的一个原则。教条主义者不遵守这个原则，他们不了解诸种革命情况的区别，因而也不了解应当用不同的方法去解决不同的矛盾，而只是千篇一律地使用一种自以为不可改变的公式到处硬套，这就只能使革命遭受挫折，或者将本来做得好的事情弄得很坏。

为要暴露事物发展过程中的矛盾在其总体上、在其相互联结上的特殊性，就是说暴露事物发展过程的本质，就必须暴露过程中矛盾各方面的特殊性，否则暴露过程的本质成为不可能，这也是我们作研究工作时必须十分注意的。

一个大的事物，在其发展过程中，包含着许多的矛盾。例如，在中国资产阶级民主革命过程中，有中国社会各被压迫阶级和帝国主义的矛盾，有人民大众和封建制度的矛盾，有无产阶级和资产阶级的矛盾，有农民及城市小资产阶级和资产阶级的矛盾，有各个反动的统治集团之间的矛盾等等，情形是非常复杂的。这些矛盾，不但各各有其特殊性，不能一律看待，而且每一矛盾的两方面，又各各有其特点，也是不能一律看待的。我们从事中国革命的人，不但要在各个矛盾的总体上，即矛盾的相互联结上，了解其特殊性，而且只有从矛盾的各个方面着手研究，才有可能了解其总体。所谓了解矛盾的各个方面，就是了解它们每一方面各占何等特定的地位，各用何种具体形式和对方发生互相依存又互相矛盾的关系，在互相依存又互相矛盾中，以及依存破裂后，又各用何种具体的方法和对方作斗争。研究这些问题，是十分重要的事情。列宁说：马克思主义的最本质的东西，马克思主义的活的灵魂，就在于具体地分析具体的情况。①就是说的这个意思。我们的教条主义者违背列宁的指示，从来不用脑筋具体地分析任何事物，做起文章或演说来，总是空洞无物的八股调，在我们党内造成了一种极坏的作风。

研究问题，忌带主观性、片面性和表面性。所谓主观性，就是不知道客观地看问题，也就是不知道用唯物的观点去看问题。这一点，我在《实践论》一文中已经说过了。所谓片面性，就是不知道全面地看问题。例如：只了解中国一方、不了解日本一方，只了解共产党一方、不了解国民党一方，只了解无产阶级一方、不了解资产阶级一方，只了解农民一方、不了解地主一方，只了解顺利情形一方、不了解困难情形一方，只了解过去一方、不了解将来一方，只了解个体一方、不了解总体一方，只了解缺点一方、不了解成绩一方，只了解原告一方、不了解被告一方，只了解革命的秘密工作一方、不了解革命的公开工作一方，如此等等。一句话，不了解矛盾各方的特点。这就叫做片面地看问题。或者叫做只看见局部，不看见全体，只看见树木，不看见森林。这样，是不能找出解决矛盾的方法的，是不能完成革命任务的，是不能做好所任工作的，是不能正确地发展党内的思想斗争的。孙子论军事说："知彼知己，百战不殆。"②他说的是作战的双方。唐朝人魏徵说过："兼听则明，偏信则暗。"③也懂得片面性不对。可是我们的同志看问题，往往带片面性，这样的人就往往碰钉子。《水浒传》上宋江三打祝家庄，两次都因情况不明，方法不对，打了败仗。后来改变方法，从调查情形入手，于是熟悉了盘陀路，拆散了李家庄、扈家庄和祝家庄的联盟，并且布置了藏在敌人

① 见列宁《共产主义》。在该文中列宁批评匈牙利共产党员库恩·贝拉说："他忽略了马克思主义的精髓，马克思主义的活的灵魂：对具体情况作具体分析。"（《列宁全集》第39卷，人民出版社1986年版，第128页）

② 见《孙子·谋攻》。

③ 魏徵（580—643）：唐代初期的政治活动家和历史学家。该引语见《资治通鉴》卷一百九十二。

营盘里的伏兵，用了和外国故事中所说木马计[1]相像的方法，第三次就打了胜仗。《水浒传》上有很多唯物辩证法的事例，这个三打祝家庄，算是最好的一个。列宁说："要真正地认识对象，就必须把握和研究它的一切方面、一切联系和'媒介'。我们决不会完全地作到这一点，可是要求全面性，将使我们防止错误，防止僵化。"[2] 我们应该记得他的话。表面性，是对矛盾总体和矛盾各方的特点都不去看，否认深入事物里面精细地研究矛盾特点的必要，仅仅站在那里远远地望一望，粗枝大叶地看到一点矛盾的形相，就想动手去解决矛盾（答复问题、解决纠纷、处理工作、指挥战争）。这样的做法，没有不出乱子的。中国的教条主义和经验主义的同志们所以犯错误，就是因为他们看事物的方法是主观的、片面的和表面的。片面性、表面性也是主观性，因为一切客观事物本来是互相联系的和具有内部规律的，人们不去如实地反映这些情况，而只是片面地或表面地去看它们，不认识事物的互相联系，不认识事物的内部规律，所以这种方法是主观主义的。

不但事物发展的全过程中的矛盾运动，在其相互联结上，在其各方情况上，我们必须注意其特点，而且在过程发展的各个阶段中，也有其特点，也必须注意。

事物发展过程的根本矛盾及为此根本矛盾所规定的过程的本质，非到过程完结之日，是不会消灭的；但是事物发展的长过程中的各个发展的阶段，情形又往往互相区别。这是因为事物发展过程的根本矛盾的性质和过程的本质虽然没有变化，但是根本矛盾在长过程中的各个发展阶段上采取了逐渐激化的形式。并且，被根本矛盾所规定或影响的许多大小矛盾中，有些是激化

① 木马计：希腊神话中的一个著名故事。据传说，古希腊人攻打特洛伊城，很久打不下来。后来，他们伪装撤退，在城下营房中留下了一匹腹内藏有一批勇士的大木马。特洛伊人不知道这是敌人的计策，把木马作为战利品拉进城去。深夜，勇士们走出木马，利用特洛伊人毫无戒备的时机，配合城外的军队，迅速地夺取了特洛伊城。

② 见列宁《再论工会、目前局势及托洛茨基同志和布哈林同志的错误》。新的译文是："要真正地认识事物，就必须把握住、研究清楚它的一切方面、一切联系和'中介'。我们永远也不会完全做到这一点，但是，全面性这一要求可以使我们防止犯错误和防止僵化。"（《列宁全集》第40卷，人民出版社1986年版，第291页）

了，有些是暂时地或局部地解决了，或者缓和了，又有些是发生了，因此，过程就显出阶段性来。如果人们不去注意事物发展过程中的阶段性，人们就不能适当地处理事物的矛盾。

例如，自由竞争时代的资本主义发展为帝国主义，这时，无产阶级和资产阶级这两个根本矛盾着的阶级的性质和这个社会的资本主义的本质，并没有变化；但是，两阶级的矛盾激化了，独占资本和自由资本之间的矛盾发生了，宗主国和殖民地的矛盾激化了，各资本主义国家间的矛盾即由各国发展不平衡的状态而引起的矛盾特别尖锐地表现出来了，因此形成了资本主义的特殊阶段，形成了帝国主义阶段。列宁主义之所以成为帝国主义和无产阶级革命时代的马克思主义，就是因为列宁和斯大林正确地说明了这些矛盾，并正确地作出了解决这些矛盾的无产阶级革命的理论和策略。

拿从辛亥革命开始的中国资产阶级民主革命过程的情形来看，也有了若干特殊阶段。特别是在资产阶级领导时期的革命和在无产阶级领导时期的革命，区别为两个很大不同的历史阶段。这就是：由于无产阶级的领导，根本地改变了革命的面貌，引出了阶级关系的新调度，农民革命的大发动，反帝国主义和反封建主义的革命彻底性，由民主革命转变到社会主义革命的可能性，等等。所有这些，都是在资产阶级领导革命时期不可能出现的。虽然整个过程中根本矛盾的性质，过程之反帝反封建的民主革命的性质（其反面是半殖民地半封建的性质），并没有变化，但是，在这长时间中，经过了辛亥革命失败和北洋军阀统治，第一次民族统一战线的建立和一九二四年至一九二七年的革命，统一战线破裂和资产阶级转入反革命，新的军阀战争，土地革命战争，第二次民族统一战线建立和抗日战争等等大事变，二十多年间经过了几个发展阶段。在这些阶段中，包含着有些矛盾激化了（例如土地革命战争和日本侵入东北四省），有些矛盾部分地或暂时地解决了（例如北洋军阀的被消灭，我们没收了地主的土地），有些矛盾重新发生了（例如新军阀之间的斗争，南方各革命根据地丧失后地主又重新收回土地）等等特殊的情形。

研究事物发展过程中的各个发展阶段上的矛盾的特殊性，不但必须在其联结上、在其总体上去看，而且必须从各个阶段中矛盾的各个方面去看。

例如国共两党。国民党方面，在第一次统一战线时期，因为它实行了孙中山的联俄、联共、援助工农的三大政策，所以它是革命的、有朝气的，它是各阶级的民主革命的联盟。一九二七年以后，国民党变到了与此相反的方面，成了地主和大资产阶级的反动集团。一九三六年十二月西安事变后又开始向停止内战、联合共产党共同反对日本帝国主义这个方面转变。这就是国民党在三个阶段上的特点。形成这些特点，当然有种种的原因。中国共产党方面，在第一次统一战线时期，它是幼年的党，它英勇地领导了一九二四年至一九二七年的革命；但在对于革命的性质、任务和方法的认识方面，却表现了它的幼年性，因此在这次革命的后期所发生的陈独秀主义①能够起作用，使这次革命遭受了失败。一九二七年以后，它又英勇地领导了土地革命战争，创立了革命的军队和革命的根据地，但是它也犯过冒险主义的错误，使军队和根据地都受了很大的损失。一九三五年以后，它又纠正了冒险主义的错误，领导了新的抗日的统一战线，这个伟大的斗争现在正在发展。在这个阶段上，共产党是一个经过了两次革命的考验、有了丰富的经验的党。这些就是中国共产党在三个阶段上的特点。形成这些特点也有种种的原因。不研究这些特点，就不能了解两党在各个发展阶段上的特殊的相互关系：统一战线的建立，统一战线的破裂，再一个统一战线的建立。而要研究两党的种种特点，更根本的就必须研究这两党的阶级基础以及因此在各个时期所形成的它们和其他方面的矛盾的对立。例如，国民党在它第一次联合共产党的时期，一方面有和国外帝国主义的矛盾，因而它反对帝国主义；另一方面有和国内人民大众的矛盾，它在口头上虽然允许给予劳动人民以许多的利益，但在实际上则只

① 陈独秀主义：1927年上半年以陈独秀为代表的右倾投降主义错误。当时他放弃对于农民群众、城市小资产阶级和中等资产阶级的领导权，尤其是放弃对于武装力量的领导权，主张一切联合，否认斗争，对国民党右派反共反人民的阴谋活动采取妥协投降的政策，以致第一次国内革命战争遭到失败。同年8月7日，中共中央在汉口召开紧急会议，总结了大革命失败的经验教训，结束了陈独秀右倾投降主义在党中央的统治。

给予很少的利益，或者简直什么也不给。在它进行反共战争的时期，则和帝国主义、封建主义合作反对人民大众，一笔勾销了人民大众原来在革命中所争得的一切利益，激化了它和人民大众的矛盾。现在抗日时期，国民党和日本帝国主义有矛盾，它一面要联合共产党，同时它对共产党和国内人民并不放松其斗争和压迫。共产党则无论在哪一时期，均和人民大众站在一道，反对帝国主义和封建主义；但在现在的抗日时期，由于国民党表示抗日，它对国民党和国内封建势力，也就采取了缓和的政策。由于这些情况，所以或者造成了两党的联合，或者造成了两党的斗争，而且即使在两党联合的时期也有又联合又斗争的复杂的情况。如果我们不去研究这些矛盾方面的特点，我们就不但不能了解这两个党各各和其他方面的关系，也不能了解两党之间的相互关系。

由此看来，不论研究何种矛盾的特性——各个物质运动形式的矛盾，各个运动形式在各个发展过程中的矛盾，各个发展过程的矛盾的各方面，各个发展过程在其各个发展阶段上的矛盾以及各个发展阶段上的矛盾的各方面，研究所有这些矛盾的特性，都不能带主观随意性，必须对它们实行具体的分析。离开具体的分析，就不能认识任何矛盾的特性。我们必须时刻记得列宁的话：对于具体的事物作具体的分析。

这种具体的分析，马克思、恩格斯首先给了我们以很好的模范。

当马克思、恩格斯把这事物矛盾的法则应用到社会历史过程的研究的时候，他们看出生产力和生产关系之间的矛盾，看出剥削阶级和被剥削阶级之间的矛盾以及由于这些矛盾所产生的经济基础和政治及思想等上层建筑之间的矛盾，而这些矛盾如何不可避免地会在各种不同的阶级社会中，引出各种不同的社会革命。

马克思把这一法则应用到资本主义社会经济结构的研究的时候，他看出这一社会的基本矛盾在于生产的社会性和占有制的私人性之间的矛盾。这个矛盾表现于在各别企业中的生产的有组织性和在全社会中的生产的无组织性之间的矛盾。这个矛盾的阶级表现则是资产阶级和无产阶级之间的矛盾。

由于事物范围的极其广大，发展的无限性，所以，在一定场合为普遍性的东西，而在另一一定场合则变为特殊性。反之，在一定场合为特殊性的东西，而在另一一定场合则变为普遍性。资本主义制度所包含的生产社会化和生产资料私人占有制的矛盾，是所有有资本主义的存在和发展的各国所共有的东西，对于资本主义说来，这是矛盾的普遍性。但是资本主义的这种矛盾，乃是一般阶级社会发展在一定历史阶段上的东西，对于一般阶级社会中的生产力和生产关系的矛盾说来，这是矛盾的特殊性。然而，当着马克思把资本主义社会这一切矛盾的特殊性解剖出来之后，同时也就更进一步地、更充分地、更完全地把一般阶级社会中这个生产力和生产关系的矛盾的普遍性阐发出来了。

由于特殊的事物是和普遍的事物联结的，由于每一个事物内部不但包含了矛盾的特殊性，而且包含了矛盾的普遍性，普遍性即存在于特殊性之中，所以，当着我们研究一定事物的时候，就应当去发现这两方面及其互相联结，发现一事物内部的特殊性和普遍性的两方面及其互相联结，发现一事物和它以外的许多事物的互相联结。斯大林在他的名著《论列宁主义基础》一书中说明列宁主义的历史根源的时候，他分析了列宁主义所由产生的国际环境，分析了在帝国主义条件下已经发展到极点的资本主义的诸矛盾，以及这些矛盾使无产阶级革命成为直接实践的问题，并造成了直接冲击资本主义的良好的条件。不但如此，他又分析了为什么俄国成为列宁主义的策源地，分析了沙皇俄国当时是帝国主义一切矛盾的集合点以及俄国无产阶级所以能够成为国际的革命无产阶级的先锋队的原因。这样，斯大林分析了帝国主义的矛盾的普遍性，说明列宁主义是帝国主义和无产阶级革命时代的马克思主义；又分析了沙俄帝国主义在这一般矛盾中所具有的特殊性，说明俄国成了无产阶级革命理论和策略的故乡，而在这种特殊性中间就包含了矛盾的普遍性。斯大林的这种分析，给我们提供了认识矛盾的特殊性和普遍性及其互相联结的模范。

马克思和恩格斯，同样地列宁和斯大林，他们对于应用辩证法到客观现象的研究的时候，总是指导人们不要带上任何的主观随意性，而必须从客观的实际运动所包含的具体的条件，去看出这些现象中的具体的矛盾、矛盾各方面的具体的地位以及矛盾的具体的相互关系。我们的教条主义者因为没有这种研究态度，所以弄得一无是处。我们必须以教条主义的失败为鉴戒，学会这种研究态度，舍此没有第二种研究法。

矛盾的普遍性和矛盾的特殊性的关系，就是矛盾的共性和个性的关系。其共性是矛盾存在于一切过程中，并贯串于一切过程的始终，矛盾即是运动，即是事物，即是过程，也即是思想。否认事物的矛盾就是否认了一切。这是共通的道理，古今中外，概莫能外。所以它是共性，是绝对性。然而这种共性，即包含于一切个性之中，无个性即无共性。假如除去一切个性，还有什么共性呢？因为矛盾的各各特殊，所以造成了个性。一切个性都是有条件地暂时地存在的，所以是相对的。

这一共性个性、绝对相对的道理，是关于事物矛盾的问题的精髓，不懂得它，就等于抛弃了辩证法。

四　主要的矛盾和主要的矛盾方面

在矛盾特殊性的问题中，还有两种情形必须特别地提出来加以分析，这就是主要的矛盾和主要的矛盾方面。

在复杂的事物的发展过程中，有许多的矛盾存在，其中必有一种是主要的矛盾，由于它的存在和发展规定或影响着其他矛盾的存在和发展。

例如在资本主义社会中，无产阶级和资产阶级这两个矛盾着的力量是主要的矛盾；其他的矛盾力量，例如，残存的封建阶级和资产阶级的矛盾，农民小资产者和资产阶级的矛盾，无产阶级和农民小资产者的矛盾，自由资产阶级和垄断资产阶级的矛盾，资产阶级的民主主义和资产阶级的法西斯主义的矛盾，资本主义国家相互间的矛盾，帝国主义和殖民地的矛盾，以及其他的矛盾，都为这个主要的矛盾力量所规定、所影响。

半殖民地的国家如中国，其主要矛盾和非主要矛盾的关系呈现着复杂的情况。

当着帝国主义向这种国家举行侵略战争的时候，这种国家的内部各阶级，除开一些叛国分子以外，能够暂时地团结起来举行民族战争去反对帝国主义。这时，帝国主义和这种国家之间的矛盾成为主要的矛盾，而这种国家内部各阶级的一切矛盾（包括封建制度和人民大众之间这个主要矛盾在内），便都暂时地降到次要和服从的地位。中国一八四〇年的鸦片战争，一八九四年的中日战争，一九〇〇年的义和团战争和目前的中日战争，都有这种情形。

然而在另一种情形之下，则矛盾的地位起了变化。当着帝国主义不是用战争压迫而是用政治、经济、文化等比较温和的形式进行压迫的时候，半殖民地国家的统治阶级就会向帝国主义投降，二者结成同盟，共同压迫人民大众。这种时候，人民大众往往采取国内战争的形式，去反对帝国主义和封建阶级的同盟，而帝国主义则往往采取间接的方式去援助半殖民地国家的反动派压迫人民，而不采取直接行动，显出了内部矛盾的特别尖锐性。中国的辛亥革命战争，一九二四年至一九二七年的革命战争，一九二七年以后的十年土地革命战争，都有这种情形。还有半殖民地国家各个反动的统治集团之间的内战，例如在中国的军阀战争，也属于这一类。

当着国内革命战争发展到从根本上威胁帝国主义及其走狗国内反动派的存在的时候，帝国主义就往往采取上述方法以外的方法，企图维持其统治：或者分化革命阵线的内部，或者直接出兵援助国内反动派。这时，外国帝国主义和国内反动派完全公开地站在一个极端，人民大众则站在另一极端，成为一个主要矛盾，而规定或影响其他矛盾的发展状态。十月革命后各资本主义国家援助俄国反动派，是武装干涉的例子。一九二七年的蒋介石的叛变，是分化革命阵线的例子。

然而不管怎样，过程发展的各个阶段中，只有一种主要的矛盾起着领导的作用，是完全没有疑义的。

由此可知，任何过程如果有多数矛盾存在的话，其中必定有一种是主要的，起着领导的、决定的作用，其他则处于次要和服从的地位。因此，研究任何过程，如果是存在着两个以上矛盾的复杂过程的话，就要用全力找出它的主要矛盾。捉住了这个主要矛盾，一切问题就迎刃而解了。这是马克思研究资本主义社会告诉我们的方法。列宁和斯大林研究帝国主义和资本主义总危机的时候，列宁和斯大林研究苏联经济的时候，也告诉了这种方法。万千的学问家和实行家，不懂得这种方法，结果如堕烟海，找不到中心，也就找不到解决矛盾的方法。

不能把过程中所有的矛盾平均看待，必须把它们区别为主要的和次要的两类，着重于捉住主要的矛盾，已如上述。但是在各种矛盾之中，不论是主要的或次要的，矛盾着的两个方面，又是否可以平均看待呢？也是不可以的。无论什么矛盾，矛盾的诸方面，其发展是不平衡的。有时候似乎势均力敌，然而这只是暂时的和相对的情形，基本的形态则是不平衡。矛盾着的两方面中，必有一方面是主要的，他方面是次要的。其主要的方面，即所谓矛盾起主导作用的方面。事物的性质，主要地是由取得支配地位的矛盾的主要方面所规定的。

然而这种情形不是固定的，矛盾的主要和非主要的方面互相转化着，事物的性质也就随着起变化。在矛盾发展的一定过程或一定阶段上，主要方面属于甲方，非主要方面属于乙方；到了另一发展阶段或另一发展过程时，就互易其位置，这是依靠事物发展中矛盾双方斗争的力量的增减程度来决定的。

我们常常说“新陈代谢”这句话。新陈代谢是宇宙间普遍的永远不可抵抗的规律。依事物本身的性质和条件，经过不同的飞跃形式，一事物转化为他事物，就是新陈代谢的过程。任何事物的内部都有其新旧两个方面的矛盾，形成为一系列的曲折的斗争。斗争的结果，新的方面由小变大，上升为支配的东西；旧的方面则由大变小，变成逐步归于灭亡的东西。而一当新的方面对于旧的方面取得支配地位的时候，旧事物的性质就变化为新事物的性质。由此可见，事物的性质主要地是由取得支配地位的矛盾的主要方面所规定的。取得支配地位的矛盾的主要方面起了变化，事物的性质也就随着起变化。

在资本主义社会中，资本主义已从旧的封建主义社会时代的附庸地位，转化成了取得支配地位的力量，社会的性质也就由封建主义的变为资本主义的。在新的资本主义社会时代，封建势力则由原来处在支配地位的力量转化为附庸的力量，随着也就逐步地归于消灭了，例如英法诸国就是如此。随着生产力的发展，资产阶级由新的起进步作用的阶级，转化为旧的起反动作用的阶级，以至于最后被无产阶级所推翻，而转化为私有的生产资料被剥夺和失去权力的阶级，这个阶级也就要逐步归于消灭了。人数比资产阶级多得多、并和资产阶级同时生长、但被资产阶级统治着的无产阶级，是一个新的力量，它由初期的附属于资产阶级的地位，逐步地壮大起来，成为独立的和在历史上起主导作用的阶级，以至最后夺取政权成为统治阶级。这时，社会的性质，就由旧的资本主义的社会转化成了新的社会主义的社会。这就是苏联已经走过和一切其他国家必然要走的道路。

就中国的情形来说，帝国主义处在形成半殖民地这种矛盾的主要地位，压迫中国人民，中国则由独立国变为半殖民地。然而事情必然会变化，在双方斗争的局势中，中国人民在无产阶级领导之下所生长起来的力量必然会把中国由半殖民地变为独立国，而帝国主义则将被打倒，旧中国必然要变为新中国。

旧中国变为新中国，还包含着国内旧的封建势力和新的人民势力之间的情况的变化。旧的封建地主阶级将被打倒，由统治者变为被统治者，这个阶级也就会要逐步归于消灭。人民则将在无产阶级领导之下，由被统治者变为统治者。这时，中国社会的性质就会起变化，由旧的半殖民地和半封建的社会变为新的民主的社会。

这种互相转化的事情，过去已有经验。统治中国将近三百年的清朝帝国，曾在辛亥革命时期被打倒；而孙中山领导的革命同盟会，则曾经一度取得了胜利。在一九二四年至一九二七年的革命战争中，共产党和国民党联合的南方革命势力，曾经由弱小的力量变得强大起来，取得了北伐的胜利；而称雄一时的北洋军阀则被打倒了。一九二七年，共产党领导的人民力量，受了国民党反动势力的打击，变得很小了；但因肃清了自己内部的机会主义，就又逐步地壮大起来。在共产党领导的革命根据地内，农民由被统治者转化为统治者，地主则作了相反的转化。世界上总是这样以新的代替旧的，总是这样新陈代谢、除旧布新和推陈出新的。

革命斗争中的某些时候，困难条件超过顺利条件，在这种时候，困难是矛盾的主要方面，顺利是其次要方面。然而由于革命党人的努力，能够逐步地克服困难，开展顺利的新局面，困难的局面让位于顺利的局面。一九二七年中国革命失败后的情形，中国红军在长征中的情形，都是如此。现在的中日战争，中国又处在困难地位，但是我们能够改变这种情况，使中日双方的情况发生根本的变化。在相反的情形之下，顺利也能转化为困难，如果是革命党人犯了错误的话。一九二四年至一九二七年的革命的胜利，变为失败了。一九二七年以后在南方各省发展起来的革命根据地，至一九三四年都失败了。

研究学问的时候，由不知到知的矛盾也是如此。当着我们刚才开始研究马克思主义的时候，对于马克思主义的无知或知之不多的情况，和马克思主义的知识之间，互相矛盾着。然而由于努力学习，可以由无知转化为有知，由知之不多转化为知之甚多，由对于马克思主义的盲目性改变为能够自由运用马克思主义。

有人觉得有些矛盾并不是这样。例如，生产力和生产关系的矛盾，生产力是主要的；理论和实践的矛盾，实践是主要的；经济基础和上层建筑的矛盾，经济基础是主要的：它们的地位并不互相转化。这是机械唯物论的见解，不是辩证唯物论的见解。诚然，生产力、实践、经济基础，一般地表现为主要的决定的作用，谁不承认这一点，谁就不是唯物论者。然而，生产关系、理论、上层建筑这些方面，在一定条件之下，又转过来表现其为主要的决定的作用，这也是必须承认的。当着不变更生产关系，生产力就不能发展的时候，生产关系的变更就起了主要的决定的作用。当着如同列宁所说“没有革命的理论，就不会有革命的运动”① 的时候，革命理论的创立和提倡就起了

① 见列宁《俄国社会民主党人的任务》(《列宁全集》第2卷，人民出版社1984年版，第443页)，并见列宁《怎么办?》第一章第四节(《列宁全集》第6卷，人民出版社1986年版，第23页)。

主要的决定的作用。当着某一件事情（任何事情都是一样）要做，但是还没有方针、方法、计划或政策的时候，确定方针、方法、计划或政策，也就是主要的决定的东西。当着政治文化等等上层建筑阻碍着经济基础的发展的时候，对于政治上和文化上的革新就成为主要的决定的东西了。我们这样说，是否违反了唯物论呢？没有。因为我们承认总的历史发展中是物质的东西决定精神的东西，是社会的存在决定社会的意识；但是同时又承认而且必须承认精神的东西的反作用，社会意识对于社会存在的反作用，上层建筑对于经济基础的反作用。这不是违反唯物论，正是避免了机械唯物论，坚持了辩证唯物论。

在研究矛盾特殊性的问题中，如果不研究过程中主要的矛盾和非主要的矛盾以及矛盾之主要的方面和非主要的方面这两种情形，也就是说不研究这两种矛盾情况的差别性，那就将陷入抽象的研究，不能具体地懂得矛盾的情况，因而也就不能找出解决矛盾的正确的方法。这两种矛盾情况的差别性或特殊性，都是矛盾力量的不平衡性。世界上没有绝对地平衡发展的东西，我们必须反对平衡论，或均衡论。同时，这种具体的矛盾状况，以及矛盾的主要方面和非主要方面在发展过程中的变化，正是表现出新事物代替旧事物的力量。对于矛盾的各种不平衡情况的研究，对于主要的矛盾和非主要的矛盾、主要的矛盾方面和非主要的矛盾方面的研究，成为革命政党正确地决定其政治上和军事上的战略战术方针的重要方法之一，是一切共产党人都应当注意的。

五　矛盾诸方面的同一性和斗争性

在懂得了矛盾的普遍性和特殊性的问题之后，我们必须进而研究矛盾诸方面的同一性和斗争性的问题。

同一性、统一性、一致性、互相渗透、互相贯通、互相依赖（或依存）、互相联结或互相合作，这些不同的名词都是一个意思，说的是如下两种情形：第一，事物发展过程中的每一种矛盾的两个方面，各以和它对立着的方面为自己存在的前提，双方共处于一个统一体中；第二，矛盾着的双方，依据一定的条件，各向着其相反的方面转化。这些就是所谓同一性。

列宁说："辩证法是这样的一种学说：它研究对立怎样能够是同一的，又怎样成为同一的（怎样变成同一的），——在怎样的条件之下它们互相转化，成为同一的，——为什么人的头脑不应当把这些对立看作死的、凝固的东西，而应当看作生动的、有条件的、可变动的、互相转化的东西。"①

列宁这段话是什么意思呢？

一切过程中矛盾着的各方面，本来是互相排斥、互相斗争、互相对立的。世界上一切事物的过程里和人们的思想里，都包含着这样带矛盾性的方面，无一例外。单纯的过程只有一对矛盾，复杂的过程则有一对以上的矛盾。各对矛盾之间，又互相成为矛盾。这样地组成客观世界的一切事物和人们的思想，并推使它们发生运动。

如此说来，只是极不同一，极不统一，怎样又说是同一或统一呢？

原来矛盾着的各方面，不能孤立地存在。假如没有和它作对的矛盾的一方，它自己这一方就失去了存在的条件。试想一切矛盾着的事物或人们心中矛盾着的概念，任何一方面能够独立地存在吗？没有生，死就不见；没有死，生也不见。没有上，无所谓下；没有下，也无所谓上。没有祸，无所谓福；没有福，也无所谓祸。没有顺利，无所谓困难；没有困难，也无所谓顺利。没有地主，就没有佃农；没有佃农，也就没有地主。没有资产阶级，就没有无产阶级；没有无产阶级，也就没有资产阶级。没有帝国主义的民族压迫，就没有殖民地和半殖民地；没有殖民地和半殖民地，也就没有帝国主义的民族压迫。一切对立的成分都是这样，因一定的条件，一面互相对立，一面又互相联结、互相贯通、互相渗透、互相依赖，这种性质，叫做同一性。一切

① 见列宁《黑格尔〈逻辑学〉一书摘要》。新的译文是："辩证法是一种学说，它研究对立面怎样才能够同一，是怎样（怎样成为）同一的——在什么条件下它们是相互转化而同一的，——为什么人的头脑不应该把这些对立面看作僵死的、凝固的东西，而应该看作活生生的、有条件的、活动的、彼此转化的东西。"（《列宁全集》第55卷，人民出版社1990年版，第90页）

矛盾着的方面都因一定条件具备着不同一性，所以称为矛盾。然而又具备着同一性，所以互相联结。列宁所谓辩证法研究“对立怎样能够是同一的”，就是说的这种情形。怎样能够呢？因为互为存在的条件。这是同一性的第一种意义。

然而单说了矛盾双方互为存在的条件，双方之间有同一性，因而能够共处于一个统一体中，这样就够了吗？还不够。事情不是矛盾双方互相依存就完了，更重要的，还在于矛盾着的事物的互相转化。这就是说，事物内部矛盾着的两方面，因为一定的条件而各向着和自己相反的方面转化了去，向着它的对立方面所处的地位转化了去。这就是矛盾的同一性的第二种意义。

为什么这里也有同一性呢？你们看，被统治的无产阶级经过革命转化为统治者，原来是统治者的资产阶级却转化为被统治者，转化到对方原来所占的地位。苏联已经是这样做了，全世界也将要这样做。试问其间没有在一定条件之下的联系和同一性，如何能够发生这样的变化呢？

曾在中国近代历史的一定阶段上起过某种积极作用的国民党，因为它的固有的阶级性和帝国主义的引诱（这些就是条件），在一九二七年以后转化为反革命，又由于中日矛盾的尖锐化和共产党的统一战线政策（这些就是条件），而被迫着赞成抗日。矛盾着的东西这一个变到那一个，其间包含了一定的同一性。

我们实行过的土地革命，已经是并且还将是这样的过程，拥有土地的地主阶级转化为失掉土地的阶级，而曾经是失掉土地的农民却转化为取得土地的小私有者。有无、得失之间，因一定条件而互相联结，二者具有同一性。在社会主义条件之下，农民的私有制又将转化为社会主义农业的公有制，苏联已经这样做了，全世界将来也会这样做。私产和公产之间有一条由此达彼的桥梁，哲学上名之曰同一性，或互相转化、互相渗透。

巩固无产阶级的专政或人民的专政，正是准备着取消这种专政，走到消灭任何国家制度的更高阶段去的条件。建立和发展共产党，正是准备着消灭共产党和一切政党制度的条件。建立共产党领导的革命军，进行革命战争，正是准备着永远消灭战争的条件。这许多相反的东西，同时却是相成的东西。

大家知道，战争与和平是互相转化的。战争转化为和平，例如第一次世界大战转化为战后的和平，中国的内战现在也停止了，出现了国内的和平。和平转化为战争，例如一九二七年的国共合作转化为战争，现在的世界和平局面也可能转化为第二次世界大战。为什么是这样？因为在阶级社会中战争与和平这样矛盾着的事物，在一定条件下具备着同一性。

一切矛盾着的东西，互相联系着，不但在一定条件之下共处于一个统一体中，而且在一定条件之下互相转化，这就是矛盾的同一性的全部意义。列宁所谓“怎样成为同一的（怎样变成同一的），——在怎样的条件之下它们互相转化，成为同一的”，就是这个意思。

“为什么人的头脑不应当把这些对立看作死的、凝固的东西，而应当看作生动的、有条件的、可变动的、互相转化的东西”呢？因为客观事物本来是如此的。客观事物中矛盾着的诸方面的统一或同一性，本来不是死的、凝固的，而是生动的、有条件的、可变动的、暂时的、相对的东西，一切矛盾都依一定条件向它们的反面转化着。这种情况，反映在人们的思想里，就成了马克思主义的唯物辩证法的宇宙观。只有现在的和历史上的反动的统治阶级以及为他们服务的形而上学，不是把对立的事物当作生动的、有条件的、可变动的、互相转化的东西去看，而是当作死的、凝固的东西去看，并且把这种错误的看法到处宣传，迷惑人民群众，以达其继续统治的目的。共产党人的任务就在于揭露反动派和形而上学的错误思想，宣传事物的本来的辩证法，促成事物的转化，达到革命的目的。

所谓矛盾在一定条件下的同一性，就是说，我们所说的矛盾乃是现实的矛盾，具体的矛盾，而矛盾的互相转化也是现实的、具体的。神话中的许多变化，例如《山海经》中所说的“夸父追日”，《淮南子》中所说的“羿射九日”，《西游记》中所说的孙悟空七十二变和《聊斋志异》中的许多鬼狐变人的故事等等，这种神话中所说的矛盾的互相变化，乃是无数复杂的现实矛盾的互相变化对于人们所引起的一种幼稚的、想象的、主观幻想的变化，并不是具体的矛盾所表现出来的具体的变化。马克思说："任何神话都是用想象和借助想象以征服自然力，支配自然力，把自然力加以形象化；因而，随着这些自然力之实际上被支配，神话也就消失了。"① 这种神话中的（还有童话中的）千变万化的故事，虽然因为它们想象出人们征服自然力等等，而能够吸引人们的喜欢，并且最好的神话具有"永久的魅力"②（马克思），但神话并不是根据具体的矛盾之一定的条件而构成的，所以它们并不是现实之科学的反映。这就是说，神话或童话中矛盾构成的诸方面，并不是具体的同一性，只是幻想的同一性。科学地反映现实变化的同一性的，就是马克思主义的辩证法。

为什么鸡蛋能够转化为鸡子，而石头不能够转化为鸡子呢？为什么战争与和平有同一性，而战争与石头却没有同一性呢？为什么人能生人不能生出其他的东西呢？没有别的，就是因为矛盾的同一性要在一定的必要的条件之下。缺乏一定的必要的条件，就没有任何的同一性。

为什么俄国在一九一七年二月的资产阶级民主革命和同年十月的无产阶级社会主义革命直接地联系着，而法国资产阶级革命没有直接地联系于社会主义的革命，一八七一年的巴黎公社终于失败了呢？为什么蒙古和中亚细亚的游牧制度又直接地和社会主义联系了呢？为什么中国的革命可以避免资本主义的前途，可以和社会主义直接联系起来，不要再走西方国家的历史老路，不要经过一个资产阶级专政的时期呢？没有别的，都是由于当时的具体条件。一定的必要的条件具备了，事物发展的过程就发生一定的矛盾，而且这种或这些矛盾互相依存，又互相转化，否则，一切都不可能。

同一性的问题如此。那末，什么是斗争性呢？同一性和斗争性的关系是怎样的呢？

① 见马克思《〈政治经济学批判〉导言》（《马克思恩格斯选集》第 2 卷，人民出版社 1972 年版，第 113 页）。

② 见马克思《〈政治经济学批判〉导言》（《马克思恩格斯选集》第 2 卷，人民出版社 1972 年版，第 114 页）。

列宁说："对立的统一（一致、同一、合一），是有条件的、一时的、暂存的、相对的。互相排斥的对立的斗争则是绝对的，正如发展、运动是绝对的一样。"①

列宁这段话是什么意思呢？

一切过程都有始有终，一切过程都转化为它们的对立物。一切过程的常住性是相对的，但是一种过程转化为他种过程的这种变动性则是绝对的。

无论什么事物的运动都采取两种状态，相对地静止的状态和显著地变动的状态。两种状态的运动都是由事物内部包含的两个矛盾着的因素互相斗争所引起的。当着事物的运动在第一种状态的时候，它只有数量的变化，没有性质的变化，所以显出好似静止的面貌。当着事物的运动在第二种状态的时候，它已由第一种状态中的数量的变化达到了某一个最高点，引起了统一物的分解，发生了性质的变化，所以显出显著地变化的面貌。我们在日常生活中所看见的统一、团结、联合、调和、均势、相持、僵局、静止、有常、平衡、凝聚、吸引等等，都是事物处在量变状态中所显现的面貌。而统一物的分解，团结、联合、调和、均势、相持、僵局、静止、有常、平衡、凝聚、吸引等等状态的破坏，变到相反的状态，便都是事物在质变状态中、在一种过程过渡到他种过程的变化中所显现的面貌。事物总是不断地由第一种状态转化为第二种状态，而矛盾的斗争则存在于两种状态中，并经过第二种状态而达到矛盾的解决。所以说，对立的统一是有条件的、暂时的、相对的，而对立的互相排除的斗争则是绝对的。

前面我们曾经说，两个相反的东西中间有同一性，所以二者能够共处于一个统一体中，又能够互相转化，这是说的条件性，即是说在一定条件之下，矛盾的东西能够统一起来，又能够互相转化；无此一定条件，就不能成为矛盾，不能共居，也不能转化。由于一定的条件才构成了矛盾的同一性，所以

① 见列宁《谈谈辩证法问题》。新的译文是："对立面的统一（一致、同一、均势）是有条件的、暂时的、易逝的、相对的。相互排斥的对立面的斗争是绝对的，正如发展、运动是绝对的一样。"（《列宁全集》第55卷，人民出版社1990年版，第306页）

说同一性是有条件的、相对的。这里我们又说，矛盾的斗争贯串于过程的始终，并使一过程向着他过程转化，矛盾的斗争无所不在，所以说矛盾的斗争性是无条件的、绝对的。

有条件的相对的同一性和无条件的绝对的斗争性相结合，构成了一切事物的矛盾运动。

我们中国人常说："相反相成。"① 就是说相反的东西有同一性。这句话是辩证法的，是违反形而上学的。"相反"就是说两个矛盾方面的互相排斥，或互相斗争。"相成"就是说在一定条件之下两个矛盾方面互相联结起来，获得了同一性。而斗争性即寓于同一性之中，没有斗争性就没有同一性。

在同一性中存在着斗争性，在特殊性中存在着普遍性，在个性中存在着共性。拿列宁的话来说，叫做"在相对的东西里面有着绝对的东西"②。

六　对抗在矛盾中的地位

在矛盾的斗争性的问题中，包含着对抗是什么的问题。我们回答道：对抗是矛盾斗争的一种形式，而不是矛盾斗争的一切形式。

在人类历史中，存在着阶级的对抗，这是矛盾斗争的一种特殊的表现。剥削阶级和被剥削阶级之间的矛盾，无论在奴隶社会也好，封建社会也好，资本主义社会也好，互相矛盾着的两阶级，长期地并存于一个社会中，它们互相斗争着，但要待两阶级的矛盾发展到了一定的阶段的时候，双方才取外部对抗的形式，发展为革命。阶级社会中，由和平向战争的转化，也是如此。

炸弹在未爆炸的时候，是矛盾物因一定条件共居于一个统一体中的时

① 见东汉著名史学家班固所著《汉书·艺文志》，原文是："诸子十家，其可观者，九家而已。皆起于王道既微，诸侯力政，时君世主，好恶殊方。是以九家之术，蜂出并作，各引一端，崇其所善，以此驰说，取合诸侯。其言虽殊，辟犹水火，相灭亦相生也。仁之与义，敬之与和，相反而皆相成也。"

② 见列宁《谈谈辩证法问题》。新的译文是："相对中有绝对。"（《列宁全集》第55卷，人民出版社1990年版，第307页）

候。待至新的条件（发火）出现，才发生了爆炸。自然界中一切到了最后要采取外部冲突形式去解决旧矛盾产生新事物的现象，都有与此相仿佛的情形。

认识这种情形，极为重要。它使我们懂得，在阶级社会中，革命和革命战争是不可避免的，舍此不能完成社会发展的飞跃，不能推翻反动的统治阶级，而使人民获得政权。共产党人必须揭露反动派所谓社会革命是不必要的和不可能的等等欺骗的宣传，坚持马克思列宁主义的社会革命论，使人民懂得，这不但是完全必要的，而且是完全可能的，整个人类的历史和苏联的胜利，都证明了这个科学的真理。

但是我们必须具体地研究各种矛盾斗争的情况，不应当将上面所说的公式不适当地套在一切事物的身上。矛盾和斗争是普遍的、绝对的，但是解决矛盾的方法，即斗争的形式，则因矛盾的性质不同而不相同。有些矛盾具有公开的对抗性，有些矛盾则不是这样。根据事物的具体发展，有些矛盾是由原来还非对抗性的，而发展成为对抗性的；也有些矛盾则由原来是对抗性的，而发展成为非对抗性的。

共产党内正确思想和错误思想的矛盾，如前所说，在阶级存在的时候，这是阶级矛盾对于党内的反映。这种矛盾，在开始的时候，或在个别的问题上，并不一定马上表现为对抗性的。但随着阶级斗争的发展，这种矛盾也就可能发展为对抗性的。苏联共产党的历史告诉我们：列宁、斯大林的正确思想和托洛茨基、布哈林等人的错误思想的矛盾，在开始的时候还没有表现为对抗的形式，但随后就发展为对抗的了。中国共产党的历史也有过这样的情形。我们党内许多同志的正确思想和陈独秀、张国焘等人的错误思想的矛盾，在开始的时候也没有表现为对抗的形式，但随后就发展为对抗的了。目前我们党内的正确思想和错误思想的矛盾，没有表现为对抗的形式，如果犯错误的同志能够改正自己的错误，那就不会发展为对抗性的东西。因此，党一方面必须对于错误思想进行严肃的斗争，另方面又必须充分地给犯错误的同志留有自己觉悟的机会。在这样的情况下，过火的斗争，显然是不适当的。但如果犯错误的人坚持错误，并扩大下去，这种矛盾也就存在着发展为对抗性的东西的可能性。

经济上城市和乡村的矛盾，在资本主义社会里面（那里资产阶级统治的城市残酷地掠夺乡村），在中国的国民党统治区域里面（那里外国帝国主义和本国买办大资产阶级所统治的城市极野蛮地掠夺乡村），那是极其对抗的矛盾。但在社会主义国家里面，在我们的革命根据地里面，这种对抗的矛盾就变为非对抗的矛盾，而当到达共产主义社会的时候，这种矛盾就会消灭。

列宁说："对抗和矛盾断然不同。在社会主义下，对抗消灭了，矛盾存在着。"① 这就是说，对抗只是矛盾斗争的一种形式，而不是它的一切形式，不能到处套用这个公式。

七 结论

说到这里，我们可以总起来说几句。事物矛盾的法则，即对立统一的法则，是自然和社会的根本法则，因而也是思维的根本法则。它是和形而上学的宇宙观相反的。它对于人类的认识史是一个大革命。按照辩证唯物论的观点看来，矛盾存在于一切客观事物和主观思维的过程中，矛盾贯串于一切过程的始终，这是矛盾的普遍性和绝对性。矛盾着的事物及其每一个侧面各有其特点，这是矛盾的特殊性和相对性。矛盾着的事物依一定的条件有同一性，因此能够共居于一个统一体中，又能够互相转化到相反的方面去，这又是矛盾的特殊性和相对性。然而矛盾的斗争则是不断的，不管在它们共居的时候，或者在它们互相转化的时候，都有斗争的存在，尤其是在它们互相转化的时候，斗争的表现更为显著，这又是矛盾的普遍性和绝对性。当着我们研究矛盾的特殊性和相对性的时候，要注意矛盾和矛盾方面的主要的和非主要的区

① 见列宁《在尼·布哈林〈过渡时期经济学〉一书上作的批注和评论》。新的译文是："对抗和矛盾完全不是一回事。在社会主义下，对抗将会消失，矛盾仍将存在。"（《列宁全集》第60卷，人民出版社1990年版，第281-282页）

别；当着我们研究矛盾的普遍性和斗争性的时候，要注意矛盾的各种不同的斗争形式的区别。否则就要犯错误。如果我们经过研究真正懂得了上述这些要点，我们就能够击破违反马克思列宁主义基本原则的不利于我们的革命事业的那些教条主义的思想；也能够使有经验的同志们整理自己的经验，使之带上原则性，而避免重复经验主义的错误。这些，就是我们研究矛盾法则的一些简单的结论。

（毛泽东著：《毛泽东选集》第一卷，人民出版社 1991 年版，第 299-337 页。）

评析

此文是毛泽东于 1937 年 8 月根据他当年在抗日军政大学讲授“辩证法唯物论”的记录稿整理而成的。《毛泽东选集》编者注介绍说：“这篇哲学论文，是毛泽东继《实践论》之后，为了同一的目的，即为了克服存在于中国共产党内的严重的教条主义思想而写的，曾在延安的抗日军事政治大学作过讲演。在收入《毛泽东选集》第一版的时候，作者作了部分的补充、删节和修改。”相对于《实践论》而言，《矛盾论》在收入《毛泽东选集》时的改动更大些。

和《实践论》一样，《矛盾论》讲的也是基于唯物辩证法的马克思主义认识论问题，但《实践论》着重讲认识主体是时刻在进行实践的人，《矛盾论》着重讲认识对象是矛盾无时无处不在的客观世界。

《矛盾论》开宗明义地指出，只有“在根本上懂得了唯物辩证法”，尤其是作为“唯物辩证法的最根本的法则”的“事物的矛盾法则，即对立统一的法则”，才能讲清如何认识客观世界和客观事物的问题，从而扫除在党内“发生了极坏的影响”的教条主义等错误思想方法。但要懂得唯物辩证法及其“最根本的法则”，就必须弄清楚几个基本的哲学问题，全文即依这些问题而层层展开。

首先在“两种宇宙观”一节中，作者阐明了唯物辩证法实际上是马克思主义的宇宙观和世界观。它不同于形而上学的根本之处就在于，不“用孤立的、静止的和片面的观点去看世界”，因而不是“简单地从事物外部去找发展的原因”，而是从联系的、发展的、全面的观点看世界，认为任何事物内部都包含了矛盾性并“因此引起了事物的运动和发展”，所以“事物内部的这种矛盾性是事物发展的根本原因，一事物和他事物的互相联系和互相影响则是事物发展的第二位的原因”。简言之，“外因是变化的条件，内因是变化的根据，外因通过内因而起作用”。由此可见，强调事物内部的“矛盾性”作为发展和运动的根本原因同时又重视“一事物和他事物的互相联系和互相影响”，正是唯物辩证法的宇宙观的根本特点。根据这种宇宙观，人们进行认识时就要“善于去观察和分析各种事物的矛盾的运动，并根据这种分析，指出解决矛盾的方法”。由此可见，具体地了解“事物的矛盾法则”既是坚持唯物辩证法的宇宙观与世界观的前提，也是正确认识事物、找出解决办法的前提。

《矛盾论》接着论述矛盾的普遍性。矛盾的普遍性或绝对性是指“矛盾存在于一切事物的发展过程中”并且“每一事物的发展过程中存在着自始至终的矛盾运动”，亦即任何事物及其发展过程无时无刻不包含着矛盾性。这就意味着，注重分析“事物发展过程的自始至终的矛盾运动”乃是“研究任何事物发展过程所必须应用的方法”，马克思与列宁已做出了榜样，因此“中国共产党人必须学会这个方法，才能正确地分析中国革命的历史和现状，并推断革命的将来”。

在此基础之上，《矛盾论》着重论述矛盾的特殊性及其方法论意义，以及特殊性与普遍性的统一问题。此节层层递进，胜义纷呈，篇幅约 8000 字，几占全文的 1/3，足见作者对此问题的高度重视。作者一边分析各层次的矛盾特殊性，一边据此提出认识论方法并结合中国社会和中国革命的实际情况加以举例说明，同时又指出教条主义的错误根源。其中特别值得注意之处有四。第一，强调对不同层次的矛盾特殊性都要具体分析。“不论研究何种矛盾的特性——各个物质运动形式的矛盾，各个运动形式在各个发展过程中的矛盾，各个发展过程的矛盾的各方面，各个发展过程在其各个发展阶段上的矛盾以及各个发展阶段上的矛盾的各方面，研究所有这些矛盾的特性，都不能带主观随意性，必须对它们实行具体的分析。离开具体的分析，就不能认识任何矛盾的特性。”第二，根据列宁的论断强调“马克思主义的最本质的东西，马克思主义的活的灵魂，就在于具体地分析具体的情况”，并说“研究问题，忌带主观性、片面性和表面性”。所谓主观性，“就是不知道客观地看问题，也就是不知道用唯物的观点去看问题”；所谓片面性，“就是不知道全面地看问题”，“或者叫做只看见局部，不看见全体，只看见树木，不看见森林”；所谓表面性，就是“对矛盾总体和矛盾各方的特点都不去看，否认深入事物里面精细地研究矛盾特点的必要，仅仅站在那里远远地望一望，粗枝大叶地看到一点矛盾的形相，就想动手去解决矛盾”。其实，“片面性、表面性也是主观性，因为一切客观事物本来是互相联系的和具有内部规律的”。第三，教条主义就是“完全不懂得马克思主义的认识论”，完全不懂得马克思主义的本质和“活的灵魂”。因此他们“拒绝对于具体事物做任何艰苦的研究工作”，“从来不用脑筋具体地分析任何事物”，“只是千篇一律地使用一种自以为不可改变的公式到处硬套”，“把一般真理看成是凭空出现的东西，把它变成为人们所不能够捉摸的纯粹抽象的公式”，他们实际上就是主观地、片面地、表面地看问题等。第四，强调矛盾的普遍性与特殊性、共性与个性的相互统一。并且要注意，“由于事物范围的极其广大，发展的无限性，所以，在一定场合为普遍性的东西，而在另一一定场合则变为特殊性。反之，在一定场合为特殊性的东西，而在另一一定场合则变为普遍性”，“矛盾的普遍性和矛盾的特殊性的关系，就是矛盾的共性和个性的关系”。

《矛盾论》接着分析在矛盾特殊性问题中的主要矛盾和矛盾的主要方面。所谓主要矛盾，是指“在复杂的事物的发展过程中，有许多的矛盾存在，其中必有一种是主要的矛盾，由于它的存在和发展规定或影响着其他矛盾的存在和发展”。这在认识方法论上意味着，“研究任何过程，如果是存在着两个以上矛盾的复杂过程的话，就要用全力找出它的主要矛盾。捉住了这个主要矛盾，一切问题就迎刃而解了”；这也意味着“不能把过程中所有的矛盾平均看待，必须把它们区别为主要的和次要的两类，着重于捉住主要的矛盾”。同样地，矛盾着的两方面中也“必有一方面是主要的，他方面是次要的。其主要的方面，即所谓矛盾起主导作用的方面”，可以说，“事物的性质主要地是由取得支配地位的矛盾的主要方面所规定的”，“取得支配地位的矛盾的主要方面起了变化，事物的性质也就随着起变化”。因此，在研究矛盾特殊性的问题时，必须特别注意研究主要的矛盾和非主要的矛盾以及矛盾之主要的方面和非主要的方面这两种情形，否则“就将陷入抽象的研究，不能具体地懂得矛盾的情况，因而也就不能找出解决矛盾的正确的方法”。但《矛盾论》也特别提醒说，在事物发展过程中，主要矛盾与次要矛盾尤其是矛盾的主要方面与次要方面在一定条件下是会“互相转化”的。

《矛盾论》又进而研究“矛盾诸方面的同一性和斗争性”问题。所谓矛盾诸方面的“同一性、统一性、一致性、互相渗透、互相贯通、互相依赖（或依存）、互相联结或互相合作”，其实都是指“事物发展过程中的每一种矛盾的两个方面，各以和它对立着的方面为自己存在的前提，双方共处于一个统一体中”，并且“矛盾着的双方，依据一定的条件，各向着其相反的方面转化”，“这种情况，反映在人们的思想里，就成了马克思主义的唯物辩证法的宇宙观”。矛盾的同一性总是“在一定条件下的同一性”，矛盾双方的相互转化也总是要“依据一定的条件”，“缺乏一定的必要的条件，就没有任何的同一性”，也不可能出现相互转化的情况。这说明作者所讲的矛盾“乃是现实的矛盾，具体的矛盾，而矛盾的互相转化也是现实的、具体的”。相反地，矛盾双方的斗争，则“贯串于过程的始终，并使一过程向着他过程转化，矛盾的斗争无所不在，所以说矛盾的斗争性是无条件的、绝对的”。因此可以说，“有条件的相对的同一性和无条件的绝对的斗争性相结合，构成了一切事物的矛盾运动”。我国古人常说的“相反相成”就体现了这个道理：

“相反”就是说两个矛盾方面的互相排斥或互相斗争,“相成”是说在一定条件之下两个矛盾方面互相联结起来,获得了同一性;“而斗争性即寓于同一性之中,没有斗争性就没有同一性”。总之,“在同一性中存在着斗争性,在特殊性中存在着普遍性,在个性中存在着共性”。

《矛盾论》进一步指出,“在矛盾的斗争性的问题中,包含着对抗是什么的问题”。矛盾的斗争性虽是绝对的,但斗争性不一定都要采取对抗的形式。这就意味着,一方面“在阶级社会中,革命和革命战争是不可避免的,舍此不能完成社会发展的飞跃,不能推翻反动的统治阶级,而使人民获得政权”,另一方面又“必须具体地研究各种矛盾斗争的情况,不应当将上面所说的公式不适当地套在一切事物的身上”。也就是说,不能在任何情况下都采取对抗的形式,特别是在事物的发展过程中,“有些矛盾是由原来还非对抗性的,而发展成为对抗性的;也有些矛盾则由原来是对抗性的,而发展成为非对抗性的”,在这种情况下“过火的斗争,显然是不适当的”。这一节实际上是对上节讲矛盾的斗争性是绝对的这个论点的辩证补充。所以本节最后再次强调:“对抗只是矛盾斗争的一种形式,而不是它的一切形式,不能到处套用这个公式。”这个说法具有相当的现实意义。

《矛盾论》在“结论”部分总结上述要点,并说:“如果我们经过研究真正懂得了上述这些要点,我们就能够击破违反马克思列宁主义基本原则的不利于我们的革命事业的那些教条主义的思想;也能够使有经验的同志们整理自己的经验,使之带上原则性,而避免重复经验主义的错误。”这个说法,同样适用于《实践论》,也可以说这是综合《实践论》和《矛盾论》而得出的最后结论。

综观《矛盾论》,我们可以发现此文有四个特点。一是特别注重矛盾的特殊性问题,但都是在强调矛盾的普遍性与特殊性、共性与个性、绝对性与相对性的统一这一前提之下来论述的,因此既突出了重点,又讲得相当辩证。二是特别注重从矛盾的发展过程及其转化角度来分析问题,因此整个《矛盾论》的分析就不是一种抽象的思辨,而是真正把矛盾讲成了“现实的矛盾,具体的矛盾”。这和《实践论》总是从不断发展和生成的角度来讲社会实践的思路是一样的，都是符合辩证法精神的表现。三是特别注重结合中国社会和中国革命的具体实践来说明相关理论问题。这不仅是把中国革命实践作例证，同时也把中国革命的具体实践经验提升到马克思主义认识论层面的过程，丰富并发展了马克思主义的辩证法。四是特别注重结合中华优秀传统文化中的相关论断来说明相关问题。比如引用孙子说的“知彼知己，百战不殆”和魏徵说的“兼听则明，偏信则暗”来说明不能片面地看问题，又说《水浒传》中有很多像三打祝家庄那样的“唯物辩证法的事例”，又引用“新陈代谢”的成语说明“任何事物都有其新旧两个方面的矛盾，并形成为一系列的曲折的斗争”，还引用《汉书·艺文志》中“相反相成”的说法来说明矛盾的同一性与斗争性的统一，等等。事实上，如果我们不拘泥于具体字句，还可发现其中不少说法与王船山的相关思想有着明显的继承关系。这实际上既赋予了中国传统思想以现代新义，又使马克思主义哲学获得了中国传统思想资源的支撑。也正因有了上述四个特点，《矛盾论》对于相关问题的论述不仅超越了同时代的苏联马克思主义学者的著作与教材，而且创造性地完善和发展了马克思主义经典作家的相关论述，把唯物辩证法推向了新的高度，真正成为马克思主义中国化的经典之作。

《实践论》与《矛盾论》共同构成了毛泽东思想的哲学基石，从根本上揭露了主观主义特别是教条主义的错误，这就为抗日战争乃至整个民主革命的胜利奠定了坚实的思想基础，也为中国共产党的“实事求是”思想路线奠定了坚实的哲学基础，并使之成为中国革命的行动指南，也成为中华人民共和国成立后中国人民的一种思维方式和价值取向。中共中央十一届六中全会通过的《关于建国以来党的若干历史问题的决议》把“毛泽东思想的活的灵魂”概括为实事求是、群众路线和独立自主等三个方面，“两论”的核心思想就是坚持实践标准，实事求是，一切从实际出发，具体问题具体分析。邓小平曾说：“中国搞社会主义走了相当曲折的道路。二十年的历史教训告诉我们一条最重要的原则：搞社会主义一定要遵循马克思主义的辩证唯物主义和历史唯物主义，也就是毛泽东同志概括的实事求是，或者说一切从实际出发。”正因如此，习近平总书记2016年在哲学社会科学工作座谈会上的讲话中强调：“毛泽东同志就是一位伟大的哲学家、思想家、社会科学家，他撰写的《矛盾论》《实践论》等哲学名篇至今仍具有重要指导意义。”

刘少奇

刘少奇（1898-1969），湖南宁乡人，伟大的马克思主义者，伟大的无产阶级革命家、政治家、理论家，党和国家主要领导人之一，中华人民共和国开国元勋，党的第一代中央领导集体的重要成员。1920 年加入中国社会主义青年团。1921 年到苏联莫斯科东方大学学习，同年加入中国共产党。1922 年回国后同李立三等人领导安源路矿工人大罢工。1925 年当选为中华全国总工会副委员长。1927 年当选中共中央委员。大革命失败后，他先后在上海、北平、天津、哈尔滨等地领导中共地下工作。1931 年任中共中央职工部部长、全国总工会党团书记，次年任中共福建省委书记。1935 年在遵义会议上支持毛泽东的正确主张。1937 年抗日战争全面爆发后，领导了开创华北敌后抗日根据地的工作，先后任中共中原局书记，新四军政治委员和华中局书记，中共中央书记处书记和中央革命军事委员会副主席，并作了《论共产党员的修养》等著名演讲，丰富了党的建设理论。1945 年在中国共产党第七次全国代表大会上作修改党章的报告，对“毛泽东思想”作了完整概括和系统论述。1947 年任中共中央委员会书记。中华人民共和国成立后，当选为中央人民政府副主席，此后又当选为全国人大常委会委员长、中共中央副主席、中华人民共和国主席兼国防委员会主席。1966 年“文化大革命”开始后受到错误批判，并遭到政治陷害和人身摧残。1969 年病逝。他的主要著作收入人民出版社出版的《刘少奇选集》。

论共产党员的修养
（节选）

刘少奇

同志们！

我要讲的，是共产党员的修养问题。现在来讲讲这个问题，对于党的建设和巩固，不是没有益处的。

一、共产党员为什么要进行修养

共产党员为什么要进行修养呢？

人们为了要生活，就必须和自然界进行斗争，利用自然界来生产物质资料。人们的物质生产，在任何时候、任何条件下，都是社会的生产。所以，人们在社会发展的任何阶段进行生产的时候，都要建立一定的生产关系。人类在和自然界的不断斗争中，不断地改造自然界，同时也不断地改造着人类自己，改造着人们彼此间的关系。人们的本身，人们的社会关系、社会组织形式以及人们的思想意识等，都是在社会的人们和自然界的长年斗争中不断地改造和进步的。在古代，人们的生活样式、社会组织、思想意识等，和现代人们的都不同；而在将来，人们的生活样式、社会组织、思想意识等，又会和现代人们的不同。

人类本身，人类社会，是一种历史发展的过程。当人类社会发展到了一定的历史阶段，就产生了阶级和阶级斗争。在阶级社会中，每个社会成员都作为一定阶级的人而存在，都在一定的阶级斗争的条件下生活。人们的社会存在，决定人们的思想意识。阶级社会中不同阶级的人们的思想意识，反映着不同阶级的地位和利益。在这些不同地位、不同利益、不同思想意识的阶级之间，进行着不断的阶级斗争。这样，人们不但在和自然界的斗争中，而且在社会阶级的斗争中，改造自然界，改造社会，同时也改造着人们自己。

马克思、恩格斯说："无论为了使这种共产主义意识普遍地产生还是为了达到目的本身，都必须使人们普遍地发生变化，这种变化只有在实际运动中，在革命中才有可能实现；因此革命之所以必需，不仅是因为没有任何其他的办法能推翻统治阶级，而且还因为推翻统治阶级的那个阶级，只有在革命中才能抛掉自己身上的一切陈旧的肮脏东西，才能成为社会的新基础。”①这就是说，无产阶级应该自觉地去经受长期的社会革命斗争，并且在这种斗争中改造社会，改造自己。

所以，我们应该把自己看作是需要而且可能改造的。不要把自己看作是不变的、完美的、神圣的，不需要改造的、不可能改造的。我们提出在社会斗争中改造自已的任务，这不是侮辱自己，而是社会发展的客观规律的要求。如果不这样做，我们就不能进步，就不能实现改造社会的任务。

我们共产党员，是近代历史上最先进的革命者，是改造社会、改造世界的现代担当者和推动者。共产党员是在不断同反革命的斗争中去改造社会，改造世界，同时改造自己的。

我们说，共产党员要在同反革命进行各方面的斗争中来改造自己，这就是说，要在这种斗争中求得自己的进步，提高自己革命的品质和能力。由一个幼稚的革命者，变成一个成熟的、老练的、能够“运用自如”地掌握革命规律的革命家，要经过一个很长的革命的锻炼和修养的过程，一个长期改造的过程。一个比较幼稚的革命者，由于他：（一）是从旧社会中生长教养出来的，他总带有旧社会中各种思想意识（包括成见、旧习惯、旧传统）的残余；（二）没有经过长期的革命的实践；因此，他还不能真正深刻地认识敌人，认识自己，认识社会发展和革命斗争的规律性。要改变这种情形，他除开要学习历史上的革命经验（前人的实践）而外，还必须亲自参加到当时的革命的实践中去，在革命的实践中，在同各种反革命进行斗争中，发挥主观的能动性，加紧学习和修养。只有这样，他才能够逐渐深刻地体验和认识社会发展和革命斗争的规律性，才能真正深刻地认识敌人和自己，才能发现自

① 见马克思、恩格斯《德意志意识形态》第1卷第1章《费尔巴哈》（《马克思恩格斯选集》第1卷，人民出版社1972年版，第76-77页）。

己原来不正确的思想、习惯、成见，加以改正，从而提高自己的觉悟，培养革命的品质，改善革命的方法等。

所以，革命者要改造和提高自己，必须参加革命的实践，绝不能离开革命的实践；同时，也离不开自己在实践中的主观努力，离不开在实践中的自我修养和学习。如果没有这后一方面，革命者要求得自己的进步，仍然是不可能的。

比如说吧，几个共产党员一起去参加某种群众的革命斗争，在大体一样的环境和条件下去参加革命实践，这种革命斗争对于这些党员所起的影响，可能完全不是一样的。有的党员进步得很快，甚至原来较落后的赶在前面去了；有的党员进步得很慢；有的党员甚至在斗争中动摇起来，革命的实践对于他没有起前进的影响，他在革命的实践中落后了。这是什么原因呢？

又比如，我们共产党员中有许多人是经过万里长征的，这对于他们是一次严重的锻炼，其中的绝大多数党员都得到了很大的进步。然而长征对于个别党员的影响却是相反的，他们经过长征之后，对这样的艰苦斗争害怕起来了，有的甚至企图退却和逃跑，后来他们果然在外界的引诱下从革命队伍中逃跑了。许多党员同在一起长征，而影响和结果却是这样的不相同。这又是什么原因呢？

这种种现象的产生，从根本上说来，是社会阶级斗争在革命队伍中的反映。我们的党员由于原来的社会出身不同，所受的社会影响不同，因而就有不同的品质。他们对待革命实践各有不同的态度、立场和认识，所以，在革命实践中各有不同的发展方向。就在你们学校中也可以清楚地看到这种情形。你们在学校中受着同样的教育和训练，然而由于你们各有不同的品质，不同的经验，不同的主观努力和修养，因而你们就可能获得不同的甚至相反的结果。因此，革命者在革命斗争中的主观努力和修养，对于改造和提高革命者自己，是完全必需的，决不可少的。

无论是参加革命不久的共产党员，或者是参加革命很久的共产党员，要变成为很好的政治上成熟的革命家，都必须经过长期革命斗争的锻炼，必须在广大群众的革命斗争中，在各种艰难困苦的境遇中，去锻炼自己，总结实践的经验，加紧自己的修养，提高自己的思想能力，不要使自己失去对于新事物的知觉，这样才能使自己变成品质优良、政治坚强的革命家。

孔子说："吾十有五而志于学，三十而立，四十而不惑，五十而知天命，六十而耳顺，七十而从心所欲，不逾矩。"这个封建思想家在这里所说的是他自己修养的过程，他并不承认自己是天生的"圣人"。

另一个封建思想家孟子也说过，在历史上担当"大任"起过作用的人物，都经过一个艰苦的锻炼过程，这就是："必先苦其心志，劳其筋骨，饿其体肤，空乏其身，行拂乱其所为，所以动心忍性，增益其所不能。"共产党员是要担负历史上空前未有的改造世界的"大任"的，所以更必须注意在革命斗争中的锻炼和修养。

我们共产党员的修养，是无产阶级革命家所必需有的修养。我们的修养不能脱离革命的实践，不能脱离广大劳动群众的、特别是无产阶级群众的实际革命运动。

毛泽东同志说："通过实践而发现真理，又通过实践而证实真理和发展真理。从感性认识而能动地发展到理性认识，又从理性认识而能动地指导革命实践，改造主观世界和客观世界。实践、认识、再实践、再认识，这种形式，循环往复以至无穷，而实践和认识之每一循环的内容，都比较地进到了高一级的程度。这就是辩证唯物论的全部认识论，这就是辩证唯物论的知行统一观。"①

我们的党员，不但要在艰苦的、困难的以至失败的革命实践中来锻炼自己，加紧自己的修养，而且要在顺利的、成功的、胜利的革命实践中来锻炼自己，加紧自己的修养。有些党员受不起成功和胜利的鼓励，在胜利中昏头昏脑，因而放肆、骄傲、官僚化，以至动摇、腐化和堕落，完全失去他原有的革命性。这在我们共产党员中，是个别的常见的事。党内这种现象的存在，

① 见毛泽东《实践论》(《毛泽东选集》第1卷，人民出版社1964年版，第273页)。

应该引起我们党员严重的警惕。

在无产阶级革命家出现以前，历代的革命者，一到他们进行的事业得到胜利和成功以后，少有不腐化、不堕落的。他们失去了原有的革命性，成为革命进一步发展的障碍物。在中国近百年的历史中，或者说得更近些，在近五十年的历史中，我们看到许多资产阶级和小资产阶级革命者，在得到了某些成就，爬上了当权的位置以后，就腐化堕落下去。这是由历代革命者的阶级基础所决定的，由过去革命的性质所决定的。在俄国伟大十月社会主义革命以前世界历史上的一切革命，结果总是一个剥削阶级的统治由另一个剥削阶级的统治所代替。所以，历代的革命者，在他们成为统治阶级以后，就失去他们的革命性，反转头来压迫被剥削的群众，这是一种必然的规律。

然而，对于无产阶级革命来说，对于我们共产党来说，无论如何决不能是这样。无产阶级革命是消灭一切剥削、一切压迫、一切阶级的革命。共产党所代表的是被剥削而不剥削别人的无产阶级，它能够使革命进行到底，从人类社会中最后消灭一切剥削，清除一切腐化、堕落的现象。它能够建立有严格组织纪律的党，建立又有集中又有民主的国家机关，经过这样的党和国家机关，领导广大人民群众，来和一切腐化、堕落的现象进行不调和的斗争，不断地从党内和国家机关中清洗那些已经腐化、堕落的分子（不管这种分子是作了多大的“官”），而保持党和国家机关的纯洁。无产阶级革命的这一特点，无产阶级革命党的这一特点，是历代革命和历代革命党所没有的，而且也不能有的。我们的党员必须清楚了解这一特点，特别注意在革命胜利和成功的时候，在群众对自己的信仰和拥护不断提高的时候，更要提高警惕，更要加紧自己的无产阶级意识的修养，始终保持自己纯洁的无产阶级的革命品质，而不蹈历代革命者在成功时的覆辙。

革命实践的锻炼和修养，无产阶级意识的锻炼和修养，对于每一个党员都是重要的，而在取得政权以后更为重要。我们共产党不是天上掉下来的，而是从中国社会中产生的。每个党员都是从中国社会中来的，并且今天还是生活在这个社会中，还经常和这个社会中一切不好的东西接触。不论是无产阶级或是非无产阶级出身的党员，不论是老党员或是新党员，他们会或多或少地带有旧社会的思想意识和习惯，这是不奇怪的。为了保持我们无产阶级的先锋战士的纯洁，提高我们的革命品质和工作能力，每个党员都必须从各方面加强自己的锻炼和修养。

上面讲的就是共产党员为什么要进行修养的缘故。下面我再讲共产党员修养的标准。

二、作马克思和列宁的好学生

按照党章的规定，只要承认党纲、党章，交纳党费，并且在党的一个组织内担负一定工作的人，就可成为党员。不具备这些条件，就不能成为共产党的党员。但是，我们每一个共产党员，不应该只是做一个起码的够格的党员，而应该按照党章的规定力求进步，不断提高自己的觉悟程度，努力学习马克思列宁主义。把伟大的马克思列宁主义创始人一生的言行、事业和品质，作为我们锻炼和修养的模范。

恩格斯在论到马克思的时候说：

"因为马克思首先是一个革命家。以某种方式参加推翻资本主义社会及其所建立的国家制度的事业，参加赖有他才第一次意识到本身地位和要求，意识到本身解放条件的现代无产阶级的解放事业，——这实际上就是他毕生的使命。斗争是他得心应手的事情。而他进行斗争的热烈、顽强和卓有成效，是很少见的。"① 又说："我们之中没有一个人象马克思那样高瞻远瞩，在应当迅速行动的时刻，他总是作出正确的决定，并立即打中要害。"②

斯大林在论到我们应该学习列宁的榜样的时候，曾经说：

"要记住，要爱戴，要学习我们的导师，我们的领袖伊里奇。要照伊里

① 见恩格斯《在马克思墓前的讲话》（《马克思恩格斯选集》第3卷，人民出版社1972年版，第575页）。

② 见恩格斯《恩格斯致约·菲·贝克尔》（1884年10月15日）（《马克思恩格斯选集》第4卷，人民出版社1972年版，第449-450页）。

奇那样去反对、去战胜国内外的敌人。要照伊里奇那样去建设新生活、新风俗和新文化。在工作中决不要拒绝做小事情，因为大事情是由小事情积成的，——这是伊里奇的重要遗训之一。”①

斯大林又说：“选民，人民，应当要求自己的代表始终胜任自己的任务；要求他们在自己的工作中不堕落为政治上的庸人；要求他们始终不愧为列宁式的政治活动家；要求他们成为象列宁那样的明朗和确定的活动家；要求他们象列宁那样在战斗中无所畏惧和对人民的敌人毫不留情；要求他们在事情开始复杂化、在地平线上出现某种危险的时候，毫不惊慌失措，毫无任何类似惊慌失措的迹象，要求他们也象列宁那样没有任何类似惊慌失措的迹象；要求他们在解决复杂问题、需要全面地确定方针、全面地考虑事情的正反方面的时候，也能够象列宁那样英明和从容；要求他们也象列宁那样诚实和正直；要求他们象列宁那样热爱自己的人民。”②

这就是恩格斯对马克思，斯大林对列宁的简要描述。我们每个共产党员，就是要这样去学习马克思和列宁的思想和品质，作马克思和列宁的好学生。

有人说，马克思列宁主义创始人那样伟大的天才革命家的思想和品质，是学习不到的，要把自己的思想和品质提高到马克思列宁主义创始人的思想和品质那样的高度，也是不可能的。他们把马克思列宁主义创始人看成是天生的神秘的人物。这种说法和看法对不对呢？我想是不对的。

我们普通的同志，今天诚然远没有马克思列宁主义创始人那样高的天才，那样渊博的科学的知识，我们大多数的同志在无产阶级革命理论方面不能达到他们那样高深和渊博。但是，我们同志只要真正有决心，真正自觉地始终站在无产阶级先锋战士的岗位，真正具有共产主义的世界观，并且始终不脱离当前无产阶级和一切劳动群众的伟大而深刻的革命运动，努力学习、锻炼和修养，那末，掌握马克思列宁主义的理论和方法，在工作和斗争中培养马

① 见斯大林《致〈工人报〉》（《斯大林全集》第7卷，人民出版社版1958年版，第16页）。

② 见斯大林《在莫斯科市斯大林选区选举前的选民大会上的演说》（《斯大林文选》上卷，人民出版社1962年版，第163-164页）。

克思和列宁那样的作风，不断提高自己的革命品质，成为马克思、列宁式的政治家，这是完全可能的。

《孟子》上有这样一句话："人皆可以为尧舜"，我看这句话说得不错。每个共产党员，都应该脚踏实地，实事求是，努力锻炼，认真修养，尽可能地逐步地提高自己的思想和品质，不应该望到马克思列宁主义创始人那样伟大的革命家的思想和品质，认为高不可攀，就自暴自弃，畏葸不前。如果这样，那就会变成"政治上的庸人"，不可雕的"朽木"。

当然，学习马克思列宁主义创始人的品质，学习马克思列宁主义，应该采取正确的态度。否则，是学习不好的，是学习不到的。事实上，在我们的队伍中，对于这种学习，是有几种不同的人采取几种不同的态度的。

有一种人学习马克思、列宁，不能学习到马克思列宁主义的本质，只是肤浅地学习到马克思列宁主义的词句。他们虽然读了马克思列宁主义的书籍，但是，不能把这些书籍中的马克思列宁主义的原理和结论当作行动的指南，运用到活生生的具体实际问题上去。他们以背诵个别的原理和结论而自满，甚至以"真正"的马克思列宁主义者自居，然而他们决不是真正的马克思列宁主义者，他们的活动方法是和马克思列宁主义完全相反的。

这一种人在中国共产党内曾经是不少的。在过去某一时期内，某些教条主义的代表人，就比上述的情形更坏。这种人根本不懂得马克思列宁主义，而只是胡诌一些马克思列宁主义的术语，自以为是"中国的马克思、列宁"，装作马克思、列宁的姿态在党内出现，并且毫不知耻地要求我们的党员象尊重马克思、列宁那样去尊重他，拥护他为"领袖"，报答他以忠心和热情，他也可以不待别人推举，径自封为"领袖"，自己爬到负责的位置上，家长式地在党内发号施令，企图教训我们党，责骂党内的一切，任意打击、处罚和摆布我们的党员。这种人不是真心学习马克思列宁主义，不是真心为共产主义的实现而斗争，而是党内的投机分子，共产主义运动中的蟊贼。这种人在党内，终归要被党员群众所反对、揭穿和抛弃，是无疑问的。我们的党员也果然抛弃了他们。然而我们是否能够完全自信地说，在我们党内就从此不会再有这种人了呢？我们还不能这样说。

另一种人就完全和前一种人相反。他们首先把自己看作是马克思列宁主义创始人的学生，他们认真地学习马克思列宁主义的理论和方法，掌握马克思列宁主义的精神和实质。他们仰望这些创始人的伟大人格和无产阶级革命家的品质，而在革命斗争中认真地去进行自我修养，去检查自己处事、处人、处己是否合于马克思列宁主义的精神。他们熟读马克思列宁主义的书籍，同时又着重调查和分析活生生的现实，研究自己所处的时代和本国无产阶级所处的各方面情势的特点，把马克思列宁主义的普遍真理和本国革命的具体实践结合起来。他们不以背诵马克思列宁主义的原理和结论为满足，而要站在马克思列宁主义的坚定立场上，掌握马克思列宁主义的方法，身体力行，活泼地去指导一切的革命斗争，改造现实，同时改造他们自己。他们的一切活动，都受着马克思列宁主义一般原理的指导，都是为着无产阶级事业的胜利，民族的和人类的解放，共产主义的成功，而没有其他。

只有这种人的态度，才是正确的态度。用这种态度去学习马克思列宁主义，学习马克思列宁主义创始人的品质，才能使自己成为马克思列宁式的、无产阶级的、共产主义的革命家。

真正刻苦修养，忠实作马克思列宁主义创始人的，学生的人，他所特别注意的，是要象马克思列宁主义创始人那样，站在马克思列宁主义的立场，用马克思列宁主义的观点和方法，去解决无产阶级所领导的革命运动中的各种问题。除此以外，他绝不计较自己在党内地位和声誉的高低，绝不以马克思、列宁自居，绝不要求人家或幻想人家象尊重马克思、列宁那样去尊重他，他认为自己没有这样的权利。然而，正因为他这样做，正因为他在革命斗争中始终是正直忠诚，英勇坚定，并且表现了卓越的能力，他就能够受到党员群众自觉的尊重和拥护。

我们要以马克思列宁主义创始人作为我们的模范来学习，要做他们一个最忠实的最好的学生，当然是不容易的。但是，只要我们有为共产主义事业而艰苦奋斗的坚强意志和决心，在伟大群众革命斗争中刻苦学习马克思列宁主义，善于总结经验，进行各方面的锻炼和修养，终身为无产阶级共产主义事业而奋斗，我们是可以成为马克思列宁主义创始人的最忠实、最好的学生的。

三、共产党员的修养和群众的革命实践

我们要作马克思列宁主义创始人的最忠实、最好的学生，就需要在无产阶级和一切群众的长期而伟大的革命斗争中进行各方面的修养，要有马克思列宁主义理论的修养，要有运用马克思列宁主义的立场、观点和方法去研究和处理各种问题的修养；要有无产阶级的革命战略、战术的修养；要有无产阶级的思想意识和道德品质的修养；要有坚持党内团结、进行批评和自我批评、遵守纪律的修养；要有艰苦奋斗的工作作风的修养；要有善于联系群众的修养，以及各种科学知识的修养等。我们都是共产党员，所以我们大家都无例外地需要进行上述各方面的修养。但是，由于我们党员的政治觉悟、斗争经验、工作岗位、文化程度、社会活动的条件，都各不相同，所以，各个同志需要特别注意修养或者着重注意修养的方面，也就会各有差别。

在中国古时，曾子说过“吾日三省吾身”，这是说自我反省的问题。《诗经》上有这样著名的诗句：“如切如磋，如琢如磨”，这是说朋友之间要互相帮助，互相批评。这一切都说明，一个人要求得进步，就必须下苦工夫，郑重其事地去进行自我修养。但是，古代许多人的所谓修养，大都是唯心的、形式的、抽象的、脱离社会实践的东西。他们片面夸大主观的作用，以为只要保持他们抽象的“善良之心”，就可以改变现实，改变社会和改变自己。这当然是虚妄的。我们不能这样去修养。我们是革命的唯物主义者，我们的修养不能脱离人民群众的革命实践。

对于我们最重要的，是无论怎样都不能脱离当前的人民群众的革命斗争，而是必须结合这种斗争去总结、学习和运用历史上的革命经验。这就是说，要在革命的实践中修养和锻炼，而这种修养和锻炼的唯一目的又是为了人民，

为了革命的实践。这就是说，我们要虚心地学习马克思列宁主义的立场、观点和方法，学习马克思列宁主义创始人的高贵的无产阶级的品质，并且运用到自己的实践中去，运用到自己的生活、言论、行动和工作中去，不断地改正、清洗自己思想意识中的一切与此相反的东西，增强自己无产阶级共产主义的意识和品质。这就是说，我们要虚心地倾听同志们和群众的意见和批评，仔细地研究生活中、工作中的实际问题，细心地总结工作中的经验教训，并且根据这些去检验自己对于马克思列宁主义的了解是否正确，运用马克思列宁主义的方法是否正确，去检查自己的缺点错误而加以纠正，去改进自己的工作。同时，我们要根据新的经验，研究马克思列宁主义有哪些个别结论，在哪些个别方面，需要加以充实、丰富和发展。总之，我们要使马克思列宁主义的普遍真理和具体的革命实践相结合。

这应该是我们共产党员修养的方法。这种马克思列宁主义的修养方法，和其他唯心主义的脱离人民群众的革命实践的修养方法，是完全不同的。

为了坚持这种马克思列宁主义的修养方法，我们必须坚决反对和彻底肃清旧社会在教育和学习中遗留给我们的最大祸害之一——理论和实际的脱离。在旧社会中，有许多人在受教育和学习的时候，认为他们所学的是并不需要照着去做的，甚至认为是不可能照着去做的，他们尽管满篇满口的仁义道德，然而实际上却是彻头彻尾的男盗女娼。国民党反动派尽管熟读“三民主义”①，背诵孙中山的“总理遗嘱”②，然而实际上却横征暴敛，贪污杀戮，压迫民众，反对“世界上以平等待我之民族”，甚至去和民族的敌人妥协，投降敌人。有一个老秀才亲自对我说：孔子说的话只有两句他能做到，那就

① 三民主义，是孙中山对于中国资产阶级民主革命所提出的民族、民权、民生三个问题的原则和纲领。1924 年，孙中山在《中国国民党第一次全国代表大会宣言》中，重新解释三民主义，把旧三民主义发展为联俄、联共、扶助农工三大政策的新三民主义。

② “总理遗嘱”，指中国国民党总理孙中山 1925 年 3 月 11 日病危时的遗嘱。全文如下：“余致力国民革命，凡四十年，其目的在求中国之自由平等。积四十年之经验，深知欲达到此目的，必须唤起民众，及联合世界上以平等待我之民族，共同奋斗。现在革命尚未成功。凡我同志，务须依照余所著建国方略、建国大纲、三民主义及第一次全国代表大会宣言，继续努力，以求贯彻。最近主张开国民会议及废除不平等条约，尤须于最短期间，促其实现。是所至嘱。”

是“食不厌精，脍不厌细”，其余的他都做不到，而且从来也没有准备去做。既然这样，他们还要去办教育，还要去学习那些所谓“圣贤之道”干什么呢？他们的目的就是要升官发财，用这些“圣贤之道”去压迫被剥削者，用满口仁义道德去欺骗人民。这就是旧社会的剥削阶级代表人对于他们所“崇拜”的圣贤的态度。当然，我们共产党员，学习马克思列宁主义，学习我国历史上的一切优秀遗产，完全不能采取这种态度。我们学到的，就必须做到。我们无产阶级革命家忠诚纯洁，不能欺骗自己，不能欺骗人民，也不能欺骗古人。这是我们共产党员的一大特点，也是一大优点。

旧社会的这种遗毒，难道就完全不会影响我们吗？会有影响的！在你们同学中，固然没有人学习马克思列宁主义是为了去升官发财，去压迫被剥削者。然而在你们中难道就没有这样想的人了吗？就是说：他们的思想、言论、行动和生活不一定要受马克思列宁主义原则的指导，他们所学到的原则也不打算全部加以运用。在你们中又难道就没有这样想的人了吗？就是说：他们学习马克思列宁主义，学习高深一些的理论，是为了将来好提高自己的地位，夸耀于人，使自己成为有名的人物。我不能担保，在你们中完全没有这种想法的人。这种想法是不合马克思列宁主义的，不合马克思列宁主义的理论和实践相联系这一根本原则的。我们一定要学习理论，但是学习到的就必须做到，而且是为了用才去学习的，为了党、为了人民、为了革命的胜利才去学习的。

毛泽东同志说：“马克思列宁主义的伟大力量，就在于它是和各个国家具体的革命实践相联系的。对于中国共产党说来，就是要学会把马克思列宁主义的理论应用于中国的具体的环境。成为伟大中华民族的一部分而和这个民族血肉相联的共产党员，离开中国特点来谈马克思主义，只是抽象的空洞的马克思主义。因此，使马克思主义在中国具体化，使之在其每一表现中带着必须有的中国的特性，即是说，按照中国的特点去应用它，成为全党亟待了解并亟须解决的问题。洋八股必须废止，空洞抽象的调头必须少唱，教条主义必须休息，而代之以新鲜活泼的、为中国老百姓所喜闻乐见的中国作风和中国气派。”① 我们的同志必须遵照毛泽东同志在这里所说的方法，去学习马克思列宁主义的理论。

四、理论学习和思想意识修养是统一的

我们共产党员不能把理论学习和思想意识修养互相割裂开来。我们共产党员，不但要在革命的实践中改造自己，锻炼自己的无产阶级思想意识，而且要在学习马克思列宁主义理论的过程中改造自己，锻炼自己的无产阶级思想意识。

在一些共产党员中，有一种比较流行的想法：就是认为坚定而纯洁的无产阶级的共产主义的立场，对于一个共产党员了解和掌握马克思列宁主义的理论和方法，是没有关系的。他们认为一个人的无产阶级立场虽然不很坚定，思想意识虽然不很纯洁（即还残留着非无产阶级的思想意识），也可以彻底了解和真正掌握马克思列宁主义的理论和方法。他们认为，只靠书本学习，只靠书本知识，就可能掌握马克思列宁主义的理论和方法。这种想法是不对的。

马克思列宁主义是无产阶级的革命的科学，是工人阶级建设社会主义和共产主义的科学。只有彻底站在无产阶级立场的人，以无产阶级的理想为理想的人，才能彻底了解和掌握它。没有坚定纯洁的无产阶级的立场和理想，是不能彻底了解和真正掌握马克思列宁主义这门科学的。如果他不是真正的革命者，不是无产阶级的彻底的革命者，不是要在全世界实现社会主义和共产主义，解放全人类，他不想革命，或者不想坚持革命到底，而想半途而废，那末，马克思列宁主义这门科学，对他也是没有用处的，或者是用处不大的。

我们常看到某些由工人出身的最好的党员，虽然对于马克思列宁主义理论的准备比较少，若要考试背诵马克思列宁主义的书籍和公式，他不一定比别人记得多。但是，在他学习马克思列宁主义理论的时候，只要能用他懂得

① 见毛泽东《中国共产党在民族战争中的地位》（《毛泽东选集》第2卷，人民出版社1964年版，第499-500页）。

的话解释给他听，他的兴趣，他所了解的程度，常比某些知识分子出身的党员还要高得多。譬如《资本论》中关于剩余价值一段，对于某些党员来说，是不容易了解的。但是对于这些由工人出身的党员就不同。因为工人在生产中，在同资本家斗争中，深切了解资本家如何计算工资、工时，如何剥削工人取得利润，如何压迫工人等。因此，他也常常比某些其他阶级出身的党员能够更深刻地了解马克思的剩余价值论。我们说，许多由工人阶级出身的党员比较容易接受马克思列宁主义，当然并不是说，他们由于出身关系就是天生的马克思列宁主义者；而是说，一切具有坚定而纯洁的无产阶级立场的同志，一切没有任何个人成见和其他不干净的东西的同志，只要虚心努力地学习马克思列宁主义的理论，切实掌握实事求是的方法，他们在观察和处理各种实际问题的时候，就一定会比其他同志更敏捷而正确。他们在斗争中，也能够更好地洞察真理，能够更勇敢地拥护真理，而没有任何顾虑。

我们也常看到许多非无产阶级出身的党员，由于对待马克思列宁主义的理论学习和思想意识修养之间的关系采取不同的态度，而得到不同的结果。一般地说，这些出身于非无产阶级的党员，在他们参加革命的时候，无产阶级立场不很坚定和明确，思想意识也不很正确和纯洁，还有或多或少的、各种各色的、旧社会的、非无产阶级的思想意识的残余。显然，这些东西都是同马克思列宁主义原则直接相冲突的。但是，由于不同的人采取了不同的态度，因而在这种冲突中也就有了不同的结果。有的人在学习马克思列宁主义的理论的时候，把这种理论学习同他的思想意识的修养正确地结合起来，用马克思列宁主义原则去抵制和克服自己思想意识上的旧东西，这样，他就端正了自己的无产阶级立场，纯洁了自己的思想意识，并且能够运用马克思列宁主义的原则去处理实际问题。这样的党员是很多的。另外有的人则走了相反的道路，他身上的旧东西积累得很多，有许多固习、成见和个人的物欲私念，而又没有改造自己的决心。在他学习马克思列宁主义理论的时候，不是用马克思列宁主义的原则去批判他思想意识中的这些旧东西，相反，他企图用马克思列宁主义的理论作为达到他个人目的的武器，甚至用他原来的成见去歪曲马克思列宁主义的原则，因而他就不能够正确理解马克思列宁主义的原则，不能够掌握马克思列宁主义的精神和实质。在他处理革命斗争中各种实际问题的时候，就会因为他有旧社会的习惯和成见，有个人主义的打算，而患得患失，顾此失彼，徬徨动摇，不能无阻碍地洞察事物，不能勇敢地拥护真理，不自觉地以至自觉地掩蔽和歪曲真理。这种人根本不能正确地运用马克思列宁主义的原则，来指导自己的生活，也就不能敏捷地、正确地、实事求是地用马克思列宁主义的原则，去处理各种实际问题，有时在党组织或别的同志运用马克思列宁主义的原则，正确地解决了实际问题以后，他甚至采取拒绝的态度。这种情形，也并不是怎样少见而奇怪的事情，而是可以常常见到的。

所以，我们可以说：一个共产党员如果没有明确而坚定的无产阶级立场，没有正确而纯洁的无产阶级思想意识，要彻底了解和真正掌握马克思列宁主义的理论和方法，并使之成为自己的革命斗争的武器，是不可能的。这也就是说，一个共产党员要有比较好的马克思列宁主义的理论修养，就必须有崇高的无产阶级的立场。

同时，我们也应该说，一个共产党员如果不努力学习马克思列宁主义的理论和方法，如果不用马克思列宁主义指导自己的思想和行动，他要在一切革命斗争中坚持无产阶级的立场，体现无产阶级的思想意识，这也是不可能的。

在一些共产党员中，还有这样一种想法：就是认为只要自己革命坚决，斗争勇敢，就完全行了，学习不学习马克思列宁主义理论，进行不进行马克思列宁主义理论的修养，都没有什么关系。有的同志甚至认为，只靠家庭出身好，本人成份好，用不着学习马克思列宁主义，也能够成为无产阶级的先进战士。有的同志，虽然一般地承认理论的重要性，但是，他们在工作和斗争中，却从来不认真学习马克思列宁主义。所有这些想法，显然都是不对的。

马克思列宁主义的理论，是我们观察一切现象、处理一切问题的武器，特别是观察一切社会现象、处理一切社会问题的武器。如果我们不能掌握马克思列宁主义的理论武器，我们就不能正确地认识和处理在革命斗争中所遇到的各种问题，就有迷失方向、背离无产阶级革命立场的危险，甚至可能自觉地或者不自觉地成为各种机会主义者，成为资产阶级的俘虏和应声虫。

革命坚决、斗争勇敢，是每一个共产党员必须具备的宝贵品质。共产党员有了这样的品质，还必须在不同的历史时期，在不同的斗争条件下，正确地解决如何革命、如何斗争的问题，才能争取革命的胜利，实现共产主义的最高理想。在进行革命斗争的时候，依靠谁、团结谁、打倒谁的问题；谁是直接的同盟军、谁是间接的同盟军、谁是主要敌人、谁是次要敌人的问题；联合一切可能联合的同盟军，在一定条件下甚至联合次要的敌人，去打倒主要的敌人的问题；在情况发生变化的时候，及时地改变战略和策略的问题，等等，都是必须运用马克思列宁主义才能正确解决的重要问题。如果不掌握马克思列宁主义这个武器，如果没有马克思列宁主义理论的高度修养，要在革命斗争的一切重要问题上，站稳无产阶级的正确立场；要在情况复杂和变化剧烈的环境下，在需要走迂回曲折道路的时候，都能够确定对无产阶级革命事业最有利的方针政策，都能够代表无产阶级革命斗争的整体利益和长远利益，是根本无法做到的。

……

无产阶级不能只是自己解放自己，它必须争取一切劳动人民的解放，争取自己民族的解放，争取人类的解放，才能实现自己的彻底解放。无产阶级必须使整个社会永远摆脱剥削、压迫和阶级斗争，才能使自己获得真正的最后的解放。因此，无产阶级的坚定立场，必须同关门主义、宗派主义严格区别开来。无产阶级和它的政党在进行斗争的时候，必须同广大劳动人民建立密切的联系，同各革命阶级和革命党派建立革命联盟，领导广大劳动群众和一切同盟者同自己一道前进；必须代表广大劳动人民的利益，代表一切革命阶级的利益，代表自己民族的利益，也就是说要代表占本国人口百分之九十几的人民的利益。无产阶级的坚定立场，就是要在任何时候、任何情况下，都代表最大多数人民的最大利益，我们并且要了解这也就是无产阶级的最大的阶级利益。无产阶级的坚定立场，又必须同迁就主义、投降主义严格区别开来。无产阶级和它的政党在进行革命斗争的时候，不但要同地主阶级、资产阶级分清界限，而且要同小资产阶级的革命民主派分清界限，甚至要同劳动群众有所区别；要在革命斗争中始终坚持自己的独立性，不受资产阶级和其他非无产阶级的各种影响；要在革命发展的每个阶段，都把局部利益和整体利益结合起来，把当前利益和长远利益结合起来；要象马克思和恩格斯所说的："一方面，在各国无产者的斗争中，共产党人强调和坚持整个无产阶级的不分民族的共同利益；另一方面，在无产阶级和资产阶级的斗争所经历的各个发展阶段上，共产党人始终代表整个运动的利益。"①

列宁在十九世纪末为组织无产阶级政党而斗争的时候，曾经说："当工人还没有根据各种具体而且确实现实的（当前的）政治事实和事件学会观察现社会中其他各个阶级在其思想、精神和政治生活中的一切表现时，当工人还没有学会在实践中用唯物主义观点来分析和估计一切阶级、阶层和集团的活动和生活中一切方面的表现时，工人群众的意识是不能成为真正的阶级意识的。"② 又说："理想的社会民主党人不应当是工联会的书记而应当是人民的代言人，他们要善于对所有一切专横与压迫的现象有所反应，不管这种现象发生在什么地方，涉及哪一个阶层或哪一个阶级；他们要善于把所有这些现象综合成为一幅警察横暴和资本主义剥削的图画；他们要善于利用一切琐碎的小事来向大家说明自己的社会主义信念和自己的民主主义要求，向大家解释无产阶级解放斗争的世界历史意义。"③ 我们共产党人要实现列宁在这两段话里提出的要求，当然必须不间断地参加革命实践，去增加感性知识，积累实际经验。但是，必须指出，光有感性知识和实际经验，还是不够的。正如毛泽东同志所说的："要完全地反映整个的事物，反映事物的本质，反映

① 见马克思、恩格斯《共产党宣言》（《马克思恩格斯选集》第1卷，人民出版社1972年版，第264页）。
② 见列宁《怎么办?》（《列宁选集》第1卷，人民出版社1972年版，第284页）。
③ 见列宁《怎么办?》（《列宁选集》第1卷，人民出版社1972年版，第294页）。

事物的内部规律性，就必须经过思考作用，将丰富的感觉材料加以去粗取精、去伪存真、由此及彼、由表及里的改造制作工夫，造成概念和理论的系统，就必须从感性认识跃进到理性认识。”①因此，在参加革命实践的同时，必须十分用心地学习马克思列宁主义的理论和方法。

马克思列宁主义理论是国际工人运动经验的总结，是在革命实践中形成又服务于革命实践的理论。只要我们密切联系革命实践，去学习它，运用它，掌握它，我们就能够了解周围事变的内部联系，了解各阶级在目前如何行进和向哪里行进，了解这些阶级在最近的将来如何行进和向哪里行进；我们就能够有确定行动方针的能力，能够对革命运动的前途具有信心。

正是因为马克思列宁主义理论具有这样伟大的作用，所以列宁说：“只有以先进理论为指南的党，才能实现先进战士的作用。”② 共产党员必须使对马克思列宁主义的理论和方法的学习，同思想意识的修养和锻炼，这两者密切地联系起来，绝不应该使两者分割开来。

毛泽东同志经常强调马克思列宁主义理论修养的极大重要性。他说：“在马克思主义看来，理论是重要的，它的重要性充分地表现在列宁说过的一句话：‘没有革命的理论，就不会有革命的运动。’然而马克思主义看重理论，正是，也仅仅是，因为它能够指导行动。”③毛泽东同志不断地提出过，一切有相当研究能力的党员，都要研究马克思列宁主义的理论，研究当前运动的实际情况，研究本国和世界的历史，学会用马克思列宁主义理论指导行动，并且经过他们去教育那些文化水平和理论水平较低的同志。毛泽东同志的这个指示，在任何时候，都应该引起我们全党的注意。

五、共产主义事业是人类历史上空前伟大而艰难的事业

现在来继续讲共产党员在思想意识上的修养。

---

① 见毛泽东《实践论》（《毛泽东选集》第1卷，人民出版社1964年版，第268页）。
② 见列宁《怎么办?》（《列宁选集》第1卷，人民出版社1972年版，第120页）。
③ 见毛泽东《实践论》（《毛泽东选集》第1卷，人民出版社1964年版，第268-269页）。

我们在思想意识上的修养，是一回什么事呢？我认为这在基本上就是每个党员用无产阶级的思想意识去同自己的各种非无产阶级思想意识进行斗争；用共产主义的世界观去同自己的各种非共产主义的世界观进行斗争；用无产阶级的、人民的、党的利益高于一切的原则去同自己的个人主义思想进行斗争。

上述斗争是一种思想上的矛盾的斗争，它是社会阶级斗争的反映。这种斗争的结局，对于我们党员来说，应该是无产阶级的意识克服以至肃清其他各种非无产阶级的意识，是共产主义的世界观克服以至肃清其他各种非共产主义的世界观，是党的、革命的、无产阶级和人类解放的一般利益和目的的思想克服以至肃清个人主义的思想。如果结局不是这样的话，就是后者压倒前者，那末他就会落后，以至失去共产党员的资格。这对于我们党员来说，是一种可怕的危险的结局。

我们共产党人，在党内党外的各种斗争中锻炼着自己的思想，经常地总结和吸取革命实践的经验，检讨自己的思想是否完全适合于马克思列宁主义，是否完全适合于无产阶级解放斗争的利益。在这样的学习、反省和自我检讨中，去肃清自己一切不正确的思想残余以至某些不适合于共产主义利益的最微弱的萌芽。

你们大家知道，人的言论行动，都是有人的思想意识来作指导的。而人的思想意识又常常和他的世界观分不开的。我们共产党员的世界观，只能是共产主义的世界观。这种世界观是无产阶级的思想体系，也就是我们共产党人的方法论。这在马克思列宁主义的文献上，特别是在马克思列宁主义创始人的哲学著作上已经讲得很多，你们也学习过，今天我就不讲了。我在这里只简单地讲一讲我们的事业——共产主义事业到底是什么一回事，我们党员到底要怎样去进行我们的事业。

我们共产党员最基本的责任是什么呢？就是要实现共产主义。对于各国共产党来说，就是要经过各国共产党和各国人民自己的手，去改造自己的国家，从而一步一步地把世界改造成为共产主义的世界。共产主义世界好不好呢？大家知道，那是很好的。在那种世界里，没有剥削者、压迫者，没有地主、资本家，没有帝国主义和法西斯蒂等，也没有受压迫、受剥削的人，没有剥削制度造成的黑暗、愚昧、落后等。在那种社会里，物质生产和精神生产都有高度的蓬蓬勃勃的发展，能够满足所有社会成员的各方面的需要。那时，人类都成为有高等文化程度和技术水平的、大公无私的、聪明的共产主义劳动者，人类中彼此充满了互相帮助、互相亲爱，没有尔虞我诈、互相损害、互相残杀和战争等等不合理的事情。那种社会，当然是人类历史上最好的、最美丽的、最进步的社会。谁个能够说这样的社会不好呢？那末，这样好的共产主义社会是否能够实现呢？我们说，是能够实现的，是必然实现的。关于这一点，马克思列宁主义的理论已经作了无可怀疑的科学的说明。伟大的十月革命的胜利，苏联社会主义建设的成功，也给了我们以事实上的证明。我们的责任，就是要遵循人类社会发展的规律，推动社会主义和共产主义事业不断前进，使社会主义和共产主义社会更快地实现。这就是我们的理想。

但是，在社会主义和共产主义事业前面还站着强大的敌人，必须彻底地、最后地在各方面战胜这些强敌，社会主义和共产主义社会才能实现。共产主义事业的胜利，必须经过一个长期的、艰苦的斗争过程。没有这种斗争，就没有共产主义事业的胜利。自然，这种斗争不是如某些人所说的：是什么“偶然的”社会现象，是某些共产党人所制造出来的事件。而是阶级社会发展的必然现象，是不能避免的阶级斗争。共产党的产生，共产党人的参加、组织和指导这种斗争，也是社会发展中必然的、合乎规律的现象。帝国主义，法西斯蒂，资本家和地主，总之，一切剥削者和压迫者，把世界上绝大多数的人剥削和压迫到不能生存的境地，使得被剥削被压迫的人民群众非联合起来反抗这种剥削和压迫，就不能生存，不能发展。因此，这种斗争乃是完全自然的，不可避免的。

一方面，我们要了解：共产主义事业是人类历史上空前伟大的事业；共产主义要最后地消灭剥削、消灭阶级，要解放全人类，要把人类社会推进到空前未有的、无限光明的、无限美妙的幸福境地。另一方面，我们也应该了解：共产主义事业是人类历史上空前艰难的事业，必须经过长期的艰苦的曲折的斗争，才能战胜最强大的敌人，战胜一切剥削阶级；在取得胜利以后，还要长期地耐心地进行社会经济的改造和思想文化的改造，才能肃清剥削阶级在人民中的一切影响和传统习惯等，并且建立新的社会经济制度、新的共产主义的文化和社会道德。

共产党依靠无产阶级，依靠广大被剥削被压迫的人民大众，用马克思列宁主义指导广大群众进行革命斗争，去推动社会向着共产主义的伟大目标前进，是一定能够获得最后胜利的。因为人类社会发展的历史规律，是必然走向共产主义社会的；因为在世界无产阶级和其他被剥削被压迫的人民大众中，蕴藏着极伟大的革命的力量，这种力量的发动、团结和组织起来，是能够战胜一切剥削阶级和帝国主义反动势力的；因为共产党和无产阶级是正在产生着和正在发展着的新事物，而正在产生、正在发展的新事物，是不可战胜的。中国共产党的全部历史，世界共产主义运动的全部历史，已经充分地证明了这一点。就目前的情势来说，社会主义已经在世界六分之一的地面上——苏联获得了伟大的胜利，在许多国家中已经组织了有马克思列宁主义理论武装的战斗的共产党，全世界的共产主义运动正处在迅速生长和发展的过程中，世界无产阶级和其他被剥削被压迫的人民大众的力量，也正在不断的斗争中迅速地发动和团结起来。现在，共产主义运动已经在全世界组织成为雄伟的不可战胜的力量了。共产主义事业要继续发展，继续前进，以至获得最后的完全的胜利，是毫无疑问的。然而，我们还必须了解：国际反动势力和剥削阶级的力量，今天还比我们强大，它们在许多方面暂时还占着优势，我们要战胜它，还需要经过长期的、曲折的、艰难的斗争过程。

在数千年来生产资料私有制的社会中，由于剥削阶级统治人类的结果，剥削阶级给自己造成了各方面极大的权力，霸占了世界上的一切。他们的长期统治，在人类社会中造成了长期存在着的各种落后、愚昧、自私自利、尔虞我诈、互相损害、互相残杀等现象，给被剥削阶级的群众和社会中的人们带来了极坏的影响。这是剥削阶级为了维护它们的阶级利益和阶级统治所必然造成的结果。因为没有被剥削阶级群众和殖民地民族的落后、散漫和分裂，剥削阶级的统治地位就不能维持。因此，我们为了要获得胜利，就不但要和剥削阶级进行严重的斗争，而且要和剥削阶级在群众中长期造成的影响，要和群众中的落后意识、落后现象进行斗争，才能提高群众的觉悟，团结广大的群众去战胜剥削阶级。这就是我们在实现共产主义事业过程中的困难之所在。同志们！假若象某种人所设想的那样，群众都是觉悟的、团结的，在群众中不存在剥削阶级的影响和落后的现象，那末革命还有什么困难呢？

这种剥削阶级的影响，不但在革命胜利以前存在，就是在革命胜利以后，在被剥削阶级把剥削阶级从统治地位上推翻以后的很长时期内，也是仍然存在的。你们可以想一想，要最后地战胜剥削阶级及其在人民中的影响，要解放和改造全人类，要改造千百万的小商品生产者，要最终地消灭阶级，要把数千年来生活在阶级社会中受了各种旧习惯、旧传统影响的人类逐渐地改造过来，提高成为有高等文化程度和技术水平的、聪明的、大公无私的、共产主义的人类，这中间要经过多少曲折的过程，多么艰难的工作和斗争呵！

……

由此看来，无产阶级即使在革命胜利以后，也还有极困难的任务需要解决。无产阶级革命，和过去历史上的一切革命是不同的。比如资产阶级的革命，通常是以获取政权来完成的。而对于无产阶级，则在政治上获得解放，获得胜利，还仅仅是革命的开始，极大的工作还在革命胜利以后，还在取得政权以后。

共产主义事业，真如我们所说的是“百年大业”，是决不能“一蹴而就”的。它在各种不同的国家，需要经过各种不同的阶段，战胜各种不同的敌人，才能逐渐地最后达到共产主义社会。例如在我们中国，现在还是处在资产阶级民主革命的阶段，它的敌人是侵略中国的帝国主义以及和帝国主义相勾结的封建买办势力。必须战胜这些敌人，才能够完成我国的资产阶级民主革命。资产阶级民主革命胜利以后，还要进行社会主义革命，还要长时期地进行社会主义改造和社会主义建设的工作，才能逐渐地过渡到共产主义社会去。

实现共产主义，既然是我们共产党人奋斗的最终目标，在实现共产主义事业的过程中克服各种困难，也就是我们共产党人很自然的责任。

正因为共产主义事业是这样伟大而艰难的事业，所以至今还有些追求社会进步的人怀疑共产主义，对共产主义的实现还没有信心。他们不相信人类在无产阶级和它的政党的领导下，是能够发展和改造成为高度纯洁的共产主义的人类，不相信革命和建设过程中一系列的困难是能够克服的。他们或者没有估计到这种困难，或者在实际上遇到困难的时候，就悲观失望起来，甚至有的共产党员因此而从共产主义队伍中动摇出去。

我们共产党员，应该有最伟大的气魄和革命的决心。每一个党员都应该愉快而严肃地下定自己的决心，来担负实现共产主义这种人类历史上空前伟大而艰难的任务。我们清楚地看到共产主义事业实现过程中的困难，同时，我们又清楚地了解这种困难是一定能够在千百万群众的革命发动中完全克服的，绝不为困难所吓倒。我们有广大的人民群众作依靠，完全有信心在我们这一代完成共产主义事业中一段大工程，同时也完全相信我们的后代能够完满地完成这个伟大事业的全部工程。我们共产党员这种伟大的胸怀和气魄，是人类过去历史上任何阶级的英雄豪杰所不可能有的。在这一点上，我们是完全可以自豪的。

……

我们共产党员，要有最伟大的理想、最伟大的奋斗目标，同时，又要有实事求是的精神和最切实的实际工作。这是我们共产党员的特点。如果只有伟大而高尚的理想，而没有实事求是的精神和切实的实际工作，那就不是一个好共产党员，那只能是空想家、空谈家或学究。相反，如果只有实际工作，没有伟大而高尚的共产主义理想，那也不是好共产党员，而是庸庸碌碌的事务主义者。只有把伟大而高尚的共产主义理想和切实的实际工作、实事求是的精神统一起来，才能成为一个好的共产党员。这就是我们党的领袖毛泽东同志经常强调的作一个好的共产党员的标准。

共产主义的理想是美丽的，而今天资本主义世界的现实是丑恶的。正因为它丑恶，所以绝大多数的人们才要求改造它，不能不改造它。我们改造世界，不能离开现实，不能不顾现实，更不能逃避现实，也不能向丑恶的现实投降。我们正视现实，认识现实，在现实中求得生存和发展，向丑恶的现实斗争，改造现实，逐步地达到我们的理想。所以，共产党员应该从眼前所处的环境，眼前所接触的人们，眼前所能进行的工作，来开始和开辟我们改造世界的共产主义事业的伟大工作。在这里，我们应该批评某些青年同志所常犯的一种毛病，就是他们总想逃避现实或者不顾现实的那种毛病。他们有高尚的理想，这是很好的；但是他们常觉得这里不好，那里也不好，这种工作不好，那种工作也不好。他们总想找到一个能够合于他们“理想”的地方和工作，以便他们顺利地去“改造世界”。然而，这种地方和这种工作是没有的。这只是他们的空想。

共产主义事业是我们的终身事业。我们终身的一切活动，都是为了这个事业，而不是为了别的。

六、党员个人利益无条件地服从党的利益

个人利益服从党的利益，地方党组织的利益服从全党的利益，局部的利益服从整体的利益，暂时的利益服从长远的利益，这是共产党员必须遵循的马克思列宁主义的原则。

共产党员必须清楚地确定个人利益和党的利益之间的正确关系。

共产党是无产阶级的政党，除开无产阶级解放的利益以外，共产党没有它自己特殊的利益。无产阶级的最后解放，必然是全人类的最后解放。无产阶级如果不能解放一切劳动人民，解放一切民族，即解放全人类，那末，无产阶级就不能完全解放自己。无产阶级解放的利益同一切劳动人民解放的利益，同一切被压迫民族解放的利益，同全人类解放的利益，是一致的，分不开的。因此，无产阶级解放的利益，人类解放的利益，共产主义的利益，社会发展的利益，就是共产党的利益。党员个人的利益服从党的利益，也就是服从阶级解放和民族解放的、共产主义的、社会发展的利益。

毛泽东同志说：“共产党员无论何时何地都不应以个人利益放在第一位，而应以个人利益服从于民族的和人民群众的利益。因此，自私自利，消极怠

工，贪污腐化，风头主义等等，是最可鄙的；而大公无私，积极努力，克己奉公，埋头苦干的精神，才是可尊敬的。”①

一个共产党员，在任何情况下，能够不能够把自己个人的利益绝对地无条件地服从党的利益，是考验这个党员是否忠于党、忠于革命和共产主义事业的标准。

一个共产党员，在任何时候、任何问题上，都应该首先想到党的整体利益，都要把党的利益摆在前面，把个人问题、个人利益摆在服从的地位。党的利益高于一切，这是我们党员的思想和行动的最高原则。根据这个原则，在每个党员的思想和行动中，都要使自己的个人利益和党的利益完全一致。在个人利益和党的利益不一致的时候，能够毫不踌躇、毫不勉强地服从党的利益，牺牲个人利益。为了党的、无产阶级的、民族解放和人类解放的事业，能够毫不犹豫地牺牲个人利益，甚至牺牲自己的生命，这就是我们常说的“党性”或“党的观念”“组织观念”的一种表现。这就是共产主义道德的最高表现，就是无产阶级政党原则性的最高表现，就是无产阶级意识纯洁的最高表现。

我们的党员不应该有离开党的利益而独立的个人目的。党员个人的目的只能是和党的利益相一致的。如果我们的党员把学习马克思列宁主义的理论，加强自己的工作能力，建立各种革命的组织，领导广大群众进行胜利的革命斗争等，作为自己的目的，把为党做更多的工作，作为自己的目的，那末，共产党员这种个人目的和党的利益是一致的。党正需要许多这样的党员和干部。但是除此以外，党员就不应该有个人地位、个人名誉、个人英雄主义以及其他个人打算等等个人的独立目的，否则，就会使自己离开党的利益，以致走到在党内进行投机。

在一个共产党员的思想意识中，如果只有党的共产主义的利益和目的，真正大公无私，没有离开党而独立的个人目的和私人打算；如果他能够在

① 见毛泽东《中国共产党在民族战争中的地位》（《毛泽东选集》第2卷，人民出版社1964年版，第488页）。

革命的实践中，在马克思列宁主义的学习中，不断地提高自己的觉悟，那末：

第一，他就可能有很好的共产主义的道德。因为他有明确坚定的无产阶级立场，所以他能够对一切同志、革命者、劳动人民表示他的忠诚热爱，无条件地帮助他们，平等地看待他们，不肯为着自己的利益去损害他们中间的任何人。他能够“将心比心”，设身处地为人家着想，体贴人家。另一方面，他对待人类的蟊贼，能够坚决地进行斗争，能够为保卫党的、无产阶级的、民族解放和人类解放的利益而和敌人进行坚持的战斗。他“先天下之忧而忧，后天下之乐而乐”。在党内、在人民中，他吃苦在前，享受在后，不同别人计较享受的优劣，而同别人比较革命工作的多少和艰苦奋斗的精神。他能够在患难时挺身而出，在困难时尽自己最大的责任。他有“富贵不能淫、贫贱不能移、威武不能屈”的革命坚定性和革命气节。

第二，他也可能有最大的革命勇敢。因为他没有任何私心，所以他无所畏惧。他没有做过“亏心事”，他的错误缺点能够自己公开，勇敢改正，有如“日月之食”①。他理直气壮，永远不怕真理，勇敢地拥护真理，把真理告诉别人，为真理而战斗。即使他这样做暂时于他不利，为了拥护真理而要受到各种打击，受到大多数人的反对和指责而使他暂时孤立（光荣的孤立），甚至因此而要牺牲自己的生命，他也能够逆潮流而拥护真理，绝不随波逐流。

第三，他也可能最好地学习到马克思列宁主义的理论和方法。他能够运用这种理论和方法，去敏捷地观察问题，认识和改造现实。由于他有明确而坚定的无产阶级立场和马克思列宁主义的修养，他没有任何个人的顾虑和私欲，因而不致蒙蔽和歪曲他对于事物的观察和对于真理的理解。他实事求是，在革命实践中检验一切理论和是非。他不是以教条主义的或者经验主义的态度，去对待马克思列宁主义，而是把马克思列宁主义的普遍真理和革命的具体实践结合起来。

① 见《论语·子张》。原文是：“君子之过也，如日月之食焉：过也，人皆见之；更也，人皆仰之。”

第四，他也可能最诚恳、坦白和愉快。因为他无私心，在党内没有要隐藏的事情，“事无不可对人言”，除开关心党和革命的利益以外，没有个人的得失和忧愁。即使在他个人独立工作、无人监督、有做各种坏事的可能的时候，他能够“慎独”①，不做任何坏事。他的工作经得起检查，绝不害怕别人去检查。他不畏惧别人的批评，同时他也能够勇敢地诚恳地批评别人。

第五，他也可能有最高尚的自尊心、自爱心。为了党和革命的利益，他对待同志最能宽大、容忍和“委曲求全”，甚至在必要的时候能够忍受各种误解和屈辱而毫无怨恨之心。他没有私人的目的和企图要去奉承人家，也不要人家奉承自己。他在私人问题上善于自处，没有必要卑躬屈节地去要求人家帮助。他也能够为了党和革命的利益而爱护自己，增进自己的理论和能力。但是，在为了党和革命的某种重要目的而需要他去忍辱负重的时候，他能够毫不推辞地担负最困难而最重要的任务，绝不把困难推给人家。

共产党员应该具有人类最伟大、最高尚的一切美德，具有明确坚定的党的、无产阶级的立场（即党性、阶级性）。我们的道德之所以伟大，正因为它是无产阶级的共产主义的道德。这种道德，不是建筑在保护个人和少数剥削者的利益的基础上，而是建筑在无产阶级和广大劳动人民的利益的基础上，建筑在最后解放全人类、拯救世界脱离资本主义灾难、建设幸福美丽的共产主义世界的利益的基础上，建筑在马克思列宁主义的科学共产主义的理论基础上。在我们共产党员看来，为任何个人或少数人的利益而牺牲，是最不值得、最不应该的。但是，为党、为阶级、为民族解放，为人类解放和社会的发展，为最大多数人民的最大利益而牺牲，那就是最值得、最应该的。我们有无数的共产党员就是这样视死如归地、毫无犹豫地牺牲了他们的一切。“杀身成仁”“舍生取义”，在必要的时候，对于多数共产党员来说，是被视为当然的事情。这不是由于他们的个人的革命狂热或沽名钓誉，而是由于他们对于社会发展的科学的了解和高度自觉。除了这种最伟大、最崇高的共产

① 慎独：儒家的术语。原文出自《礼记·中庸》：“莫见乎隐，莫显乎微，故君子慎其独也。”

主义道德以外，在阶级社会中没有什么比这更伟大、更崇高的道德。所谓超阶级的、一般的道德，只是骗人的鬼话，事实上这是保障少数剥削者利益的“道德”。这种“道德”观，从来都是唯心论的。把道德观建立在历史唯物论的科学基础上，公开地宣称我们的道德是为着保障无产阶级解放和人类解放的战斗利益，这只有共产党人能够做到。

共产党代表无产阶级和人类解放的整体利益和长远利益，党的利益是无产阶级和人类解放利益的集中表现。绝不能把共产党看作是图谋党员私利的、行会主义的小团体。凡是这样看的人，都不是共产党员。

党员有个人的利益，而且这种个人利益在某种时候可能和党的利益发生矛盾甚至对立，在这个时候，就要求党员无条件地服从党的利益，牺牲个人利益，而不能在任何形式的掩盖和借口之下，企图牺牲党的利益去坚持个人利益。我们的党员在任何时候、任何情况下，都应该全心全意地为党的利益和党的发展而奋斗，并且应该把党的、阶级的成功和胜利，看作自己的成功和胜利。党员都应该努力提高自己为人民服务的能力，努力增加自己为人民服务的本领。但是，只能在争取党的事业的发展、成功和胜利中，来提高这种能力，增加这种本领，不能够离开党的事业的发展而去争取什么个人的独立发展。事实也证明，党员只有全心全意地争取党的事业的发展、成功和胜利，才能提高自己的能力，增加自己的本领，否则，党员要进步、要提高，是根本不可能的。因此，党员个人的利益必须而且能够和党的利益完全取得一致。

我们的党员，不是什么普通的人，而是觉悟的无产阶级的先锋战士。他应该成为无产阶级的阶级利益和阶级意识的自觉的代表者。因此，他的个人利益完全不应该在党和无产阶级的利益之外突现出来。党的干部和党的领导人，更应该是党和无产阶级的一般利益的具体代表者，他们的个人利益，更应该完全溶化在党和无产阶级的一般利益和目的之中。在今天中国的环境中，只有无产阶级最能代表民族解放的利益，因此，我们的党员也应该是整个民族利益的最好的代表者。

在我们党内，党员的个人利益要服从党的利益，为了党的利益，还要求党员在必要的时候牺牲自己的个人利益。但是，这并不是说，在我们党内，不承认党员的个人利益，要抹煞党员的个人利益，要消灭党员的个性。党员总还有一部分私人的问题需要自己来处理，并且也还要根据他的个性和特长来发展他自己。因此，党允许党员在不违背党的利益的范围内，去建立他个人的以至家庭的生活，去发展他个人的个性和特长。同时，党在一切可能条件下还要帮助党员根据党的利益的要求，去发展他的个性和特长，给他以适当的工作和条件，以至加以奖励等。党在可能条件下顾全和保护党员个人的不可缺少的利益——如给他以教育学习的机会，解决他的疾病和家庭问题，以至在反动派统治的环境下，在必要时还要放弃党的一些工作来保存同志等。然而，这些都不是为了别的，而是为了党的整个利益。因为保障党员必要的生活条件、工作条件和教育条件，使他们安心地热情地工作，是完成党的任务所必需的。这是党的负责人在处理党员问题的时候所必须注意的。

总而言之，一方面，党员个人应该完全服从党的利益，克己奉公。不应该有同党的利益相违背的个人目的、私人打算。不应该什么都只顾自己，到处向党提出一大堆私人要求，责备党没有抬举和奖励他。而应该在一切情况下，努力学习，努力前进，勇敢奋斗，不断提高自己的觉悟，不断加深自己对马克思列宁主义的了解，以便对党对革命做出更多的贡献。另一方面，党的组织和党的负责人，在解决党员问题的时候，应该注意到党员的工作情况、生活情况、教育情况，使党员能够更好地为党工作，使党员能够在无产阶级的革命事业中不断地发展自己，提高自己。特别是对于那些真正克己奉公的同志们，要给以更多的注意。只有这样，只有这两方面的注意和努力配合起来，才能对党有更大的利益。

……

现在，我把上面所说的一些问题作一个简单的总结。

共产党员在思想意识上进行修养的目的，就是要把自己锻炼成为一个忠诚纯洁的进步的模范党员和干部。这就要求：

（一）从马克思列宁主义的理论学习和革命斗争的实践中，来建立自己的共产主义的世界观，建立自己的党和无产阶级的坚定立场。

（二）根据共产主义的世界观，根据党和无产阶级的坚定立场，去检查自己一切的思想行动，纠正一切不正确的思想意识，同时，以此去观察问题、观察其他同志。

（三）经常采用正确的态度、适当的方式，去和党内各种不正确的思想意识，特别是对于影响到当时革命斗争的各种不正确的思想意识进行斗争。

（四）在思想、言论、行动上严格地约束自己，特别是对于同当时革命斗争有关的政治思想、言论和行动，要用严格的立场和正确的原则来约束自己，除此以外，最好连许多“小节”（个人生活和态度等）也注意到。但是，对其他同志的要求，除开原则问题和重大的政治问题以外，就不要过分严格，不要在“小节”上去“吹毛求疵”。

党员的思想意识的修养，照我讲来，基本上就是这样。

（中共中央文献编辑委员会编辑：《刘少奇选集》上卷，人民出版社 1981 年版，第 97–167 页。）

评析

《论共产党员的修养》是刘少奇的重要论著之一。原是他于 1939 年 7 月应邀在延安马克思列宁学院和中央党校为党员干部演讲而作，当时就在干部学员中引起了强烈反响。随后整理成文。毛泽东读后，认为该文“提倡正气，反对邪气”，应当尽快公开发表。该文公开发表后即在党内产生了很大影响，并在延安整风运动中被列为干部必读文件之一。后被收入中央文献出版社 2011 年出版的《建党以来重要文献选编（一九二一——一九四九）》第十六册。

《论共产党员的修养》被称为“培养合格的成熟的共产党员的教科书”，不仅哺育了一代又一代中国共产党人，也被译为数十种文字在国外发行，有着广泛的国际影响。南非黑人领袖纳尔逊·曼德拉曾熟读《论共产党员的修养》。他在1990年3月与时任国务院副总理吴学谦的谈话中说："如果从个人修养来说，对我影响最大的是《论共产党员的修养》。刘少奇在书中讲得句句在理，我从中受到极大的激励。"

《论共产党员的修养》在抗战期间就出版过多种单行本；1949年由解放社根据作者的修订出版修订第一版；1962年又经作者第二次修订校补，由人民出版社出版修订第二版；1980年重印时，又由编辑部经中共中央批准在个别地方作了细微的文字变动并分别作了注释。人民出版社于1981年出版《刘少奇选集》时收录了《论共产党员的修养》全文，所据版本即是该社1980年的重印本。

全文共分九节，约4.5万字，由于篇幅限制，我们只节选了前六节，第七节"党内各种错误思想意识的举例"，第八节"党内各种错误思想意识的来源"，第九节"对待党内各种错误思想意识的态度，对待党内斗争的态度"也非常精彩且重要，还请读者诸君根据上述权威版本认真学习。

《论共产党员的修养》是将马克思主义基本原理与中国革命实际紧密结合的经典著作之一。首次系统阐述了共产党员的党性修养这一重大问题，包括共产党员为什么要加强修养，加强修养的主要内容、基本途径和方法以及应该坚持什么样的基本原则等问题，又针对党内各种错误思想意识进行举例和分析，并特别讨论了对待党内各种错误思想意识以及党内斗争的态度。

《论共产党员的修养》也是将马克思主义基本原理与中华优秀传统文化紧密结合的典范之作。如为了说明党员修养的必要性，该文引用了《诗经》的"如切如磋，如琢如磨"，《论语》的"吾十有五而志于学……七十而从心所欲，不逾矩"，《孟子》的"必先苦其心志，劳其筋骨……增益其所不能"，以及《论语》中子夏说的"吾日三省吾身"等语句。为了说明党员修养是完全可能的，该文又引用了孟子说的"人皆可以为尧舜"。为了说明党员修养的具体内容，文中还引用了儒家特别强调的"慎独"说（《中庸》），以及孟子的"富贵不能淫，贫贱不能移，威武不能屈"，"杀身成仁"，"舍生取义"

和范仲淹的“先天下之忧而忧，后天下之乐而乐”等名言。当然，刘少奇对于中国传统文化中的修养论并不是照搬和简单复述，而是根据马克思主义基本原理和共产主义理想，从更高要求和更高境界出发论述了共产党员的修养问题，从而实现了对传统修养论的创造性转化和创新性发展。传统修养论主要注重道德品质、道德意志以及符合伦理道德的行为习惯与行为方式，刘少奇讲共产党员的修养则特别强调坚定的共产主义理想信念，自觉的无产阶级立场和思想意识，以及马克思列宁主义的理论与方法。由于充分利用传统修养论的思想资源，马克思主义哲学有关“改造自我”或者说“改造主观世界”的理论也得到了极大的丰富和发展。

习近平总书记指出，刘少奇同志撰写的“《论共产党员的修养》《论党内斗争》等著作丰富了党的建设理论，教育了一代又一代共产党人”，又说“党性教育是共产党人修身养性的必修课，也是共产党人的‘心学’”。细读这篇《论共产党员的修养》，对我们今天深入学习和准确理解习近平总书记关于党员修养和党性教育的系列重要论述，以及中国共产党的优良传统有着重要意义，该文也为我们把马克思主义基本原理同中国具体实际相结合、同中华优秀传统文化相结合树立了榜样。

湖湘哲学与湖湘文化的基本精神

湖湘哲学以最明确、最系统的方式从根本上塑造了湖湘文化的基本精神，也以其契合原始儒家精神的哲学思路和思想观念，深度参与了中国哲学主流思想与核心价值的塑造、传承与发展。

一、湖湘哲学的基本思路与基本观念

湖湘哲学的渊源可上溯至屈原、贾谊、柳宗元、刘禹锡等人，到宋代已基本定型，形成了一种相对稳定并独具特色的哲学思路和精神。宋代的周敦颐、胡安国、胡宏、张栻，共同形成了一种比较一致又颇具特色的道学思路；明末清初的王夫之或近代魏源、罗泽南、曾国藩、郭嵩焘、谭嗣同等人，又通过前后相承或冥契暗合的方式将其进一步深化和拓展，遂使整个湖湘哲学传统比程朱理学和陆王心学更具综合性，也更契合原始儒家精神。① 湖湘哲学传统的主要内容就是这种有着特定思路的儒家哲学。这种哲学传统虽与湖南地区的自然环境和民风民俗有着密切关系，但主要还是因为湖湘哲人们以同一种基本思路认同和发挥了儒家哲学，故能貌异而神合，旷代而同调。

湖湘哲学的基本思路通过其基本观念来体现。一般而言，每一种自成系统的哲学思路都要重点解决两大问题：一是“实事”② 问题，即人和世界的存在根据与存在状态究竟是什么的问题；二是由此而来的价值和方法问题，即应当如何存在（知行）才有价值和意义的问题。哲学思路的不同从根本上

① 牟宗三、向世陵等学者认为湖湘哲学自成一系，本文赞同这一判断，但具体论证不尽相同。参见牟宗三：《心体与性体》，上海古籍出版社，1999 年版；向世陵：《理气性心之间——宋明理学的分系与四系》，湖南大学出版社，2006 年版。

② 此处所谓“实事”出自“实事求是”，也可说为“实情”，不同于静止固定、孤立片面的事实。

看就是“实事”观和价值观的不同。对于湖湘哲学，也可如此来把握。

（一）湖湘哲学的“实事”观

湖湘哲学之所以成为一种颇具特色的儒学思路，是因为它始终坚持“道为全体”，即“道”是生生不息的“大全”整体。这首先表现为坚持这种“实事”观：无论整个世界还是每一个体都是生生不息而非现成固定的生命整体，因此既自具根据又自我实现，既自我分殊又自我统一，各种要素相倚互成而可和谐日新。对此，湖湘哲学主要通过宇宙本体论、心性论和体用论的如下基本观念来加以阐明。

其一，体用不离，心为中介。这是指整个世界（天地、宇宙）和每一个体既具“至诚”之“体”（最为真实的存在根据，固有的潜能和可能性），又有“不息”之“用”（健动不已的自我表现和实现），“体”“用”不可分离且非现成固定。湖湘哲学认为，只有“至诚”才能“不息”，即只有自具根据才能不断自我表现和实现；也只有“不息”才是“至诚”，即只有健动不已的自我表现和实现才能成为生生不息的“大全”。“至诚”之“体”的不息之“用”，由具有主动性的“心”来表现。只有充分发挥“心”的主动性，“至诚”之“体”才有其“用”而成其为生生不息之“大全”。在湖湘哲学中，“性”是本体，“心”是主体；主体虽源自本体却须经过自觉修养而成，故主体非现成，不由本体所完全决定，反倒决定本体如何表现与实现。“性”作为本体“静”而“隐”，“心”作为主体“动”而“显”。就此而言，整个世界和每一个体的存在“实事”，就是体用兼具、至诚不息、隐显相即、动静互含。

其二，理一分殊，常而必变。这是指整个世界和每一个体的实际存在状态既有分殊性又有统一性。“一”与“殊”、“常”与“变”的统一正是非现成性整体的基本特征。分殊性包括多样性、差异性、变易性，以及由此而来的层次性与条理性。统一性是指自我表现虽不断分殊却总能自我调整和规范，故虽动而不乱、虽变而可常、虽异而可通，齐归于自我实现；没有这种统一性，所有动用和表现便将流离分散而互相冲突与取消，便是乱动妄发而非自我实现。统一性源于至诚之“体”，分殊性则源于“体”必动而“不息”，动必乘“几”（特定的内因与外因）因“势”而发，而“几”“势”非一且不断变化。所以真实的世界和个体，虽具统一性却绝不单调划一，而是变化多样并有不同层次和条理；虽具分殊性却绝不乱动妄发、流散无依，而是不断自我调整和规范以保持其统一性和延续性。就此而言，整个世界和每一个体的存在“实事”，就是既自我分殊、自我变易又自我调整、自我统一。

其三，相倚互成，偏而可全。这是指对于非现成性大全整体结构的任何层面而言，各要素之间都是一种相倚互成的关系。“体”的各个方面（比如船山所谓乾坤二性）之间，“用”的各个方面（比如同一人的动静进退）之间，“体”与“用”（比如胡宏所谓“性”与“心”）之间，虽然不同却都相互依赖（船山所谓“交待”“相倚”）并可相互成就（船山所谓“交济”“互成”），成就每一方面也成就整体结构。每一方面之所以偏而可全，就因为处在一个相倚互成的整体结构中；每一整体之所以日新富有，就因为各要素之间可以交济和合。所以，整体结构内部尽管存在相刑相害、相斗相争的现象，却终可和谐共生、互惠互成，并不因为有斗争就消除其相倚互成的性质，正如并不因为有变就无常，有恶就不善。就此而言，整个世界和每一个体的存在“实事”，就是交待相倚、交济互成、偏而可全、和谐日新。

上述第三点对于理解湖湘哲学传统的精神特点特别重要。程朱理学和陆王心学也讲体用不离，前者又特别重视理一分殊，但它们都不像湖湘哲学这样充分重视和贯彻“相倚互成”的观念。这个观念意味着，没有任何一个要素（比如“性”和“心”、“理”和“气”、“体”和“用”中的任何一端）可以不依靠其他要素而独立存在，也没有任何一个要素可以绝对决定和控制整体结构，因此缺少任何要素都无法形成生生不息、不断实现的“大全”生命体，必须共同协作，互相借助，才能自成而共成，日新而全备。因此，如果只讲“体用不离”“理一分殊”而不讲“相倚互成”，虽然重视整体结构，但很容易执一驭殊，即认定某一要素可自成自立并绝对决定和控制整体结构和其他要素，因此势必举一废万，而不能真正坚持非现成性大全整体的“实事”观。所以“相倚互成”观念对于湖湘哲学至为关键。周敦颐“无极而太极”和动静“互为其根”诸语已经蕴含此观念，胡安国、胡宏父子的体用“交泰”论则明确提倡此观念，王夫之的“乾坤并建”论更是全面论述了此观念。

总之，对于湖湘哲学而言，无论整个世界还是每一个体的存在“实事”，都是非现成性大全整体结构，其中既有体又有用，既有本体又有主体，既有常又有变，既隐又显，既静又动，既潜在又真实，既分殊又统一，既互争互斗又相倚相成，偏而可全，局而可通。这表现在湖湘哲学的形上探索中，就是在体与用、道与器、理与气、理与势、心与性、心与物、性与事、性与情、理与欲、义与利等范畴之间，总是坚持一种相倚互成、不二不一的结构性关系，也总是根据不同情况、不同的“势”与“几”来确定其中的主要方面，而不是孤立地、静止地抓住某个方面来绝对决定和控制整体结构与其他方面。湖湘哲学的思路之所以比程朱理学和陆王心学更具综合性、更能契合原始儒家精神，其关键就在于此。

（二）湖湘哲学的价值观

湖湘哲学又从上述“实事”观出发，坚持务实尚通、重殊贵全的价值观。此所谓价值观，是指知、行两个方面有关真、善、美等价值判断的基本依据（其中知也包括审美）。无论知与行，只有“实事求是”才有价值和意义。所谓“实事求是”，就是要“务实”，要从“实事”出发并为了“实事”。“实事”是一个统摄分殊而可“通”可“全”的非现成性大全整体，所以要务实，就必须重殊（重视差异）、尚通（与时俱变）、贵全（无不具备），坚持一种结构性价值观。这种价值观也是“道为大全”这一基本原则的表现。对此，湖湘哲学主要通过体用论、修养论以及王道论的如下基本观念（它们同时也是比较具体的价值原则和价值观念）来阐明。

首先是关于知上的务实尚通、重殊贵全。“实事”作为非现成性大全整体，并非现成地摆在面前，对它的发现本身就是一种成就和价值。要发现这种意义上的“实事”，需要具有整体性视域：既要有结构性眼光而从根本上承认所有方面的真实性，又要有非现成性眼光而能通观虚实、隐显和条理，还要有分析性眼光而能突显不同方面与层面，也要有综合性眼光而能综观所有方面和层面之间的交互联系。同时，“实事”的非现成性决定了它只能在实践中不断展现出来，对它的发现也只能在实践中逐步趋于落实和精微化。为此，湖湘哲学主要提出了四个基本观念。

其一，即用求体。“用”具现实性、分殊性和有限性。即用求体，就是从实有可见的现象探求其同样实有却幽隐的本体，从分殊变化的现象探求恒常一贯而可自我调整的内在根据，从有限残缺的现实探求可通可全的固有潜能。所以即用求体意味着现实性原则：一切认识与思考固然不能局限于既成事实，但须首先承认现实的真实性而以之作为基点。故必“即事以穷理”而不是“立理以限事”。如果不基于现实，而是“妄立一体而消用以从之”，或者仅从纯粹思辨的理论学说出发别寻一种理想以改变现实，而不惜以天下人作试验（“以天下而试吾说”），便是最大的“玩人丧德”（王夫之《思问录·内篇》）。此观念也统摄了下述三个观念或原则。

其二，即物求理，即事求理。此即实践性原则与实证性原则：必须在实“事”实“行”之中求知，必须“质测”（王夫之）、“验诸实事”、“质诸人人”（魏源），而不能遥度想象，不能仅靠书本，也不能局限于个人。

其三，由“分殊”求“理一”。此即分析性原则和结构性原则：精辨细察不同方面的分理、同一方面的不同层次和各层次各方面之间的条理秩序。必殊而后可一，必别而后可通，必遍而后可全。所谓通与全就是纤悉周至，不抹杀轻忽任何方面和层面；所谓“理一”是指众理贯通统一（船山所谓“保合和同”而“协于一”），而不是指只有“一理”。没有分析辨察的综合与统一，不能谓之通与全，只可谓之“混同”与笼统；不能遍察分殊的“理一”也不能谓之“理一”，只可谓之“一理”。

其四，“天理广大”，不可私执。此即有限性原则和开放性原则：所有个体的认识都是“分殊”的“理一”而并不就是“理一”，都是有限的“大全”而并不就是“大全”，因此没有任何个体、任何时代、任何思想可以完全掌握和垄断“天理”，对于“道”的探索实是一个无限的开放过程。周敦颐提出“道”是“无极而太极”，胡宏提出“道”是“全体”，张栻指出“天理”是“广大”之“公理”，都已蕴含此意。船山则明确提出，“天理广大”而不可“私计”“私执”，就连圣人都无法垄断“天理”。自此之后，这一观念便成为湖湘哲学的基本观念，以至谭嗣同说“道非圣人所独有也，尤非中国所私有也”。

在湖湘哲学看来，只有坚持以上观念或原则的求知活动，才能获得实事求是之知。这就从根本上决定了湖湘哲学本身作为一种知的探索乃是一种实践哲学。实践哲学不是不要思辨，而是坚持“即用求体”“摄体归用”，而非“以体限用”“摄用归体”；借用程明道的比喻，前者“如在平野之中，四方莫不见”，后者则如“以管窥天，只务直上去，惟见一偏，不见四旁”。①

其次是关于行上的务实尚通、重殊贵全。对此，湖湘哲学主要提出了如下五个基本观念。

其一，全备为实、通贯为诚。“实事”具有大全性，必有“全用”才实有“全体”。换言之，必有实际表现才是真实存在，必有充分表现才是至诚至实的存在。相应地，必尽其事才算尽心，必尽其器才算尽道。自从胡宏明确提出此种观念之后，它便成为湖湘哲学的基本观念，从根本上确定了湖湘哲学的务实精神。“实事”非现成而可“通”可“全”。但现实总是既成，总有残缺和局限，即使已相当全备通达，还可更全、更通。真正有价值的实践务使隐者显、虚者实、偏者全、局者通，务使“实事”获得充分实现。因此务实尚通之行必不为现实所屈所限，勇于变革和改革。当然，其中也包括安于不可变或不必变的一面（详下）。

其二，重势贵几、重序贵等。“实事”具有分殊性，不同方面各有分理与条理。故而湖湘哲学非常重视“势”、“几”、“等”（层次）、“序”（次序）等概念，其实质就是要求，无论修身齐家还是治国平天下，都应重视特

① 见《二程集》，中华书局2004年版，第138页。

殊性和条理性。具体问题要具体分析，不同事情要不同对待；做每一件事，都要根据事势与事情本身确定其关键、条理和层次，循序渐进，步步为营，由低升高，自近至远，由粗入精，由浅入深。不管现实差异而株守现成之理、一成之法，或事势尚不具备就想做成轰天动地的大事，或不做充分准备、不下十成功夫，企图跳过所有中间环节而直接到达终点，凡此种种，从湖湘哲学来看，其动机都是出于急于求成、急功近利、畏难求易、投机取巧、不劳而获等私意，其实质是既不愿承认现实世界的分殊差异也不能忍受“实事”本身的委曲繁重，其结果则必如孔子所谓“欲速则不达”。“实事”本是“大全”，不讲分理和条理，只想以一当十、毕其功于一役，势必执一废百、顾此失彼，最终必将一无所成，心倦气馁；或者反受其害，每况愈下。总之，欲速则不达，锐进必速退，“遽期速效，反以害之”。只有讲究分理和条理、重殊贵全的实践才是务实尚通之行。

其三，德才并重、术器皆尚。务实尚通之行不仅要实做实行，还要做好、做“全”，这就既要有德又要有才，既要尽术又要尽器。唯有德，方有心；唯有才，乃有力。有才无德，则虽有力而无心，虽有心而不尽心；有德无才，则心有余而力不足，虽出于好心或极其尽心而毕竟无力做成实事，甚至成事不足、败事有余。只有德才兼备，才既有心又有力，既尽心又尽力。同时，要做成实事，还须有术有器。在个人修身中，要做成一件实事，必须有相应的办法、合理的方式、恰当的工具；在治国平天下中，要仁覆天下，为民谋利，必须有合理的体制与制度，还当有先进的技术和器具（自魏源以后，湖湘哲学家所谓术与器就包含这一层面）。正是从这种识度出发，王夫之明确指出，“善吾才，即所以成吾德”，“短于才，正是德之不优处”，“有术”才能“尽心”，“尽器”才能“尽道”。

其四，一体为仁、天下为公。务实尚通之行的最高境界是具有“仁心”，亦即具有“天下一体”“天下为公”的意识与动力并为实现万物各得其所而不懈努力。就人类而言，每一个体的自我实现都不是现成的，必须发挥其主动性和能动性（“心”），此种主动性来自对固有根据与可能性（“性”

“体”）的自觉，故“心”具自觉和主动（能动）二义。但每一个体又处在各种不同层次的整体之中，个体的充分实现既须依靠与其他成员间的交济互成，也须表现为促成其他成员以及整个共同体的实现。要充分实现，首先必须充分自觉。对于所有成员间相倚互成、一体不二的充分自觉就是“仁心”。此所谓一体不二，不只是一般的结构性关系，而且是犹如身体各部分之间气血通贯、痛痒相关。“仁心”的具体表现就是本着“天下一体”“天下为公”的观念，为所有人甚至万物的充分实现而不懈努力。这在政治上就是要实现“天下为公”的“王道”。所谓“天下为公”或“公天下”，是在总体目标上要“利天下”（促成所有人以至万物都能充分实现而各遂其性、各得其所），而不是只为一家一姓；在政治体制上要天下共治、上下通气，而不是只由君王或某个集团独断专行；在具体制度上则要广用人才、广利百姓以便交济互成并使所有人都有机会自我实现。“天下一体”“天下为公”的“仁心”也表现在各个领域，比如道德上的同情、诚信、互谅，群体事业上的公共意识、互助意识、分工合作意识等。“仁心”以及由之而来的“公心”，并非只是君王才有，它是人人都可具备且能随时实践的，因此人人都可在已有条件下获得最大实现，成就最大价值。

其五，业贵专精、事须共成。“实事”乃大全，理一而分殊，相倚而互成。同一整体的各个成员本就相互依赖也相互成就，既成就每一成员也成就共同整体。所以无论个体还是整体的充分实现，都需要每一个体各精其业、各尽其职而又相辅相成、交济互成。务实尚通之行也必包括这一方面。湖湘哲学自王夫之提出“乾坤并建”论之后就特别注重此原则。魏源又将其运用到经世致用的各项事业和各个领域，强调既须“专门”“夙习”又当广泛参考、集思广益，并特别指出不能将“全体大用”的实现寄望于某一个人，而应由各个领域的各种人才来共同实现。

以上从“实事”观与价值观两个方面，大致勾勒了湖湘哲学的基本思路与基本观念。这些观念又可一言以蔽之曰“道为大全”。不全，即不足以为道。从湖湘哲学来看，若非坚持上述观念，对“实事求是”的理解便将差之毫厘，谬以千里。比如有人认为，务实便意味着局而难通，殊不知所谓“实”即是“通”和“全”，也就是说，“实”不只是指现成可见的一面，也包含了具有差异性和可能性的多个方面，因此只有重“通”贵“全”才是真正的务实。

应当指出，一方面，湖湘哲学的这种基本思路并非现成固定，不是每一个湖湘哲学家都具备了其中所有观念或只有这些观念。恰恰相反，这种思路是不断拓展和丰富的。我们正可由此来判断每一个湖湘哲学家在湖湘哲学史上的具体贡献。另一方面，这种基本思路虽非现成固定，却有相对稳定的核心观念，即“道为大全”，故在“实事”观上总是坚持“实事”的结构性、大全性、非现成性、差异性和交互性，在价值观上则总是坚持务实尚通、重殊贵全。这些观念是每一个湖湘哲学家的共识，虽然未必都有详细阐述，但他们的具体思想几乎都源自这些观念。虽然每个湖湘哲学家的思想重点不尽相同、概念术语不尽相同，却都可归于同一种基本思路。这也是理一分殊。

二、湖湘哲学与湖湘文化的基本精神

湖湘哲学的上述思路和观念，决定了湖湘哲学的基本精神，并从根本上塑造了湖湘文化的基本精神。这种基本精神就是务实尚通、重殊贵全的精神。具体而言，主要包括如下八个方面。

其一，正视现实且信任世界的现实精神。人们对于现实世界与人生往往不能完全接受，比如对于其变异、隐微、卑微、混乱、丑恶、悖逆的一面就难以接受甚至完全不能接受，因此或斥之为虚妄，或斥之为末节（亦即基本上无意义、无价值），总之是拒绝承认其真实性、实有性。但湖湘哲学认为，现实的所有方面，不管常变、同异、隐显、巨细、崇卑、好坏、顺逆，首先应全盘承认其实有，“坦然不惊其所从来”。一则因为“实事”本是大全，包罗万象而并不只有一面，凡现实的都是天地所实有；二则因为“实事”实有其“体”且实有其“用”，故隐而可显、微而可巨、偏而可全、变而可常、乱而可一、恶而可善、逆而可顺、争而可谐。当然，所谓“可”并不等于

"必"，相信世界可以更好并不等于世界必定更好。可能性要成为现实性，还须发挥人的主动性；但首先须相信实有这种可能性，否则纵是巧妇也难为无米之炊。湖湘哲学之所以强调"体用不离"和"理气不离"，重视"诚"，重视"气"并反复为之辩护，就是因为从根本上信任"气"，即相信现实世界和现实人生自具根据而可自我完善。正因相信和信任，所以接受和承认。接受和承认并不是终点，而只是起点。只有先予接受和承认，才能认真对待和改变。否定现实消极面的真实性，等于预设了整个现实世界有其虚妄无据因而不可自我调整和自我完善的一面，也就从根本上否认了在现实世界之内解决问题的可能性，势必主张只有完全脱离现实世界才能彻底摆脱其消极面。只有不幻想一个完全没有消极面的理想世界，才能不厌离总是存在着消极面的现实世界。这是湖湘哲学也是儒家思想看待世界的大智慧。

其二，接受分殊并重视差异的开放精神。此种开放精神实为上述现实精神的应有之义。分殊之所以应当承认，是因为"实事"虽"理一"而必"分殊"；差异之所以应当重视，是因为"分殊"并不在"理一"之外而恰恰是"理一"的表现和固有部分。所谓"理一"，并不是指统辖和决定一切的"一理"，而是指所有方面都交待相倚、交济互助而能互成和共成。因此重视差异，不仅对整体具有意义，对于每一部分也同样具有意义。重视差异不是为了一方最终吞并或统治另一方，而是为了双方都能偏而可全、不断壮大，一方独大者绝不能不断壮大。总之，重视差异意味着承认"天理广大"而反对独断独霸。正是这种观念造就了湖湘哲学和湖湘文化的开放精神。所以魏源虽未出国却能"睁眼看世界"，并说西方"远客"并非"夷狄"而实为"域外之良友"，西方科技并非不值一提的"淫巧"而实为"夺造化，通神明""前民物"的"奇技"。曾国藩则由最初只信奉理学，一转而为"一宗宋儒，不废汉学"，再转而为"一宗儒学，不废诸子"，三转而为"一宗中学，不废西学"，故于晚年提倡并领导了洋务运动。至于郭嵩焘、谭嗣同的开放精神就更突出。当然，开放精神不只是一种意识，也是一种基于经验与时势而不断拓展的能力，所以湖湘哲学与湖湘文化的开放精神是不断扩展、不断深入的，并非从一开始如此，也并非人人都能像魏、曾、郭、谭这样。

其三，因势尽理而能变能安的通变精神。这是上述开放精神的另一个方面。“实事”自具体用，故能变；“实事”乃大全，现实却总是偏而未全，故当变。然而，尽管既能变又当变，在具体的现实条件下却未必可变。只有事势已具才可变，虽有其势而未“成”未“熟”则只可顺“几”小变渐变，若完全无势则必不可变。尽管湖湘哲学非常强调变通，但并不唯变是尚，它所主张的其实是古人所说的“通变”。可大变则大变，可小变则小变，不可变就安然接受而不动心乱性；即使变，也是有因有革而非尽废其道、尽革其命，因为若谓历史一无是处，则所谓“实事”就是虚妄无据，所谓变革就只是外铄或彻底颠覆。“通变”就是因势尽理。正如郭嵩焘所说：“道理须是面面俱到，凡只得一面者，皆私见也，不可谓之道理。”能变和当变固然都属于“理”，但“天理广大”，事势之可也属于“理”；有其可能和应当，未必就有事势之可，但有事势之可则必有其可能和应当。所以仅讲可能和应当并不能尽理，只有因势才能尽理。因势尽理就是务实的表现之一。势不断变化，由有到无，由生到熟，又由熟至亡。所以因势尽理也就是随时合理，不管大变、小变，或不必变则不变，不可变则安受，无不是务实顺理，无不能成立其价值与意义。此即《中庸》所谓“君子无入而不自得”。湖湘哲学家最喜发挥此语，所谓“道无不可行之时，时无不可处之事”或“道穷于时，不穷于己”等皆是此意。此种通变精神是湖湘哲学与湖湘文化的一贯精神，唯变是尚、尽革无因、势不可变而心不能安，都为它所坚决反对。

其四，高瞻远瞩又循序渐进的条理精神。与开放精神一样，此种条理精神也源于上述现实精神，也是接受分殊并重视差异，并且也包含了因势尽理、能变能安的通变精神。但开放精神主要是处理个体与他者及世界的关系，条理精神则是处理同一“实事”不同发展环节的关系。“实事”的条理是指“实事”自生自成的固有脉络（“序”）和层次（“等”），以今天的术语来说可称为内在逻辑或固有规律。重视条理精神，就是既重视对“实事”各环节的全面把握，又重视各环节之间不容紊乱的先后次序和不同层次。这就既须高瞻远瞩、洞见幽隐，识其先机而分清主次；又须步步着实、层层推进，有条不紊、积小成大。这两个方面是不可分开的，恰如弈棋，只有全局在胸，方能着着合理；而一着不慎，即满盘皆输。所以重视条理精神，就是既有全局眼光、先机意识，又不急于求成、贪功冒进。这也是湖湘哲学和湖湘文化的一贯精神，尤其在张栻和王夫之之后得到极为深入的论证和阐说，并被运用到修齐治平各个领域。近代以来，曾国藩群体之所以能够取得那样巨大的事功，其中一个重要原因就在于此。

其五，建立仁政而以法尽心的制度精神。这是条理精神在治平事业中的运用和客观化。只有促成所有人乃至万物都充分实现而各遂其性、各得其所，才算真正“尽心”即尽显“仁心”。依据儒家思想，要实现这一最高目标，必须在整个天下实现“王道”。“王道”包括礼、乐、刑、政四个方面，其中最核心的就是仁政。仁政包括政治体制和具体制度两个层面，其目的都是“公天下”和“利天下”。湖湘哲学从周敦颐开始，就十分注重探索如何才能建立“公天下”和“利天下”的仁政。胡安国、胡宏、张栻一脉相承，明确提出若无仁政便不能充分显发仁心，因为二者的关系就是体用关系、仁义关系或道器关系，无其用即无其体，无其义即无其仁，无其器即无其道。王夫之更进一步指出，建立仁政乃是“尽心”的应有之义和必有之义（“尽心所本有之术”），为此他提出了“环相为治”、“置天子于有无之外”、传贤而不世袭、“征天于民，用民以天”、逐层分统而不越级遥控等体制性设想。魏源则将对各项制度的分类考察作为“经世”之学（或称“经济之学”）的核心内容，并明确指出民主政体及相应的具体制度更能实现“公天下”“利天下”的仁政。曾国藩重视广义之“礼”实即重视各项具体制度，所作各种“劝诫”“章程”“营规”“营制”等则是为所辖区域实际“立法”。至于郭嵩焘和谭嗣同，更在中西交会的视域之下明确主张政治体制及各项制度的改革乃是建立现代文明之根本（“本”），极大地推动了维新变法运动。这种制度精神实为湖湘哲学王道论的核心内容，是湖湘哲学和湖湘文化的一贯传统。

其六，德才并重而道艺不二的人才精神。此种精神由体用不离的“实事”观和全备为实、通贯为诚以及德才并重、术器皆尚等价值观而来。周敦颐提出“志伊尹之志，学颜子之学”，强调既须“明体”又当“达用”，率先标举此意。胡安国、胡宏父子则从无其用即不足以成其体的思想出发，主张“以古人实事自律”，既能“晓事”又能“办事”。张栻又提出“君子于天下之事无所不当究”“弗胜其事则为弗有其性”等主张。船山在这方面的论述也极深入，上文已经有所引用。魏源强调“善言心者，必有验于事”，故必“通经致用”而“贯经术、政事、文章于一”。曾国藩也主张学术当分义理、经济、考据、辞章四科，并认为四者既相辅相成又相对独立。所有这些主张都有论证德才并重、道艺不二之意。这不仅是务实尚通、经世致用的一项基本原则，也是个体与社会全面发展的一种精神追求。个体的充分实现和社会的高度文明，不仅依赖于德、才、术、器、道、艺等因素，也必然表现为这些因素。才、术、艺、器、文等，不只是手段和工具，也是目的本身的组成部分。对体而言，用不只是工具和手段，更是体自身的表现和实现。所谓“不二”和“并重”，既指所有方面互相统一、互相促进，也指每一方面都相对独立而各有其存在价值。正是出于这种识度，曾国藩特别驳斥了“崇道贬文”的观点，主张道与文应当“兼尽交至”（《致刘蓉》）。

其七，各精专门又交济互成的协作精神。此种精神由相倚互成、偏而可全的“实事”观和业贵专精、事必共成的价值观而来。全面发展每一个体的各项素质诚然应成为每一个体和整个社会的自觉追求，但限于先天和后天的条件，每一个体只能各有所习，偏而难全。正如魏源所说：“体用一原，匪圣曷全?”所以德才并重、道艺不二只当作为每个人自己的理想追求和宏大识量，而不应作为对于别人求全责备的理由。那么对于整个社会而言，德才兼尽、术器俱盛、道艺彬彬的理想又如何实现？湖湘哲学主张，这一理想只有通过共同体各成员之间互相合作、相济互成才能实现。对于共同体而言，通才之量与专才之实都不可或缺，也并不矛盾，偏至一诣对于个人而言虽属不得已，但对于整体而言并非缺憾。正如船山所说，“虽专而犹相为备，故致曲而能有诚”，且越专就越精，力量也越大。湖湘哲学由此发展出既专精又交济互成的协作精神。它包括两个方面，一是专精意识，一是协作意识。这两种意识本就可由“理一分殊”“相倚互成”的“实事”观一转而有，协作意识更可由“天下一体”“天下为公”的观念和王夫之所说的“乾坤并建”论进一步加强。自魏源以后，专精意识和协作意识在“经世致用”的各个领域中被明确提倡。曾国藩提出学分四科亦有此意，又认为“精明”与“高明”同等重要，人人“各宜精习一事”而又须多学多问。至于郭嵩焘所倡导的新式教育制度，更是明确主张取法西洋“一皆致之实用”之意，对于专精意识和协作意识尤其自觉。

其八，工夫十足而务求成事的实践精神。此一精神由大全而非现成的“实事”观和即用求体、全备为实、通贯为诚的价值观而来。湖湘哲学对此有四点重要认识。第一，不全不备不可谓之有成。正如张栻所说，但有一事不贯则其德不全。罗泽南也说，“苟事已九分九厘九毫合义，而有一毫未合”，则所养之气仍非“浩然之气”。第二，有一分工夫才有一分成就，只有下十分工夫才可能真正做成一事，绝不可能不下工夫或工夫不足就侥幸有成。正如谭嗣同所说：“不下十成死工夫，焉能办成一事？”依“体用一源”之义，唯有“全用”方有“全体”。第三，大全的“实事”本身就包含十足的工夫，或者说既包含“全体”又包含“全用”，所以用并不外在于体而就是体的自我表现和实现，工夫也并不是外在的手段而就是事情本身的组成部分，工夫本身就是成就、就是价值。故胡宏说，“人事之不息”正体现了“天命之无息”；曾国藩也说，能“耐苦”而“勤”习不已即是《中庸》所谓“诚”。唯因工夫本身就是价值，故罗泽南主张“耐苦耐寒做去，成败利钝，一听之天”，曾国藩更说“莫问收获，但问耕耘”。第四，所谓实下工夫，就人而言是指全身心投入，充分发挥“心”的主动性、能动性而尽心尽力；就事而言，则指根据上述七项内容不断接触现实、了解现实、改变现实，循序渐进、因势尽理、专精所习、分工合作等等；就目的而言，则是务求个体成德成才、社会文明日新、天下各得其所。正是基于上述认识，湖湘哲学自南宋湖湘学派以来一贯强调这种工夫十足、务求实成的实践精神，并认为其实际表现就是不畏苦、不畏难，不惮繁重、不避琐细，不急功、不欲速，坚忍不拔、百折不回，或如湖南俗语所谓“吃得苦，耐得烦，霸得蛮（不是指意气用事，而是指坚忍不舍）”等。近代以来的湖湘才俊已充分表现了这种精神，所以人们一提到湖湘文化精神首先就想到了这种精神。不过它只是湖湘文化精神的一个方面，要真正理解它，必须了解湖湘哲学的基本思路和基本精神。

上述八个方面，归根到底就是务实尚通、重殊贵全，也可一言以蔽之曰“实事求是”，其根源就在于坚持“道为大全”从而坚持上述“实事”观和价值观。它们虽互相统一、互相呼应，却分属于不同层次。其中，第一项即正视现实且信任世界的现实精神是基点，若无这一点，其余七项都无从谈起；最后一项即工夫十足、务求实成的实践精神，则是在第一项的基础之上对知行工夫提出的总要求，若无这一点，其余诸项都不过是纸上谈兵；中间六项既是第一项的具体表现，也是第八项的具体内容，若无这六项，则首末两项便无从落实、无从着手，也无所归依。当然，以上所述并非湖湘哲学和湖湘文化精神的全部内容，仅仅讨论其基本思路、基本观念和基本精神。其余如善恶问题、义利问题、情欲问题等等，也是湖湘哲学所常讨论的主题，也同样以上述基本思路和基本观念为依据。

上述分析表明，传统社会的湖湘哲学的主要内容其实是一种特别契合儒家精神的哲学，所以对于湖湘哲学的上述分析和结论也完全适用于儒家思想。此处所谓儒家思想，当然是指由孔、孟、荀等圣贤奠基并由历代儒者不断阐发和拓展的思想学说，但它并不是一套现成固定的概念和知识，也并不与其他思想学说截然对立。作为中华文化的主流思想和道统所系，儒家思想在本质上是一种正视现实、信任现实、改造现实从而不断完善现实的实践智慧和鲜活精神，它因始终面对现实并不断融汇其他思想而生生不息、光景常新。简言之，它有特质却绝不封闭，它有历史却从未过时。此其所以可称为“大道”。凡属人类文化的伟大智慧与精神，皆莫不如此。

这就意味着，湖湘哲学传统和整个中华优秀传统文化一样，完全可以成为接受、融入并不断反思和发展现代文明的宝贵思想资源。魏源、曾国藩、郭嵩焘、谭嗣同、金岳霖等人的思想主张和实际行动已证明了这一点，毛泽东、刘少奇等老一辈革命领袖和共和国开国元勋的哲学思想与伟大实践尤其无可争辩地证明了这一点。因此我们深信，无论在今天还是未来，通过创造性转化和创新性发展，湖湘哲学传统的这种精神和观念以及整个中华优秀传统文化，必将为中华文明和整个人类文明做出更多更大的贡献。这既是我们的文化自信，也是我们的历史使命。

后记

本书初版于2012年。此次修订出版，除对原有内容有所修改外，又增加了两个不同时期的哲学文选：一是贾谊、罗含和柳宗元的哲学名篇，代表了湖湘哲学传统从汉代到唐代这个时期的发展；二是李达、毛泽东和刘少奇的马克思主义哲学中国化论著，代表了湖湘哲学传统以及整个中华优秀传统文化的现代化和国际化。

在修订过程中，湖南大学岳麓书院朱汉民教授和湖南省社会科学院哲学研究所原所长王兴国先生给予了细心指导，郑佳明先生、唐浩明先生、湖南大学出版社各位领导以及王桂贞女士和崔桐先生等编辑也提出了很好的修订建议，谨向诸位表示衷心感谢！

编撰者虽然尽量参考了学术界已有的研究成果，但因学识有限，本书仍然难免存在错误与不当，衷心希望各位专家和读者批评指正。

李清良于岳麓书院

2024年12月24日